Effective litigation

Comprehensive Review
and
Handling Guidelines
for
Typical Administrative Cases

典型行政案件
全程复盘与办理指引

褚中喜 / 著

法律出版社 LAW PRESS·CHINA | 北京

图书在版编目（CIP）数据

有效诉讼：典型行政案件全程复盘与办理指引 / 褚中喜著. -- 北京：法律出版社，2024. -- ISBN 978 - 7 - 5197 - 9525 - 2

Ⅰ. D925.305

中国国家版本馆 CIP 数据核字第 2024LX6795 号

有效诉讼：典型行政案件全程复盘与办理指引
YOUXIAO SUSONG：DIANXING XINGZHENG ANJIAN
QUANCHENG FUPAN YU BANLI ZHIYIN

褚中喜 著

策划编辑 朱海波
责任编辑 朱海波
装帧设计 汪奇峰

出版发行 法律出版社	开本 710 毫米×1000 毫米 1/16
编辑统筹 法律应用出版分社	印张 28.75　字数 450 千
责任校对 蒋　橙	版本 2024 年 12 月第 1 版
责任印制 刘晓伟	印次 2024 年 12 月第 1 次印刷
经　　销 新华书店	印刷 固安华明印业有限公司

地址：北京市丰台区莲花池西里 7 号（100073）

网址：www.lawpress.com.cn　　　　　　　　销售电话:010 - 83938349

投稿邮箱：info@ lawpress.com.cn　　　　　　客服电话:010 - 83938350

举报盗版邮箱：jbwq@ lawpress.com.cn　　　　咨询电话:010 - 63939796

版权所有·侵权必究

书号：ISBN 978 - 7 - 5197 - 9525 - 2　　　　　　定价:108.00 元

凡购买本社图书，如有印装错误，我社负责退换。电话:010 - 83938349

自　　序

在生活中看到的各种不公平现象,令我认识到法律的重要性,律师职业梦想在我心里萌芽,我发誓要成为一名有责任感的律师,维护公平正义。从1998年参与办理第一起行政案件开始,我就努力在绝大多数律师不愿意涉足的"民告官"领域"拓荒"。

因是非科班出身,系统的法律知识完全来源于自学,我的办案思路可能有别于其他律师,学术观点也不遵循常规。因此,有时在参加全国人民代表大会修改法律或最高人民法院起草司法解释等会议时,有些专家学者时不时问我导师是谁？我总是笑答:"属于无门无派,导师就是我自己。"

在20余年的法律实践中,我代理各类案件近千起,绝大多数为行政案件,以及由行政案件延伸出来的民事案件和刑事案件,努力维护国家的司法和审判制度,增强当事人对法治的崇尚与信仰,推动法治进步。

截至目前,由我代理的被中国裁判文书网收录的行政案件裁判文书共有794份；"理脉大数据"收录812份,其中行政案件、刑事案件、民事案件的比例各占90.98%、0.55%、8.46%。也就是说,对我而言行政案件是主业,刑事案件和民事案件是"业余爱好"。

有些媒体和当事人称我是行政诉讼实战型律师,是喜欢对行政机关说"不"的律师……其实,这都是一种误解。作为一名律师,我只是通过自己掌握的行政法专业知识,努力去解决行政争议,化解"官"与"民"的矛盾,以个案的力量去促进依法行政,维护社会稳定,推动法治政府建设。

在法治社会转型期,我怀着对行政法治梦想的热爱,更为了律师职业理想,奔走全国各地,足迹几乎遍布全国所有高级人民法院。为了获取证据,乘飞机,换火车,倒汽车,转公交,去东北,跑中南,至华东,赴华北,走西北,奔内蒙,过西藏,入新疆,走宁夏,抵广西。全国一路颠簸,义无反顾,一切为了实现行政相对人正当利益最大化。

我一直保持着健康的生活习惯,自感本质没变,从不喝酒打牌,唱歌跳舞,过着苦行僧般的生活。许多同行甚至当面对我直言不讳:"像你这油盐不进的人,不可能和大家打成一片,更不可能做好律师!"事实证明,油盐不进的律师不一定都平庸。

许多行政案件,因为越级上访而错过了最佳起诉期限和处理时机,让人痛惜。因此,在日常的律师工作中,坚决反对越级上访或闹访。在接受案件委托前,我要求当事人先承诺"在办案期间不得越级上访或以其他形式冲击政府机关、企事业单位,不得扰乱社会秩序"。

对一些行政案件的处理,按照常规的办案思路,可能根本解决不了问题。如果每一个律师都能轻而易举地想到行政争议解决方案,行政诉讼原告律师的价值就难以体现。要想成为一名卓越的行政诉讼原告律师,需要在法律的框架下,有颠覆性的思维方式和出其不意的解决问题方案,未雨绸缪,一击制胜。

我曾经办理的一些典型案例,虽然能充分体现律师办案技巧和思路,但因涉及商业秘密、个人隐私或较为敏感,不得不从本书忍痛割舍。

本书收集的案例,包括土地出让、税务行政、金融证券、治安管理、房屋拆迁、农民负担、行政许可、行政处罚、保险监管、关停并转、环境保护、律师管理、学位纠纷、违建拆除、行政强制等方方面面。

每一个案例包含导读提示、案情回放、代理意见、裁判结果、案件评析与思考等内容。为了让枯燥的案例尽可能具有可读性,笔者在撰写时尽量回避了法律专业术语,使用散文、小说、记叙、论文等文体相结合的方式,尽量做到通俗易懂,既满足法律专业人士的需要,也兼顾普通读者的阅读习惯。

本书基本上可以让不太熟悉行政案件办案流程的律师快速上手,感悟到行政案件的艰难与奥妙,普通读者也可以按本书中的办案思路,摸索着解决自己遇到的简单行政争议。尤其是在聘请行政诉讼律师有经济困难的情况下,需要自己"摸着石头过河",可以用这本书"照葫芦画瓢",走上行政法庭。

为了最大限度地保护当事人商业秘密和个人隐私,所有案例中的姓名、名称、地名等都已作技术性化名处理。如有相同或相近似,纯属巧合,切勿对号入座。

在办理这些行政案件的过程中，我曾先后得到了清华大学、北京大学、中国政法大学、中国人民大学等高校法学院的一些著名行政法学者的理论支持和业务指导，在出庭意见中也曾引用知名律师、法官、检察官的一些观点，在此一并表示感谢。

为了方便表述和保证案例的"原汁原味"，引用的法律条款只是当时有效的。由于案例的时间跨度大，当时的《行政诉讼法》《行政处罚法》及相关司法解释等可能已经修改或废止，所以参考本书中引用的法律条款时，要特别谨慎，建议通过正规渠道仔细查阅该法律条款是否已经废止或修改。

另外，一些代理意见中的观点，属于一家之言，只是个人对法律的理解和对事实的分析，有些可能与各地的司法实践有所不同。因此，在参阅时一定要慎重，要考虑各地的司法实践，避免失误。

许多具有一定影响的和典型性的案件还在办理之中，尚没有初步结果，只能暂时忍痛割爱，待后续条件成熟后再结集出版。因此，本书既不是开始，也不是结束。由于时间仓促，书中错误在所难免，敬请批评指正，尤其是一些个人观点，不代表所任职的律师事务所或参加的其他社团组织。

2024 年 10 月于北京

目录

第一部分 行政处罚

案例1 作出林业行政处罚应当遵循什么样的程序
——徐勇军等诉某林业厅行政处罚案 / 3

案例2 对违反上位法的红头文件能否进行司法审查
——某旅游公司诉市、区两级水务局行政处罚及复议案 / 14

案例3 环保部门能否下发通知责令企业停产整顿
——利大科技诉新店环保局不服责令停产整顿案 / 32

案例4 被拆迁人能否制止在小区横冲直撞的施工车
——陈敏、杨悦诉深圳某区公安分局治安行政处罚案 / 43

第二部分 行政强制

案例5 强拆超规划部分房屋应当遵循什么程序
——陈凯诉某镇人民政府违法强拆房屋纠纷案 / 57

案例6 如何制衡城管局以"拆违"代"拆迁"
——郑卫红诉市城管执法局不服违法强拆决定案 / 69

案例7 未严重影响城市规划的违建房屋能否强拆
——张小龙诉某市城管执法局不服强制拆除决定案 / 80

案例8 强拆无规划手续的房屋应怎样遵循法定程序
——章文军诉某市政府和镇政府违法强拆娱乐城案 / 91

案例 9　强制拆除房屋的决定能否直接报纸公告
　　——李慧琴诉某市城市管理执法局不服强拆公告案 / 104

案例 10　在联合执法行动中强拆房屋如何确定被告
　　——北京某公司诉某区政府、镇政府等违法强拆案 / 117

案例 11　以强拆"危房"的名义代替拆迁是否合法
　　——谢丽琼诉某区人民政府先将房屋折腾成危房再强拆案 / 125

第三部分　行政许可

案例 12　水利部的《水土保持方案批复》是否合法
　　——孙国友诉水利部不服《水土保持方案批复》案 / 135

案例 13　已经颁发数年的建房规划许可证能否撤销
　　——白玉兰等诉住建局不服撤销建房规划许可证案 / 146

案例 14　颁发林地建设许可是否需征求林权人意见
　　——李文静诉林业厅不服准予使用林地建设许可案 / 153

案例 15　注销企业排污许可证应当遵循什么程序
　　——违法注销排污许可证被复议程序依法撤销案 / 164

案例 16　如何认定行政许可案件中的不动产专属管辖
　　——清泉公司诉省国土资源厅行政许可纠纷案 / 172

第四部分　征地拆迁

案例 17　如何通过撤销房屋拆迁裁决获安置补偿
　　——胡天海诉某市房产局不服房屋拆迁行政裁决案 / 181

案例 18　如何解决拆迁中停水断电及征收补偿决定不合理问题
　　——马建军等3人诉某区政府征收补偿决定及停水断电案 / 189

案例19　政府作出房屋征收决定应具备什么条件
　　——张茜与某区人民政府不服房屋征收决定行政复议案 / 200

案例20　拆迁中的房屋评估价值时点应当如何确定
　　——徐倩诉沈阳市某区政府不服房屋征收补偿决定案 / 208

案例21　土地使用人能否对挂牌出让土地行为起诉
　　——谢琳琳诉某市原国土局挂牌出让国有土地使用权案 / 218

案例22　省政府的农用地转建设用地批复是否合法
　　——艾某等诉某省人民政府农用地转建设用地批复案 / 225

第五部分　行政协议

案例23　县政府单方解除投资合同的行为是否合法
　　——云开公司诉某县人民政府解除投资合同纠纷案 / 233

案例24　没有批准手续的土地成交确认是否合法
　　——某公司诉区国土局撤销土地拍卖成交确认书案 / 245

案例25　对行政协议不服是否可以依法申请行政复议
　　——王女士诉市人民政府不服驳回行政复议决定案 / 256

案例26　要求开发商补缴土地使用权出让金是否合法
　　——某房地产公司诉市原国土局不服补缴土地出让金案 / 266

案例27　行政协议究竟适用起诉期限还是诉讼时效
　　——香港某公司诉某市政府不履行投资协议纠纷案 / 275

第六部分　行政不作为

案例28　保险监管机关应如何处理保险公司乱收费
　　——陈女士诉原中国银行保险监督管理委员会不履行法定职责案 / 287

案例 29　公安机关对非法砍伐果树行为是否应处理
　　　　——李军诉区政府及公安局不履行法定职责及行政复议案 / 301

案例 30　超越评估资质范围的鉴定意见是否合法
　　　　——林卫平诉某市房管局对评估机构不履行监管职责案 / 309

第七部分　行政复议

案例 31　对赌协议按普通股权转让并征税是否合理
　　　　——李建国与某地方税务局不服补税决定行政复议案 / 321

案例 32　省长收到复议申请能否视为省政府收到
　　　　——陈凯军诉某省人民政府拒不作出行政复议决定案 / 332

案例 33　行政诉讼案件中关于重复起诉应当认定
　　　　——余兰等人诉某市人民政府行政复议案 / 341

第八部分　行政赔偿

案例 34　能否核准在居民住宅区开歌舞娱乐场所
　　　　——顾斌诉区文化局确认筹建意见违法及行政赔偿案 / 349

案例 35　如何巧用组合诉讼在拆迁中获得满意赔偿
　　　　——某印刷厂诉某开发区管委会违法拆迁及行政赔偿案 / 359

案例 36　区政府能否要求海鲜养殖场停止生产经营
　　　　——李中伟诉某区人民政府侵犯经营自主权行政赔偿案 / 371

案例 37　交通事故处理完毕交警队能否继续扣车
　　　　——任某诉市高速交警支队强制扣车及行政赔偿案 / 383

案例 38　能否不经法定程序拆除涉嫌排污的企业
　　　　——邹吉诉某政府以环保为名强拆及行政赔偿案 / 393

第九部分 其他

案例 39 政府信息公开中法院如何认定商业秘密
——港企诉交通运输部政府信息公开案 / 407

案例 40 未按时通过英语六级考试能否拒发双学位
——王成诉某著名大学不予颁发双学位证书案 / 420

案例 41 怎样的房屋土地抵押登记才是合法有效的
——李东建筑公司与市原国土局不服土地抵押登记再审案 / 428

案例 42 因股权激励向员工平价转让股权应否补税
——王强与某区原地方税务局因不服补缴个人所得税案 / 440

第一部分

行政处罚

案例 1
作出林业行政处罚应当遵循什么样的程序
——徐勇军等诉某林业厅行政处罚案

▍导读提示

2006年中旬,徐勇军、汪建国等20余名果农和某林场各签订一份《林地承包合同》,用于发展经济林。两年后,果农接到林业厅开出的少则200万元,多则1700万元的"天价"罚单,总计金额达1.2亿元。

果农一纸诉状将林业厅诉至法院,引起全国媒体高度关注。某中级人民法院经过审理,作出果农败诉的一审判决。该院认为,自治区林业厅开出的罚单认定事实清楚,适用法律正确,程序合法,依法予以维持。

果农不服上诉至高级人民法院,经二审,高级人民法院支持了果农的上诉请求,以"认定事实不清,证据不足,程序违法"为由依法撤销行政处罚,同时撤销了一审错误判决。

▍案情回放

2005年12月,某林场根据当地政府发展林果业的总体指示精神,决定将该林场的林间空地和弃耕地用于发展林果业。林场编制出具体的营造林规划项目,报送县林业局审批。12月28日,县林业局作出《关于对林场营造林规划项目的批复》(以下简称《林场批复》)。

该批复认为,根据1998年《森林法》等有关法律法规和公益林建设的有关要求及《县重点公益林建设总体规划》,我局组织有关单位及专家进行了评审,认为该规划符合我县生态环境建设及公益林建设的要求,可以实施。2006年年初,拿到《林场批复》的林场开始积极动员,对外宣传,热火朝天地招商引资。

2006年3月,徐勇军等承包户从各自老家来到当地,同林场签订《林场土地承包合同》,准备在当地干出一番事业。按约定,林场将闲置的弃耕地、林间空地发包给徐勇军等人发展林果业,逐步建成经济林,承包期限为30年。

合同签订后,林场还根据《县重点公益林建设总体规划》及《县人民政府关于进一步加强公益林保护与管理工作的实施意见》和徐勇军等人签订了《林场经济林定植责任书》。

徐勇军等人按照《林场土地承包合同》和《林场经济林定植责任书》的约定,在承包的林间空地、弃耕地、荒地上栽种红枣、核桃等经济林幼苗。同时,为了改变土壤结构,合理利用土地,根据林场的统一安排,徐勇军等在树苗之间暂时套种棉花。

然而,2008年中旬,徐勇军等人分别被林业公安局以"涉嫌毁林擅自改变土地用途"为由传唤刑拘,在律师的帮助下,先被取保候审,最终撤销案件,获得无罪结果。

当初发包林地的该林场场长,也被人民检察院根据最高人民检察院的指定侦查后,以滥用职权为由予以逮捕。

2008年11月17日至20日,徐勇军等20余承包户收到林业厅和林业公安局签发的《行政处罚决定书》和《暂收案款凭证》。《行政处罚决定书》中称,根据2000年《森林法实施条例》第43条的规定,对承包户处以罚款,责令将非法开垦的林地恢复原状,森林公安局收取的取保候审保证金变成了"非法占用林地,改变林地用途案"的罚款。

据统计,林业厅向20余承包户开出的罚单多则1700万元,少则200万元,累计达1.2亿元,对果农处罚金额之巨,当时堪称中国之最。

接受委托

经慎重考虑后,我决定代理这起亿元"天价"行政处罚案。为了此案,我请教了林业大学的许多专家、学者,查阅了大量的林业方面的书籍,"恶补"林业法律法规知识,特别是关于一般和重点公益林的认定标准。全国10多个省的林业厅(局)政策法规处接到过我的咨询电话。

经过一番准备和研究,我最终认识到,行政处罚要推翻,必须牢牢抓住:

1. 林场利用林间空地、弃耕地发展经济林已获得县林业局的书面同意,招商引资发展经济林是依县政府的统一部署所实施,不存在未经同意毁林占用林地的行为。

2. 使用林间空地、弃耕地发展经济林的依据是徐勇军等人和林场签订的《林场土地承包合同》和《林场经济林定植责任书》,不存在"擅自"的问题。若真应该处罚,也应当处罚作为"违法行为人"的林场。

3. 行政处罚程序违法,行政处罚必须进行的告知、听证、听取申辩意见等法定程序被逾越。

4. 此案适用法律错误,徐勇军等人没有实施毁林行为。经过徐勇军等人几年的大量资金投入,修路、打井,果树已经逐渐长大,生态价值已经显现。

为支撑自己的观点,我通过多种途径获得了县林业局同意发展经济林的《林场批复》和县政府的几份非常关键的文件,这为案件的胜诉打下了良好的基础。

案件的最终胜诉,和庭前周密细致的准备工作也分不开。律师要有钉子精神,才能揭开案件的真相。

接受委托后,我向林业厅所在地的市中级人民法院递交了行政起诉书,要求依法撤销行政处罚。立案后,中央电视台对此案进行了专题介绍,以"合同迷局"为题详细披露了这起史无前例的"天价"林业行政处罚案。

一审败诉

某中级人民法院于2009年2月9日正式受理本案,同年3月30日进行了公开开庭审理。

针对我的当庭发言,林业厅辩称:原告在国家重点公益林地进行毁林开垦,违反了土地管理法规,改变了被占用林地用途,造成了林地原有植被毁坏。林业厅依据2000年《森林法》、1998年《森林法实施条例》的规定,对原告进行处罚,该行政处罚认定事实清楚,程序合法,适用法律正确,请求驳回原告的诉讼请求。

开庭后,新华网、人民网、网易、新浪网、《中国青年报》等媒体纷纷以"全国金额最大的行政处罚案开庭"等为题对此案进行了报道。

2009年10月15日,某中级人民法院作出一审判决,维持处罚决定,我方败诉,一审法院裁判观点为:

2009年《森林法》第23条第1款规定,禁止毁林开垦和毁林采石、采砂、采土以及其他毁林行为。[1] 2000年《森林法实施条例》第43条第1款规定,未经县级以上人民政府林业主管部门审核同意,擅自改变林地用途的,由县级以上人民政府林业主管部门责令限期恢复原状,并处非法改变用途林地每平方米10元至30元的罚款。[2]

原告在国家公益林区内开垦林地,毁损公益林,其行为违反了法律法规的规定。林业厅作出的行政处罚决定,认定事实清楚,证据充分,适用法律正确,处罚程序合法,应予维持。县林业局批复实施的《林场营造林规划项目》具体实施的是营造林,原告实施的是毁林开垦行为,与规划项目内容相悖。

被告提交的鉴定报告内容符合《最高人民法院关于行政诉讼证据若干问题的规定》第14条规定的行政程序采用的鉴定结论应当记载的主要事项,对鉴定结论予以确认,对原告主张鉴定结论不能作为定案依据的意见不予采纳,对原告的请求不予支持。

徐勇军等人不服,当即向高级人民法院提起上诉。

二审代理意见

时隔一年后的2010年3月25日,高级人民法院依法对此案公开进行二审开庭审理。这一次,林业厅拿出了自称是从部队借出来的卫星图片,证明原来翠绿的林场全被徐勇军等人"糟蹋",并坚称徐勇军等人存在毁林和非法开垦林地的事实,认为无论是行政处罚还是原审判决,在认定事实和适用法律方面完

---

[1] 对应2019年《森林法》第39条。
[2] 对应2018年《森林法实施条例》第43条第1款。

全正确,程序合法,要求高级人民法院维持原判,驳回上诉。

针对林业厅的辩解,我当庭提出了以下代理意见。

一、行政处罚决定认定事实不清,证据不足

1. 无视林间空地、弃耕地早已存在

林场由于历史的原因,大量存在弃耕地、林间空地和盐碱地,在100年前,就有农牧民世代在此休养生息,以耕地为生,在树皮上留下的文字清楚证明了这一点。

林场独有树种的特点决定了林场不同于其他的森林,方圆一平方公里内只有一棵或几棵树的情况客观存在。这么大的林间空地、弃耕地种植经济林符合生态效应,没有毁林一说。如果真要处罚,应把宜林地利用、毁林开垦、弃耕地复垦加以处分。否则,属认定事实不清,证据不足。

2. 行政处罚认定的重要事实不清

行政处罚决定没有编号,在该案件性质一栏中载明的是"非法占用农用地(林地)",而在行政处罚决定的主文部分又认定是"非法毁林、开垦林地"。同时,行政处罚引用的是2000年《森林法实施条例》第43条第1款"改变林地用途",而行政处罚结果又是"非法开垦"。另外,行政处罚的理由是原告"改变了林地用途",而林业厅没有任何证据能够证明该林地的权益状况。

3. 鉴定报告不能作为定案依据

"天价"行政处罚的直接依据之一是鉴定报告,而该报告属无效结论,不应采信。理由:首先,所谓的鉴定单位没有司法鉴定的主体资格;其次,鉴定报告是受森林公安局的委托进行鉴定,该局不是本案的行政执法主体,且该局和林业厅是两个不同的主体,故委托鉴定的主体不合法;最后,鉴定报告没有鉴定人的签名,根据法律规定,鉴定报告应当有鉴定人的签名。

二、行政处罚决定书严重违反法定程序

1. 立案和调查程序违法

林业厅提交的林业行政处罚登记表注明的受案单位为"林业公安局",林业公安局不是本案的行政执法主体。根据法律规定,行政执法人员在立案后应当进行调查。

而在本案中,原告从未见到林业厅的任何行政执法人员。林业厅向法庭提交的询问笔录注明的询问时间为 2008 年 9 月 16 日,而本案的林业行政处罚登记表的填写时间是 2008 年 11 月 7 日。也就是说,还没有立案,就开始了调查。这明显违反了先立案后调查的最基本的法定程序。

2. 处罚之前未听取申辩意见

原告确实看到一份林业公安局出示的林业行政处罚告知书。

1996 年《行政处罚法》第 41 条规定:"行政机关及其执法人员在作出行政处罚决定之前,不依照本法第三十一条、第三十二条的规定向当事人告知给予行政处罚的事实、理由和依据,或者拒绝听取当事人的陈述、申辩,行政处罚决定不能成立。"[1]林业厅没有任何曾听取过原告申辩意见的证据。显然,该行政处罚依法不能成立。

3. 处罚作出之前没有集体讨论

1996 年《行政处罚法》第 38 条第 2 款规定:"……对情节复杂或者重大违法行为给予较重的行政处罚,行政机关的负责人应当集体讨论决定。"[2]《林业行政处罚程序规定》第 31 条第 2 款规定:"……情节复杂或者重大违法行为需要给予较重行政处罚的,林业行政主管部门的负责人应当集体讨论决定。"林业厅没有依法向法庭提交处罚前林业厅负责人曾对此案进行过集体讨论的证据。

4. 处罚决定没有编号,不符合法律规定

1996 年《行政处罚法》第 34 条第 1 款规定:"执法人员当场作出行政处罚决定的,应当向当事人出示执法身份证件,填写预定格式、编有号码的行政处罚决定书。"[3]林业厅给原告的行政处罚决定上没有编号,而林业厅向法庭出示的行政处罚决定上又有编号,这显然是事后伪造的"阴阳"行政处罚决定。林业厅关于"内部没有衔接好编号这个问题"的辩解于法无据,理由不能成立。

---

[1] 现行有效的为 2021 年《行政处罚法》第 62 条。
[2] 现行有效的为 2021 年《行政处罚法》第 57 条第 2 款。
[3] 现行有效的为 2021 年《行政处罚法》第 52 条第 1 款。

三、行政处罚决定定性不当，适用法律错误

林业厅作出的处罚根据的是 2000 年《森林法实施条例》第 43 条第 1 款，而该款明确规定："未经县级以上人民政府林业主管部门审核同意，擅自改变林地用途的，由县级以上人民政府林业主管部门责令限期恢复原状，并处非法改变用途林地每平方米 10 至 30 元的罚款。"

原告使用土地发展林果业的依据是土地承包合同，在承包期间也没有改变林地的性质和用途，还是在种树，利用的土地是由于历史原因形成的弃耕地、盐碱地及林间空地，并非非法开垦林地。

该区域经原告等人投入大量资金进行土地改良和土地基础设施建设以后，已是瓜果飘香，翠绿一片，生气蓬勃，具有良好的经济效益、社会效益和生态效益，改变了此前荒凉、闭塞的落后状况。这一切得益于原告的资金投入和辛勤劳动，原告的行为不但不应受到追究，反而应予以奖励。

而且，林场发包土地发展林果业已经得到县林业局、县政府及上级机关的同意和认可。即便没有批准或授权，违法的也是作为发包方的林场，原告只是承包方，无所谓"未经县级林业主管部门同意擅自改变林地用途和性质"的问题。因此，林业厅依据《森林法实施条例》第 43 条的规定对作为承包方的徐勇军等人实施处罚属适用法律错误。

此外，2005 年 12 月 16 日，林场编制出营造林规划项目，报县林业局批准。该局于 2009 年 12 月 28 日签发了"林字 2005 第 9 号"批复，意见非常明确："你场申报的营造林规划项目我局已收到，根据《森林法》等有关法律法规和公益林建设的有关要求及《县重点公益林建设总体规划》，我局组织有关单位和专家进行了评审，认为该项目我县生态环境建设及公益林建设的要求，可以实施。"该批复清楚证实了林场在发包林地之前已获得县林业主管部门的同意和认可。

综上，林业厅作出的"天价"行政处罚认定事实不清，适用法律错误，程序违法，理应依法撤销。

高级人民法院二审裁判意见

2010年6月24日,高级人民法院对这起"全国首例亿元'天价'行政处罚案"作出终审判决,同时撤销了中级人民法院一审判决和天价行政处罚,其裁判意见为:

1. 林业厅作出的林业行政处罚决定,没有遵循《林业行政处罚程序规定》,特别是有些必经程序被逾越,该决定作出的行政程序不合法。依据2009年《行政处罚法》第41条之规定,该行政处罚决定不能成立。

2. 在行政处罚事实认定方面,没有把宜林地开垦、毁林开垦、撂荒地复耕加以区分,正确认定违法行为类别,对于违法事实认定不清,严重影响法律法规的正确适用。特别是在核桃树苗、红枣树苗间隙套种棉花的行为与改变林地用途还应有所区别。依据行政处罚的原则,法无明确规定的不得处罚。从违法责任构成上来讲,本案所涉及的套种方式是县林业局在《林场批复》中批准的,即先种植棉花再种树,它只是该营造林规划中的"技术路线"和"改造土壤的步骤",是否改变了林地用途要从整体与目的上判断。

3. 从本案现有证据来看,本案上诉人既存在擅自开垦,毁林开垦,擅自耕种棉花的行为,也有2009年《森林法》所禁止的行为。对此,应当在查清违法事实的基础上作出相应处理。

媒体报道

2010年8月5日,《武汉晚报》以"'亿元行政罚款案'迎来终审判决,律师助果农二审胜诉"为题对此案进行了以下报道:

特别提示:2010年6月24日,某高级人民法院作出终审判决,撤销林业厅《行政处罚决定书》,这意味着二十二名果农不用再支付少则200万元,多则1700万元的高额行政罚款,他们喜极而泣。

天上掉下来的巨额罚单

2008年的"某县特大毁林案",彻底改变了徐勇军、汪建国、程凯等二十二名果农的命运,他们怎么也没想到,自己辛苦投入换来的却是巨额的行政罚单。

五十八岁的徐勇军老家是河南,看准了案发地气候适合林果生长,便准备在当地承包林地赚钱养家。2006年3月,徐勇军等人同某林场签订了《林场土地承包合同》,按约定,林场将闲置的弃耕地发包给徐勇军逐步建成经济林,发展林果业,并形成一定规模,承包期为三十年。

徐勇军等承包户按照《林场土地承包合同》的规定,在承包地上将红枣、核桃等与棉花套种。没想到,2008年11月,林业厅的一张行政处罚决定书,使徐勇军背负了高达13662134.98元的行政罚单!

其他的二十一位承包户也好不到哪里去,他们陆续收到林业厅开出的200多万元至1700多万元不等的罚款,"罪名"是"非法占用林地,改变林地用途",罚款金额累计超过1.2亿元。

徐勇军、汪建国、程凯等部分承包户不服,将林业厅诉至市中级法院。市中级法院审理后,判决维持了林业厅于2008年11月17日作出"林罚书字(2008)第013号"《林业行政处罚决定书》。

天价罚单怎么算

针对"天价罚单",徐勇军说:"我是农民,和林场签订了合同,如果我的行为破坏了林地,是违法的,那林场早就应该有人来制止了,也不会让我去做啊。"

林业厅方面解释说,徐勇军等人开垦的林地属于国务院林业主管部门早已划定的国家重点公益林地,是用以种植国家和自治区重点保护的树种,却被徐勇军等人以土地承包的形式,变为棉花地,给国家造成了巨大损失,罚款相对损失而言,并非"大价"。

面对如此巨额的罚款,徐勇军等人强调,他们根本就不具备如此巨额罚单的还款能力,"我们是农民,罚我一千多万。我拼死拼活干十辈子都还不起!"

代理律师二审"扭转乾坤"

徐勇军、汪建国的代理律师褚中喜来自湖北省云梦县,曾代理过佘祥林冤案、"熊猫烧香"病毒案、山西黑砖窑案、三鹿奶粉案等知名案件。

褚中喜认为,汪建国等承包户不应该受到这样的行政处罚,林场发包前就已利用林间空地和弃耕地发展林果业编制了详细的规划,上报后获得了县林业局的同意,为此,县林业局还以"林字(2005)第9号"文件的形式作出批复。

汪建国等承包户并没有私自改变林地用途,原告的所有行为均是按合同办事,没有改变林地性质,如有违法,那一定是林场在违法。

县林业局"林字(2005)第9号批复"中明确表示:该规划符合县生态环境建设及公益林建设的要求,可以实施。

2010年6月24日,在高级人民法院的二审现场,褚中喜与林业厅的委托代理人就汪建国等果农"是否私自改变林地用途"展开了激烈的讨论。

褚中喜认为,汪建国等人和林场是承包合同关系,且林场发包土地是经过县林业局的书面同意的。改变林地用途的是发包方林场,而非上诉人。同时,利用林间空地和弃耕地行为是按照县政府的统一部署所实施。

自治区林业厅则辩称,《营造林规划项目》具体措施是营造林,上诉人实施了毁林开垦行为,与规划项目内容相悖,理应依法受到处罚。

法院最后认为,自治区林业厅作出的林业行政处罚决定,没有遵循《林业行政处罚程序规定》,特别是有些必经程序被逾越,其行政程序不合法。该行政处罚决定不能成立。

同时,在行政处罚事实认定方面,没有把宜林地开垦、毁林开垦、撂荒地复耕加以区分,其违法事实认定不清,严重影响法律法规的正确适用。

最终,高级人民法院判决撤销市中级法院一审行政判决;撤销林业厅作出的林业行政处罚决定。(见习记者:梁爽)

案件代理成功的后续

2013年9月15日,新华社发布了一篇短讯,赞扬徐勇军等人发展林果业,防风固沙,对抗水土流失,将沙漠变成绿洲的事迹。之后的几年,我陆续收到徐勇军、汪建国等人寄来的红枣、核桃、葡萄干等,礼物虽不贵重,但说明这些人一直记得这件事,记得律师曾经的努力。甚至有一次,徐勇军还给我寄来了几床用当地棉花做的棉被,让我深受感动。有的律师成天抱怨当事人,在我看来,只有不负责任的律师,没有不近情理的当事人。

徐勇军等人发展的林果业，不仅有防风固沙的生态效益，还为当地带来了经济价值。徐勇军等人靠种树发家致富，过上了幸福安稳的生活。其实，律师不仅仅是代理一个案件，案件的背后，是一个幸福的家庭，稳定的生活。

案例 2
对违反上位法的红头文件能否进行司法审查
——某旅游公司诉市、区两级水务局行政处罚及复议案

▌导读提示

有句俗话"靠山吃山,靠海吃海",红峡谷公司依靠独特的地理位置,利用河湖开展特色旅游,取得了合法工商登记,还办理了相关审批手续。

红峡谷公司利用河道开展水上漂流活动,先后经过镇人民政府、该区地方海事办事处、市交通委运输管理局等单位批准,办理了通航水域划定备案登记,随后才开始经营水上漂流项目。

因结合该公司的特色酿酒技术,漂流项目的特色餐饮文化等配套服务吸引了不少游客。每年旅游旺季,玩漂流的人很多。原以为已经持续经营好几年的项目不会有任何问题,一天,红峡谷公司突然收到区水务局的行政处罚决定。

面对仿佛从天而降的"罚单",公司第一时间想到委托律师,并联系我。我们申请行政复议,行政处罚被维持,后起诉,行政处罚决定和行政复议决定被一并撤销,作为行政处罚依据之一的规范性文件也因违反上位法,被法院判定违法,不予适用。

▌案情回放

红峡谷公司是某一线城市郊区的一家旅游企业,早在 2012 年,依照市交通委运输管理局作出的"水上漂流备案批复"规定,经过该区政府、区地方海事办事处、市交通运输管理局等单位的先后批准,办理了通航水域划定备案登记,完善了水上漂流备案相关手续。

随后，又根据一些前期的相关批文，依法办理了正式的工商登记，并领取了原工商行政管理机关颁发的企业法人营业执照，该营业执照明确注明公司的经营范围包含体育运动项目。

2017年9月15日，区水务局向红峡谷公司送达"行政处罚事先告知"和"听证告知"。2017年10月10日，区水务局对该案举行了听证，随后，经该区水务局监察大队集体讨论，对红峡谷公司作出了罚款5万元的行政处罚决定。

红峡谷公司不服该行政处罚决定，其法定代表人找到我，希望我能代理本案。相较于平时办理的大标的行政案件，本案处罚金额实在是小得不能再小，但本案涉及规范性文件的合法性审查，这在行政诉讼中较为罕见，也是难点问题，具有重要的代理价值，正所谓"金额虽小，意义却大"。

考虑一周后，我决定接手这起具有推动法治进步意义的案件，正式接受委托。行政处罚案件，一般会计入企业诚信档案。因此，红峡谷公司高度重视，希望律师能够打赢这场行政官司。

红峡谷公司负责人说，公司董事对本区基层法院缺乏信任，希望能到中级法院或其他区的基层法院起诉。我明确告知："可以通过行政复议改变管辖连接点，但不可能到中级法院，普通的行政处罚案件，被告又不是区政府，按级别管辖，只能在基层法院。"

为了让其打消顾虑，我指出《行政诉讼法》第18条第1款"行政案件由最初作出行政行为的行政机关所在地人民法院管辖。经复议的案件，也可以由复议机关所在地人民法院管辖"之规定给红峡谷公司负责人看，该负责人表示认同。

经过几轮沟通，我与红峡谷公司达成了一致意见，决定先向位于市区的市水务局申请行政复议。如果市水务局能直接通过行政复议撤销行政处罚决定，则皆大欢喜；如果市水务局维持了区水务局的行政处罚决定，则可以选择在市水务局所在地的区法院一并起诉市、区两级水务局。

行政复议失败

递过行政复议申请及相关材料后，我与红峡谷公司又充分沟通，希望能在行政复议环节"快刀斩乱麻"。然而事与愿违，市水务局维持了区水务局作出的行政处罚决定。

实话实说,对于这样的结果,我既有些意外,也有某种预感,并没有特别失望,至少达到了案件可以由其他区法院管辖的目的。

接到市水务局行政复议决定后,我代红峡谷公司向区法院提起了行政诉讼,将市、区两级水务局列为共同被告,要求撤销市水务局的行政复议决定和区水务局的行政处罚决定,并申请对区水务局作出行政处罚决定依据的规范性文件"《××市水行政处罚程序规定(试行)》第二十条第一款第(二)项规定"的合法性进行附带性审查。

一审代理意见

在法庭辩论阶段,我即兴发表了辩论意见,法庭很安静,估计大家都在认真听。事后我整理成如下书面代理意见,提交给了法庭。

一、诉争行政处罚事实认定和适用法律错误

1. 诉争行政处罚认定本案基本事实不清

原告于 2012 年 7 月 11 日开始,经所在地镇政府、区地方海事局办事处、北京市交通委运输管理局批准,办理了通航水域划定备案登记,完善了水上漂流备案登记手续后,即开始从事漂流活动,并非两被告认定的"于 2017 年 9 月 1 日未经批准开展河湖利用活动"。

2. 违反法不溯及既往和追责时效两项原则

原告于 2012 年 7 月 11 日开始利用河湖进行漂流活动时,《××市河湖保护管理条例》尚未实施,根据 2015 年《立法法》第 93 条"法律、行政法规、地方性法规、自治条例和单行条例、规章不溯及既往,但为了更好地保护公民、法人和其他组织的权利和利益而作的特别规定除外"[1]之规定,该条例对本案不具有溯及既往的法律效力。

此外,2017 年《行政处罚法》第 29 条第 1 款规定,违法行为在 2 年内未被发

---

[1] 对应 2023 年《立法法》第 104 条。

现的,不再给予行政处罚。法律另有规定的除外。[1] 原告于2012年开始进行漂流活动,区水务局于2017年9月进行处罚时,早已超过2年。按照上述规定,应不再予以处罚。

3.违反比例原则和教育与惩戒相结合原则

所谓比例原则是指行政主体实施行政行为应兼顾行政目标的实现和保护相对人的利益,如果行政目标的实现可能对相对人的利益造成不利影响,则这种不利影响应被限制在尽可能小的范围和限度内。根据2017年《行政处罚法》第27条第1款第1项[2]的规定,原告已经主动消除危害后果,区水务局仍对原告作出5万元的行政处罚,属于违反比例原则,明显不当。

此外,2017年《行政处罚法》第5条[3]明确规定了教育与惩戒相结合原则。在原告开始从事漂流项目时,《市河湖保护管理条例》尚未实施,原告根据当时有效的规范性文件已经办理了相关审批手续,区水务局完全可以责令或协助申请人办理有关行政许可手续以达到行政管理目的。

4.行政处罚决定违反信赖利益保护原则

信赖利益保护原则,是指当个人对行政机关作出的行政处分已产生信赖利益,并且这种信赖利益因其具有正当性而得到保护时,行政机关不得撤销,如果撤销就必须补偿个人信赖利益损失。信赖利益保护原则高于法律优先原则,其基本含义就是行政执法必须诚实信用。

在本案中,已查明的事实足以证明原告对原涉案审批文件已产生信赖利益,而这种利益出于历史原因已具有正当性,无法定理由则无权撤销这种信赖利益。诉争行政处罚行为,其实质是对上述信赖利益的侵害。

二、诉争行政处罚决定程序严重违法

1.行政执法人员是否具备行政执法资格存疑

《×××市行政处罚执法资格管理办法》第2条规定:"本市各级行政执法部

---

[1] 现行有效的为2021年《行政处罚法》第36条。
[2] 对应2021年《行政处罚法》第32条第1项。
[3] 现行有效的为2021年《行政处罚法》第6条。

门的工作人员根据本办法的规定,取得行政处罚执法资格后,方可从事行政处罚岗位工作。"在本案中,区水务局虽向法庭提交了现场检查笔录、询问笔录、送达回证等证据材料,但对上述材料所载明的行政执法人员的行政执法身份并未证明。鉴于区水务局未在举证期限内对该问题予以证明,依据《行政诉讼法》第34条第2款"被告不提供或者无正当理由逾期提供证据,视为没有相应证据"之规定,应认定相关文书所载明的工作人员不具有行政执法主体资格。

2. 无证据证明听证主持人具备合法身份

参照《××市行政处罚听证程序实施办法》第7条第1款"听证由行政机关的法制机构工作人员等非本案调查人员主持……听证主持人应当由在行政机关从事法制工作二年以上或者从事行政执法工作五年以上、公道正派的人员担任"之规定,在本案中,听证笔录中的主持人唐某的工作部门为水政科,并非法制机构工作部门,同时,也无其他证明唐某从事法制工作2年以上或行政执法工作5年以上的证据。

3. 留置送达程序不合法,应视为未送达

市水务局颁发的《××市水行政处罚程序若干规定(试行)》第25条第2款明确规定:"当事人拒收水行政处罚决定书的,送达人应当记明拒收的事由和日期,将水行政处罚决定书留置当事人住所或者收发部门。"

根据上述规定,采取留置送达方式的,其送达地点为受送达人的住所。在本案中,区水务局采取留置方式送达行政处罚决定等涉案文书,其送达地点却为"区水政监察大队",显然违反上述规定。

4. 集体讨论主体错误,应视为程序严重违法

2017年《行政处罚法》第38条第2款规定:"对情节复杂或者重大违法行为给予较重的行政处罚,行政机关的负责人应当集体讨论决定。"[1]《最高人民法院关于适用〈中华人民共和国行政诉讼法〉的解释》第128条第1款规定:"行政机关负责人,包括行政机关的正职、副职负责人以及其他参与分管的负责人。"由此可见,哪些人是行政机关的负责人一目了然。

与此同时,1997年《水行政处罚实施办法》第10条第1款规定:"县级以上

---

[1] 现行有效的为2021年《行政处罚法》第57条第2款。

人民政府水行政主管部门可以在其法定权限内委托符合本办法第十一条规定条件的水政监察专职执法队伍或者其他组织实施水行政处罚。"[1]可见,水政监察大队与水务局之间为委托关系,受托方水政监察大队的负责人必然不是委托方水务局的负责人。

集体讨论制度,即在对情节复杂或重大违法行为进行较重处罚前,行政机关负责人通过党组会、联席会议、首长办公会等形式进行集体研究,再作出行政处罚决定。因为较重的行政处罚,可能对被处罚人的权利造成巨大影响。

在本案中,区水务局作出的 5 万元罚款的处罚一经执行,将给红峡谷公司造成重大财产损失。经过负责人的集体讨论,不仅能防止个别领导干部滥用权力,还能最大限度地保证行政决策的民主性和科学性,避免决策的随意性。

区水务局对负责人认定错误,导致没有按法定条件在作出行政处罚决定前由负责人集体讨论,构成严重的程序违法。仅凭这一点,就应当直接撤销行政处罚决定以及对这一错误行政处罚决定予以错误维持的行政复议决定。

三、涉案条款不应作为认定行政行为合法的依据

被告援引的《×××市水行政处罚程序若干规定(试行)》第 6 条第 2 款和第 20 条第 1 款第 2 项与我国现行法律、法规相悖,不具合法性,在本案裁判时应不予适用。

1. 涉案附带性审查条款与上位法相悖

基于前文,"行政机关的负责人"应仅限于行政机关的正职、副职负责人以及其他参与分管的负责人。而本案中的水政监察大队与区水务局之间为委托关系,水政监察大队的负责人必然不是委托方区水务局的负责人。《最高人民法院关于适用〈中华人民共和国行政诉讼法〉的解释》第 148 条第 2 款列举了"规范性文件不合法"的情形,其中第 1 项、第 2 项分别规定的是"超越制定机关的法定职权或者超越法律、法规、规章的授权范围的";"与法律、法规、规章等上位法的规定相抵触的"。

涉案条款将监察大队负责人视同行政机关的负责人,以及将部分行政处罚

---

[1] 对应 2023 年《水行政处罚实施办法》第 6 条第 1 款。

需负责人集体决定的职责委托给监察大队,该条款实质上是对2017年《行政处罚法》第38条第2款"行政机关的负责人"进行限制,显然与上述法律相抵触。

2.涉案条款超越职权,且减损当事人权益

参照2015年《立法法》第80条第2款"部门规章规定的事项应当属于执行法律或者国务院的行政法规、决定、命令的事项。没有法律或者国务院的行政法规、决定、命令的依据,部门规章不得设定减损公民、法人和其他组织权利或者增加其义务的规范,不得增加本部门的权力或者减少本部门的法定职责"[1]之规定,涉案附带性审查条款,实质上是"减少本部门的法定职责",导致的结果必然减损当事人的权利,构成《最高人民法院关于适用〈中华人民共和国行政诉讼法〉的解释》第148条第2款第3项之情形。

3.附带性审查条款违反合法行政原则

《国务院关于印发全面推进依法行政实施纲要的通知》第5条规定:"行政机关实施行政管理,应当依照法律、法规、规章的规定进行;没有法律、法规、规章的规定,行政机关不得作出影响公民、法人和其他组织合法权益或者增加公民、法人和其他组织义务的决定。"

原告申请附带性审查的涉案条款为被告市水务局作出的,该条款制作目的看似为实施行政管理,但其内容却是限制当事人的合法权益,增加当事人义务的,减少弱化了水务局的法定义务,与上述国务院通知第5条规定明显相悖。

鉴于此,应适用《最高人民法院关于适用〈中华人民共和国行政诉讼法〉的解释》第149条第1款"经审查认为规范性文件不合法的,不作为人民法院认定行政行为合法的依据"之规定,对原告申请附带性审查的条款作出违法认定,在本案裁判时不予适用。

四、市水务局在作出行政复议决定时程序违法

1.无证据证明市水务局复议中审查了证据原件

根据2017年《行政复议法》等规定,行政复议机关在作出行政复议决定时应查明涉案事实是否清楚,证据是否确凿,适用依据是否正确等,而在本案中,

---

[1] 对应2023年《立法法》第91条第2款。

根据区水务局的举证情况来看,有足够的理由相信市水务局在履行行政复议职责时未审慎地履行核实区水务局证据真实性的义务,属程序违法。

2. 复议决定欠缺集体讨论或者负责人批准的证据

2017年《行政复议法》第28条第1款规定:"行政复议机关负责法制工作的机构应当对被申请人作出的具体行政行为进行审查,提出意见,经行政复议机关的负责人同意或者集体讨论通过后,按照下列规定作出行政复议决定。"在本案中,市水务局未提供证据证明其在作出涉及原告重大利益的行政复议决定之前,经过了集体讨论或者负责人的批准。

综上,区水务局作出的行政处罚决定,认定事实不清,处理不当,程序严重违法,适用依据错误,应依法予以撤销。作为复议机关的市水务局对区水务局作出的错误行政处罚决定予以维持,同样错误,其作出的行政复议决定也应一并撤销。

一审首战告捷

一审法院作出行政判决,支持了我的代理意见,撤销了区水务局的行政处罚决定和市水务局的行政复议决定。其裁判意见如下:

对于红峡谷公司要求对市水务局制定的规范性文件《××市水行政处罚程序若干规定(试行)》第6条第2款、第20条第1款第2项一并进行审查的诉讼请求,本院认为,《××市水行政处罚程序若干规定(试行)》第6条第1款规定:"除依法可以当场决定水行政处罚的外,水政监察人员发现公民、法人或者其他组织有违法行为依法应当给予水行政处罚的,应当报水行政处罚机关负责人批准立案。"该条第2款规定:"水行政处罚机关负责人包括水行政处罚机关法定代表人或者主管负责人;市、区水行政主管部门委托的水政监察机构主要负责人或者主管负责人在委托权限内也可视为水行政处罚机关负责人。"

《行政诉讼法》第3条第3款规定了被诉行政机关负责人应当出庭应诉。《最高人民法院关于适用〈中华人民共和国行政诉讼法〉的解释》第128条第1款规定了行政机关负责人包括行政机关的正职、副职负责人以及其他参与分管的负责人。由于水行政监察机构隶属水行政处罚机关的下级内设机构,因此水行政监察机构的负责人不属于《行政诉讼法》第3条第3款规定的行政机关负责人。

《××市水行政处罚程序若干规定（试行）》第6条第2款将水政监察机构主要负责人或者主管负责人在委托权限内视为水行政处罚机关的负责人，违反了《行政诉讼法》第3条第3款的规定，因此该条款不应作为认定行政行为合法的依据。《最高人民法院关于适用〈中华人民共和国行政诉讼法〉的解释》第148条第2款第2项规定，规范性文件与法律、法规、规章等上位法的规定相抵触的，属于《行政诉讼法》第64条规定的"规范性文件不合法"。

在本案中，区水务局在作出行政处罚决定前，依据《××市水行政处罚程序若干规定（试行）》第20条第1款第2项的规定，由水政监察机构负责人进行了集体讨论。

《××市水行政处罚程序若干规定（试行）》第20条第1款第2项规定："拟对公民处以超过三千元至一万元罚款、对法人或者其他组织处以超过三万元至十万元以下罚款的，经水政监察机构内设法制工作机构法制审查后，由水政监察机构负责人进行集体讨论，参加人数不得少于负责人职数的3/4。列席人员应为案件承办人、内设法制工作机构负责人和其他相关人员。水政监察机构负责人集体讨论达成共识后提出行政处罚建议，经水行政处罚机关法制机构进行法制复核，报水行政处罚机关负责人审查同意后用印盖章。"

对于上述条款，本院经审查认为，《××市水行政处罚程序若干规定（试行）》第20条第1款第2项规定了"对法人或者其他组织处以超过三万元至十万元以下罚款的，经水政监察机构内设法制工作机构法制审查后，由水政监察机构负责人进行集体讨论……"

而1997年《水行政处罚实施办法》第30条第3款、第4款规定："对情节复杂或者重大违法行为给予较重的水行政处罚，水行政处罚机关负责人应当集体讨论决定。前款所称较重的水行政处罚是指对公民处以超过三千元罚款、对法人或者其他组织处以超过三万元罚款、吊销许可证等。"

依据上述条款，"对法人或者其他组织处以超过三万元罚款"的行政处罚，应当由水行政机关负责人集体讨论决定。而水政监察机构的负责人并非水行政处罚机关的负责人，故《××市水行政处罚程序若干规定（试行）》第20条第

1款第2项明显与其上位法1997年《水行政处罚实施办法》第30条第3款相抵触,因此该条款亦不作为认定行政行为合法的依据。

行政机关作出行政行为时,应当遵照法定的程序进行,特别是对违法行为人处以较重的行政处罚时,应当采取审慎的态度,严格履行相关法定程序。2017年《行政处罚法》第38条第2款规定:"对情节复杂或者重大违法行为给予较重的行政处罚,行政机关的负责人应当集体讨论决定。"

1997年《水行政处罚实施办法》第30条第3款、第4款亦规定:"对情节复杂或者重大违法行为给予较重的水行政处罚,水行政处罚机关负责人应当集体讨论决定。前款所称较重的水行政处罚是指对公民处以超过三千元罚款、对法人或者其他组织处以超过三万元罚款、吊销许可证等。"

依据上述规定,在对公民处以超过3000元罚款,对法人或者其他组织处以超过3万元罚款、吊销许可证等较重的行政处罚决定时,应当适用2017年《行政处罚法》第38条第2款的规定,即应当由水行政机关的负责人集体讨论决定。

2017年《行政处罚法》和1997年《水行政处罚实施办法》均规定了由行政机关负责人集体讨论决定是给予较重行政处罚为必须履行的法定程序,目的是使行政处罚更加规范、合理,防止行政机关执法人员滥用行政权力,更好地保障行政相对人的合法权益。

1997年《水行政处罚实施办法》对何种情形属于较重的水行政处罚作出了更加具体、明确的规定。在本案中,区水务局对红峡谷公司处以5万元的罚款,符合1997年《水行政处罚实施办法》第30条第3款、第4款的规定,属于2017年《行政处罚法》第38条第2款规定的较重行政处罚,因此应当适用2017年《行政处罚法》第38条第2款的规定,即应当由区水务局的负责人集体讨论决定。

由于区水务局在作出行政处罚决定之前,未由水行政机关负责人集体讨论即作出了行政处罚决定,违反了2017年《行政处罚法》第38条第2款和1997年《水行政处罚实施办法》第30条第3款的规定,故区水务局作出的行政处罚决定未履行相应的法定程序,本院应予以撤销。同时,对于市水务局作出的行政复议决定书本院一并予以撤销。

二审代理意见

市、区两级水务局不服一审判决,提起上诉,理由如下:

区水务局认为:(1)《××市水行政处罚程序若干规定(试行)》第 6 条第 2 款不违反上位法,水政监察机构负责人可以视为"行政机关负责人";(2)《××市水行政处罚程序若干规定(试行)》第 20 条第 1 款第 2 项是对上位法的细化,同样不违反上位法。市水务局则认为,水政监察机构主要负责人或者主管负责人在委托权限内也可以视为水行政处罚机关负责人,所以原判是错误的。

针对市、区两级水务局的上述上诉意见,我在二审开庭时提出了如下代理意见:

原审判决认定事实清楚,适用法律正确,程序合法,应当维持。理由如下。

一、行政处罚决定作出时的集体讨论主体不合法

上诉人称水政监察大队的领导可全权代表区水务局的负责人,该理由不能成立。2017 年《行政处罚法》第 38 条第 2 款规定:"对情节复杂或者重大违法行为给予较重的行政处罚,行政机关负责人应当集体讨论决定。"《最高人民法院关于适用〈中华人民共和国行政诉讼法〉的解释》第 128 条第 1 款规定:"行政机关负责人,包括行政机关的正职副职负责人以及其他参与分管的负责人。"

由此可见,行政机关的负责人仅是指行政机关的正副职负责人以及其他参与分管的负责人。此外,1997 年《水行政处罚实施办法》第 10 条规定:"县级以上人民政府水行政主管部门可以在其法定权限内委托符合本办法第十一条规定条件的水政监察专职执法队伍或者其他组织实施水行政处罚。"可见,水政监察大队与水务局之间为委托关系,水政监察大队的负责人并不是委托方区水务局的负责人,即"行政机关其他参与分管的负责人。"

在本案中,集体讨论的参与人员不是区水务局行政负责人,而全是水政监察大队成员。基于水政监察大队与区水务局为委托关系,水政监察大队的负责人必然不是委托方区水务局的负责人。集体讨论主体错误,必然会使本应该用以避免决策随意性的集体讨论,沦为形式主义,讨论意义不复存在。上诉人的

上诉意见于法相悖,不应采信。

二、应参照文义解释对存在争议的条款进行解释

上诉人市、区两级水务局都在强调按照现有法律规定,水政监察大队负责人可以视为行政机关负责人。对此问题,代理人已经在一审中,根据法律解释的基本原理和善良的执法目的进行了详细的论证。既然,两上诉人仍然纠结,有必要作简要阐述。

对法律的理解发生争议,其解释方法有文义解释、论理解释、比较法解释、社会学解释等,其中文义解释是最常用也是最优先的方法。所谓文义解释,也称语法解释、文法解释、文理解释,就是指从法律条文所运用的语言的含义本身来解读法律规定的内容。

首先应以日常语言文字的表述含义来确定所要解释的法律规范的文字含义;其次应根据法律专业的特殊要求来理解法律规范运用的特定含义,如本案中的"行政机关负责人""规范性文件审查"等法律概念;最后是通过法律规定的语境及上下文来确定法律规范的文字本身含义。

结合本案,对适用法律的理解产生争议的,应当优先采用文义解释的方法理解什么是"集体负责人讨论",而且根据这种解释方式在各方对法律理解均有己见的情况下,应当根据法律规定的字面意思来确定其真实含义,让文义解释贯穿法律解释始终,其他解释都要服从文义解释。如果根据文义解释得出的结论是确定和唯一的,且不和法律的上下文及语境发生冲突,则应当将文义解释的结论作为裁判是非曲直的依据。

在本案中,2017年《行政处罚法》第38条第2款和1997年《水行政处罚实施办法》第30条第3款、第4款的字面含义一目了然,"较重的行政处罚应当经过行政机关的负责人即水行政处罚机关的负责人集体讨论",根据上述规定从文义解释角度不能得出"可由水政监察机构负责人集体讨论代替水行政处罚机关的负责人集体讨论"的结论。

另外,根据2017年《行政处罚法》第18条、第19条[1]和1997年《水行政处

---

[1] 现行有效的为2021年《行政处罚法》第20条、第21条。

罚实施办法》第10条第1款、第11条的规定,县级以上人民政府水行政主管部门可以在其法定权限内委托符合条件的水政监察专职执法队伍实施水行政处罚。

由此可见,区水务局与区水政监察大队是委托与被委托的关系,区水务局是水行政主管部门,区水政监察大队是事业组织,二者虽具有一定的隶属关系,但从法律上而言,二者属于两个不同的主体。区水政监察大队的所谓负责人集体讨论不能代替区水利局负责人的集体讨论。

三、市政府的两个文件不能成为处罚程序合法的依据

上诉人将《××市水行政处罚程序若干规定(试行)》第6条第2款和第20条第1款第2项(以下简称涉案条款)与北京市人民政府法制办公室16号和35号文件(以下简称16号和35号文件)作为认定诉争行政处罚程序合法的依据,属于适用法律错误。

在原审中,被上诉人对涉案条款提起规范性文件审查申请,对此原审法院已作出正确认定,涉案条款与现行法律、法规相悖,不具有适用性。但在二审中,上诉人提交16号和35号文件作为依据,对此,我们认为不合法,理由如下:

1. 上诉人的上述规范依据与上位法相悖

基于相关规定,"行政机关负责人"应仅限于行政机关的正副职负责人及其他参与分管的负责人。而本案中的水政监察大队与区水务局之间为委托关系,水政监察大队负责人必然不是委托方区水务局负责人。涉案条款将监察大队负责人视同行政机关负责人,以及将部分行政处罚需负责人集体决定的职责委托给水政监察大队实际上是对行政机关负责人的扩大适用。

故涉案条款超越职权,且减损当事人的合法权益。2015年《立法法》第80条第2款规定:"部门规章规定的事项应当属于执行法律或者国务院的行政法规、决定、命令的事项。没有法律或者国务院的行政法规、决定、命令的依据,部门规章不得设定减损公民、法人和其他组织权利或者增加其义务的规范,不得增加本部门的权力或者减少本部门的法定职责。"本案涉案条款,以及16号和35号文件的相关内容,实质上是"减少本部门的法定职责",据此作出的决定必然减损当事人的权利,显然与上位法相悖。

2. 市水务局的规范依据明显违反合法行政原则

涉案条款的制作目的为实施合法行政管理,但从其内容来看却是在限制当事人的合法权益,增加其义务,这与《国务院关于印发全面推进依法行政实施纲要的通知》第 5 条规定明显相悖。

四、区水务局的二审证据不应该视为新证据

根据《行政诉讼法》第 34 条和第 67 条第 1 款规定,被告对作出的行政行为负有举证责任,应当提供作出该具体行政行为的证据和所依据的规范性文件。被告不提供或者无正当理由逾期提供证据,视为没有相应的证据。被告应当在收到起诉状副本之日起 15 日内向人民法院提交作出行政行为的证据和所依据的规范性文件。

由此可见,在行政诉讼案中,被告的举证期为 15 日,超过 15 日的,则应当有"正当理由"。在本案中,原审有两次开庭,间隔期长达 1 个多月,在第二次开庭前,区水务局也未将相关证据交给法庭,也未在二审中予以阐释。此外,区水务局在二审中提交的所谓证据也不符合法律之规定,建议二审法院不予采纳。

综上,原判认定事实清楚,程序合法,定性准确,处理适当,市、区两级水务局的上诉意见欠缺最基本的事实和法律依据,不应采信。请二审驳回上诉,维持原判。

以上代理意见,请二审评议时给予充分考虑。

二审再次获胜

2019 年 3 月 22 日,市第一中级人民法院作出以下二审判决,驳回上诉,维持原判。其裁判意见为:

关于区水务局具有作出被诉行政处罚决定书的法定职权,一审法院已予审查,各方当事人无异议,经本院审查同意一审法院的审查意见。

综合各方诉辩主张,本案之主要争议焦点在于:区水务局作出的被诉行政处罚决定是否违反法定程序,是否属于应当依法撤销之情形。

关于被诉行政处罚决定的作出程序,本院认为,2017 年《行政处罚法》第 38

条第 2 款规定:"对情节复杂或者重大违法行为给予较重的行政处罚,行政机关的负责人应当集体讨论决定。"1997 年《水行政处罚实施办法》第 30 条第 3 款、第 4 款亦规定:"对情节复杂或者重大违法行为给予较重的水行政处罚,水行政处罚机关负责人应当集体讨论决定。前款所称较重的水行政处罚是指对公民处以超过三千元罚款、对法人或者其他组织处以超过三万元罚款、吊销许可证等。"

在本案中,区水务局系因红峡谷公司未经水行政主管部门批准,"擅自"利用河湖开办旅游项目或者从事其他利用活动,依据 2016 年《××市河湖保护管理条例》第 45 条第 2 款的规定,对红峡谷公司处以人民币 5 万元的罚款。依据相关规定和查明的事实,对法人或者其他组织处以超过 3 万元罚款、吊销许可证等较重的行政处罚决定时,应当适用 2017 年《行政处罚法》第 38 条第 2 款的规定,故本案行政处罚应当由水行政机关的负责人集体讨论决定。

上诉人区水务局及市水务局均上诉主张水政监察机构负责人可以视为行政机关负责人,被诉行政处罚书已经水政监察机构负责人集体讨论,故被诉行政处罚程序合法。

上诉人的该项主张不能成立,原因如下:

第一,从法律解释的角度来说,根据法律解释的基本原则,对法律条文应当首先进行文义解释,文义解释是法律解释的起点和终点,其他解释都需以文义解释为基础。如果文义解释的结论是唯一且毫无疑义的,且不会造成体系冲突,则原则上应采纳文义解释的结论。

根据 2017 年《行政处罚法》第 38 条第 2 款,1997 年《水行政处罚实施办法》第 30 条第 3 款、第 4 款的文义可以明确得出较重的行政处罚应当经过行政机关的负责人即水行政处罚机关的负责人集体讨论,从文义解释角度不能得出系由水政监察机构负责人集体讨论。

第二,从机构建制的角度来说,根据 2017 年《行政处罚法》第 18 条、第 19 条,1997 年《水行政处罚实施办法》第 10 条第 1 款、第 11 条的规定,县级以上人民政府水行政主管部门可以在其法定权限内委托符合条件的水政监察专职执法队伍实施水行政处罚。

故区水务局与区水政监察大队在作出行政处罚的过程中系委托与被委托的关系,区水务局是水行政主管部门,区水政监察大队则系依法成立的管理水利事务的事业组织,即使是在此种委托与被委托的关系之下,行政机关所属事业单位的负责人也当然不能替代行政机关的负责人在行政处罚的过程中进行集体讨论。

第三,从立法目的角度来看,2017年《行政处罚法》及1997年《水行政处罚实施办法》均规定了行政机关负责人集体讨论是给予较重行政处罚必须履行的法定程序,亦是与作出一般行政处罚相区别的特殊程序,能更好地保障行政处罚相对人的合法权益,规范行政机关的执法行为。

负责人集体讨论可能会对处罚结论造成直接的影响,不同的主体进行讨论,讨论出来的处罚结果可能不同,处罚结果的不同势必会对当事人权利义务产生影响,所以是否经过负责人集体讨论,以及集体讨论的主体是谁,应当属于法院对行政行为合法性的审查范围。综上,一审法院认定被诉行政处罚决定未履行法定程序,予以撤销,并将被诉复议决定一并撤销正确,本院予以维持。

《行政诉讼法》第53条规定:"公民、法人或者其他组织认为行政行为所依据的国务院部门和地方人民政府及其部门制定的规范性文件不合法,在对行政行为提起诉讼时,可以一并请求对该规范性文件进行审查。前款规定的规范性文件不含规章。"

在一审中,红峡谷公司要求对《××市水行政处罚程序若干规定(试行)》第6条第2款、第20条第1款第2项一并进行审查。其中第6条第2款主要规定市、区水行政主管部门委托的水政监察机构主要负责人或者主管负责人在委托权限内可视为水行政处罚机关负责人。

区水政监察大队系管理水利事务的事业组织,水政监察大队的负责人显然不属于《行政诉讼法》第3条第3项及《最高人民法院关于适用〈中华人民共和国行政诉讼法〉的解释》第128条第1款规定的行政机关负责人的范围。《××市水行政处罚程序若干规定(试行)》第20条第1款第2项系指向对公民处以3000元以上3万元以下罚款,对法人或者其他组织处以3万元以上10万元以下罚款的程序规定,规定拟作出上述处罚需经水政监察机构负责人集体讨论,经讨论达成共识后提出行政处罚建议,建议经水行政处罚机关法制机构复核后再报水行政处罚机关负责人审查同意后用印盖章。

需要说明的是,上述规定第20条第1款第3项是指向对公民处以超过1万元罚款,对法人或者其他组织处以超过 10 万元罚款、吊销许可证等水行政处罚的程序规定,根据该项规定在拟作出上述金额范围及种类处罚的情形下应提请水行政处罚机关负责人集体讨论。

1997 年《水行政处罚实施办法》第 30 条规定的较重的水行政处罚是指对公民处以超过 3000 元罚款,对法人或者其他组织处以超过 3 万元罚款、吊销许可证等。同为作出较重的行政处罚,《××市水行政处罚程序若干规定(试行)》规定的集体讨论的主体却不尽相同,《××市水行政处罚程序若干规定(试行)》第 20 条第 1 款第 2 项明显与 1997 年《水行政处罚实施办法》第 30 条第 3 款相抵触。

因此,《××市水行政处罚程序若干规定(试行)》第 6 条第 2 款、第 20 条第 1 款第 2 项均与上位法规定相抵触,不应作为认定行政行为合法的依据。对规范性文件的附带审查,本院同意一审法院的相关认定。

综上,一审判决认定事实清楚,适用法律正确,本院予以维持。

案件评析与思考

(一)规范性文件的合法性审查

对规范性文件进行审查的标准是"合法性",但"合法性"的含义及其具体审查强度在学理上存在争议:一是合宪法说,即法院在审查行政规范性文件是否合法时,首要标准是看该规范是否符合宪法要求,在这一前提下,再审查该规范是否与现行法律法规冲突。二是实质合法性说,认为既要审查规范性文件的合法性,又要审查规范性文件的合理性。同时,针对上位法规定不明确的规范性文件,根据类型区分审查强度,采取不同的审查标准。三是形式合法性说,认为只能对规范性文件的合法性进行审查,不审查合理性。在现实中,规范性文件明显违背上位法的形式违法情况较少,大多为隐形违法以及实质不合理。通过案例检索发现,人民法院大多仅对规范性文件的形式合法性进行审查,对于合理性的审查持谨慎态度,仅有少数案件把合理性作为认定规范性文件合法的补强理由与辅助论证。

(二)规范性文件的审查必要性

规范性文件在国家治理中占据重要地位,它能够及时回应复杂多变的行政管理需要,为行政管理提供不可或缺的重要依据。具有普遍适用效力的规范性文件,如果出现违法或者不适当的情况,其影响将远超个案本身。规范性文件一并审查制度可以及时消除上述隐患,是实现良法善治的保障。

规范性文件是行政机关或者法律、法规授权的具有管理公共事务职能的组织依法履行职能的重要依据,对规范性文件的附带审查也是确保行政机关出台的规范性文件合法有效的重要措施和救济手段。规范性文件的附带审查是合法行政的必然趋势,也是推进依法行政,建设社会主义法治政府的必然要求,有利于保障法治统一、政令统一,保护公民、法人和其他组织的合法权益。

结合我国行政规范性文件附带审查的司法实践,有以下三点值得进一步改进:(1)申请附带性审查的主体应扩大到第三人;(2)附带性审查应延伸到二审或再审程序;(3)规范性文件附带审查无须中止诉讼。

案例 3
环保部门能否下发通知责令企业停产整顿
——利大科技诉新店环保局不服责令停产整顿案

导读提示

利大科技公司成立于 1958 年,前身是某著名大学化工厂,是一家新三板上市公司。2001 年利大科技公司入驻新店经济技术开发区,成立利大科技新店分公司。

2016 年 9 月,新店经济技术开发区城市建设环境保护局(以下简称新店环保局)突然作出决定,称利大科技新店分公司未经环保设施竣工验收便投入生产,责令该分公司停产整改。

该分公司委托我提起行政诉讼,一审败诉。上诉后,市中级人民法院撤销原审错误判决,确认新店环保局作出的决定违法。利大科技公司及时履行新三板上市公司信息披露义务,依法向社会对此案进行了公告。

案情回放

百余年的风雨历程,铸就了某著名大学"敢为天下先"的独创精神,也铸就了该校学子诚信实干、自强拓新的品格与气度。正是在这样的氛围下,1958 年成立的大学化工厂,历经风雨,成为全国知名的新三板上市公司。

2001 年利大科技公司入驻新店经济技术开发区,成立利大科技新店分公司,作为重要生产基地。为了积极承担相应的社会责任,也为了配合国家的环保要求和碧水蓝天,即使顶着经济逆行的压力,依然投入近千万元,进行环保改造。

奈何百般苦心、万般苦衷，天也有不测风云，2016年9月，新店环保局作出一纸责令改正违法行为决定书，要求利大科技新店分公司停产整改。由此，利大科技新店分公司180多名员工领不到工资，300多名客户订单无法如期生产，直接经济损失超千万元。

作为公司高层的高管们不能理解，公司每一项该走的程序都走过，该做的检查都做过，即使会多走一点儿弯路，少赚一点儿利润，公司也一直积极响应国家政策。是公司环保出现了纰漏，还是环保局违法行政？公司进行求证。

经过再次的仔细检查和与新店环保局反复咨询、沟通，公司才了解到环保局认为公司的"硅烷偶联剂"项目未经环境保护设施竣工验收，但是"硅烷偶联剂"作为"烷氧基硅烷"项目的产品之一，公司已经就"烷氧基硅烷"项目取得了环评审批。

难不成每一个产品都需要单独审批？类比思考，难道方便面生产线通过环评审批后，从这条生产线上出来牛肉面、酸菜面、香菇面等每一个新口味的产品都要单独审批合格才算达标合规吗？

在多次协商无果的情况下，利大科技公司决定走法律程序，提起行政诉讼。当该公司董事长打通我的电话时，我还有点儿不相信。

很快，我向区人民法院递交了诉状及证据，要求撤销新店环保局作出的行政决定。

一审代理意见

开庭如期进行，法院很重视，在最人的第一号法庭开庭，新店经济技术开发区管委会及环保局来了20多人旁听。在法庭上，我寸步不让，提出了如下代理意见。

一、该决定为典型的行政处罚行为

1. 停产停业属于行政处罚的种类之一

2009年《行政处罚法》第8条规定，"行政处罚的种类：（一）警告；（二）罚款；（三）没收违法所得、没收非法财物；（四）责令停产停业；（五）暂扣或者吊销许可证、暂扣或者吊销执照;(六)行政拘留;(七)法律、行政法规规定的其他行政处罚"[1]。其中第 4 项就是"责令停产停业",说明涉案决定属于行政处罚。

2. 从适用的法律依据来看该决定属于行政处罚

该决定称"我局将依据《建设项目环境保护管理条例》第 28 条[2]对你公司实施行政处罚"。该条款系 2009 年《行政处罚法》第 8 条第 4 项"责令停产停业"和第 7 项"法律、行政法规规定的其他行政处罚"的立法延续,其性质仍属于"责令停产停业"的行政处罚种类。

3. 被告也当庭称该决定为行政处罚

被告在刚才的庭审中,一再强调,该决定是行政处罚。同时,从被告行政答辩状所载明的内容来看,被告同样认同该决定系行政处罚。根据法律规定,对方自认的事实,另一方无须举证。

二、该决定于法无据,应予以撤销

1. 被告作出该决定的主要证据不足

被告提交的调查询问笔录和现场检查笔录等证据材料显示,2016 年 8 月 25 日去原告公司进行现场检查的行政机关为"市环境监察支队",并非被告。显然,被告辩称其依法"进行现场检查"与基本事实相悖。

2. 被告作出该决定违反法定程序

2009 年《行政处罚法》第 31 条、第 32 条、第 42 条规定:行政机关在作出行政处罚决定之前,应当告知当事人作出行政处罚的事实、理由及依据;当事人有权进行陈述和申辩,行政机关必须充分听取当事人的意见;当事人提出的事实、理由或者证据成立的,行政机关应当采纳;行政机关作出责令停产停业、吊销许可证或者执照、较大数额罚款等行政处罚之前,应当告知当事人有要求举行听证会的权利。[3]

在本案中,被告没有任何证据证明其在作出处罚决定前已履行告知义务,

---

[1] 现行有效的为 2021 年《行政处罚法》第 9 条。
[2] 对应 2017 年《建设项目环境保护管理条例》第 23 条第 1 款。
[3] 现行有效的为 2021 年《行政处罚法》第 44 条、第 45 条、第 63 条。

履行听取陈述申辩,通知听证等法定程序。由此可见,被告的行为明显违反规定,属程序违法。

3. 被告作出的停产决定明显超越职权

1998年《建设项目环境保护管理条例》第28条规定:"由审批该建设项目影响报告书、环境影响报告表或者环境影响登记表的环境保护行政主管部门责令停止生产或者使用,可以处10万元以下的罚款。"[1] 由此可知,享有行政处罚权的只能是审批建设项目环境报告书的湖北省环境保护局,而不是被告。

4. 被告作出的停产决定适用法律错误

最高人民法院第41号指导案例"宣某成等诉浙江省某市国土资源局收回国有土地使用权案"(最高人民法院审判委员会讨论通过2014年12月25日发布),明确了审查行政行为法律适用的裁判规则,即"行政机关作出具体行政行为时未引用具体法律条款,且在诉讼中不能证明该具体行政行为符合法律的具体规定,应该视为该具体行政行为没有法律依据,适用法律错误"。

在本案中,可以参照适用上述裁判规则,该决定以1998年《建设项目环境保护管理条例》第28条作为处罚依据,明显存在不当。据此,应当认定该决定没有法律依据,适用法律错误。

三、被告应承担举证不能的法律后果

1. 被告提交的证据不符合行政诉讼证据规则

《最高人民法院关于行政诉讼证据若干问题的规定》第35条规定:"证据应当在法庭上出示,并经庭审质证。未经庭审质证的证据,不能作为定案的依据。"第40条规定:"对书证、物证和视听资料进行质证时,当事人应当出示证据的原件或者原物。"

在本案中,被告提交的相关证据均为复印件,并非原件,对此,本代理人当庭指出,根据上述之规定,被告提交的3份证据不能作为定案根据。

2. 被告对许多当庭辩解均未提供证据佐证

例如被告称"我们是会同市环境监察支队进行检查",但没有提供联合检查

---

[1] 现行有效的为2017年《建设项目环境保护管理条例》第22条。

任何依据。又如被告称"烷氧基硅烷和硅烷偶联剂不属同一产品",事实上烷氧基硅烷和硅烷偶联剂属同一种类产品,学名为"有机硅"。再如被告称"一个产品一次审批",但又不提供这方面的规定。

如前所述,原告有机硅建设项目获得了环保审批,生产什么产品,是原告的事情;如果超范围经营,是工商局管的事情;如果质量有问题,是质量监督管理局管的事情;如果有排污行为,才是被告该管的事情。

3. 被告应承担举证不能的法律后果

《行政诉讼法》第34条第1款规定:"被告对作出的行政行为负有举证责任,应当提供作出该行政行为的证据和所依据的规范性文件。"因此,被告应该对该决定的合法性进行举证证明。《行政诉讼法》第34条第2款规定:"被告不提供或者无正当理由逾期提供证据,视为没有相应证据。"被告未有效地完成上述之举证职责,应承担举证不能的法律后果。

综上,被告作出的该决定欠缺基本的事实和法律依据,程序违法,适用法律错误,定性不当,应当依法予以撤销。

一审败诉

区人民法院并未采纳我提出的上述代理意见,于2017年8月10日作出如下一审行政判决,驳回起诉。一审法院裁判理由如下:

根据1989年《环境保护法》第26条"建设项目中防治污染的设施,必须与主体工程同时设计、同时施工、同时投产使用。防治污染的设施必须经审批环境影响报告书的环保部门验收合格后,该建设项目方可投入生产和使用"[1]的规定,原告利大科技新店分公司生产的"硅烷偶联剂"项目投入运行,没有办理环评审批手续,属于违法行为。

根据2014年《环境保护法》第61条"建设单位未依法提交建设项目环境影响评价文件或者环境影响评价文件未经批准,擅自开工建设的,由负有环境保护监督管理职责的部门责令停止建设,处以罚款,并可以责令恢复原状"的规

---

[1] 现行有效的为2015年《环境保护法》第41条。

定,被告对其辖区企业负有环境保护监督管理职责,有权对原告违法行为,作出责令改正,停止生产的决定。

《环境行政处罚办法》[1](环境保护部令第 8 号)第 12 条第 1 款第 3 项将"责令停止生产或使用"列为行政命令具体形式之一;该条第 2 款规定,"根据最高人民法院关于行政行为种类和规范行政案件案由的规定,行政命令不属行政处罚。行政命令不适用行政处罚程序的规定"。

经过被告新店环保局调查、勘验后,发现原告利大科技新店分公司生产的硅烷偶联剂项目投入运行,没有办理环评审批手续,作出的决定是履行监管职责的行政行为,目的是制止环境违法,督促原告回归合法状态,不具有惩罚性,被告作出的属于行政命令。

被告作出的责令改正违法行为决定,认定事实清楚,适用法律法规正确;原告所辩称意见,均不予支持。

二审代理意见

利大科技公司不服,指令新店分公司依法提起上诉。二审开庭,我提出如下代理意见。

一、原判认定事实明显错误,证据采信明显不当

利大科技新店分公司已经向原审法院提交了省原环境保护局作出的"(2002)40 号"《书面审批意见的复函》及"×环验(2005)10 号"《验收意见书》,但原审法院竟然认为这两项证据证明目的与本案无关联而不予采信。

即使假定"烷氧基硅烷"和"硅烷偶联剂"不属同一产品,新店环保局在作出的责令改正违法行为决定中也没有作出区分,而是要求利大科技新店分公司整个厂区一律停止生产,显然属于认定事实不清。

二、原判适用法律错误,导致判决明显不公

原判适用 2014 年《环境保护法》第 61 条的规定,认为新店环保局对辖区企

---

[1] 已失效,被 2023 年 5 月 8 日公布的《生态环境行政处罚权法》取代。

业负有环境保护监督管理职权,有权对利大科技新店分公司的所谓"违法行为"作出责令改正,停止生产的决定,显然属于适用法律错误。

事实上,利大科技新店分公司的项目取得了环评审批,投产已10余年,并非擅自开工建设。即使利大科技新店分公司的项目不符合标准,新店环保局也只能依据2014年《环境保护法》上述之规定的后半段"责令停产建设,处以罚款,并可以责令恢复原状"进行处罚,并无权停止生产。

2014年《环境保护法》第61条是在2014年修订后新增加的条款。即便利大科技新店分公司有该条所称之行为,也不能适用该条款对利大科技新店分公司进行处理,因为利大科技新店分公司的行为都发生在10余年前。法无溯及力是最基本的法律适用原则。

按照新店环保局一审中的观点或行政决定中的表述,其处置的对象是所谓利大科技新店分公司违反"建设项目需要配套建设的环境保护设施,必须与主体工程同时设计、同时施工、同时投产使用"三同时环境管理制度的行为,而不是违反"建设单位未依法提交建设项目环境影响评价文件或者环境影响评价文件未经批准,擅自开工建设"环境影响评价制度的行为。因此,原判属于答非所问,明显属于适用法律错误。

三、责令改正违法行为决定程序违法,超越职权

从1998年《建设项目环境保护管理条例》第28条"由审批该建设项目环境影响报告书、环境影响报告表或者影响登记表的环境保护行政主管部门责令停止生产或者使用,可以处10万元以下的罚款"之规定[1]和环境保护部2009年3月1日实施的《建设项目环境影响评价文件分级审批规定》第8条第1款第2项及《湖北省建设项目环境影响评价分级审批办法》等相关规定来看,均遵循的是"谁审批谁管理谁处罚"原则。

涉案工程的建设项目环境影响报告书的原审批机关为原湖北省环境保护局,且该建设项目竣工后进行验收合格,并非责令改正违法行为决定所称的没有竣工验收。这充分证明新店环保局属于典型的超越行政职权,该处罚决定应

---

[1] 现行有效的为2017年《建设项目环境保护管理条例》第23条。

予撤销。即便该建设项目没有竣工验收,享有行政执法权的也只能是审批建设项目环境影响报告的原省环境保护局,即现在的省环境保护厅,而非新店环保局。

原判对明显超越行政职权的错误行政行为不依法撤销,反而匪夷所思地驳回了利大科技新店分公司的起诉,该判决同样错误。

四、责令改正违法行为决定无合法有效的证据支撑

新店环保局没有证据证明自己对本案进行了调查。2016 年 8 月 25 日对利大科技新店分公司进行检查的行政机关为市环境监察支队,与新店环保局所述基本事实相悖。而且,新店环保局提交的证据不符合行政诉讼证据规则,提交的证据系复印件,法院对该证据进行核对,违反了《行政诉讼法》第 40 条规定:人民法院有权向有关行政机关以及其他组织、公民调取证据。但是不得为证明行政行为的合法性调取被告作出行政行为时未收集的证据。

如果利大科技新店分公司有排污行为,才在新店环保局管辖范围内,在本案中,利大科技新店分公司获得环评审批的建设项目和环境保护局没有任何关系。新店环保局应当承担法律依据举证不能的后果。在本案中,新店环保局没有向法庭提交任何法律依据。在答辩中只强调《行政处罚法》第 23 条和 1998 年《建设项目环境保护管理条例》第 28 条。新店环保局不提供或者无正当理由逾期提供证据,视为没有相应证据。

综上,原判及停产决定均认定事实不清,证据不足,适用法律错误,应依法撤销,尤其是新店环保局的停产决定明显超越法定职权。

新店环保局不认可上述上诉意见,提出反驳理由,新店环保局认为责令改正违法行为决定认定事实清楚,适用法律正确,程序合法,应当依法维持原判,驳回上诉。利大科技新店分公司在上诉状和一审中强调责令改正违法行为决定是行政处罚,对此新店环保局不认可,其认为他们作出的是行政命令,并没有对利大科技新店分公司进行处罚。

二审判决

2018 年 3 月 27 日，市中级人民法院作出二审判决，撤销原判，确认新店环保局作出的责令改正违法行为决定违法。二审法院裁判意见如下。

一、关于被诉行政行为认定事实是否清楚问题

被诉责令改正违法行为决定是认定利大科技新店分公司"硅烷偶联剂项目未经环境保护设施竣工验收，投入生产"，而利大科技新店分公司所称的省环境保护局"（2002）40 号"《书面审批意见的复函》及"×环验（2005）10 号"《验收意见书》，是针对利大科技公司 2 万吨"烷氧基硅烷"项目一期工程环境影响报告书的审批意见和竣工验收意见，并非针对"硅烷偶联剂"项目，两个项目不能等同。利大科技新店分公司称"硅烷偶联剂"项目与"烷氧基硅烷"项目属同一产品，无须经环评验收的上诉理由不能成立。

被诉决定对该违法事实的认定并无不当。被诉决定要求利大科技新店分公司停止生产，针对的是"硅烷偶联剂"项目，并不能理解为要求含"烷氧基硅烷"项目的整厂停止生产，利大科技新店分公司认为被诉决定认定事实不清的理由不能成立。

二、关于被诉行政行为程序是否合法问题

行政行为性质不同，其行政程序亦有不同。被诉责令停止生产行政行为程序是否合法，取决于该行为应定性为行政命令还是行政处罚。《环境行政处罚办法》第 12 条将"责令停止生产或者使用"列为行政命令具体形式之一。

在本案中，新店环保局作出责令停止生产的决定，目的是制止环保违法行为，督促其回归合法状态，不具有惩罚性。故被诉行政行为属于行政命令，而非行政处罚。因此，行政处罚程序中的告知，组织听证，陈述和申辩等程序要求并不适用于本案行政命令行为。利大科技新店分公司认为被诉行政行为是行政处罚，被诉行政行为违反法定程序的上诉理由不能成立，本院不予采纳。

三、新店环保局是否超越职权

根据 1998 年国务院颁布的《建设项目环境保护管理条例》第 28 条,原环境保护部于 2009 年 3 月 1 日施行的《建设项目环境影响评价文件分级审批规定》第 8 条第 2 项,以及《省建设项目环境影响评价分级审批办法》的规定可知,化工行业须编制环境影响报告书并报市(州)级或省级环境保护行政主管部门审批,建设项目需要配套建设的环境保护设施未建成、未经验收或者经验收不合格,主体工程正式投入生产或者使用的,由审批该建设项目环境影响报告书、环境影响报告表或者环境影响登记表的环境保护行政主管部门责令停止生产。

在本案中,利大科技新店分公司的"硅烷偶联剂"项目未经环境保护设施竣工验收,新店环保局并非审批该项目的主管部门,亦无环境影响评价审批职权,其作出被诉行政决定超越了职权。利大科技新店分公司提出新店环保局超越职权的上诉理由成立,本院予以采纳。

根据《行政诉讼法》第 74 条第 1 款第 1 项的规定,行政行为依法应当撤销,但撤销会给国家利益、社会公共利益造成重大损害的,人民法院判决确认违法,但不撤销行政行为。被诉行政行为因新店环保局超越职权,应当撤销,但利大科技新店分公司的"硅烷偶联剂"项目未经环境保护设施竣工验收,违反了法律的强制性规定。环境保护事关公众健康,事关生态文明建设和经济社会的可持续发展,违反环境管理制度会给国家利益、社会公共利益造成重大损害,故本院确认被诉行政行为违法,但不撤销。

新店环保局处理的是利大科技新店分公司违反"建设项目需要配套建设的环境保护设施,必须与主体工程同时设计、同时施工、同时投产使用"三同时环境管理制度的行为,而非"建设单位未依法提交建设项目环境影响评价文件或者环境影响评价文件未经批准,擅自开工建设"环境影响评价制度的行为,一审法院适用法律错误,本院予以纠正。

可见,二审法院接受了我的两点二审代理意见:一是被诉行政行为超越行政职权;二是原判适用法律错误。二审虽然撤销原判,但未撤销被诉行政行为而只确认该行为违法,是一个小小的遗憾。不管如何,毕竟二审反败为胜,扭转乾坤。

接到二审行政判决后,利大科技公司及时履行了新三板上市公司信息披露义务,依法向社会对此案进行了公告。

案件评析与思考

环保部门属于行政机关,有责令企业停业整顿的权利。关于责令改正违法行为决定书是否具有可诉性:行政机关在作出行政处罚决定前,会对行政相对人先作出责令改正违法行为决定书,责令行政相对人立即停止违法行为,并限期改正违法行为。因责令改正违法行为决定书可能影响当事人的经营权,应当可以对此申请行政复议或提起行政诉讼。

根据相关司法判例,责令停止或者改正违法行为决定一经作出便对行政相对人设定了义务,无论该行政行为是否合法,若行政相对人不执行行政主管部门的责令行为,就会受到行政处罚或者其他形式的不利后果。责令停止或者改正违法行为是行政执法过程中一种独立的行政行为,如果行政相对人实施的合法行为被行政主体错误地责令停止,就会导致行政相对人合法权益受到侵害。因此,为保障被责令单位或者个人的合法权益,应当赋予被责令单位或者个人法律救济的途径。

案例 4
被拆迁人能否制止在小区横冲直撞的施工车
——陈敏、杨悦诉深圳某区公安分局治安行政处罚案

导读提示

陈敏、杨悦居住的小区容积率不足 2.0,楼层不高,属于低密度,位于繁华闹市区,紧邻一座山林,闹中取静,二人对自己的住房和居住环境非常满意,觉得这里就是以后退休养老的最佳归属。虽然周边二手房均价早已超过每平方米 10 万元,但二人从来没有想过卖掉房子,因为这里有二人在这座城市打拼的印记。

但是,一纸通知打破了这种宁静,某国有公司要在此处建造 50 层以上的公租房,小区被列入拆迁范围,住户们要求某国有公司出示区政府的房屋征收决定,某国有公司答曰:"没有,我们是协议拆迁。"2.0 的容积率变成了 10.0 的容积率,6 层的房子变成了 60 层的还建房,陈敏、杨悦二人认为这是"巧取豪夺",一直拒绝签约。

拆迁方自有办法,各种手段轮番上演,见未签约的被拆迁户仍无动于衷,小区突然出现大型泥土车横冲直撞,尘土飞扬,险象环生。泥土车因逆向行驶,与对向小轿车发生交通堵塞。赶来的陈敏、杨悦二人坐在已经停驶的泥土车前与司机心平气和讲道理,让其不要再扰民。

接到被拆迁户报警而出警的公安民警没有制止泥土车,而是将陈敏、杨悦二人带到派出所,给予二人治安行政拘留 5 日的行政处罚,理由是"拦截机动车,影响交通工具正常通行"。陈敏、杨悦二人提起行政诉讼,区法院撤销了区公安分局作出的治安拘留行政处罚。

区公安分局提起上诉,二审经过审理,作出终审判决,驳回上诉,维持原判。

因为治安拘留已经实际执行，陈敏、杨悦将会要求区公安分局给予国家赔偿，并赔礼道歉，消除因行政拘留产生的不良影响。

案情回放

陈敏、杨悦是深圳市某小区的被拆迁人，在深圳市某区政府未作出房屋征收决定的情况下，当地街道和社会机构对陈敏、杨悦所居住的小区实施了所谓拆迁动员、广播宣传、危房鉴定等一系列行为。1年多来，拆迁方使用各种方式让曾经绿树成荫的小区满目疮痍，千疮百孔，垃圾成堆，施工车辆横冲直撞，让包括陈敏、杨悦等在内的未签约业主们不堪其烦。

其间，陈敏、杨悦数次报案或报警，公安机关在出警后以涉及拆迁为由表示无能为力，也曾干脆下达不予立案通知。2019年9月3日，装土渣的施工车辆不按照拆迁方自己指定的通行规则逆向行进，在小区横冲直撞，被其他车辆堵住，导致小区通行一度受阻。

陈敏、杨悦赶到现场，与拆迁方交涉，在停驶的车辆前坐了一会儿，后民警将一行数人强制带到派出所。因我在代理该房屋拆迁案的其他环节，其他被拆迁人员打电话到律所："褚律师，陈敏、杨悦被警察抓走了！您快帮帮我们！该怎么应对？"说完，电话就挂断了。助理被这样一句没头没脑的话弄懵了，赶紧联系我，让我对此尽快作出应对方案。

此前，分别有自称是区政府、街道办事处、区司法局、区公安分局、拆迁指挥部的人打我电话，想见我，我因为忙，各地出差，没有见面，让他们直接与被拆迁户协商。后来，又有一行数人千里迢迢到我办公室，等了我几天，想见我，因为没有得到被拆迁人的同意，我只能婉拒。

于是，各种逼迁手段轮流上演，也就有了前述一幕。陈敏、杨悦是我的当事人，我不可能弃之不管，我决定代理二人与区公安分局就治安行政处罚打一场行政官司。陈敏、杨悦二人要付律师费，我婉拒，有时帮当事人树立法治信仰比律师费更重要。

根据案情，基本厘清以下代理思路：

1. 公安机关出警当日配有执法记录仪却并未提供现场执法证明；

2. 现场视频资料证明原告行为并非故意扰乱公共秩序;

3. 原告并非拦截正在行驶的交通工具;

4. 交通堵塞的根本原因是泥土车逆向行驶与白色小汽车互堵;

5. 故意制造现场混乱的是现场民警而非两原告;

6. 原告仅在现场停留了十几分钟,不足以达到"情节严重"程度;

7. 现有证据不足以证明本案有"情节较重"危害结果发生;

8. 原告的行为是自力救济而非扰乱公共秩序;

9. 原告的行为不具有社会危害性;

10. 行政处罚决定不符合"罪过相当""教育与处罚相结合""初次违法不处罚"等原则;

11. 民警强制带离两原告的行为存在粗暴执法;

12. 被告作出行政拘留处罚决定存在诸多程序违法。

2021年12月28日,深圳市某区法院开庭审理本案,就治安行政处罚决定的合理性、合法性、正当性等问题并结合提请厘清的要点问题,我即兴发表了代理意见,抽丝剥茧,坚决要求法院依法撤销违法、错误的治安行政处罚决定。2022年1月20日,法院采纳了我提出的关键代理意见,作出了一审判决,依法撤销了区公安分局对陈敏、杨悦作出的处以5日行政拘留的治安行政处罚决定。

代理意见

在开庭中我提出了如下代理意见。

一、行政处罚决定对涉案事实的认定与真相不符

1. 被告未提供现场执法视频,处罚依据明显不足

《公安机关现场执法视音频记录工作规定》(公通字〔2016〕第14号)第4条规定:"对于以下现场执法活动,公安机关应当进行现场执法视音频记录……(三)对日常工作中发现的违反治安管理……等违法犯罪行为……进行现场处置……"《广东省行政执法全过程记录办法》第14条第1款规定:"行政执法主体对现场执法、调查取证、举行听证、留置送达和公告送达等容易引发争议的行

政执法过程,应当进行音像记录。"

可见,现场执法视音频记录属于公安机关办理亲临案发现场进行治安行政处罚案件的核心证据。两原告提供的视频显示,当日到案发现场的公安民警均配备有执法记录仪,既然该证据客观存在,就应当依法提交,否则,治安行政处罚决定就不能成立。根据《行政诉讼法》第34条第1款"被告对作出的行政行为负有举证责任,应当提供作出该行政行为的证据和所依据的规范性文件"之规定,被告必须出示案发现场的视频,并对该项争议焦点承担举证责任。

2. 两原告第二组视频资料证据能完整地还原真相

该组视频资料可以证明以下基本事实:

(1)两原告到达现场时一辆白色小汽车已与案涉泥土车相向而停,成对峙状,此处为小区南门,也是小区的唯一出口。

(2)两原告在泥土车前停留时间仅为十几分钟,并不是拦截行进中的车辆,该泥土车属于停驶状态。

(3)泥土车准备从小区唯一的出口南门逆行出去,白色小汽车从南门进入小区后与泥土车相向。

(4)在现场的人员主要为民警、保安、拆迁方工作人员和几位业主,并无现场围观人数众多的事实。

(5)小区为封闭管理,部分楼栋已被拆,现场仅有几名业主,也未引起大量群众围观。

(6)南门处通道狭窄,为单车道,泥土车与白色小汽车相向时无法同时通过,泥土车司机称"因为那条路本来就窄,而泥土车又很宽,只能单向通过"。

(7)2021年7月5日深圳某建设公司书面告示,从2021年7月7日起东门进出施工车辆及大型设备,其他车辆及人员从南门出入。

(8)这里的东门就是小区自建立以来的唯一出口,南门就是自小区建立以来的唯一入口。

(9)现场男性民警将两女性原告强制带离前曾口头告知,限2分钟内自行离开,原告陈敏听到这句话之后收了伞,准备站起来离开,却在不到1分钟被强行架走。

(10)两原告被强制带离后,基于白色小汽车的存在,泥土车仍无法驶出,造成停驶的是白色小汽车。

二、两原告的行为并未达到应给予治安处罚的程度

1. 两原告不导致影响交通工具正常行驶的结果发生

《治安管理处罚法》第 23 条是关于扰乱机关单位、公共场所、公共交通和选举秩序的行为及其处罚的规定。其中与本案有关的是该条第 1 款第 4 项,即"非法拦截或者强登、扒乘机动车、船舶、航空器以及其他交通工具,影响交通工具正常行驶的"。该行为表现为采用非法拦截等方式影响机动车、船舶、航空器以及其他交通工具正常行驶。就本案而言,原告提供的视频,能清楚证明两原告在泥土车前的短暂停留行为并不构成"非法拦截机动车影响交通工具正常行驶"的情形。理由如下:

(1)泥土车停驶是因违规逆向行驶与白色小汽车互堵

泥土车停下来的直接原因是泥土车作为施工车辆其既不按照拆迁方管理规定从东门进出,又不遵守小区行驶规范反而从唯一的入口即南门逆行出去,与进入小区的白色私家车辆相向而行,不得不被迫停下来。在民警将两原告强制带离时,因白色小汽车存在,泥土车仍然动弹不得。

(2)泥土车停驶与两原告的行为无任何关联关系

如前所述,在两原告到达现场时,车辆正处于停驶状态,不属于正常行驶情形。即便没有两原告的行为,该路段也不可能恢复正常交通。泥土车的停驶不仅与两原告无关,而且两原告作为业主还是名副其实的受害者,生命和通行安全常因泥土车的逆向违规通行管理而受到威胁。

(3)故意制造现场混乱的是现场民警而非两原告

被告出警的民警的不作为和乱作为是涉案小区当时交通持续拥堵的根本原因,事实上被告在原告未到达现场时已出警,但民警并未立即采取有效措施,既不依法纠正泥土车逆向行驶扰乱小区交通秩序的问题,也没有对在现场起哄的拆迁方人员进行有效制止或疏导。

2. 两原告的停留行为并未达到"情节较重"程度

一是两原告的行为并不构成非法拦截机动车影响交通工具正常行驶;二是被告的证据不能确凿证明治安行政处罚决定所认定"现场秩序混乱"等事实具

有真实性、客观性。相反,原告提供的视频可证实两原告在泥土车前停留时间仅为十几分钟,结合两原告到现场的正当目的,所采取的积极救济的方式、当时泥土车与白色小汽车互堵的实际情况,小区内相对封闭的环境及本案的社会影响等因素,两原告的行为不构成违法,即便构成违法亦属于情节轻微,不能给予处罚,更不能给予治安拘留这种最重的行政处罚。

3. 无证据证明本案有"情节较重"危害结果发生

《公安机关办理行政案件程序规定》第26条、第81条和《公安机关办理刑事案件程序规定》第216条规定,勘验笔录和现场笔录均属于公安机关办理行政案件的核心证据。其中,勘验笔录是对案件现场或物品静态的全面综合的勘查、检验记录;现场笔录则着重于对执法过程和处理结果的记录。本案属于拆迁引起的重大治安案件,"车辆无法通行将近1个小时"和"现场秩序混乱"等事实是否真实客观存在,被告应在现场对该情形予以勘查,或以现场笔录、录像等方式固定该事实,但被告并未提交相关证据,构成行政处罚认定基本事实不清。

三、两原告的行为不构成应予处罚的扰乱公共秩序

1. 两原告没有任何扰乱公共场所秩序的主观故意

本案事出有因,一是泥土车司机从南门逆行有过错,二是拆迁方未取得相关许可,涉案地块无合法征收决定。居民每日面临重大交通安全隐患,找拆迁方协商,报警,向法院起诉均无果,不得已采取自力救济的方式,在警方已经到达现场的情况下才呼吁打开东门,希望警方和拆迁方"现场办公",解决这一安全隐患,其目的是向警察求助,根本不存在扰乱公共秩序的主观故意。

2. 两原告的行为不具有任何社会危害性

根据《治安管理处罚法》第2条的规定,扰乱公共秩序,妨害公共安全,具有社会危害性,依照《刑法》的规定构成犯罪的,依法追究刑事责任;尚不够刑事处罚的,由公安机关依照本法给予治安管理处罚。可见,处罚的前提是该行为具有社会危害性。在本案中,原告作为业主实施自救行为不应当承担责任。面对正在发生的侵权行为,在向包括被告在内的相关部门多次投诉无果的情况下,原告进行维权自救,其目的是阻止违法行为尤其是违法行驶行为,避免生命财产安全事故发生,具有正当性。

3. 两原告属于未构成扰乱社会秩序的特殊防卫

《治安管理处罚法》第 19 条规定,违反治安管理的行为情节特别轻微的,减轻处罚或者不予处罚。在本案中,原告的行为,属于情急之下的正常反应,符合特殊防卫要求。面对来自不法行为的严重紧急危害,法律应当引导鼓励公民勇于自我救济,坚持与不法侵害作斗争,对防卫人在孤立无援、高度紧张的情形下实施的制止不法侵害的行为,应予以肯定,而诉争处罚决定不仅明显违背常理,而且违背基本法理,故违法性明显。

四、被告对原告作出的行政处罚决定适用法律错误

1. 与罚过相当基本原则相悖

《治安管理处罚法》第 5 条第 1 款规定,治安管理处罚必须以事实为依据,与违反治安管理行为的性质、情节以及社会危害程度相当。该条款是罚过相当原则的体现,要求行政主体既不轻过重罚,也不重过轻罚,避免畸轻畸重的不合理、不公正情况。

被告未考虑纠纷的起因,原告行为具有一定的正当性,原告听从劝说准备起身,限定的 2 分钟时间未到等因素,仅以不符合事实的"导致多台车辆无法通行"和"现场秩序混乱",从而认定情节较重,对原告作出 5 日行政拘留处罚决定,显然属于适用法律错误。

2. 行政处罚不符合教育与处罚相结合原则

《治安管理处罚法》第 5 条第 3 款规定,办理治安案件应当坚持教育与处罚相结合的原则。处罚不是目的,而是一种手段,通过处罚教育违法者和广大公民,从而预防和制止违法行为。在本案中,原告未构成违法,即使构成违法,也系初次违法,并未造成危害后果和社会影响。

治安拘留,是行政处罚中最严厉的一种,应当审慎适用。实施治安拘留必须以事实为依据,与违法行为的事实、性质、情节以及社会危害程度相当,而被告并无证据证明其在作出处罚前已履行教育职责,故属于量罚不当。

3. 行政处罚与初次违法不处罚原则相悖

《行政处罚法》第 33 条前两款规定,违法行为轻微并及时改正,没有造成危害后果的,不予行政处罚。初次违法且危害后果轻微并及时改正的,可以不予行政处罚。当事人有证据足以证明没有主观过错的,不予行政处罚。

首先,两原告即便违法也是初次;其次,并无确凿证据证明危害后果严重,从有利于行政相对人的角度来说,应推定危害后果轻微;再次,2021年9月3日案发后,原告再未实施该行为,应归纳为及时纠正;最后,两原告的行为具有自救性,构成特殊防卫,主观上无过错。总之,两原告符合"首犯不罚"原则,不应处罚。

4.行政处罚与正当、公正、合法等原则相悖

《治安管理处罚法》第5条第2款规定实施治安管理处罚,应当公正。公正原则包括实体公正和程序公正。实体上要求公安机关在实施治安管理处罚时对当事人要平等对待,治安管理处罚的结果不偏不倚。程序公正则要求实施治安管理处罚的公安机关及其人民警察本身处于客观中立的立场,不得与案件的当事人或者案件的处理结果有任何利害关系,还要求公安机关及其人民警察充分保障被处罚人享有陈述、申辩,要求听证,提起行政复议、行政诉讼等各项权利,保证治安管理处罚的公正。

本案为拆迁引起,原告多次报警希望解决小区安全隐患,被告以各种理由推脱不作为,而拆迁方一个电话被告就迅速出警,有违公正。

五、被告对原告作出的行政处罚决定程序严重违法

1.被告民警在强制带离两原告时存在不当粗暴执法

其一,被告行为不具有正当性。公安机关在执法时应以说服教育为主,行政强制为辅。就本案而言,执法民警口头警告两原告在2分钟内自行离开,但事实上民警在第37秒的时候即开始采取措施,属于言而无信,明显不具有正当性。

其二,被告行为不符合比例原则。比例原则要求如果行政目标的实现可能对相对人的权益造成不利影响,则这种不利影响应被限制在尽可能小的范围和限度内。在本案中,两原告均为女性,对此,执法时也应以女性民警为主,而视频显示两原告几乎是被一群男性民警以粗暴方式推进警车,违反比例原则。

2. 作出行政处罚之前未事前告知和出示执法证件

《治安管理处罚法》第 94 条第 1 款规定,公安机关作出治安管理处罚决定前,应当告知违反治安管理行为人作出治安管理处罚的事实、理由及依据,并告知违反治安管理行为人依法享有的权利。据此,被告同时将行政处罚决定、行政处罚告知送达两原告,无法保障两原告的申辩权。承办民警和出警民警的执法身份不明,即无警察证印证其是否具有执法资格。被告既没有事后向法庭出示承办及出警民警的警察证,也没有事前亮证执法。

3. 被告未依法全面收集调取证据属程序严重违法

《公安机关办理行政案件程序规定》第 49 条规定,对行政案件进行调查时,应当合法、及时、客观、全面地收集、调取证据材料,并予以审查、核实。在本案中,从被告的举证情况来看,被告在收集证据时,只向与两原告有利益冲突的相关人员收集证言,而对在现场见证了整个事件发生经过的业主置之不理、视而不见,这种选择性取证明显不符合客观、全面调查取证原则。利益冲突方基于自身利益的考虑或其他不端目的,注定其证言会对两原告的行为刻意"夸大"和对自身过错故意"缩水",如此调查取证,属于程序严重违法。

4. 被告提交辨认和手机视频等未与原始载体核实

《公安机关办理行政案件程序规定》第 31 条、第 32 条规定,视听资料应当提交制作说明并有相关人员签字等。在本案中,被告的录像资料、辨认照片、笔录,均来源于泥土车司机的手机视频,由泥土车司机提交,而被告并未制作接收证据清单、提取笔录,且相关证据无保管人、办案民警签字。

5. 被告对两原告的陈述和申辩意见未依法复核

在本案中,无证据证明被告是否对两原告陈述和申辩意见进行复核。《治安管理处罚法》第 94 条第 2 款规定,行为人有权陈述和申辩,公安机关必须听取和复核。原告在公安行政处罚告知笔录中提出了陈述和申辩意见,认为其不应受处罚,但在被告提供的证据材料中并没有对原告陈述和申辩意见进行复核的相关证据。

6. 未提交处罚审批表和对本案集体讨论的记录

借鉴《人民法院报》2015 年 12 月 24 日第 6 版刊登的"应经而未经集体讨论的行政处罚决定应予撤销——山东菏泽中院判决司某诉某公安局治安行政处

罚案"一文,行政处罚决定是需经行政机关负责人审批的,案情复杂和重大违法行为必须集体讨论。处罚决定未经集体讨论而作出,属严重程序违法。

7. 处罚决定作出之前未经法制审核构成程序违法

《国务院办公厅关于全面推行行政执法公示制度执法全过程记录制度重大执法决定法制审核制度的指导意见》(国办发〔2018〕第118号)之四、《行政处罚法》第58条、《广东省重大行政执法决定法制审核办法》第10条规定,凡是涉及行政相对人重大权益、重大社会影响、案件情况复杂等情形,在作出行政决定前,应当履行法制审核。

综上,原告的诉讼请求合法有据,应当得到支持。

裁判结果

2022年1月20日,区法院作出行政判决,撤销了区公安分局作出的治安行政处罚决定。其裁判意见如下:

《治安管理处罚法》第23条第1款第4项规定:"有下列行为之一的,处警告或者二百元以下罚款;情节较重的,处五日以上十日以下拘留,可以并处五百元以下罚款:……(四)非法拦截或者强登、扒乘机动车、船舶、航空器以及其他交通工具,影响交通工具正常行驶的。"

根据案件事实,原告在小区内被堵塞的施工车辆前以坐地不起等方式反映诉求,虽然在客观上也会影响施工车辆的后续行驶,但并非拦截正在行驶的交通工具,而且考虑到小区正在进行拆除施工而原告还在小区内居住的实际情况,被告认定属于"情节较重",在较重情节量罚档次内对原告作出行政拘留5日的行政处罚决定,明显过重,应予以撤销。

区公安分局不服一审判决,提起行政上诉,2022年6月22日,深圳市中级人民法院作出终审判决,驳回上诉,维持原判。深圳市中级人民法院的裁判意见如下:

本案为行政拘留争议,违法行为人违反治安管理法规需要予以处罚的,应当查明事实,正确适用法律,根据违法情节作出适当处理。在本案中,上诉人根据《治安管理处罚法》第23条第1款第4项规定对被上诉人作出行政拘留5日的处罚。

但根据在案证据,被上诉人系在其他车辆堵塞通道,施工车辆停驶状态下,在施工车辆前方坐地反映诉求,认定被上诉人实施非法拦截机动车,影响正常行驶且情节较重的直接证据不足。上诉人根据《治安管理处罚法》第 23 条第 1 款第 4 项规定作出处罚,主要证据不足,适用法律不当,依法应予撤销。原审判决正确,上诉人的上诉请求不能成立,本院不予支持。

目前,两原告已向区公安分局递交了行政赔偿申请书,要求区公安分局赔偿被非法限制人身自由的实际损失及精神损失费,并依法赔礼道歉,消除影响,恢复名誉,追究责任人的法律责任。

案件评析与思考

(一)在行政诉讼中巧用法律原则处理争议

目前,行政诉讼的相关法律法规仍存在制度不完善,诉讼权利不完整,权利救济不足等问题,诸多法条仅是明确了行政行为人的权利义务,但未明确行政相对人在自身权利受到侵害时的救济途径,造成了"即便行为违法也无惩戒路径"的尴尬局面,也就使代理人在运用法律维护当事人权益的时候时常很难找到一条明确的法条依据作为支撑,此时,熟练运用行政诉讼法的原则释明观点进行说理显得尤为重要。

(二)熟练运用法律规定多角度论证观点

本案是由治安行政处罚决定引发的行政诉讼,在代理该案时,绝不能将眼光局限于《行政诉讼法》《行政处罚法》《治安管理处罚法》等,还可以通过《公安机关现场执法视音频记录工作规定》《城市居住区规划设计规范》《公安机关办理行政案件程序规定》《国务院办公厅关于全面推行行政执法公示制度执法全过程记录制度重大执法决定法制审核制度的指导意见》《广东省重大行政执法决定法制审核办法》等部门规章、地方法规找到新的代理思路。

(三)程序正义是合法行政的首要条件

行政诉讼的被告是实施行政行为造成行政相对人或利害关系人合法权益受到损害的行政机关,行政机关依靠法律授予的权利管理公共事务,合法性即行政机关作出行政行为的基础,对公民而言"法无禁止即可为",对行政机关而言"法无授权不可为"。对于行使公权力的行政机关,依法行政、合法行政、程序正当是其基本原则,行政机关所作出的行政行为必须依据法定程序,程序合法不仅会维护行政机关的权威形象,也是制约行政权力,维护相对人权利的重要保障。

(四)采取自力救济等方式时及时保存证据

在本案中,被告有执法记录仪却未提交证据,使得案件事实缺乏证据支撑,正是作为原告的行政相对人积极取证,及时将关键性行为的发生过程录音录像,才能够在产生争议时有效地维护自身的合法权益。就自力救济而言,采取的方式不能过于偏激,要在一定限度内完成。

第二部分

行政强制

案例5

强拆超规划部分房屋应当遵循什么程序

——陆凯诉某镇人民政府违法强拆房屋纠纷案

导读提示

由于家境贫困,陆凯到南方沿海发达城市谋生,经过近20年的拼搏,有了自己成熟的生意。叶落归根,是一直保留着老家农村户口的陆凯最朴实的想法,看着家里破旧不堪的祖屋,他决定在村里盖一栋房屋,准备年龄再大一点时将生意交给儿子,自己回家颐养天年。

经过逐级呈报,市政府批准了陆凯的建房申请,规划局发给了陆凯个人建房规划许可。在房屋刚封顶时,镇政府称"接到村民举报",以房屋移位并超高为由,将该房屋门前和楼顶拆除一部分。

陆凯认为违法强拆会对房屋安全结构造成隐患,委托我向法院起诉。一审法院确认强拆违法,镇政府不服提出上诉,二审法院维持原判,驳回上诉。

案情回放

陆凯出生在沿海一个依山傍水、风景秀丽的村庄,山上有丰富的野菜、竹笋、菌子、果子和时不时出没的野兔,山下是一片开阔的农田,一条小河从村附近流过。陆凯自小生活在这里,度过了愉快的童年和少年时代,虽然家里穷,但是勉强能吃饱穿暖,倒也知足。

一天母亲拉着他的手说道:"家里太穷,地也不多,把你留在家里,永远无出头之日,妈宁可以后永不再相见,也希望你远走高飞,不要再回来了。"为了母亲的期望,陆凯背起简单的行李,揣着母亲给的300元钱,开始了自己的人生拼搏之旅。

陆凯睡过涵洞,卖过报纸,扛过水泥,挨冻受饿,最后在一个五金批发市场稳定了下来,给一个门店打工。陆凯脑子活,吃得苦,第二年开始摆地摊,第三年有了自己的门店。陆凯凭借薄利多销,诚信经营,生意如同滚雪球,越做越大。

每年清明回老家给祖辈们上坟,路过破旧的老屋时,陆凯常常发呆,一言不发。知夫莫如妻,妻子看出了他的思乡情结,建议道:"要不我们回来做一栋房子吧,叶落归根,老了回来养老?"陆凯头点得像小鸡啄米。

2010年9月,陆凯申请个人建房,一个月不到,陆凯就拿到了市政府的农村私人建房用地呈报表批复决定和市规划局的个人建房规划许可,准许陆凯在自己家自留地里建房,占地面积120平方米,准建3层。

2014年年初房屋开建,半年后封顶,钢筋混凝土,全框架结构,花费50余万元。正准备外墙和内部装修时,陆凯接到了镇政府下达的责令限期拆除决定,要求陆凯自行拆除跳台、门台,面积为13.48平方米,理由是有人举报"超规划违建",但就是不说出举报人是谁。

陆凯很重视,专程到镇政府说明情况,自己并没有超规划面积建房,二楼延伸出来的门台、跳台,是农村建房的习俗,并没有多占土地,但镇政府听不进去。2014年8月和9月,镇政府分两次对所谓的超规划部分强制拆除。其中一次,正好是落成庆典,亲戚朋友都来喝酒,陆凯认为镇政府是故意让自己难堪。

陆凯是一个生意人,有自己的行事风格,他不会去上访,也不会以暴制暴,他相信法律。陆凯的生意做到如今,凭借的就是守法经营和平时依法追偿被拖欠的货款,在日常的经营中,他尝到了依法维护自己合法权益的甜头。

一天,我接到了陆凯的来电,说要聘请我。详细了解案情后,我觉得这不是什么大事,强拆程序明显违法,胜诉很简单,我让他在当地找一个律师即可,没有必要非得请北京律师,车马劳顿,豆腐弄成肉价,不值得。

接连几天,陆凯又不断跟我联系,感觉聘请我已经铁了心,他说只有专业人才能办专业事,无论付出多大的代价他都愿意。

接受委托后,我于2015年3月30日向当地县级市法院起诉,要求确认镇政府强拆行为违法。当时,离修正后的2014年《行政诉讼法》正式实施尚有2个月,当地还没有实行集中异地管辖。

如果此案由当地的县级市法院审理,显然对陆凯不会太有利,基于此,我在起诉时,附上了一份关于将此案移送市中级人民法院,由市中级人民法院审理或由市中级人民法院指定异地法院管辖的申请。同时,我又向市中级人民法院提交了一份关于此案由中级人民法院或指定异地基层法院管辖更能保证审判结果公正的建议函。

在2014年《行政诉讼法》实施前,立案难可谓通病。能立案已是很难的事,再要求立案后将案件移送至上级法院,几乎不可想象。因此,一般的律师,是不会在这些方面努力的,但我必须穷尽一切对当事人有利的工作策略,这是律师的职业伦理。

行动不一定能成功,不行动肯定不会成功,县级市法院受理后,果然向市中级人民法院报送此案,希望上级法院管辖或指定异地基层法院审理。市中级人民法院接到报送材料后,将此案裁定到60公里外的某区法院管辖。

接到起诉,镇政府提出如下答辩意见:

一、强拆证据确凿,适用法律正确

涉案房屋虽经建房审批,但在实际建房过程中并未按照相应规划要求进行建设。镇政府接到举报后,对涉案的房屋进行了实地查勘,发现陆凯存在擅自在批准红线范围以外建设跳台、门台等违法行为。

《城乡规划法》第65条规定:"在乡、村庄规划区内未依法取得乡村建设规划许可证或者未按照乡村建设规划许可证的规定进行建设的,由乡、镇人民政府责令停止建设、限期改正;逾期不改正的,可以拆除。"

陆凯违法事实清楚,且逾期不改正违法行为,镇政府对涉案房屋违法部分进行拆除,主体适格,证据确凿,适用法律正确,也符合当前我省"无违建"工作的总体要求。

二、房屋违法部分强拆行为程序合法

镇政府对涉案房屋违法部分进行拆除前,依法向陆凯送达了责令限期拆除违法建筑通知,给予陆凯合理期限自行拆除,并派工作人员数次到现场听取陆

凯陈述、申辩。即使到期后,镇政府仍数次劝说陆凯自行拆除,尽量将损失降到最低,做到合法合理合情。

综上,陆凯未按照规划要求建造房屋,擅自在批准红线范围以外建造跳台、门台等违法事实无误,镇政府对违法建筑进行拆除主体适格,证据确凿,适用法律正确,请求法院依法驳回陆凯的诉讼请求。

在提交答辩状之前,镇政府竟然又组织人员对陆凯的房屋进行了第三次局部拆除。

一审代理意见

开庭那天,区法院偌大的法庭,座无虚席,不但来了镇政府的许多工作人员,还来了一些附近村庄同样遭到强拆的村民。针对镇政府的抗辩理由,我发表了措辞严厉的辩论意见。

一、镇政府没有证据证明陆凯的建房行为违反规划审批

2010年9月10日,陆凯提出建房申请,村委会、镇政府、市政府逐一审批,并在《农村私人建房用地呈报表》上签署了同意建房意见,加盖印章,市规划局还颁发了《乡村建设规划许可证》。由此可见,镇政府认定陆凯建房行为属于违建,欠缺最基本的事实和法律依据。

1. 测绘图不能作为陆凯所谓超面积建房的依据

其一,镇政府庭前提供和当庭提供的"测绘图"不一致;其二,测绘单位接受的是谁的委托?没有见到测绘委托合同或委托书;其三,测绘的地点是在何地?不明确;其四,测绘人员的身份不明;其五,在什么时间点测绘的无从判断;其六,测绘图没有附注测绘单位的资质及营业执照复印件等证明材料;其七,测绘图上没有陆凯或见证人签名确认;其八,测绘时的参照坐标及周围四至界限不明确。可见,该测绘图不符合证据的"三性"原则,不能作为定案依据。

根据《行政强制法》第18条的规定,如果认为陆凯的房屋建设超面积,正确的取证方式应当是通知陆凯到场,制作现场笔录,然后由陆凯及见证人签名确认,这才是固定证据的最切实可行、最合法的方式。

2. 即便陆凯的房屋存在超面积违建也不能强拆

陆凯的建房已经取得各项审批,说明该地段不属于《城乡规划法》第35条规定的严控红线区域。即便房屋存在部分违建,也不能强制拆除,只能给予行政处罚。因为,陆凯的建房行为并没有严重影响城乡规划。

《××市人民政府办公室关于加快农村宅基地确权登记发证工作的意见》(政办发〔2014〕第103号)第6条规定:"农村住宅挑台、门台、室外楼梯等建筑物、构筑物按以下方式认定处置:(1)二层及以上建筑物悬空外挑的,外挑部分不计占地面积;(2)处罚后的门台、室外楼梯落地的计占地面积。"根据上述规定,陆凯的跳台、门台等悬空外挑部分并没有落地,不应计算占地面积,陆凯并没有多占土地,建房行为合法有据,镇政府野蛮强拆违法无据。

3. 认定陆凯的房屋超高更没有任何事实依据

镇政府不仅拆除了所谓的超面积部分,也拆除了所谓超高部分的顶部雨水层。镇政府认定陆凯的房屋超高,无依据。市规划局向陆凯颁发的个人建房规划许可证确定的房屋占地面积为120平方米,而最终市政府审批的农村私人建房用地呈报表确定的房屋建造层次为3层。显然,政府机关在审批时,并没有限制高度,即便有问题,也只是行政审批上的漏洞和瑕疵。

在本案中,陆凯的房屋有3层,总高度不足11米(含屋脊),即便按照镇政府提供的所谓《村镇村庄建设规划管理技术规定》第6条"农民住宅的建筑层高按以下标准执行,底层层高不大于3.6米,二、三层层高不大于3.2米,屋脊高度不大于12.5米"之规定,陆凯的房屋也没有超高。

4. 强拆执法目的不端,缺乏正当性和合理性

镇政府对陆凯的房屋强拆多次,即便陆凯确有违建行为,镇政府也理应一次性将违建部分拆除到位,而不应采用"凌迟处死"似的执法方式。

尤其是在接到法院的应诉通知后,镇政府再次对自己在调查回复、信访答复中已明确认定为合法的部分野蛮强拆,对此,镇政府代理律师当庭予以承认。可见,镇政府目无司法审判,蔑视并妨害行政诉讼,行为令人发指。镇政府辩称的所谓陆凯"突击抢建"纯属无稽之谈,陆凯房屋是一次性建成,第一次强拆时已经封顶,镇政府提供的照片能清楚地证明这一无可争辩的事实。

二、镇政府提供的核心证据存在严重违法,不应采信

1. 镇政府提供的农村私人建房用地呈报表是事后取得

行政机关在作出行政决定时,应当提前获取充分证据,事后证据不能证明其行政决定的合法性。在本案中,镇政府据以实施强拆行为的证据农村私人建房用地呈报表和乡村建设规划许可证是在本案立案后的2015年5月18日从市国土局档案室调取的,有该局签署的时间和印章为证,不容否认。

很显然,镇政府在实施强拆行为前并没有获取充分证据,其事后获取证据的方式违反了2014年《行政诉讼法》第35条[1]的强制性规定,相关证据当属无效证据。镇政府代理人所谓的"强拆前镇政府已经有一份复印件"的抗辩意见不能成立:第一口说无凭;第二复印件不能作为执法依据。

2. 工作联系单无原件无印章、无签名

向法庭提供的证据,必须是原件,证据上应当有单位印章或者签名,以确定证据真实性。而镇政府提供给法庭的所谓市办公室政务工作联系单既没有原件,也没有印章,更没有签名,这样的一纸"三无"打印件何以能作为定案的证据。

3. 调查回复上落款的印章是事后补盖

首先,本代理人不认可该份证据。在开庭之前,法院将镇政府提供的全部证据复印件邮寄给本代理人,调查回复的落款处并没有印章,而镇政府当庭出示的调查回复上却有鲜红印章。对此问题,镇政府代理律师解释道:"是为了表示慎重,印章是开庭前一天临时加盖的。"证据必须以原始的状态反映案件事实,不得涂改、变造、伪造、添加,否则应当追究伪造或变造证据的法律责任,这是基本常识。

其次,镇政府本身就是当事人,其制作的调查回复不具有证据效力,涉嫌事后伪造。如果镇政府要证实调查回复真实存在,必须提供正式的公文传递的签收回单、邮寄回执等证据相佐证。

4. 镇政府提供的其他证据也不能作为定案依据

第一,市国土局责令停止违法行为通知书不是镇政府制作的,国土局和镇

---

[1] 对应2017年《行政诉讼法》第35条。

政府不属同一行政执法主体,也不存在联合执法的问题,该证据不能作为镇政府强拆的依据。

第二,镇政府虽提供多份照片,但没有提供原件,也没有提供照片的原始载体,更没有提供由谁、在何时、在何地拍摄的证据。

第三,本代理人收到的法院邮寄的测绘图上并没有测绘单位的印章,而镇政府当庭出示的测绘图和陆凯持有的完全不同,且加盖了印章,同样存在伪造证据的嫌疑。

第四,镇政府对于《××市城乡规划管理技术规定》《××市"无违建"创建若干政策意见的通知》没有提供原件,无法确定两文件的真实性。即便能证明真实性,两文件也只是一个县级政府机关的规范行为文件,不能作为行政审判的定案依据。

三、镇政府实施的强制拆除行为严重违反法定程序

1. 镇政府未履行告知义务,也没有听取申辩意见

《行政强制法》第 35 条规定:"行政机关作出强制执行决定前,应当事先催告当事人履行义务。催告应当以书面形式作出,并载明下列事项:(一)履行义务的期限;(二)履行义务的方式;(三)涉及金钱给付的,应当有明确的金额和给付方式;(四)当事人依法享有的陈述权和申辩权。"该法第 36 条规定:"当事人收到催告书后有权进行陈述和申辩。行政机关应当充分听取当事人的意见,对当事人提出的事实、理由和证据,应当进行记录、复核。当事人提出的事实、理由或者证据成立的,行政机关应当采纳。"

在本案中,镇政府没有任何证据证明其履行了告知义务,也没有任何证据证明其听取了陆凯的申辩意见。

2. 实施强拆行为时没有制作正式强制执行决定

镇政府在实施强拆行为时连最基本的强制执行决定都没有。

《行政强制法》第 37 条前两款规定:"经催告,当事人逾期仍不履行行政决定,且无正当理由的,行政机关可以作出强制执行决定。强制执行决定应当以书面形式作出,并载明下列事项:(一)当事人的姓名或者名称、地址;(二)强制执行的理由和依据;(三)强制执行的方式和时间;(四)申请行政复议或者提起

行政诉讼的途径和期限;(五)行政机关的名称、印章和日期。"该法第 38 条规定:"催告书、行政强制执行决定书应当直接送达当事人。当事人拒绝接收或者无法直接送达当事人的,应当依照《中华人民共和国民事诉讼法》的有关规定送达。"根据上述法律规定,镇政府在没有作出强制执行决定时,径行实施强拆行为,显属严重违反法定程序。

3. 镇政府实行强拆行为时没有依法进行提前公告

由于在对违法建筑强制拆除的过程中存在程序不规范,审查不严格,标准不统一,强制性手段简单、野蛮等情形,各地均出现了大量的关于强拆的负面新闻,拆违问题已经成为和房屋拆迁同等受关注的舆情焦点。对房屋的拆除,涉及行政相对人的重大利益,关系到社会的和谐稳定。

鉴于此,全国人民代表大会常务委员会在制定《行政强制法》时,在第 44 条作出了"对违法的建筑物、构筑物、设施等需要强制拆除的,应当由行政机关予以公告,限期当事人自行拆除。当事人在法定期限内不申请行政复议或者提起行政诉讼,又不拆除的,行政机关可以依法强制拆除"的特别规定。

通过上述规定可以看出:第一,强拆前要依法公告,告知当事人限期拆除;第二,当事人可以复议或诉讼;第三,如果当事人逾期不复议或诉讼,或强制执行决定最终被维持,才可以强制执行。在本案中,镇政府既没有作出强制执行决定,也没有依法进行公告,陆凯也没有进行复议和诉讼,镇政府直接将陆凯的房屋强拆,显然属于程序严重违法。

综上,镇政府实施的野蛮强拆行为欠缺最基本的事实和法律依据,程序严重违法,应当确认违法。

一审裁判意见

经过庭后合议,区法院支持了陆凯的诉讼请求,其裁判意见为:

《城乡规划法》第 65 条规定,在乡、村庄规划区内未依法取得乡村建设规划许可证或者未按照乡村建设规划许可证的规定进行建设的,由乡、镇人民政府责令停止建设、限期改正;逾期不改正的,可以拆除。

2013 年《××省违法建筑处置规定》第 6 条第 1 款规定,省住房和城乡建设主管部门负责指导、监督全省违法建筑处置工作;设区的市、县(市)城乡规划主管部门具体负责本行政区域内城镇违法建筑处置工作,并负责指导、监督本行政区域内乡村违法建筑处置工作;乡、镇人民政府具体负责本行政区域内乡村违法建筑处置工作。

被告镇政府负有对辖区内违法建筑进行处置的职责,且实际实施了涉案建筑物的拆除行为,故镇政府有相应法定职权,本案镇政府主体适格。在本案中,双方当事人的争议焦点是镇政府实施强制拆除的行政行为是否合法?

首先,关于强制拆除行政行为认定的违法事实是否清楚。本案镇政府认定陆凯违建跳台14.06平方米的主要事实依据即某勘察设计公司作出的测绘图,该鉴定结论不符合有效证据的法律要件,且缺乏其他证据证明,故镇政府认定陆凯违法建筑的依据不足,其违法事实认定不清。

其次,关于强制拆除行政行为程序是否合法。行政执法应当严格按照法定程序进行。根据《行政强制法》第35条、第36条、第37条、第44条之规定,行政机关在作出强制执行决定前,应当事先催告当事人履行义务,听取陈述和申辩等。

本案镇政府既未事先进行催告,又未作出强制执行决定,且未在拆除前依法进行公告等,镇政府强制拆除陆凯"超规划红线"部分房屋建筑及跳台的行政行为,严重违反了正当程序的法定要求,依法应当予以撤销,因该行政行为不具有可撤销性,现陆凯请求确认该行政行为违法,应予以支持。

二审双方意见

(一)镇政府的上诉理由

镇政府接到一审行政判决后,向市中级人民法院提出上诉,其主要理由如下:

1. 关于涉案房屋经审批的规划图问题

镇政府于一审中提交的证据6与被上诉人提交的证据1具有统一性,均为×土字(2010)第2515号农村私人建房用地呈报表,但一审法院对相同证据却采取了截然不同的认证态度:对于证据6,一审法院在没有直接证据的情况下即认定该证据系镇政府在诉讼过程中自行收集,不予确认其证明力;而对于证据

1,一审法院确认了其证明力,却未对其中的规划图进行审查,也未在认定事实部分进行表述。

镇政府认为,涉案房屋是否按照批准的规划图进行建设,是否存在超出规划红线建设跳台、门台的情况系本案争议焦点之一,一审法院应对该基本事实进行审查。

2. 关于涉案房屋测绘结论的问题

镇政府在接到举报后,组织工作人员对涉案房屋进行现场勘查,并委托某公司对涉案房屋现场进行测绘,经与批准的规划图对比后,认定涉案房屋存在超出规划红线建造跳台、门台等违法事实。测绘公司现场测绘后作出的测绘图并非一审法院认定的鉴定结论,而是在行政机关现场勘查过程中由专业测绘机构提供的技术支持,究竟是否存在违法行为仍由镇政府经调查取证后依法予以认定。故一审法院以鉴定结论的标准来审查该证据,明显不当。

3. 关于被上诉人对违法事实自认的问题

镇政府提交的证据8可证明被上诉人曾于2014年11月4日作出关于在当日下午前拆除超高部分违章建筑(四角平10米)的承诺,被上诉人对该证据的真实性也予以认可。该证据能从侧面印证被上诉人对涉案房屋未按照批准的规划要求进行建造的情况是明知的。故请求撤销一审判决,发回重审。

在二审开庭审理过程中,针对镇政府的上诉请求,我简要提出了自己的观点,之所以如此:一是这起案件的二审结果,基本上会是维持原判,驳回上诉;二是镇长出庭,旁听的镇政府工作人员很多,避免双方矛盾进一步激化;三是不想让镇政府小看自己的律师,虽然在案件中双方角度不同,但毕竟我们是同行,所以尽可能留出时间让镇政府的代理律师在法庭上多展示。

(二)我方的抗辩意见

为此,我在法庭上,也简单地提出了抗辩意见,建议维持原判:

首先,镇政府提供的证据6是在接到法院应诉通知书后收集的,不符合2014年《行政诉讼法》第35条规定,一审不予采信合法有据。

其次,一审将测绘图定性为鉴定意见,认定准确。测绘作出主体非镇政府单位工作人员,且测绘结果的作出需要专业技术人员判断,符合《行政诉讼法》

关于鉴定意见的定性。而现场笔录是行政执法单位根据现场目测到的方位、场景及人物等作出的,由执法人员、相对人、见证人等签字,镇政府提交的测绘图不属于现场笔录。

最后,镇政府强拆行为严重违反法定程序,缺少书面的强制执行决定、催告书等。故请求驳回上诉,维持原判。

二审裁判意见

市中级人民法院经过二审开庭审理,于 2015 年 10 月 26 日作出终审判决,驳回上诉,维持原判,其裁判观点为:

2014 年《行政诉讼法》第 34 条第 1 款规定,被告对作出的行政行为负有举证责任,应当提供作出该行政行为的证据和所依据的规范性文件。故上诉人镇政府应提供其作出强制拆除行为的事实及法律依据,否则应依法承担举证不利的后果。

关于上诉人一审提交的主要事实证据,其中的证据 6 农村私人建房用地呈报表[×土字(2010)第 2515 号]一份系上诉人于 2015 年 5 月 18 日从市国土局调取,上诉人关于其在强制拆除时已获取该份呈报表复印件的上诉理由缺乏事实及法律依据,本院不予采纳,一审法院依据 2014 年《行政诉讼法》第 35 条规定对该证据进行认证于法有据。

对于其中的证据 11,上诉人称该证据为现场勘查笔录而非鉴定意见,本院认为:鉴定意见一般为鉴定人以专业知识对特定案件事实作出的专门性结论,勘验笔录、现场笔录是行政机关在行政程序中,在勘查或者检查现场时对现场情况作出的记录,而该证据系某公司作出的测绘资料,需要由专门的测绘人员凭借专业知识作出,故不属于行政机关作出的勘验笔录、现场笔录,一审对该证据的认证意见于法有据,应予支持。

镇政府于 2014 年 11 月 5 日对被上诉人房屋超高部分建筑实施了强制拆除,但在一审中并未提交相应证据证明涉案建筑存在超高的具体事实,仅以被上诉人出具的承诺书作为认定强制拆除行为的主要证据,依据不足。

综上,镇政府的上诉理由无事实及法律依据,本院不予采纳,一审判决并无不当,为此,驳回上诉,维持原判。

案件评析与思考

在本案中有两个问题需要解决,第一个问题是建造的房屋是否存在违建,违建的房屋能否被拆除;第二个问题是强拆行为的程序是否合法。关于房屋是否存在违建,主要依据是《××市人民政府办公室关于加快农村宅基地确权登记发证工作的意见》(政办发〔2014〕第103号)第6条规定:"农村住宅挑台、门台、室外楼梯等建筑物、构筑物按以下方式认定处置:(1)二层及以上建筑物悬空外挑的,外挑部分不计占地面积;(2)处罚后的门台、室外楼梯落地的计占地面积。"根据上述规定,陆凯的跳台、门台等悬空外挑部分并没有落地,不应计算占地面积,陆凯并没有多占土地。在陆凯有合法建房审批手续的情况下,建房行为合法有据。

镇政府在组织强拆前,既没有作出正式的强制拆除决定,也没有进行公示,甚至在接到法庭应诉通知及传票之后,再次对陆凯房屋实施了局部拆除的行为。根据《城乡规划法》第65条规定:"在乡、村庄规划区内未依法取得乡村建设规划许可证或者未按照乡村建设规划许可证的规定进行建设的,由乡、镇人民政府责令停止建设、限期改正;逾期不改正的,可以拆除。"在乡、村庄规划区内违反该法的违法建筑的强制拆除程序为:(1)由乡、镇人民政府对违法建筑物进行认定,并作出责令停止建设通知书(或限期拆除告知书)以及限期拆除决定书,决定书应当载明复议和诉讼的权利、期限。(2)若当事人在法定期限内未对限期拆除决定申请行政复议或提起行政诉讼,由乡、镇人民政府向当事人发出催告,告知当事人履行自行拆除义务,并载明履行的期限及告知当事人享有陈述权和申辩权。(3)当事人陈述和申辩的,乡、镇人民政府应当充分听取当事人的意见,对当事人提出的事实、理由和证据,应当进行记录、复核;当事人提出的事实、理由或者证据成立的,乡、镇人民政府应当采纳。(4)经催告,当事人逾期仍不履行行政决定且无正当理由的,由乡、镇人民政府作出强制执行决定并予以公告,限期当事人自行拆除。(5)当事人逾期不自行拆除且在法定期限内不申请行政复议或者提起行政诉讼的,由乡、镇人民政府实施强制拆除。

案例6

如何制衡城管局以"拆违"代"拆迁"

——郑卫红诉市城管执法局不服违法强拆决定案

案情回放

郑卫红有400平方米的商业门市房通过购买获得,并具有土地证和房产证。因是商业门市房,该房屋租金收益可观,是一家几口维持家庭生计的重要经济来源。

2012年4月9日,某地级市的某区政府作出房屋征收决定书和房屋征收补偿决定书,将该房屋列入征收范围,补偿价格却十分低。

郑卫红等不服,认为这是巧取豪夺,而区政府认为郑卫红等拒不配合拆迁工作。很快,区政府与市城管执法局以"房屋部分违建"为由作出强拆决定。

郑卫红披星戴月赶到北京,找到我,要求我用法律手段帮助其解决面临的困境。接受委托后,我决定将工作重心放在强拆决定上,最终摧毁了对方的法律"陷阱"。

层掉首次强拆决定

在郑卫红提供的一摞材料中,一份由区政府和市城管执法局共同作出的《限期拆除违建通知书》分外扎眼,该通知称"如果不限期自行拆除,将强制拆除"。

2012年4月9日,区政府刚作出《房屋征收决定书》,又在2012年6月29日作出《限期拆除违建通知书》。我认为,区政府和市城管执法局以"拆违"代替"拆迁",属行政执法目的不端正,程序严重违法,适用法律错误。

凭借专业上的判断,《限期拆除违建通知书》必错无疑。我决定借此"敲山震虎",争取以首战告捷来树立郑卫红对法律的信心。于是我代郑卫红在行政复议期届满前的最后 3 日,向市政府提出了行政复议申请,要求市政府撤销《限期拆除违建通知书》。

在许多的拆迁案件中,城管执法局时常为了配合拆迁工作,敢冒险作出各种名目的限期强拆决定,然后,以张贴、留置、公告等方式送达。如果不懂法,一不留心,或一时赌气,既不复议也不诉讼,往往酿成大错。

如果当事人错过了复议或起诉期限,那么即便是错误的行政行为,也会成为强拆的根据。

结果证明我的预测准确,区政府和市城管执法局无法提供任何关于限期自行拆除的所谓"违建证据"。经过审理,市政府于 2012 年 8 月 2 日作出行政复议决定,依法撤销了区政府和市城管执法局共同作出的《限期拆除违建通知书》。

首战告捷,大大增强了郑卫红通过法律途径解决纠纷的信心,使区政府和市城管执法局的以"拆违"代"拆迁"的计划以失败告终。

再次作出强拆决定

第一次的《限期拆除违建通知书》被市政府撤销,但市城管执法局并没有放弃,2012 年 9 月 11 日,市城管执法局再次作出《限期拆除违法建设决定书》,法律文书名称从"通知书"变成了"决定书"。

这一次强拆决定的事实和理由变成了"郑卫红:2012 年 8 月 27 日,我局已向你送达了限期拆除违建告知,限你于 2012 年 9 月 2 日 17 时前自行拆除位于胜利二街主体楼房南侧搭建的违法建设。至今,你未履行限期拆除违建告知所规定的法律义务,依据《城乡规划法》第 64 条的规定,限你于 2012 年 9 月 18 日 17 时前自行拆除,逾期不拆,我局将依法予以强制拆除"。

接到《限期拆除违法建设决定书》,郑卫红再次委托我向市政府申请行政复议。市政府受理后,市城管执法局认为第二次作出的《限期拆除违法建设决定书》事实清楚,证据充分,定性准确,适用法律正确,程序合法,并据此作出如下答辩：

1. 适用法律正确

申请人的违法建设在没有自行改正或取得许可之前，具有"连续不断"的特性，并不适用法不溯及既往原则。

2. 违法事实确凿

申请人在没有合法有效许可的前提下，在胜利二街主体楼南侧临楼自行搭建房屋。经市住房和城乡规划建设委员会认定，该房屋未经规划部门批准，应为违法搭建的房屋。

3. 定性准确，过罚相当

违法建设行为是否严重影响城市规划不能以"占压规划红线"作为唯一标准。申请人的违法建设行为严重危及到了消防通道的安全及行人、车辆的正常通行，其违法行为已影响到了城市规划。

4. 程序合法

被申请人依法进行了立案、调查取证、拍照及送达等程序，相关法律文书载明了申请人作出具体行为的事实、理由、依据、期限及申请人依法享受的诉权。

市政府经审理后认为，申请人于胜利二街主体楼南侧临楼搭建房屋属违法建设。被申请人根据2007年《城乡规划法》第64条之规定，作出的《限期拆除违法建设决定书》并无不当。该决定事实清楚，证据确凿，适用法律正确，程序合法，内容适当。依据2009年《行政复议法》第28条第1款第1项之规定，本机关决定：维持被申请人作出的具体行政行为。

在复议中，我方败了。

两次维持拆除决定

接到市政府的行政复议决定后，郑卫红向区人民法院起诉，要求法院撤销《限期拆除违法建设决定书》。区人民法院经过审理，于2013年1月30日作出判决，市城管执法局的《限期拆除违法建设决定书》被维持。法院的裁判意见如下：

根据现有证据，认定以下事实：2012年7月24日，市城乡规划委作出复函，认定"涉案房屋,未经规划部门批准,应为违法搭建的房屋"。2012年8月17日,被告对涉案房屋进行检查,制作了勘验笔录,现场情况为"涉案房屋没有相关部门审批手续,擅自违法建设,朝向南",并制作了现场勘验平面图,拍摄了照片。

2012年9月11日,被告作出《限期拆除违法建设决定书》,内容为"2012年8月27日,我局已向你送达了《限期拆除违法建设告知书》,限你于2012年9月2日前自行拆除涉案违法建设,至今,你未履行《限期拆除违法建设告知书》所规定的法律义务,依据《城乡规划法》第六十四条的规定,限你于2012年9月18日前自行拆除,逾期不拆,我局将依法予以强制拆除,本决定自送达当事人时即发生法律效力"。

原告对被告作出的《限期拆除违法建设决定书》不服,于2012年9月25日提出行政复议申请。2012年10月19日,市人民政府依法作出行政复议决定,维持了被告作出的具体行政行为。

被告市城管执法局,依据相关规章的规定,具有对原告作出《限期拆除违法建设决定书》的职权。认定房屋是否是违建,应以城市建设规划部门是否批准作为标准,在本案中,涉诉房屋已被市城乡规划委认定为违法搭建,故被告作出的行政行为认定事实清楚,证据充分,程序合法,适用法律正确,依法应予维持。原告提出的诉讼请求无事实和法律依据,不予支持。

我方代郑卫红上诉至市中级人民法院,市中级人民法院经过开庭,于2013年7月14日作出行政裁定,以"原审认定事实不清,证据不足"为由撤销原判,发回重审。

区人民法院经过重审,于2014年9月24日,作出重一审行政判决,再次维持本案行政决定,理由几乎完全一样。

我方再次向市中级人民法院上诉。在二审中,市城管执法局答辩如下:

第一,原审法院认定《限期拆除违法建设决定书》事实清楚,内容明确且符合法律规定及法定程序。

第二,市城管执法局在责令整改通知中认定的2012年8月17日搭建房屋的行为违反了《城乡规划法》第40条之规定,该时间认定并无不当,该违法行为是一种持续状态。

根据《行政处罚法》第 29 条之规定,违法行为在 2 年内未被发现的,不再给予行政处罚。法律另有规定的除外。前款规定的期限,从违法行为发生之日起计算;违法行为有连续或持续状态的,从行为终了之日起计算。[1] 该行为为持续状态,所以,发现时间为 2012 年 8 月 17 日,即作出了决定。

第三,原审法院适用法律正确。本案应适用《城乡规划法》,违法行为若处于连续状态应从终了之日起计算行为发生时间,郑卫红的违法建设行为处于持续状态,因此适用该法并无不当。

第四,市城管执法局作出《限期拆除违法建设决定书》程序合法。

根据《城乡规划法》第 64 条之规定,郑卫红的房屋已经建完,并不是建设中的房屋。市城管执法局已经向郑卫红下达了责令改正通知,并告知了改正期限,但郑卫红逾期没有改正,因此才又下达了《限期拆除违法建设决定书》。

该房屋违法事实存在,未经任何审批,工作人员对现场作出的勘验笔录、平面图、照片证实了违法建设的情况,对该情况的调查程序合法,处罚依据明确,符合法律程序。本案应当适用《城乡规划法》而不能适用《行政处罚法》,因《城乡规划法》对该程序已作出明确规定,所以,无须按照《行政处罚法》第 32 条[2]履行任何义务。

第五,市城管执法局勘验笔录中的执法人员为该局的工作人员,并具有执法资格。

第六,市城管执法局认为本案违法事实清楚,案件情节并不复杂也并非重大违法行为,所以无须集体讨论程序。

第七,答辩人职权依据明确。

根据《行政处罚法》第 20 条规定:"行政处罚由违法行为发生地的县级以上地方人民政府具有行政处罚权的行政机关管辖。法律、行政法规另有规定的除外。"[3]《市城市管理领域相对集中行政处罚权实施办法》第 4 条规定:"市城市管理综合行政执法局是实施城市管理领域相对集中行政处罚权的行政主管部

---

[1] 现行有效的为 2021 年《行政处罚法》第 36 条。
[2] 现行有效的为 2021 年《行政处罚法》第 45 条。
[3] 现行有效的为 2021 年《行政处罚法》第 22 条。

门,负责本办法在各区的城市区域内具体实施。"

最终获得全面胜利

在二审中,针对原审判决和《限期拆除违法建设决定书》的错误及市城管执法局的二审答辩意见,我提出了如下代理意见,得到了市中级人民法院的认可。

一、原判及《限期拆除违法建设决定书》均认定事实不清

1. 房屋建设的年代认定错误

郑卫红房屋的建设时间是2000年,不是市城管执法局所认定的"你于2012年8月17日,在胜利二街主体楼房南侧未经城市规划主管部门批准擅自建设的行为"。根据2009年《行政处罚法》第30条"公民、法人或者其他组织违反行政管理秩序的行为,依法应当给予行政处罚的,行政机关必须查明事实;违法事实不清的,不得给予行政处罚"[1]之规定,该限期拆除违法建设决定应当依法予以撤销。

2. 所争议的标的不属必拆范围

根据原《城市规划法》[2]第40条的规定,在城市规划区内,未取得建设工程规划许可证件进行建设,严重影响城市规划的,责令停止建设,限期拆除或者没收违法建筑物;影响城市规划,尚可采取改正措施的,由县级以上地方人民政府城市规划行政主管部门责令限期改正,并处罚款。在本案中,郑卫红的房屋不在当时的规划控制红线内,并不属"严重影响城市规划"之列,即便按照市城管执法局错误适用的2007年《城乡规划法》,也不属应当强拆的房屋。

3. 市城管执法局的执法目的缺乏正当性

行政合理性是行政执法的基本原则,它要求行政机关不仅应当按照法定的条件、种类和幅度范围作出行政决定,而且要求这种决定应符合法律的意图和

---

[1] 现行有效的为2021年《行政处罚法》第40条。
[2] 已废止,现行有效的是《城乡规划法》。

精神,符合公平正义等法律理念。

不论是对执法者,还是对行政相对人,"暴力"都不该成为解决问题的手段。城管执法如果目的不端正,极易损害公民的合法权益,因此城管执法必须做到执法目的端正,这是依法行政的基本要求。

本案所涉房屋被区政府列入了所谓的"拆迁范围",房屋征收决定书是否合法,正处于诉讼中,市城管执法局不应越俎代庖,以"拆违"的名义代替"拆迁",该局执法目的不具有正当性。

二、原判适用法律错误

1. 本案应适用原《城市规划法》

2007 年《城乡规划法》实施的时间为 2008 年 1 月 1 日,而市城管执法局作出的《限期拆除违法建设决定书》所依据的所谓违法建设事实发生在 2000 年,根据"法不溯及既往"的法律适用原则,如果郑卫红确实存在违建行为,市城管执法局应当适用当时的《城市规划法》,而不是 2007 年的《城乡规划法》。不能用现行的法律规定去评价以前的行为,这是基本常识。

2. 所谓违法建设行为已过行政处罚期限

行政处罚的期限是指对违法行为人的违反行政管理法律的行为追究行政责任,给予行政处罚的有效期限。2009 年《行政处罚法》第 29 条规定:"违法行为在二年内未被发现的,不再给予行政处罚,法律另有规定的除外。前款规定的期限,从违法行为发生之日起计算。"[1]

上述规定的基本含义是,在违法行为发生 2 年后,无论在何时发现了这一违法事实,都不能再给予行政处罚。在本案中,郑卫红的房屋建造于 2000 年,即便没有办理任何批准手续,至 2012 年也已经长达 12 年之久,远超过了 2009 年《行政处罚法》第 29 条规定的 2 年最长处罚期限。

三、《限期拆除违法建设决定书》作出程序严重违法

在原一审中,市城管执法局就其作出的《限期拆除违法建设决定书》向原审

---

[1] 对应 2021 年《行政处罚法》第 36 条。

法院提交的证据仅有:(1)规划认定复函;(2)勘验笔录、现场勘验平面图及照片;(3)责令改正通知书、送达回证及照片;(4)限期拆除违建通知书、送达回证及照片。这些证据,能直接证明市城管执法局在作出限期拆除违法建设决定时严重违反了法定程序。

1. 市城管执法局在作出决定前没有履行告知义务

2009年《行政处罚法》第23条规定:"行政机关实施行政处罚时,应责令当事人改正或限期改正违法行为。"第31条规定:"行政机关在作出行政处罚决定之前,应当告知当事人作出行政处罚决定的事实、理由及依据,并告知当事人依法享有的权利。"[1]

没有任何证据能证明市城管执法局在作出限期拆除违法建设决定之前履行了责令郑卫红改正违法行为的义务,更没有证据能证明市城管执法局告知了郑卫红作出限期拆除违法建设决定的事实、理由及依据,市城管执法局也没有告知郑卫红所依法享有的权利。

2. 作出决定之前未听取郑卫红的申辩意见

2009年《行政处罚法》第32条第1款规定:"当事人有权进行陈述和申辩。行政机关必须充分听取当事人的意见,对当事人提出的事实、理由及证据,应当进行复核。"[2]第41条规定:"行政机关及其执法人员在作出行政处罚决定之前,不依照本法第三十一条、第三十二条的规定向当事人告知给予行政处罚的事实、理由及依据,或者拒绝听取当事人的陈述、申辩,行政处罚决定不能成立。"[3]

市城管执法局提供的现有的几份单薄证据,充分证明了市城管执法局在作出行政处罚决定之前没有履行告知义务,也没有听取郑卫红的申辩意见,行政处罚依法不能成立。同时,依照2009年《行政处罚法》的相关规定,本案属应当举行听证的行政处罚案件,市城管执法局没有履行通知听证义务,显属严重违反法定程序,剥夺了作为被处罚对象的郑卫红的基本权益。

---

[1] 对应2021年《行政处罚法》第28条第1款和第44条。

[2] 对应2021年《行政处罚法》第45条。

[3] 对应2021年《行政处罚法》第62条。

3. 调查程序严重违法,执法人员资格不明

根据 2009 年《行政处罚法》及相关规定,行政处罚案件首先应根据违法事实报负责人批准后依法立案,其次才有调查程序。在本案中,市城管执法局未能向原审法院提交立案审批的任何证据材料。根据 2009 年《行政处罚法》第 37 条第 1 款的规定:"行政机关在调查或者进行检查时,执法人员不得少于两人,并应当向当事人或者有关人员出示证件。"[1]

市城管执法局在制作所谓的勘验笔录、现场勘验平面图乃至送达回证时均没有证据能证明其履行了出示执法证件的义务,在原审中,在郑卫红律师一再质疑所谓执法人员身份时,市城管执法局仍拒不提供执法人员具有合法执法资格的证据。

4. 对最终行政处罚结论没有履行审批程序

2009 年《行政处罚法》第 38 条规定:"调查终结,行政机关负责人应当对调查结果进行审查,根据不同情况,分别作出如下决定……对情节复杂或者重大违法行为给予较重的行政处罚,行政机关的负责人应当集体讨论决定。"

拆除房屋涉及被处罚对象的切身利益,事关社会和谐稳定,属较重的行政处罚种类,市城管执法局在作出最终结论时,应当严格按照 2009 年《行政处罚法》第 38 条的规定,履行集体讨论义务。而本案的市城管执法局无法提供任何证据证明其履行了这一法定义务,显属程序严重违法。

5. 市城管执法局具有行政处罚权的职权依据不明

2009 年《行政处罚法》第 16 条规定:"国务院或经国务院授权的省、自治区、直辖市人民政府可以决定一个行政机关行使有关行政机关的行政处罚权。"[2] 本条规定,即通常所说的"相对集中行政处罚权"。

市城管执法局没有提供国务院决定市城管执法局具有相对集中行政处罚权的证据,也没有证据能证明省人民政府对市城管执法局作出了市城管执法局可以进行相对集中行政处罚的决定。根据行政法原理,作出行政处罚,首先要有明确的职权依据,否则,作出的行政处罚必定违法,这是行政合法性原则的必

---

[1] 对应 2021 年《行政处罚法》第 55 条第 1 款。
[2] 对应 2021 年《行政处罚法》第 18 条第 2 款。

然要求。

综上，原判及市城管执法局所作出《限期拆除违建通知书》没有任何事实和法律依据，程序严重违法，均应予以撤销。请贵院排除压力，独立行使审判权，依法支持郑卫红的全部上诉请求。

经过二审，市城管执法局最终认识到错误，自己撤销了《限期拆除违法建设决定书》。这意味着区人民法院此前作出的两次维持行政判决以及市政府作出的维持行政复议决定均属错误。

如今，郑卫红的房子安然无恙。

案件评析与思考

本案其实并不复杂，涉及的问题并不难。在事实认定部分，最主要的是关于房屋建设的年代问题，房屋是 2000 年建设的，并不是 2012 年未经批准建设。在事实认定之后，就是法律适用问题，即本案究竟是适用《城乡规划法》还是《城市规划法》。根据"法不溯及既往"的法律适用原则，即便确实存在违建行为，市城管执法局也应当适用当时的《城市规划法》，而不是《城乡规划法》。《城乡规划法》的实施时间是 2008 年 1 月 1 日，而建房行为发生在 2000 年，建房行为应适用当时的法律。《城市规划法》第 40 条规定："在城市规划区内，未取得建设工程规划许可证件或者违反建设工程规划许可证件的规定进行建设，严重影响城市规划的，由县级以上地方人民政府城市规划行政主管部门责令停止建设，限期拆除或者没收违法建筑物、构筑物或者其他设施；影响城市规划，尚可采取改正措施的，由县级以上地方人民政府城市规划行政主管部门责令限期改正，并处罚款。"因此，行政机关无权要求郑卫红限期拆除违建房屋。

《行政强制法》第 5 条规定：行政强制的实施，应当适当。第 13 条规定：行政强制执行由法律设定。法律没有规定行政机关强制执行的，作出行政决定的行政机关应当申请人民法院强制执行。第 35 条第 1 项规定：行政机关作出强制执行决定前，应当事先催告当事人限期履行义务。第 44 条规定：对违法的建筑物、构筑物、设施等需要强制拆除的，应当由行政机关予以公告，限期当事人自行拆除。当事人在法定期限内不申请行政复议或者提起行政诉讼，又不拆除的,行政机关可以依法强制拆除。2007年《城乡规划法》第68条规定,城乡规划主管部门作出责令停止建设或者限期拆除的决定后,当事人不停止建设或者逾期不拆除的,建设工程所在地县级以上地方人民政府可以责成有关部门采取查封施工现场、强制拆除等措施。[1] 根据上述规定,建设工程所在的市的县级以上人民政府责成的有关部门,有权按照《行政强制法》的规定强制拆除违法建筑;强制拆除违法建筑应当事先予以公告,并在法定申请行政复议和提起行政诉讼的期限届满后实施;实施强制拆除前,应当发出催告履行通知书,要求被处罚人在合理的期限内自行拆除;实施强制执行的行为方式、方法应当合理、适当,不得实施野蛮强拆。

---

[1] 对应2019年《城乡规划法》第68条。

案例 7
未严重影响城市规划的违建房屋能否强拆
——张小龙诉某市城管执法局不服强制拆除决定案

▍导读提示

张小龙从家乡来到某市经营建材生意,有了一定积蓄后,购了一块宅基地,并承继了相关建房许可手续,办理了土地使用证过户。为了生意的发展,同时也为了使所雇用的近30名下岗职工有一个栖身之所,张小龙多方借贷,开建了一栋8层楼房。

不料房子竣工后麻烦随之而来,区规划局一纸限期拆除违建房屋决定,将张小龙推向了痛苦的深渊。没有规划许可证,房屋是否一定要拆迁?张小龙带着这个疑问找到我。看过材料,我决定一试。

经过两级法院一、二审,限期拆除处罚决定最终被撤销,张小龙耗资200余万元修建的房屋被保住。

▍案情回放

张小龙所在的市,风景秀丽,位于崇山峻岭之中,是著名的旅游胜地。特有的民族风情,也成为当地旅游的一大特色。日益增多的游客,为当地的经济发展注入了活力和动力。

张小龙趁着这股东风,想要闯出自己的一番事业,于是他就从老家来到此地,做起了建材生意。张小龙年轻,也有经济头脑,做生意没几年,手里就有了些积蓄。

员工越来越多,门店渐渐地就有些不够用了,张小龙一番思索之后,决定自己借些钱,买块宅基地自己建房。这样一来,既解决了一家几口的住处,也可以让跟着自己打拼的员工不再四处漂泊。

辗转之后,张小龙就看中了吴某手里的一块宅基地,并且,吴某早在1997年就已获得私人住宅建设工程规划许可。张小龙为了拿下这块地,既向亲戚朋友借了钱,同时还从银行贷款,总算凑够了买地和盖房子的240余万元。

2005年1月25日,吴某正式将该宅基地使用权个人建房许可事项有偿转让给张小龙,并签有协议。次月,双方办理了土地过户手续。

张小龙也大概了解到在城镇建房需要办个人建房规划许可,尤其是当时那地上还是一座小山包,需要挖山平地,外运土方,没有城建部门的许可根本不可能施工。

张小龙拿着土地使用许可证去找区规划局申报规划许可,口头咨询和申请办理个人建房规划许可证变更手续,当时的工作人员看过现场后说等山基扩宽后再说,后来张小龙再去时,工作人员告知他等他整个工程完工后再办。

在张小龙开始挖山平地前,建设局的人就找到张小龙,了解了一下情况,要他办理一个《道路挖掘许可证》,张小龙立即照办。在正式开始建房时,张小龙又第二次办了《道路挖掘许可证》。两次办证,张小龙共交相关费用4460元。

而此前,区城建监察大队执法人员也找到张小龙,在收取了1800元的占道费后,给张小龙办理了《建设工程占道许可证》。4月的一天,区建设局下属的环卫处也找到张小龙,并收取了400元建筑垃圾处理费。

2005年12月8日,区国土资源局对张小龙的超占行为进行了查处,张小龙先后按要求缴纳了超占土地的土地有偿使用费、罚款及土地出让金。

2006年6月,张小龙8层毛坯房建成,正对面是当地某著名景点的大门。8层楼这么气派的私宅立在那里,立刻引起了各方关注。当然,其中也有相关政府工作部门。

2006年9月,区规划局给张小龙送来了《规划处罚听证告知书》;10月13日,区规划局举行了听证,张小龙聘请律师对拟处罚的事项提出了措辞严厉的反驳意见,但于事无补;8个月后的2007年6月13日,区规划局作出行政处罚决定,责令张小龙限期拆除房屋。

如果该行政处罚成立,建起的房屋被强拆,就意味着张小龙将一无所有,还要背负100余万元的外债。为了建这栋房子,张小龙前后花了240余万元,2005年,240万元可以在省城中心地段买上4套130平方米以上的三室两厅的新房。

在整个长达1年多的建设期内,唯有区规划局一次也没有上门巡查抑或过问此事,并且,有几名区规划局工作人员的住处就在张小龙建房附近。在施工期间,区规划局也一直未给张小龙下达停工通知,而在6月13日区规划局作出的处罚决定是要张小龙自行拆除房屋。

张小龙对此不服,因为之前私自占地已经罚过了,后来他去办手续是工作人员推诿,然后现在说拆就拆,这怎么能说得过去!

提起诉讼

张小龙喜欢看电视里的法制节目,尤其是中央电视台的《今日说法》栏目和法治频道。接到限期拆除决定后,他自己"照葫芦画瓢",自书了一份行政复议申请书递到了市规划局。

很快市规划局就作出了行政复议决定,维持了区规划局作出的限期拆除决定。

"专业人做专业事",这是做建材生意的张小龙经常对客户讲的一句话,此时,他发现此话更有道理。于是他在网上搜索擅长代理行政诉讼的律师,网络上转载的我办理过的类似成功案例出现在他眼前。

深夜,张小龙拨通了我的手机。在电话中我说道:"我可以竭尽全力,但不能保证有十足的把握。如果愿意,网上签合同。"整个委托代理合同的签订当晚就完成了。

为增加胜算,我将张小龙手中持有的行政机关因本次建房收取款项的票据进行了分类整理,发现收费的机关单位有8个之多。既然都在收费,证明区规划局应当知道张小龙在建房,但区规划局并没有制止。

随后,我又来到张小龙建房所在地,对相邻的同一街道前后左右的房屋进行了拍照,并逐家询问其是否办理了建房规划许可手续,进行了同步录音。同时,我拿着周边房屋的照片向区规划局核实:"请帮我查下一这些房屋是否办理了建房规划手续?"

区规划局工作人员答复:"你只是一个普通的律师,又不是法官和公安民警,我们没有义务帮你核实。再说,是否颁发建房规划许可手续是区规划局内部的事情。"

我又到建设档案馆,调出了该区域的整体规划和详细规范档案,发现张小龙新房所在地根本就不在城市规划区的范围之内,其实也就是一个城乡接合部的"城中村"。区规划局以《城市规划法》[1]为据属于适用法律错误。

接到法院的应诉通知后,区规划局向法庭提交了相关证据材料,依法作出了书面答辩,认为作出的限期拆除决定认定事实清楚,证据充分,定性准确,程序合法,并无不妥,要求法院依法维持,驳回张小龙的起诉。

反驳意见

开庭时,区规划局代理律师在法庭上作出如下答辩。

一、张小龙违法建设事实清楚,证据确实充分

张小龙未经规划行政主管部门许可,也未依法取得个人建设规划许可,擅自修建一幢高8层、占地面积223.08平方米、建筑面积1708.49平方米的建筑物,属无证建设,是客观存在的事实,张小龙本人也对这一事实认可。

二、所给予的处罚程序合法,使用处罚依据正确

本案立案后,经执法人员调查,区规划局认定张小龙无证建设,于2006年9月28日向张小龙送达城市规划处罚听证(权利)告知书,张小龙要求听证,区规划局依法举行了听证会,听取了张小龙的申辩意见。

三、对张小龙作出限期拆除决定,合法有据

根据《城市规划法》第32条的规定,张小龙无证建房,属严重影响城市规划

---

[1] 该法已被2008年1月1日实施的《城乡规划法》取代。

的违法建设行为,依据《城市规划法》第 40 条和《××省实施〈城市规划法〉办法》第 42 条之规定,区规划局依法作出限期拆除决定,是履行法定职责的正当行为,合法有据。

四、拟将拆除的违建房屋位于著名旅游景点对面

违建房屋的对面是本市著名旅游景点的正大门,该房屋所在位置属于规划严控区域,不能随意建房,否则,会影响城市整体形象,尤其会对本市稀缺旅游资源造成破坏。而且,该房屋风格与景区的古建筑结构格格不入,观感凌乱,不利于城市时尚美感的进一步提升。

五、启动行政处罚程序是领导交办,非钓鱼执法

去年(2005 年),省领导来本市考察,市领导和区领导陪同,才发现了位于景区正门对面的违建房屋,市、区两级领导当场叫来被告区规划局负责人,了解情况,坚决要求不惜一切代价依法拆除该房屋,以净化景区周边的市容环境,打造亮丽风景线。因此,被告不是钓鱼执法,而是根据上级领导交办,依法查处。

综上,被告作出的限期拆除决定,事实清楚,程序合法,理由正当,定性和适用法律均正确,应当依法维持。

代理意见

针对区规划局的答辩意见和法庭查明的现有证据,我提出了如下代理意见。

一、限期拆除决定认定事实不清,背离客观实际

限期拆除决定认定"张小龙未经规划许可,擅自在景点大门对面修建一幢框架结构,共 8 层,总建筑面积 1708.49 平方米的房屋",对此,我认为不真实、不客观,主要表现在以下几个方面:

首先,张小龙的土地使用权系从他人手中合法转让取得,同时张小龙办理了土地使用证等相关手续。其次,张小龙在取得土地使用证后曾于 2005 年 3

月和 7 月两次向区规划局提出了个人建房规划许可的更名申请,后因当地众所周知的原因,更名申请未获批准。再次,张小龙超面积、超层高建房是客观事实,但在建房这长达近 1 年的时间里,区规划局从来没有责令其停工,张小龙也没有见到区规划局公告该地段的详细规划以及相关批准文件。最后,认定涉案房屋的建筑面积为 1708.49 平方米的依据何在? 哪个法定机构或鉴定部门作出的数据认定? 如果没有证据证明,这就属于行政行为认定事实不清,仅凭此一点,限期拆除决定就应当依法撤销。

二、限期拆除决定适用法律条款错误,导致结论不公

假定新建房屋区域就在城市规划区,限期拆除决定所适用的法律条款也属断章取义,结合整个法律条款内容,恰恰能证明房屋并没有严重影响城市规划,只能对张小龙处以罚款后让张小龙办理房屋两证,而不是拆除房屋。

根据《城市规划法》第 40 条的规定,在城市规划区内,未取得建设工程规划许可证件进行建设,严重影响城市规划的,由县级以上地方人民政府城市规划行政主管部门责令停止建设,限期拆除或者没收违法建筑物;影响城市规划,尚可采取改正措施的,由县级以上地方人民政府城市规划行政主管部门责令限期改正,并处罚款。

适用上述法律规定,作出限期拆除决定,被告区规划局必须举证证明两点,一是涉案房屋地段属于城市规划区,二是张小龙的建房行为严重影响了城市规划,但被告区规划局未能向法庭提交上述证据。

根据《最高人民法院行政审判庭关于对〈中华人民共和国城市规划法〉第四十条如何适用的答复》的精神,某一行为是否"严重影响城市规划",应从该行为的性质和后果来确认。违反《城市规划法》第 35 条规定的,属于"严重影响城市规划"的行为。而《城市规划法》第 35 条规定:"任何单位和个人不得占用道路、广场、绿地、高压供电走廊和压占地下管线进行建设。"在本案中,张小龙的房屋并不位于道路、广场、绿地、高压供电走廊等规划严控区域,根本没有严重影响城市规划。

即便张小龙没有办理规划许可手续,也不能拆除其房屋,而应适用《城市规划法》第 40 条所规定的"尚可采取改正措施的,由县级以上地方人民政府城市规划行政主管部门责令限期改正,并处罚款"。故只能责令张小龙限期改正,处以罚款,不能拆除其房屋。

三、区规划局作出的限期拆除决定可能适用法律错误

根据现有证据,涉案新建房屋并不在城市规划区范围之内,《城市规划法》第2条第1款规定:"在城市规划区内进行建设,必须遵守本法。"第3条第2款规定:"本法所称城市规划区,是指城市市区、近郊区以及城市行政区域内因城市建设和发展需要实行规划控制的区域。城市规划区的具体范围,由城市人民政府在编制的城市总体规划中划定。"[1]该法对自身适用范围作了明确界定,只有在城市规划区内建房,才能受该法调整,反之,则不能。

需要说明的是,我方向法庭出示的该区域的整体规划和详细规划档案,证明张小龙建房的位置不在城市规划区范围内,此处其实就属于城乡接合部的农村,本案能否适用《城市规划法》,限期拆除决定适用法律是否正确,希望法庭慎重考虑。

四、被告区规划局行政执法目的不端正

被告区规划局作为区政府的规划行政主管部门,依法对全区建房行为客观公正地实施规划监管,是其法定职责。行政执法的目的是纠正行政相对人的违法行为,服务社会大众,维护正常的社会秩序。

在张小龙建房区域,全部是私人建房,面积比张小龙大得多的比比皆是,8层以上的更是数不胜数,本代理人已经向法庭提交了12张实景照片,不可辩驳。另外,由于被告区规划局常年冻结私人建房的规划审批,该区域的房屋都没有办理规划手续。

既然区规划局口口声声自称是"依法行政",就应当一视同仁,将这些没有规划手续的房屋一律限期拆除,尤其是与张小龙的房屋前后左右相邻的房屋,而不应选择性执法,仅仅只拆除张小龙的房屋,对其他没有规划手续的房屋视而不见,听之任之。

---

[1] 现行有效的为2019年《城乡规划法》第2条第1款、第2款。

五、被告作出的限期拆除决定严重违反法定程序

根据 1996 年《行政处罚法》的规定,行政机关在调查或者进行检查时,执法人员不得少于两人,并应当向当事人或者有关人员出示证件。同时,该法规定,案件调查终结,行政机关负责人应当对调查结果进行审查,根据不同情况,分别作出如下决定……对情节复杂或者重大违法行为给予较重的行政处罚,行政机关的负责人应当集体讨论决定。

在本案中,被告区规划局提供给法庭的证据只有张小龙的两份调查笔录,没有现场勘查或检查笔录以及其他书面证据或物证,没有立案材料,没有集体讨论或领导批准的证据,没有对房屋方位及建筑面积的鉴定或测量文件,没有行政执法人员的行政执法证件,区规划局调查时仅有一位工作人员进行。由此可见,被告作出的限期拆除决定严重违反法定程序,且重要事实没有证据证明,属于典型的认定事实不清,证据不足。

综上,被告区规划局作出的限期拆除决定,认定事实不清,适用法律错误,程序违法,导致结果不公,应当依法予以撤销。

一、二审均胜诉

2007 年中旬,区法院依法作出一审判决,支持了我的出庭意见,依法撤销了区规划局作出的限期拆除决定。接到一审判决后,区规划局不服,写出了洋洋洒洒几千余字的行政上诉状,上诉于市中级人民法院。市中级人民法院经过开庭审理,驳回了区规划局的上诉,维持原判。至此,本案画上了一个圆满的句号。《民主与法制时报》等媒体对此案进行了详细报道。

案件评析与思考

(一)本案的焦点问题

本案的焦点问题是房屋位置的认定,本案房屋位于城乡接合部,并不属于城市规划建设的范围,而且张小龙所建设的房屋并没有严重影响城市规划,即

便存在没有办理建设规划许可证的情况,也不代表就是违建房屋。而且有多达 8 个政府部门在建房过程中进行了收费,说明该房屋是取得了相关部门同意和认可的。在房屋建成之后,区规划局以房屋是违法建筑为由要求限期拆除的行为并不合法。《城市规划法》第 40 条规定:"在城市规划区内,未取得建设工程规划许可证件进行建设,严重影响城市规划的,由县级以上地方人民政府城市规划行政主管部门责令停止建设,限期拆除或者没收违法建筑物;影响城市规划,尚可采取改正措施的,由县级以上地方人民政府城市规划行政主管部门责令限期改正,并处罚款。"违反《城市规划法》第 35 条规定的,属于"严重影响城市规划"的行为。而《城市规划法》第 35 条规定:"任何单位和个人不得占用道路、广场、绿地、高压供电走廊和压占地下管线进行建设。"在本案中,张小龙并不存在占用道路、广场、绿地、高压供电走廊进行建设等情况。因此,本案中的限期拆除房屋决定是完全不合理、不合法的。

  违章建筑拆除的程序主要是:(1)立案。发现违章建筑,可以是执法机关自己发现,也可以是有人或者单位举报发现。同时要注意哪些行政机关有权利立案查处违章建筑:一是规划局或者规划委员会。这是法定部门,城市里的违章建筑由它来管。二是城市管理综合行政执法局。城市管理综合行政执法局有没有权利管违章建筑,主要看它是否有得到省级政府的授权。三是乡、镇人民政府。它的执法范围是乡、村庄规划区范围内。(2)调查程序。在调查中,应当注意以下几点:第一是调查人员不得少于 2 人,调查时应主动出示执法证件。第二是在询问以及签署笔录时要谨慎。在行政执法中,常见的笔录有现场检查笔录、现场勘验笔录、调查笔录。(3)作出行政处罚告知书并送达。①拟作出责令限期拆除决定的,应当作出行政处罚告知书,告知当事人相关的事实、理由和依据以及当事人所享有的陈述、申辩权利。②当事人在告知书规定的期限内提出陈述、申辩的,具体实施部门应当听取其意见,并做好记录。对当事人提出的事实、理由及其证据,具体实施部门应当在 20 日内进行复核。当事人提出的事实、理由成立的,具体实施部门应当予以采纳;规划部门不予采纳的,应当说明理由通知当事人。③当事人未在规定期限内提出陈述、申辩,或者当事人提出的事实、理由不成立的,规划部门应当作出责令限期拆除的书面决定。(4)制作责令限期拆除决定书并送达。执法机关如果决定进行处罚,作出并向被处罚人送达责令限期拆除决定书。(5)作出限期拆除催告书催告当事人履行拆除义务。(催告期为合理期限)(6)执法机关制作强制拆除决定书并送达。(7)制作拆除方案并公告。市或者县(区)级人民政府责成有关部门强制拆除违法建筑的,应当在强制拆除的 7 日前发布通告。(8)实施强制拆除。政府法制部门审查后以县(区)政府的名义责令城乡规划局或城市管理局组织强行拆除。乡镇人民政府查处的违法建筑由乡镇人民政府依据《城乡规划法》第 65 条的规定,自行决定组织强拆。

目前,我国《城乡规划法》及《行政强制法》等相关法律法规,并未对行政强制执行程序进行具体明确地规定,因此,在实践过程中,对于违章建筑的拆除,我们通常参照《行政强制法》中的行政强制措施实施程序的相关规定。在对违章建筑进行强制拆除前,行政机关应当将行政相对人的违法情况予以告知,同时告知行政相对人其享有陈述权、申辩权以及听证权等权利。

即使行政相对人在规定期限内,放弃其陈述权、申辩权及听证权等权利,行政机关在拆除前,也应当进行必要的催告;行政相对人既不提起行政复议也未提起行政诉讼,同时未自行拆除的,行政机关才可以自行拆除或申请法院进行拆除。在进行拆除的过程中,行政机关应当邀请公证机构对屋内的物品进行公证、见证,同时对屋内物品进行清点造册,制作现场笔录并交行政相对人签字确认,对于行政相对人的物品应做到妥善保管。如果行政机关在实施上述行为的过程中,未尽到上述义务,给行政相对人的财产造成了损失,即便房屋系违章建筑,行政相对人也可以通过行政诉讼来维护其合法权益。

(二)违建房屋的处理问题

长期以来,房屋强拆行政执法形成了一个固定的思维定式,凡是没有规划手续的房屋一律可以视为违建并强拆。在办理此案时,2007 年《城乡规划法》还没有正式实施,《城市规划法》第 40 条规定基本变成了 2007 年《城乡规划法》第 64 条。

无论是旧的《城市规划法》第 40 条,还是《城乡规划法》第 64 条,对没有办理规划手续的建房行为,都不是采用"一刀切"的处理方式,而是有条件的强制拆除。《城市规划法》第 40 条规定的标准是"严重影响城市规划";而 2007 年

《城乡规划法》第 64 条规定的标准是"尚可采取改正措施消除对规划实施的影响"。

规划行政主管部门或依法设立的城管执法机关,在对无规划手续房屋的监管或执法中,应当慎之又慎。这些房屋如何处理,关系到社会和谐和安定团结,同时涉及私人合法财产的保护。相关机关部门在执法时一定要特别小心,客观全面地收集证据,从全局、大局着想,把建房人的利益放在首位。

个人建房应当提前办理规划审批手续,不能抱有侥幸心理或从众跟风心态,违搭乱建。模范遵守法律规定,既是行政机关的义务,也是行政相对人的责任,只有全民知法守法,社会才会良性有序发展。拆除违建应坚持以教育为目的,不能为了拆除而拆除,更不能违反法定程序而乱拆除。同时,规划或城管机关应当加大宣传力度,联合各个部门对城乡规划方面的法律、法规进行宣传,告知公民依法建房的重要性,防患于未然。

案例8

强拆无规划手续的房屋应怎样遵循法定程序

——章文军诉某市政府和镇政府违法强拆娱乐城案

▌导读提示

　　章文军靠着智慧和勤奋,在北方某市把事业做得风生水起。家乡在招商引资之际,希望章文军回乡投资建设。老家村子位于沿海地区,也属于城乡接合部,村子正好有一块空地,村里有地无钱,章文军有钱无地,两者一拍即合,章文军出资建综合楼,每年再付租金,使用10年后综合楼归村委会。

　　投资2000余万元后,综合楼如期落成,娱乐城也顺利开业。作为招商引资的典型,市文化广电新闻出版局和市发展和改革局各奖励章文军1万元和50万元,钱虽不多,但让章文军心里暖暖的。

　　几年来,娱乐城生意一直红火,惹得同行不舒服。一天,章文军接到一个陌生电话:"你们的啤酒和服务费必须涨价,否则让你关门,不信走着瞧!"章文军不以为然,却没想到,镇政府给娱乐城大门贴上了封条,不久章文军又接到通知,令其将整个综合楼自行拆除,否则强拆。

　　章文军寻求当地律师的帮助,并以村委会的名义一纸诉状将市政府和镇政府诉至法院。立案第三天,4台大型挖掘机,在500余人的护卫下,将娱乐城夷为平地。

　　村委会就强拆行为以章文军和娱乐城的名义起诉,市中级人民法院一审判决确认镇政府强拆行为违法。章文军和镇政府同时提出上诉,章文军认为市政府也参与了强拆,而镇政府认为强拆行为合法。省高级人民法院二审一锤定音,驳回双方上诉,维持原判。

　　此案因为具有典型性,已入选司法部"司法行政(法律服务)案例库",司法部建设的"中国法律服务网"公开了该案例。

案情回放

章文军怀旧和恋家,打拼十几年,赚得第一桶金后,总想回报远在千里之外的老家。后来,父母官来北方招商引资,鼓励游子回乡创业,承诺给予政策扶持和物质奖励。

一石激起千层浪,已习惯了北方城市生活的章文军开始辗转难眠,是丢下眼前成熟的生意,还是回乡重新创业,一时举棋不定。

当年春节回家,章文军和几位同学到镇上KTV唱歌,发现家家生意爆满,有的竟然还需要排号。章文军觉得很奇怪,问一位常年在海上捕鱼的同学:"娱乐场所平时生意也是这么好吗?"同学点点头:"我们镇就在海边,是海洋渔业集中区域,渔民上岸一次不容易,一旦上岸,就喜欢到酒吧、KTV、娱乐城喝喝酒,叙叙旧,交流捕鱼经验,分享海上风险防范经验。"

说者无心,听者有意,章文军开始揣摩,利用休假时间进行市场调查和分析,得出了结论:这个行业有生命力,"钱"途无限,与外地歪门邪道的娱乐业不一样,是正规的消费场所。

听说章文军有开娱乐场所的想法,村干部找到他,说:村里有一块5000余平方米的建设用地,2001年获得省政府农用地转建设用地审批,村里一直没钱建综合楼。不如你出资,以村委会的名义建,建好租给你,用租金抵建设费用,如果盘活了资产,村集体就多了一份收入来源。

经过考虑,章文军觉得这个主意不错,回复村干部:"我是村里的一员,不能占村里的便宜。这样吧,我出资建设,每年照常付租金,十年使用期满,建筑物归村集体,也算给村里做一点贡献。"

村干部很感动,2008年4月4日,双方正式签约。章文军开始以村委会的名义跑手续,动工建设。综合楼落成后,蓝天娱乐城开始营业,继续完善建设手续。

因为服务好,平民消费,蓝天娱乐城生意火爆,把镇上其他的竞争对手远远甩在后面,这也给后来的纠纷埋下了祸根。一家很有背景的同行,托人带话,要求蓝天娱乐城和他们一起涨价,否则,等着关门。章文军不认可这种短视的经营策略,果断拒绝,他认为良心价是蓝天娱乐城长盛不衰的秘诀。

也许是巧合,2016年2月6日,镇政府给蓝天娱乐城贴上了封条,章文军没想到"暴风雨"来得这么快。为了不得罪当地政府,章文军不断和镇政府沟通,无果。法律人士告诉章文军,封条没有盖章,镇政府也没有查封娱乐场所的行政职权,可以自行撕掉封条,恢复营业。

看着重新营业的蓝天娱乐城,镇领导觉得权威受到了挑战,计划了更严厉的制裁措施。

2016年12月30日,镇"三改一拆"行动领导小组办公室向村委会作出强拆公告,称"你单位的建筑物现列入'三改一拆'综合整治拆除对象,现限你单位于2017年1月前自行拆除违法建筑物,如不按时搬迁和拆除,将于2017年1月16日组织相关职能部门强制拆除"。

村委会不服,就强拆公告向法院起诉,要求撤销,法院于2017年1月13日正式受理。村委会的律师向市里的多位领导建议,冷静处理,等法院结案后再拆不迟。在当地同行的推荐下,我接受委托,介入该案,我紧急和市、镇两级政府交涉沟通,出示《行政强制法》,建议两级政府等法院判决后,再根据结果依法处理,这样没有风险,否则,两级政府将会面临巨额国家赔偿。

我的一番努力,应当说是失败的,没有起到效果。2017年1月16日,4台大型挖掘机开到娱乐城,实施强拆。一天工夫,耗资2000余万元建成的综合楼及蓝天娱乐城被夷为平地。

强拆当日下午,我向市中级人民法院就强拆行为以章文军和娱乐城的名义对市政府和镇政府提起行政诉讼,要求确认强拆行为违法。

政府答辩

开庭当天,副市长出庭应诉,市政府答辩称:

市政府未参与实施拆除原告综合楼及附属设施的行为,将市政府和镇政府列为共同被告,系错列被告。根据《最高人民法院关于适用〈中华人民共和国行政诉讼法〉若干问题的解释》[1]第 3 条第 3 项之规定,应驳回原告的起诉。

镇政府作了以下答辩。

一、涉案建筑系违建,已没收为国家所有

涉案建筑物系村委会未经土地主管部门批准,非法占用土地建造,违反了 2004 年《土地管理法》的规定;未取得建设工程规划许可证,违反了 2015 年《城乡规划法》的规定。该建筑物系违法建筑,事实清楚。

2016 年 3 月 1 日,市国土资源局作出"×土资罚(2016)第 4 号"《行政处罚决定书》,责令该村退还非法占用的土地 5374 平方米,没收非法占用的 2256.6 平方米土地上建造的建筑物及水泥场地等设施。该处罚决定已经生效,案涉建筑物被依法没收,属国家所有。

二、案涉建筑物系依法没收的违法建筑

被告根据 2013 年《××省违法建筑处置规定》的相关规定及"三改一拆"的要求,对该违法建筑实施强制拆除,与市政府没有关系,市政府不是实施拆除行为的行政机关,原告将市政府列为被告是为了提升管辖的级别,属规避法律滥用诉权的行为,应依法裁定驳回起诉。

三、原告与涉案房屋没有法律上的利害关系

原告起诉的前提条件是拆除的综合楼及附属设施属于原告所有,而事实上案涉建筑物属村委会所有,原告与村委会之间仅为民事租赁关系,原告与被拆除建筑物不存在行政法上的利害关系。案涉建筑物被依法没收后即属国家所有,原所有人村委会对该违法建筑物已不再享有合法权益,不再享有提起行政诉讼的原告主体资格,章文军作为本案的原告主体不适格。

四、被告拆除没收的违法建筑物程序合法

涉案建筑物被依法没收后,被告根据 2013 年《××省违法建筑处置规定》

---

[1] 该司法解释已废止。

第 6 条第 1 款等规定,于 2016 年 12 月 30 日在该建筑物显著位置张贴公告,告知相关人员在 2017 年 1 月 7 日前自行拆除违法建筑物,并搬迁违法建筑内的设备,如不按时搬迁和拆除,被告将于 2017 年 1 月 16 日组织相关职能部门进行强制搬迁及拆除。

2017 年 1 月 16 日,被告组织人员在公证处的公证下,对违法建筑实施强制拆除,将违法建筑内的财物搬出安全存放,并通知相关人员,处置程序依法依规进行。

综上,被告对依法没收的违法建筑进行处置,合法有据,程序正当,原告不享有主体资格,请求法院依法裁定驳回起诉。

初战告捷

2017 年 4 月 18 日,市中级人民法院就此案作出一审行政判决,其裁判意见如下:

1. 原告章文军具有原告主体资格

根据 2014 年《行政诉讼法》第 25 条第 1 款之规定,行政行为的相对人以及其他与行政行为有利害关系的公民、法人或者其他组织,有权提起诉讼。从"×城执规罚(2016)5-4 号""×土资罚(2016)第 4 号"两份行政处罚决定书来看,村委会未经批准,擅自建造涉案的综合楼,非法占用的土地总面积为 5374 平方米。

2017 年 1 月 16 日,该土地上的建筑物及其附属设施均被强制拆除。对于其中的 2256.6 平方米土地上的建筑物及水泥场地等设施,"×土资罚(2016)第 4 号"行政处罚决定已经责令当事人退还非法占用的土地,没收地上建筑物及水泥场地等设施并处罚款,当事人已不再享有合法权益。

对于其中的 3117.4 平方米土地上的建筑物及其附属设施,虽"×土资罚(2016)第 4 号"《行政处罚决定书》责令当事人退还非法占用的土地,"×城执规罚(2016)5-4 号"行政处罚决定按工程造价 8% 对当事人进行罚款,但该两份行政处罚决定对该土地上的建筑物及其附属设施均未作没收处理,当事人与该土地上的建筑物及其附属设施仍存在利害关系。

章文军系涉案土地的承租人,且本案系非法占地违法建设引起的强制拆除,蓝天娱乐城系被强制拆除的建筑物及其附属设施的实际使用人。因此,章文军和蓝天娱乐城与强制拆除占地面积3117.4平方米土地上的建筑物及其附属设施的行为具有法律上的利害关系,章文军与蓝天娱乐城具有原告主体资格。

2.市政府不是本案适格被告

原告认为本案属于市政府主导下的联合执法,市领导在强拆现场统一协调指挥,但原告提供的2017年1月17日的《××日报》,仅报道市领导到现场督查指导拆违工作,到蓝天娱乐城拆违现场看望维持秩序和拆违的工作人员。

原告提供的该证据不能证明市政府组织实施或市政府工作人员参与拆除涉案建筑物的事实,市政府不是本案的适格被告。被拆除的涉案综合楼所在土地系村集体所有,建筑物拆除后,土地如何处理不属于本案审查范围,原告申请追加村委会为第三人的理由不成立。

3.镇政府的强拆行为确属违法

涉案的综合楼系未经批准非法占地所建,属于违法建设。由于镇政府不具有法定的拆除违法建设的职权,其也未经有关部门授予拆除违法建设的职权,因此,镇政府于2017年1月16日组织有关人员强制拆除占地面积3117.4平方米土地上的建筑物及其附属设施的涉案违法建设,属超越职权,应属违法。

为此,判决:(1)驳回对市政府的起诉;(2)确认强拆行为违法。

双方上诉

镇政府不服一审判决,提起上诉,认为对于实施强拆行为自己具有法定职权,执法程序合法,市政府没有参与强拆,不是适格被告,涉案综合楼属于村委会,和原告没有利害关系,应当裁定驳回起诉。

其实对一审结果我也不满意:其一,市政府是和镇政府上下级联合执法,是适格的共同被告;其二,涉案建筑经过行政处罚后,违法情形已经消除,不再是违法建设;其三,强拆行为严重违反法定程序,判决对此问题未作评价。

在得知镇政府上诉后,我建议章文军和蓝天娱乐城也依法提起上诉。

二审开庭

2017年7月5日,浙江省高级人民法院对此案公开开庭审理,仍是副市长出庭应诉。

就市政府提出其不是适格被告的问题,我拿出强拆第二天的《××日报》,指着市领导在强拆现场指挥的报道,提出了如下意见:

其一,该报为具有较高公信力的地方党报,详细介绍了市领导在现场指挥的情形,通过大幅彩照,清晰可见市领导在统一指挥。

其二,镇"三拆一改"领导小组办公室职权未向社会公示,也没有证据能证明该办公室属镇政府的临时机构,故应当作出对市政府不利的解释,推定该办公室是市政府的临时性内设机构。

其三,在强拆之前,市政府就强拆涉案房屋召开过两次专门会议,在强拆现场,市直属各局都派人参加,这不是镇政府能调动得了的。

其四,2016年镇政府曾向市政府请示,建议给予涉案综合楼补办手续,市政府一直没有回复,可见,市政府是不同意的,这间接佐证了市政府有强拆的意愿,镇政府反而不愿意强拆,只是基于上下级关系被迫而已。

我看了看审判长,继续说道:"章文军和蓝天娱乐城均是适格原告,根据章文军和村委会签订的合同,在十年使用期限届满以前,综合楼的实际权利人属于章文军,村委会只是名义上的权利人,双方属于附时间条件的代持有关系,只有在时间届满,正式交付后,才发生所有权转移。"

审判长示意我继续说下去,就市政府和镇政府强拆行为的正当性,我指出:"本案强拆不是基于社会管理或公共利益,而是借用行政公权力,代蓝天娱乐城的竞争对手排除异己。涉案综合楼,用于娱乐经营长达七年之久,在全市都是响当当的娱乐场所品牌。既然是违建,市政府或镇政府为何不及时查处?这不是典型的玩忽职守吗?"

见对方一言不发,我继续说道:"市城管局已经就综合楼下达了行政处罚决定,罚款34万元,下一步只是补办手续的问题。相关职能部门先后给蓝天娱乐城颁发了营业执照、税务登记证、经营许可、消防许可、环评等,多年来一直相安无事。就综合楼,已经取得了除建设工程规划许可以外的全部审批手续,建设工程规划许可搁浅是因为村委会没有及时缴纳市政配套费,责任不在原告。章文军和蓝天娱乐城对行政许可的政府信赖利益应当受到法律保护,行政执法不能说风就是雨,而不顾忌公信力。"

最后,就强拆程序的严重违法问题,我提出了如下意见:

根据《行政强制法》的规定,行政机关依法作出行政决定后,当事人在行政机关决定的期限内不履行义务的,具有行政强制执行权的行政机关依照本法规定强制执行。行政机关作出强制执行决定前,应当事先催告当事人履行义务;当事人收到催告书后有权进行陈述和申辩。

行政机关应当充分听取当事人的意见,对当事人提出的事实、理由和证据,应当进行记录、复核。经催告,当事人逾期仍不履行行政决定,且无正当理由的,行政机关可以作出强制执行决定。

《行政强制法》第44条规定:"对违法的建筑物、构筑物等需要强制拆除的,应当由行政机关予以公告,限期当事人自行拆除。当事人在法定期限内不申请行政复议或者提起行政诉讼,又不拆除的,行政机关可以依法强制拆除。"市政府和镇政府的强拆行为显然不符合上述程序性规定。

就镇政府提出的自己有强拆的职权的法律依据问题,我指出:"本案涉案建筑已经被市城管局处罚过,根据2009年《行政处罚法》和《行政强制法》的规定,本案应当由城管局统一行使执法权,镇政府没有强拆的权限。在市政府的职权中,也没有可以对房屋直接实施强拆的权限,因此,在本案中,市政府和镇政府实施的强拆行为属于超越、滥用职权。"

就原判没有查清的事实,我进一步向法庭陈述:在一审中,本代理人已经向法庭提交了相关证据,证明原告方曾经向镇政府提出了补办手续,镇政府已于2016年4月19日同意综合楼项目办理后续审批手续,随之还向市政府书面请示,但镇政府后来并没有告知当事人将涉案建筑物列入"三改一拆"综合整治拆除对象的具体理由及依据。对于这一事实,原一审故意避而不谈,属于遗漏重要事实,且该事实对案件定性至关重要。

就镇政府在上诉状中谈到的其执法程序合法一事,我反驳道:镇政府对涉案建筑实施强制拆除前,应保障我方依法享有陈述权和申辩权,镇"三改一拆"

行动领导小组办公室在所作的公告中没有告知我方享有申请行政复议或者提起行政诉讼的权利,故镇政府实施的强制拆除涉案建筑物的行为明显程序违法。虽然本代理人在原审就此问题多次提及,但原审不予审查,故意回避。

终审判决

2017年7月5日,省高级人民法院作出终审判决,驳回上诉,维持原判,其裁判理由如下。

一、章文军和蓝天娱乐城与被诉行政行为是否有利害关系

经审查,上诉人章文军于2008年7月7日向村委会租用土地,面积约10亩,双方约定租赁期限为10年,每年租金为:第一个5年每年32万元,第二个5年每年35万元等,并由村委会作为用地单位办理建设工程规划许可证、建设项目选址意见书、消防设计审核意见等手续,建造涉案东升村综合楼。

该楼建成后,一层、二层作为蓝天娱乐城的经营场所,从事娱乐经营活动。因此,涉案建筑的用地单位为村委会,但实际使用人为上诉人章文军和蓝天娱乐城。

市国土资源局于2016年3月1日以村委会为当事人作出"×土资罚(2016)第4号"国土资源违法案件行政处罚决定,责令当事人退还非法占用的部分土地,没收当事人相关建筑物及水泥场地设施等,但该处罚决定并没有实际执行。故章文军和蓝天娱乐城以及村委会与被诉强制拆除涉案建筑物的行为均具有利害关系,章文军和蓝天娱乐城可以对强制拆除涉案建筑物的行为提起诉讼,具有原告主体资格。

镇政府上诉称"章文军和蓝天娱乐城与被诉房屋强制拆除行为不具有利害关系,不具有原告资格"缺乏相应的事实和法律依据。因村委会另案对被诉行政行为提起诉讼后申请撤回起诉,原审法院已裁定准许村委会撤回起诉,故原审未将该村委会列为本案第三人并无不当。章文军和蓝天娱乐城上诉称"原审应当追加村委会为本案第三人",不符合本案的具体情况。

二、市政府是否系本案强拆行为的适格被告

经审查,镇"三改一拆"行动领导小组于2016年12月30日印发的公告载明:镇"三改一拆"行动领导小组已全面开展"三改一拆"综合整治拆违行动。你单位(户)的建(构)筑物现列入综合整治拆除对象,现限你单位(户)按时履行搬迁与拆除,镇"三改一拆"领导小组将于2017年1月16日组织有关职能部门进行强制搬迁及拆除。

2017年1月17日《××日报》报道的"市委副书记代市长王某明、市委副书记沈某才到现场督查指导拆违工作"等内容,并不足以证实市人民政府组织实施强制拆除涉案建筑物的事实。章文军和蓝天娱乐城上诉称"市政府为涉案强拆行为的共同实施主体,原审驳回对该市政府的起诉不当",缺乏相应的事实依据。

三、被拆除的综合楼是否属于违法建筑

涉案建筑虽先后取得市发展与改革局"×发改证(2008)156号"项目核准的批复,市建设规划局2008年7月29日颁发的建设项目选址意见、2009年2月19日颁发的建设用地规划许可,市公安局消防大队分别于2009年1月9日和2月23日出具的建筑工程消防设计的审核意见、建设工程消防验收意见等文件,但未办理建设用地批准书、建设工程规划许可证等相关审批手续。

原审法院认定涉案建筑"属于违法建设"并无不当,至于涉案建筑是否可以补办手续,是否必须拆除,并不影响对涉案建筑违法性质的认定。章文军和蓝天娱乐城诉称"原审将涉案建筑认定为违法建设欠缺事实依据"缺乏相应的事实和法律依据。

四、被诉强制拆除涉案建筑的行为是否合法

经审查,市城市管理行政执法局曾于2016年2月2日作出"×城执规罚(2016)5-4号"行政处罚决定"责令当事人补办综合楼的规划建设手续",该局于2017年1月11日撤销上述行政处罚决定。

镇政府于2016年4月19日同意综合楼项目办理后续审批手续并向市政府

书面请示,但镇政府后来并没有告知当事人将涉案建筑物列入"三改一拆"综合整治拆除对象的具体理由及依据。故镇政府实施的被诉强拆行为事实不清,主要证据不足。原审法院对此未进行审查不当。

《行政强制法》第 44 条规定:"对违法建筑物、构筑物、设施等需要强制拆除的,应当由行政机关予以公告,限期当事人自行拆除。当事人在法定期限内不申请行政复议或者提起诉讼,又不拆除的,行政机关可以依法强制拆除。"

镇政府对涉案建筑实施强制拆除前,并没有证据证明镇政府保障当事人依法享有陈述权和申辩权的事实,镇"三改一拆"行动领导小组办公室在所作的公告中也没有告知当事人其享有申请行政复议或者提起行政诉讼的权利。故镇政府实施的强制拆除涉案建筑物的行为程序违法。原审法院对此未予审查亦属不当。

2015 年《城乡规划法》第 65 条规定:"在乡、村庄规划区内未依法取得乡村建设规划许可证或者未按照乡村建设规划许可证的规定进行建设的,由乡、镇人民政府责令停止建设、限期改正;逾期不改正的,可以拆除。"2013 年《××省违法建筑处置规定》第 6 条第 1 款规定:"乡(镇)人民政府具体负责本行政区域内乡村违法建筑处置工作。"据此,相关法律及地方性法规已赋予乡、镇政府对其本行政区域内的违法建筑物依法处置的职权,原审法院认定"镇政府不具有法定的拆除违法建设的职权",与上述法律规定不符。

综上,上诉人章文军和蓝天娱乐城及案外人村委会与被诉强制拆除涉案建筑物的行为具有利害关系,被上诉人市政府不是本案的适格被告,原审判决驳回对市政府的起诉正确。镇政府实施强制拆除涉案建筑物的行为认定事实不清,主要证据不足,且程序违法。

原审法院确认镇政府强制拆除涉案建筑物及附属设施的行为违法的结论正确,依法应予维持。

从法院的判决理由来看,镇政府的上诉意见完全没有被采纳,但于章文军的上诉意见和我当庭提出的代理意见,有两点被采纳:

一是镇政府未告知行政复议和行政诉讼权利,属于程序违法,原审未予审查,属于不当。

二是镇政府接到村委会补办手续后,予以同意,还请示了市政府,但后来并没有告知当事人将涉案建筑物列入"三改一拆"综合整治拆除对象的具体理由及依据,属于事实不清,主要证据不足,原审法院对此未进行审查不当。

案件评析与思考

(一)违建房屋的强制拆除程序

《行政强制法》第44条规定:"对违法的建筑物、构筑物等需要强制拆除的,应当由行政机关予以公告,限期当事人自行拆除。当事人在法定期限内不申请行政复议或者提起行政诉讼,又不拆除的,行政机关可以依法强制拆除。"这一条是针对房屋这一个特殊标的进行强制拆除所必须遵循的程序。

根据上述规定,对违法建设的查处,应当按照下列程序进行:

1. 由法定的违建查处机关立案、调查、询问,听取申辩意见;
2. 向规划和国土行政主管部门确认是否取得规划和用地许可;
3. 确认属于违建后,下达责令限期拆除决定书;
4. 拒不按期限拆除的,下达10日为限的履行催告书;
5. 当事人进行陈述和申辩,查处机关记录和复核;
6. 经催告仍拒不履行的,下达强制拆除决定书并公告;
7. 60日复议期和6个月起诉期届满,放弃救济权利的,依法强制拆除。

在实际执法中,许多法定执法机关在房屋强拆中并不符合上述要求,应当思考这个问题,不仅要强调行政执法效率,更应保障行政相对人的程序性权利,否则,执法机关作出的行政行为可能面临着法院或复议机关的撤销或确认违法。

(二)办案的诉讼思路

本案主要涉及4个方面的问题,第一是原告是否有起诉资格,第二是被告是否适格,第三是被强制拆除的综合楼是否属于违建,第四是强拆行为是否合法。在第一个问题中,章文军是综合大楼的实际使用人,与被强拆的综合楼具有利害关系,具有原告起诉资格。第二个问题,被告是否适格,被告市政府组织参与了强拆,是涉案强拆行为的实施主体。第三个问题,被拆除的综合楼确实属于违法建筑,未办理建设用地批准书、建设工程规划许可证等相关审批手续。第四个问题,强拆行为违法,镇政府对涉案建筑实施强制拆除前,并没有证据证明其保障当事人依法享有陈述权和申辩权的事实,镇"三改一拆"行动领导小组办公室在所作的公告中也没有告知当事人享有申请行政复议或者提起行政诉讼的权利。

本案的警示意义:行政权力的行使应具有正当性,行政机关不能任性执法。公民和企业对行政机关产生的政府信赖利益应当得到保护,否则,损害的必定是行政机关的公信力。

在本案中,政府机关看似履行了一定的行政程序,实质上程序严重违法,政府机关并不具有相应的职权依据。被告镇政府在答辩中称,其在实施拆除行为之前,先后张贴公告告知当事人限期搬迁,拆除时由公证处公证,安全存放建筑内财物,通知相关人员等,认为程序就是合法的,这其实是对法律的理解错误。

案例 9

强制拆除房屋的决定能否直接报纸公告

——李慧琴诉某市城市管理执法局不服强拆公告案

▍导读提示

一封匿名举报信,让李慧琴一家建起的 9 层楼房陷入被责令拆除的危险,且该楼房已经租赁给他人开设了一家在当地颇具影响的高档精品酒店,如果强拆,不但李慧琴建房花费的 300 余万元毁于一旦,还可能面临精品酒店的巨额民事索赔。

当地的市城管局不仅在当地报纸上以发布公告的方式"请"李慧琴接受调查,更直接通过发布公告限李慧琴自公告之日起 15 日内自行拆除违法建筑,否则,依法强拆。

最终,经市法院依法裁判,撤销了市城管局在报纸上刊登的责令李慧琴限期拆除违法建筑物的决定。一审判决后市城管局未上诉,李慧琴的 9 层楼房得以"生还"。李慧琴压在心里的一块石头也终于落地。

▍案件回放

李慧琴怎么也想不到,自己竟然会进法院打行政官司,更令她想不到的是,起诉的还是当地的市城管局。

事情是这样的……

李慧琴,生于某市郊区,几乎一辈子没离开过家乡一步,勤勤恳恳,做着小生意。本以为日子能一直平淡下去,未曾想命运却同她开起了玩笑。李慧琴夫妇育有一子小军,在那个"要想富,多生孩子少种树"的年代,夫妇俩只得了这么一个儿子,自然当宝贝一样宠着。

李慧琴拼命干活,恨不得自己一个人当作仨人使,儿子小军看在眼里,疼在心里,母子俩就这样奋斗了几年,生意上顺风顺水,赚得了人生的第一桶金。后来一个人的出现,改变了李慧琴的生活。

2009年年初,有位在省城工作的亲戚回来探亲,离开时,给李慧琴支招:"老爷子不是留了一块地给您么,您想办法在上面盖个几层楼,租给别人做点生意,您和儿子这辈子就不用愁了。"李慧琴觉得很有道理,由于城市的快速发展,穷乡僻壤之地逐渐变成了城乡接合部。

2009年7月14日,李慧琴以没有住房为理由,向村民委员会递交了建房申请书,得到批准后,又于同年7月30日持私人住宅建设用地规划申请表分别向乡政府、市国土资源局申请盖章,获批新建建筑面积420平方米的3层房屋。

随着楼房一层层盖起来,人们开始给李慧琴出主意,"你这房地基这么大,盖三层岂不可惜?听说以后咱们这地要划入市区范围,这房价一天天涨,不多盖几层就太亏了"。

李慧琴转念一想,觉得有道理。

于是,原本获批3层的楼房,一直"长"到9层才停下来,更离奇的是,在楼房"长大"的近一年里,城管常常来附近巡查,却没有丝毫进门的打算。

直到后来,李慧琴才知道,村子慢慢成了"闹市区",像自己这样拔高楼房的人遍地都是,也有人没办个人建设用地许可证、建设用地规划许可证,都好几年了,城管也不是不知道,但没人查。

2010年中旬,李慧琴家的9层楼房顺利完工,看着这一栋时尚的大楼,李慧琴心里乐开了花,次年,整栋楼房出租给他人开设成了当地著名的酒店。李慧琴也不想再拼死拼活做生意,生意场上勾心斗角、坑蒙拐骗太多,她只想活得简单一点。

享福的日子总是过得很快,转眼到了2014年。新年刚过,李慧琴却忽然收到了市城管局寄来的一封责令限期拆除通知书,要求她限期拆除出租给酒店的9层楼房,紧接着当地的党报上又出现一则公告,"请"她于3月15日前到市城管局接受调查。

仿佛天塌了一样,这可急坏了李慧琴,抱着茶杯的她,环顾愣在一边的小军和儿媳妇,她知道,也只能自己出头了。

接受委托

　　李慧琴给人的第一感觉,是淳朴,非常淳朴,她还有很多"中国大妈"共有的爱好——絮叨。她告诉我,自己家的楼当年盖的时候,都是申请过的,现在楼都盖好近5年了,她们这一家子都靠它活着呢,哪能说拆就拆,要真拆了她家这楼,她非跟他们拼命!拼不过她就到市城管局跳楼。

　　努力劝说了好一会儿,我才帮她把激动的情绪平复下来,又问了一些具体情况,我心里有了谱。原来,李慧琴后来知道自己家的楼房被调查,就是邻居家举报的,因为邻居家的小三层被强拆了,心里气不过,就举报,非说李慧琴家的楼也是非法建筑。

　　李慧琴说:"别看我文化不高,这心里可不糊涂。"她以为,自己不在任何行政机关出具的文书上签字,政策这阵风紧一阵、松一阵,事情慢慢也就过去了。可令人没想到的是,市城管局又一次在报纸上发布公告,公开决定"限李慧琴自公告之日起十五日内自行拆除违法建筑物,否则,强拆"。

　　这可咋办,当地律师一听告的是市城管局,便没有了代理兴趣。就这样,李慧琴来北京找到了我,我代李慧琴向当地法院起了诉,看到被告市城管局提交的证据,我信心更足。

　　先说行政案件立案审批表,不仅有几处领导签名笔迹相同,签名人员身份不明,甚至连"立案在前,合法性审查在后"的原则性错误都能一犯再犯。

　　再说私人建设手续合法性审查表,一会儿认定占用土地性质是"未利用地",一会儿又说是"耕地",签署意见的时间竟然是周日。

　　其次,市城管局没有履行处罚前的告知、听取申辩意见、听证、集体讨论、负责人审批等必经程序,采用公告送达于法无据。

　　更离谱的是,市城管局立案审批前,就在报纸上发布公告,而且是在李慧琴长期居住在当地的情况下,这明显侵犯了李慧琴的名誉权。

　　为了证明李慧琴不是下落不明之人,不能在报纸上进行公告送达,我要李慧琴的社区出具了一份实际居住证明,这可能就是胜诉的关键性证据,信心也因此进一步增强,正所谓"有余粮,不心慌"。

市城管局的答辩理由也很简单:

市城管局具备执法主体资格,李慧琴的房屋至今没有办理合法手续,属违法建筑。市城管局经过立案、审批,从而对李慧琴的违法行为进行了确认。在找不到李慧琴的情况下,市城管局通过公告的形式要求李慧琴在期限内自行拆除房屋符合相关规定。

李慧琴的房屋违法呈持续状态,不存在两年时效问题。李慧琴相邻人房屋是否拆除不属本案审查范围,与本案没有关联性,请求市法院依法驳回李慧琴的诉讼请求。

代理意见

2014年12月23日,市法院公开开庭审理了李慧琴诉市城管局责令限期拆除决定一案。旁听席上坐得满满的,这些人中也有接到同样的拆除法律文书的,他们想来探个究竟。

在庭审中,我提出了自己的代理意见,几乎就是一直在批评市城管局的行政执法行为,法官眉头紧锁,对方低头记录。庭审结束,我将法庭上的发言整理为如下代理词提交给了法庭。

一、被告在报纸上公告强拆决定程序严重违法

1. 以公告送达方式送达法律文书于法无据

2009年《行政处罚法》第40条规定:"行政处罚决定书应当在宣告后当场交付当事人,当事人不在场的,行政机关应当在七日内依照民事诉讼法的有关规定,将行政处罚决定书送达当事人。"[1]而2012年《民事诉讼法》第85条第1款明确规定,送达法律文书,应当直接送交受送达人;第92条第1款规定,受送达人下落不明,或者以其他方式无法送达的,公告送达。[2]

---

[1] 现行有效的为2021年《行政处罚法》第61条第1款。
[2] 现行有效的为2024年《民事诉讼法》第88条第1款和第95条第1款。

在本案中，原告所在居委会出具的实际居住证明，证实原告一直实际居住在本村。该证据真实可信，能够直接作为定案依据。可见，原告不属下落不明之人，公告送达严重违反法定程序。至于被告辩称的所谓"曾派人直接送达，但找不到原告"纯属信口雌黄，无证据证实，不应采信。

2. 被告既未履行告知义务，也未听取申辩意见

2009年《行政处罚法》第31条规定："行政机关在作出行政处罚决定之前，应当告知当事人作出行政处罚决定的事实、理由及依据，并告知当事人依法享有的权利。"[1]第32条第1款规定："当事人有权进行陈述和申辩。行政机关必须充分听取当事人的意见，对当事人提出的事实、理由和证据，应当进行复核。"[2]第41条规定："行政机关及其执法人员在作出行政处罚决定之前，不依照本法第三十一条、第三十二条的规定向当事人告知给予行政处罚的事实、理由和依据，或者拒绝听取当事人的陈述、申辩，行政处罚决定不能成立。"[3]在本案中，被告从未与原告见面，也从未做过任何调查取证工作，当然更不可能听取原告的申辩意见和告知原告行政处罚的事实、理由和依据，故《××日报》上公告的强拆决定依法不能成立。

3. 被告至今没有作出正式的行政处罚决定

2009年《行政处罚法》第39条规定："行政机关依照本法第三十八条的规定给予行政处罚，应当制作行政处罚决定书。行政处罚决定书应当载明下列事项：（一）当事人的姓名或者名称、地址；（二）违反法律、法规或者规章的事实和证据；（三）行政处罚的种类和依据；（四）行政处罚的履行方式和期限；（五）不服行政处罚决定，申请行政复议或者提起行政诉讼的途径和期限；（六）作出行政处罚决定的行政机关名称和作出决定的日期。行政处罚决定书必须盖有作出行政处罚决定的行政机关的印章。"[4]

在本案中，被告截至一审庭审都没有向法庭出示其作出的正式行政处罚决定，仅出示了一份所谓的公告底稿。被告在这种情况下，竟然堂而皇之地在

---

[1] 现行有效的为2021年《行政处罚法》第44条。
[2] 现行有效的为2021年《行政处罚法》第45条第1款。
[3] 现行有效的为2021年《行政处罚法》第62条。
[4] 现行有效的为2021年《行政处罚法》第59条。

《××日报》上发布所谓的强拆公告。

4. 无证据证明被告工作人员具有执法资格

其一,立案审批表上的工作人员身份不明,该工作人员是否具有行政执法资格,被告没有向法庭提交证据。其二,在其他法律文书中出现的"杨××"身份为"两违办"工作人员,和被告并无任何关系。其三,"杨××"一个人从头到尾办理此案,从未出示执法证件,不符合2009年《行政处罚法》第37条第1款"行政机关在调查或者进行检查时,执法人员不得少于两人,并应当向当事人或者有关人员出示证件"[1]之规定。

5. 被告存在的其他违反法定程序的情形

首先,被告没有证据证明公告上的强拆决定经过了行政机关负责人批准或负责人集体讨论。2009年《行政处罚法》第38条规定,行政处罚调查结果必须经过行政机关负责人审查,重大疑难复杂的行政处罚应当经集体讨论决定。[2]

其次,被告违反了先立案后调查原则。根据立案审批表,本案立案时间为2014年11月10日,但被告早在9月4日即在《××日报》上发布了所谓的接受调查公告。

再次,公告没有底稿。被告自称9月3日给原告邮寄了公告,但该邮件上仅备注"文件",而且该邮件被以"无电话联系"为由退还给了被告。邮寄的内容是什么?公告的底稿在哪里?被告不能提交证据,无法自圆其说。

最后,被告直接发布接受调查公告于法无据。被告辩称的所谓"因发邮件原告拒收,所以才发布公告"纯属无稽之谈。"两违办"9月3日办理邮寄,9月4日公告见报。可见,被告是在9月3日同一天办的邮寄和公告。

二、公告上的强拆决定证据不足,适用法律错误,定性不当

1. 本案超过了2年的行政处罚期限

2009年《行政处罚法》第29条第1款规定:"违法行为在二年内未被发现

---

[1] 现行有效的为2021年《行政处罚法》第42条第1款与第55条第1款。
[2] 现行有效的为2021年《行政处罚法》第57条。

的,不再给予行政处罚。"[1]而据被告认定的事实,原告所谓的违法行为发生在2010年,显然已经远超过行政处罚期限,不能再给予行政处罚。被告辩称"根据全国人大批复、建设部规定等规定,本案属于违法行为处于持续状态,故行政处罚没有超过二年期限",于法无据。如果被告的抗辩意见成立,长城、黄鹤楼、岳阳楼岂不是也可以强拆。

《最高人民法院关于执行〈中华人民共和国行政诉讼法〉若干问题的解释》第26条第2款规定:"被告应当在收到起诉状副本之日起十日内提交答辩状,并提供作出具体行政行为时的证据、依据;被告不提供或者无正当理由逾期提供的,应当认定该具体行政行为没有证据、依据。"[2]被告并没有向法庭提交所谓的"全国人大批复、建设部规定"等依据,应视为被告没有证据,被告所谓的"违法行为处于持续状态"的抗辩意见不应采信。

2. 被告对本案作出强拆决定属超越、滥用行政职权

根据2007年《城乡规划法》第64条、第65条的规定,在城市由规划局实施行政处罚,在农村由乡镇人民政府实施行政处罚。虽然2009年《行政处罚法》第16条规定:"国务院或者经国务院授权的省、自治区、直辖市人民政府可以决定一个行政机关行使有关行政机关的行政处罚权。"[3]但是被告在法定举证期内并没有提供省人民政府"关于同意由被告集中行使该市其他行政机关行政处罚权"的审批文件,应当视为被告对此案没有行政处罚权,被告属超越、滥用行政职权。

3. 被告适用法律错误,导致行政处罚明显不公

无论是原告提供的证据还是被告提供的证据,都清楚地证明原告所建房屋位于农村集体土地之上,并没有占用城市国有土地。即便原告所建房屋违法,也应当适用2007年《城乡规划法》第41条第1款"在乡、村庄规划区内进行乡镇企业、乡村公共设施和公益事业建设的,建设单位或者个人应当向乡、镇人民政府提出申请,由乡、镇人民政府报城市、县人民政府城乡规划主管部门核发乡

---

[1] 现行有效的为2021年《行政处罚法》第36条第1款。
[2] 现行有效的为《最高人民法院关于适用〈中华人民共和国行政诉讼法〉的解释》(2018年2月8日施行)第34条。
[3] 现行有效的为2021年《行政处罚法》第18条第2款。

村建设规划许可证"之规定和第65条"在乡、村庄规划区内未依法取得乡村建设规划许可证或者未按照乡村建设规划许可证的规定进行建设的,由乡、镇人民政府责令停止建设、限期改正;逾期不改正的,可以拆除"之规定进行行政处罚。

2007年《城乡规划法》第40条第1款规定:"在城市、镇规划区内进行建筑物、构筑物、道路、管线和其他工程建设的,建设单位或者个人应当向城市、县人民政府城乡规划主管部门申请办理建设工程规划许可证。"在本案中,被告并没有提交任何证据证明原告的房屋所在区域属于"城市规划区",事实上该区域为"城中村"性质。故被告适用2007年《城乡规划法》第40条、第64条之规定对原告实施行政处罚明显属适用法律错误。

4. 即便所建房屋位于城市规划区,也不属强拆对象

2007年《城乡规划法》第64条规定:"未取得建设工程规划许可证或者未按照建设工程规划许可证的规定进行建设的,由县级以上地方人民政府城乡规划主管部门责令停止建设;尚可采取改正措施消除对规划实施的影响的,限期改正,处建设工程造价百分之五以上百分之十以下的罚款;无法采取改正措施消除影响的,限期拆除,不能拆除的,没收实物或者违法收入,可以并处建设工程造价百分之十以下的罚款。"

该条款实际上规定了3种责任形式:第一种情形是正在进行的违法建设的法律责任,即"未批先建"或"未按规定建设"的由城乡规划主管部门责令停止建设的责任形式;第二种情形是"尚可采取改正措施消除对规划实施的影响"的处以罚款的责任形式;第三种情形是"无法采取改正措施消除影响的"应当强制拆除的责任形式。

2007年《城乡规划法》第64条实质就是原《城市规划法》第40条的规定。《最高人民法院行政审判庭关于对〈中华人民共和国城市规划法〉第四十条如何适用的答复》明确指出:"违反该法第三十五条规定的,属于'严重影响城市规划'的行为。"而《城市规划法》第35条的内容就是2007年《城乡规划法》第35条的内容。也就是说,只要不是在"铁路、公路、港口、机场、道路、绿地等"严控区域建房,就不属于"严重影响城市规划"或"无法采取改正措施消除影响"的情形。

因此,即便原告的房屋所在区域位于城市规划区,即便应依据 2007 年《城乡规划法》第 64 条的规定给予原告行政处罚,原告也只能承担该条的第二种法律责任形式,即"责令限期改正,处建设工程造价百分之五以上百分之十以下的罚款"。

被告所谓的"只要建房没有办理规划就应当强制拆除"完全无据,这是自以为是的行政执法"自恋"。按照被告的逻辑,只要是杀人犯,应一律处以死刑,而不问缘由和社会危害后果。

5. 原告建房被告从未制止,原告也从未接到停工通知

无论是规划主管部门还是被告,对于原告的建房行为从未有过任何的制止举措,也没有下达过停工通知。原告作为普通老百姓,在建房之初,依当时的惯例向基层组织和政府主管部门提出了建房申请,街道办事处城建办作出了"同意报规划部门审批"的预审批,土地管理所也作出了"符合土地利用总体规划"的意见。

上述事实,进一步证明了原告所建房屋符合乡镇规划和土地利用总体规划,不属于"无法采取改正措施消除影响"的强拆对象。这就是政府主管部门对原告建房未予制止的根本原因。原告作为普通百姓,正是基于对政府主管部门公信力的信赖,才顺利将房屋建成。截至本案开庭审理,该房屋已竣工长达近 5 年,已装修成现在的酒店,并取得合法营业执照,正常营业多年。被告此时作出强拆决定,其行政执法目的缺乏正当性。

6. 被告属典型选择性执法,原告周围的无证房屋比比皆是

原告向法庭提供了大量证据,证明原告房屋周围无规划手续的房屋大量存在,无论是面积还是高度都远超原告所建房屋。而被告对其他房屋放任不管,偏要发布所谓公告对原告的房屋予以强制拆除,实在不知居心何在!原告有充分的理由相信被告的行为是典型的选择性和报复性执法,行政执法目的极不端正,有违 2009 年《行政处罚法》第 4 条第 1 款[1]规定的公平、公正、公开原则。在本案中,本代理人向法庭提交了许多证据,证明原告房屋的建设取得了许多审批手续,只是不完备而已。

---

[1] 现行有效的为 2021 年《行政处罚法》第 5 条第 1 款。

三、被告举证存在重大瑕疵,应承担举证不能的法律责任

1. 被告现有举证存在重大瑕疵,不能作为定案依据

其一,立案审批表缺乏真实性。一是当事人的姓名错误,非"李慧琴";二是"杨×昌"和"廖×沛"签名系同一笔迹;三是所有签名人员身份不明;四是立案在前,合法性审查在后,违背常理。故该证据不能作为定案依据。

其二,合法性审查表同样缺乏真实性。一是立案审批表上房屋所占土地是"未利用地",而后变成了"耕地";二是"两违办"不是本案执法主体;三是无证据证明"杨×昌"具有行政执法资格;四是规划局签署审查意见的11月16日为星期天,为法定休息日;五是国土及规划部门的所谓审核意见和原告持有的规划许可申请表上签署的审核意见不一致。

其三,EMS邮寄单不能作为定案依据。一是"两违办"不是本案的执法主体;二是邮寄时间早于立案时间,违反先立案再调查原则;三是"内件品名"一栏仅注明是"文件",是何文件? 无证据证明;四是没有证据证明原告签收了该邮件;五是邮寄送达违反了法律规定的送达方式。

其四,关于《××日报》公告。一是原告不属于下落不明之人,两份公告送达违法;二是9月4日公告的发布人为非本案执法主体的"两违办";三是立案时间为11月10日,而发布公告的时间为9月4日,显然违法。

其五,《两违办关于×军违法建房交办答复函》缺乏真实性、合法性和关联性。一是案涉房屋不是×军的,和×军无关;二是"两违办"既不是本案执法主体,也无证据证明"两违办"是合法成立的行政机关。

其六,领导批示件办理情况反馈不能作为定案依据。一是被告未提供原件,该证据真实性无法确认;二是市委督察室不是行政执法主体;三是所有建房手续和被告的法律文书指向的房主是原告,×军不是房主,该反馈意见内容与客观事实不符。

2. 被告就以下问题没有向法庭提供证据

"两违办"的主体资格证明。在本案中,被告提供的多份证据出现了"两违办"。如2014年9月3日的邮寄单上的寄件人、9月4日《××日报》公告上的落款人、11月12日合法性审查表上的求证人、11月4日《两违办关于×军违法

建房交办答复函》的落款人等都是"两违办"。"两违办"是一个非法组织？还是一个行政主体？和被告是什么关系？被告并没有提供任何证据。

被告是否具有本案行政执法权以及相关工作人员是否具有行政执法资格？"杨×昌"和被告是何关系？被告未向法庭提交相应证据。

被告并没有向法庭提供作出强拆决定的依据。根据《最高人民法院关于执行〈中华人民共和国行政诉讼法〉若干问题的解释》第 26 条的规定，被告没有向法庭提供 2009 年《行政处罚法》、2007 年《城乡规划法》、全国人民代表大会批复、建设部规定等依据，应视为被告没有证据。

被告没有提供原告所建房屋位于"城市规划区"的证据。既然被告适用了 2007 年《城乡规划法》第 40 条规定，那么被告就应当提供证据证明原告所建房屋的区域属于"城市规划区"。被告在法定举证期内也没有向法庭提交该区域的详细规划和总体规划。

立案审批表及合法性审查表认定原告的房屋占地 153.75 平方米、建筑面积 1383.75 平方米，这个数据的依据何在？是哪个法定机构如何测量出来的？被告并没有提供任何证据。

综上，被告在《××日报》上公告的所谓强拆决定程序严重违法，证据不足，认定事实不清，适用法律错误，应当依法予以撤销。

请合议庭充分考虑上述代理意见，依法支持原告诉讼请求。

直面如此多的"失误"，需要巨大的勇气。我能感觉到，市城管局在法庭上辩论时已没有开庭之初那么有底气，再看看法官的眉头越皱越紧，我知道自己的当庭观点起到了一定作用。对于此案的最终结果，我更加有信心。

判决胜诉

不出所料，2015 年 1 月 13 日，市法院作出行政判决，撤销了被告于 2014 年 11 月 20 日在《××日报》刊登的责令原告李慧琴限期拆除违法建筑物决定之公告。一审裁判意见如下：

对于原告未依法取得用地许可及规划许可手续而修建房屋这一基本事实，原、被告均予认可，对此，本院予以确认。××市自 2011 年 4 月推行在城市管理领域开展相对集中行政处罚权工作(×政函〔2009〕第260号文件),被告市城管局由此取得相应行政处罚权,具备执法主体资格。

行政机关作出行政处罚应当制作行政处罚决定书。在本案诉讼中,原、被告均未将本案所涉"限期拆除决定"之相关文书作为证据向法庭提交,被告在法庭提问中亦无法回答该具体行政行为的作出时间。因此,本院依法认定被告责令原告限期拆除违法建筑物没有依照法律规定制作"责令限期拆除决定书",而是以公告所载明内容直接代替"责令限期拆除决定书",该方式明显与法律规定不符。

被告应该制作而实际没有制作的文书是无法以直接送达的方式予以送达的。因此,被告辩称系在找不到原告的情况下才通过公告的形式送达的理由不成立,本院依法不予采信。而且,公告送达方式只能在受送达人下落不明或者以其他方式无法送达的情况下才适用,本案原告不符合该种情形。故被告径行以公告形式作出限期拆除决定并送达之行为违反法律规定,属程序违法。

同时,被告所提交证据表明,居民举报违法占地建房及情况调查报告的对象均为"×军",而处罚对象又是本案原告李慧琴,将有关×军的调查材料直接作为对原告进行处罚的事实依据缺乏证据支持。

综上,被告责令原告限期拆除房屋的决定事实不清,证据不足,且该决定的作出及送达程序均严重违法,依法应予撤销。

因此,李慧琴家的9层楼房得以"生还"。每次出差到该市,我都会在机场通往市区必经的主道上见到这家精品酒店。官司胜诉,老板压在心里的一块石头也终于落地了,对我说道:"这家酒店以后对您终生免费!"后来,李慧琴让儿子小军给律师事务所送了一面锦旗,对律师工作给了了高度肯定,李慧琴的儿子小军和儿媳还不断给我推荐当地的案件。

作为律师,尤其是刚入行的律师,不要急于四处找案源,而是先把手头的现有案件办成精品,让案子成为当事人在生活、工作、学习中津津乐道的话题,无形之中,这话题也就成了宣传律师的免费"广告",当事人自然也会在无形中成为律师的"兼职业务员"。

案件评析与思考

　　本案涉及的法律点，一般的强拆案件都会涉及。例如，本案中的限期拆除决定的公告，公告送达方式不合理。2009年《行政处罚法》第40条规定："行政处罚决定书应当在宣告后当场交付当事人；当事人不在场的，行政机关应当在七日内依照民事诉讼法的有关规定，将行政处罚决定书送达当事人。"再如，被告市城管局一直没有作出正式的行政处罚决定。2009年《行政处罚法》第39条规定："行政机关依照本法第三十八条的规定给予行政处罚，应当制作行政处罚决定书。行政处罚决定书应当载明下列事项：（一）当事人的姓名或者名称、地址；（二）违反法律、法规或者规章的事实和证据；（三）行政处罚的种类和依据；（四）行政处罚的履行方式和期限；（五）不服行政处罚决定，申请行政复议或者提起行政诉讼的途径和期限；（六）作出行政处罚决定的行政机关名称和作出决定的日期。行政处罚决定书必须盖有作出行政处罚决定的行政机关的印章。"同时，被告在强拆过程中也并没有听取被拆迁人的陈述和申辩意见。2009年《行政处罚法》第31条规定："行政机关在作出行政处罚决定之前，应当告知当事人作出行政处罚决定的事实、理由及依据，并告知当事人依法享有的权利。"第32条第1款规定："当事人有权进行陈述和申辩。行政机关必须充分听取当事人的意见，对当事人提出的事实、理由和证据，应当进行复核。"第41条规定："行政机关及其执法人员在作出行政处罚决定之前，不依照本法第三十一条、第三十二条的规定向当事人告知给予行政处罚的事实、理由和依据，或者拒绝听取当事人的陈述、申辩，行政处罚决定不能成立。"

案例 10
在联合执法行动中强拆房屋如何确定被告
——北京某公司诉某区政府、镇政府等违法强拆案

导读提示

因公路扩宽需要,北京某公司在河北某地级市的营业场所被多部门组成的联合执法队强制拆除,但官方给出的理由是北京某公司租赁的房屋是违法建筑。北京某公司将参与强拆的5个政府机关诉至法院,市中级人民法院和基层人民法院互相"踢皮球",经过反复的协调沟通,直到强拆后5年才正式立案。

然而,案件很不顺利,一审法院先后3次以各种理由裁定驳回起诉,又3次被二审法院裁定撤销,指令继续审理。耗时5年多,产生了先后10份行政裁定。2020年7月20日,市中级人民法院终于作出二审判决,确认强拆行为违法。

这起案件也许是行政诉讼"审判难"的一个缩影,2015年5月1日实施的《行政诉讼法》刚解决了"立案难"弊端,有些地方却又出现了"审判难"问题。之所以写这个案例,是为了纪念这耗时11年多的行政案件办案经历。

案情回放

阳卫东的房屋位于城乡接合部的公路边,面积501.60平方米,共3层,阳卫东持有土地使用证和房屋所有权证。2008年11月22日,阳卫东将该房屋出租给了北京某公司,并签订了租赁合同,就租金、期限等作了详细约定。

合同签订后,北京某公司投巨资进行了装修,添置了各种设施。随后,当地决定在公路两边扩建绿化带,要求拆除租赁房屋。由于房屋两证齐全,距公路

70余米,而相邻两边的决定不拆的房屋和公路间距不足20米,北京某公司提出异议,但现场工作人员不予理睬。

2009年4月13日上午,当地派人在北京某公司营业部门口张贴由区国土分局、区规划分局、镇政府联合署名盖章的关于强制拆除阳卫东违法建筑物的通知。该通知称:经勘查,阳卫东所建建筑物,违反了2007年《城乡规划法》第65条、市土地管理办法等有关法律法规规定,依据2007年《城乡规划法》第68条及其他有关法律法规规定,决定于2009年4月13日对上述建筑物实施强制拆除。

当天下午,几个部门的"联合执法队"将房屋强制拆除。

其间,我多次与现场指挥的负责人沟通,要求按法律程序办事,遭到拒绝。退而求其次向现场负责人说:"建议你派人将房屋中的可移动设施先转出,工程机械调开,避免以后行政赔偿,给国家造成不必要损失。"

现场负责人勉强同意调移工程机械,但坚决不同意将房屋中的物品转出,于是,耗巨资购置的物品和装修及工程机械配件最终被毁于一旦。

2009年6月,我和北京某公司的工作人员郭某、龚某到该市中级人民法院提交本案的起诉材料。市中级人民法院认为应该由区法院立案,无奈,我们又来到区法院,区法院认为案件应当由市中级人民法院管辖,坚决不立案。两级法院行政庭反复相互"踢皮球",推诿拒绝。

为了立案,我又无数次奔波于河北省高级人民法院、省检察院、市中级人民法院、市检察院等机关。应当说河北省高级人民法院还是很重视的,该院立案庭和行政庭反复与市中级人民法院立案庭和行政庭联系,希望重视对当事人诉权的保护。经过不厌其烦、持之以恒的沟通和交涉,市中级人民法院才于2004年3月正式立案,但已是案件发生近5年之后。这是我做律师以来,为了立案,耗时最长的一次。

"立案难"问题解决,又出现了"审判难",案件在审理中很不顺,先后经过基层、中级、高级、最高四级法院。一审法院先后3次以各种理由裁定驳回起诉,又3次被二审法院裁定撤销,指令继续审理。耗去5年多时间,产生了先后10份行政裁定。

最终经过审理,区法院认为强拆行为合法,驳回了北京某公司的起诉。上诉后,2020 年 7 月 20 日,市中级人民法院作出终审判决,撤销一审错误判决,确认强拆行为违法,此案画上句号。

第一回合：原告有无利害关系之争

市中级人民法院首次裁定驳回

针对北京某公司的起诉和我提出的代理意见,2014 年 4 月 24 日,市中级人民法院作出了"(2014)×行初字第 57 号"行政裁定,以"人从众公司与被诉强拆行为没有利害关系,不是适格原告"为由,驳回了起诉。

河北省高级人民法院首次纠错

2014 年 8 月 28 日,河北省高级人民法院以"北京某公司与被诉行政行为具有利害关系"为由作出"(2014)冀行终字第 123 号"行政裁定,撤销原审裁定,指令市中级人民法院继续审理。其裁判意见如下：

北京某公司是被拆除房屋的实际承租人,而且北京某公司认为被诉的强制拆除行为给其造成了一定的财产损失,故北京某公司与该被诉行为应具有利害关系,可以作为原告提起行政诉讼。同时,北京某公司在一审时还向原审法院提交了初步证明其符合其他起诉条件的相关证据。因此,北京某公司提起诉讼符合 1989 年《行政诉讼法》第 41 条有关起诉条件的规定。

第二回合：所有被告是否适格之争

市中级人民法院再次裁定驳回

河北省高级人民法院将案卷材料退回市中级人民法院,经过审理,一年之后的 2015 年 11 月 27 日,市中级人民法院作出"(2015)×行初字第 105 号"行政裁定,第二次裁定驳回起诉,这次的理由变成了"北京某公司不同意变更被告"。

河北省高级人民法院第二次纠错

2016 年 9 月 2 日,河北省高级人民法院作出"(2016)冀行终 113 号"行政

裁定,撤销原审裁定,指令市中级人民法院继续审理,这是对市中级人民法院的第二次纠错。河北省高级人民法院裁判意见如下:

经审理查明,2009年4月12日,规划分局、国土分局、镇政府共同作出《关于强制拆除郑庄子镇某村民阳卫东违法建筑物的通知》,次日,北京某公司所租用的该房屋被拆除。上述事实有本案随一审案卷移交的证据材料予以证明。

北京某公司系因其租赁的房屋被拆除,物品、装修及工程机械配件被损毁而提起行政诉讼,请求依法确认2009年4月13日联合强制拆除其承租房屋的事实行为违法,而并非不服拆除通知。一审未以强制拆除行为为标的,而错误地以拆除通知行为为标的进行审查、审理,并以北京某公司起诉的被告不适格为由,裁定了驳回起诉,认定事实不清,适用法律错误,应予以撤销。

第三回合:是否仅是镇政府强拆之争

市中级人民法院第三次裁定驳回

河北省高级人民法院第二次将案件退回市中级人民法院后,2017年10月18日,市中级人民法院很快又作出"(2017)冀0×行初60号"行政裁定,认定强拆行为只是被告镇政府实施的,并裁定驳回了对区政府、规划分局、国土分局、公安分局的起诉。

市中级人民法院认为,根据2014年《行政诉讼法》第26条第1款的规定,公民、法人或其他组织直接向人民法院提起诉讼的,作出行政行为的机关是被告。在本案中,原告起诉时将区政府、规划分局、国土分局、公安分局及镇政府同时列为被告,请求法院确认上述5被告共同实施的强制拆除行为违法。根据原告提供的证据和被告镇政府的自认,仅能认定镇政府实施了强制拆除行为。

原告认为被告区政府、规划分局、国土分局、公安分局均实施了强制拆除行为,并无事实根据。另外,结合2015年《城乡规划法》第65条的规定,本案适格被告应为镇政府,其余4被告不是本案的适格被告。

在庭审中,市中级人民法院已告知原告变更被告为镇政府,但原告拒绝变更被告。依照《最高人民法院关于适用〈中华人民共和国行政诉讼法〉若干问题的解释》第 3 条第 1 款第 3 项之规定[1]，市中级人民法院裁定如下：驳回原告北京某公司对被告区政府、规划分局、国土分局、公安分局的起诉。

河北省高级人民法院裁定驳回上诉

针对市中级人民法院的上述行政裁定，北京某公司依法提起上诉，提出了以下 3 点理由：

其一，原审认定上述 4 行政机关诉讼主体不适格明显错误。北京某公司所提交的相关证据已经证实区政府组织了其他被上诉人参与强拆行为。本案被诉行政行为为共同强拆行为，共同作出行政行为的行政机关是共同被告，不存在原审所谓"被告"不适格的问题。

其二，原审裁定适用法律错误。"行政诉讼共同被告"并不等同于"行政诉讼被告"，两者之间是包含与被包含的关系。原审裁定适用的"错列被告且拒绝变更的"规定，仅限于单个的行政诉讼被告，不适用于行政诉讼共同被告的情形。

其三，原审程序违法。原审遗漏了对必要当事人镇政府的裁判。

综上，请二审法院撤销一审裁定，提审或指令其他中级人民法院审理本案。

2018 年 3 月 27 日，河北省高级人民法院作出"（2018）冀行终 18 号"行政裁定，驳回了北京某公司的上诉，维持原裁定。河北省高级人民法院认为，区政府、公安分局、国土分局、规划分局不是适格被告。

河北省高级人民法院认为，北京某公司要求确认区政府、规划分局、国土分局、公安分局及镇政府 5 行政机关共同实施的强制拆除行为违法，就应当提供上述 5 行政机关共同实施强制拆除行为的事实根据。

在本案中，镇政府承认其对涉案房屋实施了强拆行为，而其他 4 行政机关否认参与了强拆行为，北京某公司提供的证据亦不能充分证明区政府、规划分局、国土分局、公安分局参与了强制拆除行为。

因此，北京某公司要求确认区政府、规划分局、国土分局、公安分局实施的

---

[1] 现行有效的为《最高人民法院关于适用〈中华人民共和国行政诉讼法〉的解释》（2018 年 2 月 8 日施行）第 69 条第 1 款第 3 项。

强制拆除行为违法的诉讼请求没有事实根据,北京某公司对该4机关的起诉不符合法律规定的起诉条件,依法应予驳回。

原审裁定驳回北京某公司对区政府、规划分局、国土分局、公安分局起诉的结果并无不当,河北省高级人民法院予以维持。

综上,北京某公司的上诉理由不能成立,河北省高级人民法院不予支持。依照《行政诉讼法》第89条第1款第1项的规定,裁定如下:驳回上诉,维持原裁定。本裁定为终审裁定。

第四回合:是否超过起诉期限之争

区法院以超诉讼时效为由裁定驳回起诉

在北京某公司申请再审期间,市中级人民法院将本案移送到区法院后,2019年5月23日,区法院又以"北京某公司的起诉超过诉讼时效"为由作出行政裁定,驳回起诉。

接到上述行政裁定后,我思考了很久,从房屋2009年4月13日被强拆,到2019年5月23日区法院裁定驳回,整整10年零40天,案件程序就这么在基层、中级、高级、最高人民法院打转。

我一直在反思,难道是我的诉讼思路和策略有问题吗?当事者迷,旁观者清,我请教了他人分析,但请教的其他行政法同行和专家学者认为,整个工作流程很严密,是法院在一而再再而三地裁定来、裁定去。

于是接到上述行政裁定后,我第四次提起上诉。

市中级人民法院对区法院纠错

2019年9月23日,市中级人民法院接受了我方提出的意见,以"北京某公司的起诉并没有超过起诉期限"为由,作出了"(2019)冀0×行终546号"行政裁定,撤销了原审错误裁定,指令区法院继续审理。

第五回合：判决确认镇政府强拆违法

一、区法院一审认为强拆合法

接到市中级人民法院指令继续审理行政裁定后，区法院对此案进行了开庭审理，作出了行政判决，我方败诉。区法院裁判意见如下：

1989年《城乡规划法》第65条规定："在乡、村庄规划区内未依法取得乡村建设规划许可证或者未按照乡村建设规划许可证的规定进行建设的，由乡、镇人民政府责令停止建设、限期改正；逾期不改正的，可以拆除。"依据上述规定，被告镇政府具有对本辖区内违法建设进行查处的法定职责。

在本案中，区规划分局和区国土分局于2009年3月31日、4月6日两次向二人下达了确认涉案房屋为违章建筑，并要求限期拆除的通知；2009年4月12日，镇政府作出强制拆除通知，于2009年4月13日下午进行强制拆除。被告依据1989年《城乡规划法》的相关规定，实施强制拆除，程序并无不当。

我代北京某公司继续上诉。

二、市中级人民法院二审认为强拆非法

经过二审开庭审理，市中级人民法院于2020年7月20日作出行政判决，撤销原判，确认强拆行为无效。市中级人民法院裁判意见如下：

1989年《城乡规划法》第六十五条规定："在乡、村庄规划区内未依法取得乡村建设规划许可证或者未按照乡村建设规划许可证的规定进行建设的，由乡、镇人民政府责令停止建设、限期改正；逾期不改正的，可以拆除。"本案中，涉案建筑物经区规划分局与区国土分局核准为违法建筑，镇政府对其规划区内违法建筑，应当按照上述法律规定的法定程序先责令限期改正，对逾期不改正的，才可以强制拆除。镇政府在未责令限期改正的情况下，直接实施强制拆除行为，属于程序违法。

综上，镇政府在作出行政强制拆除行为时，违反法定程序，因强制拆除建筑物的行为不具有可撤销性，依据《行政诉讼法》第七十四条第二款第(一)项之

规定,应确认镇政府强制拆除的行政行为违法。一审判决适用法律错误,依照《行政诉讼法》第八十九条第一款第(二)项之规定,判决如下:一、撤销原判;二、确认强拆行为违法。本判决为终审判决。

案件评析与思考

从 2009 年 4 月 13 日房屋被强拆到 2020 年 7 月 20 日强拆行为被市中级人民法院终审确认违法,11 年有余。打开一尺余厚的案卷,翻着一份份盖着不同法院鲜红印章的各式各样的行政裁定,我总在思考一个问题:有多少企业能够熬过 11 年? 又有多少律师愿意在一个案子里耗 11 年?

许多人劝我放弃这个案子,理由是:一个律师的执业年限又能有几个 11 年! 为了此案,我先后百余次前往河北,虽然到目前为止,还没有收取北京某公司一分钱代理费,且已垫付了几万元差旅费,但我不放弃,主要是因为对法律的信仰。如果不在法律路径中对蛮横行为坚决反击,违法强拆势必会更加肆无忌惮,在违法强拆面前,即便自己可能只是螳螂,也要试着挡车。

如果面对如同骨头般难啃的案件,耐不住寂寞,没有"钉子"精神,知难而退,那就违背了当初改行做律师的初衷。正因为律师对认定的案件,严防死守,持之以恒,才能为行政相对人撑起法律的保护伞。法治的进步,需要律师有一股"傻劲",聪明式的世故和精明,难有经典案例。

案例 11

以强拆"危房"的名义代替拆迁是否合法

——谢丽琼诉某区人民政府先将房屋折腾成危房再强拆案

导读提示

谢丽琼的房屋位于某省城的闹市区,具有产权证书,附近也是重要的学区,属于黄金地段。因拆迁安置补偿无法达成协议,当地以房屋鉴定为危房,趁疫情封控期间谢丽琼无法出面制止之机,将房屋强拆。

谢丽琼向市中级人民法院对区人民政府提起行政诉讼,区人民政府认为自己有权对危险房屋采取强拆应急措施,且已就该房屋作出了征收补偿决定,强拆也是为了"保护人民群众生命财产安全"。市中级人民法院一审判决区人民政府强拆行为违法,理由是没有职权依据,强拆行为程序违法。

区人民政府提起上诉,认为一审适用法律错误,坚持认为危险房屋是《突发事件应对法》所规定的"突发事件",区人民政府有权对危险房屋实施应急性强拆。省高级人民法院经过审理,作出二审判决,驳回了区人民政府的上诉,维持原判,二审裁判理由与一审基本相同。

起诉强拆违法

谢丽琼的房屋位于某省城的闹市区,具有合法的不动产权属证书。2020年5月5日,谢丽琼因涉案房屋在疫情封控期间被不明身份人员强制拆除,向区公安分局报案。承办民警经调查后口头告知谢丽琼涉案房是被区人民政府强拆的,同时向谢丽琼出具了区人民政府作出的《关于对黄河东路35号房屋进行应急处理的批复》和报纸公告。

从报纸可知,区人民政府曾于 2020 年 3 月 3 日刊登公告,公告称:"区人民政府同意对黄河东路 35 号楼整栋危房采取强制居民撤离、整体拆除等应急处理措施。"

谢丽琼认为,根据《行政强制法》第 8 条第 2 款"公民、法人或者其他组织对行政机关实施行政强制,享有陈述权、申辩权;有权依法申请行政复议或者提起行政诉讼"和《行政诉讼法》第 26 条第 5 款"行政机关委托的组织所作的行政行为,委托的行政机关是被告"之相关规定,区人民政府实施强拆,必须履行法定程序,有确凿的事实依据和职权法律依据。

该房屋虽早年被列入征收范围,但区人民政府作出的房屋征收决定经行政复议后已被市政府确认违法。区人民政府在"此路不通后"没有总结反思,反而纵容相关机构和部门对房屋逐步破坏,再将房屋鉴定为所谓的"危房",实为为强拆找理由和借口。

因此,区人民政府违反法定程序,在劳动节和疫情封控期间,没有法律依据地实施强拆行为,明显不具有正当性、合理性、合法性,应确认违法。

区人民政府抗辩意见

1.强拆是为了保护生命财产安全

区人民政府是为保护人民群众生命财产安全,保障公共安全,才对处于紧急危险状态的房屋采取了应急处置措施,拆除行为具有合法性,请求法院驳回原告诉讼请求。涉案房屋位于路边,从被征收时起一直处于无人使用状态,被拆除时处于紧急危险状况。

2019 年 9 月,长江街道办事处委托房屋鉴定单位对案涉房屋进行安全鉴定。2019 年 9 月 23 日,银河房屋鉴定有限公司出具鉴定报告,鉴定结论为案涉房屋为 D 级整栋危房,应停止使用并整体拆除。

由于案涉楼房存在随时倒塌的可能,危及群众的生命财产安全,经区人民政府、区安委会办公室同意并公告,区人民政府依法对案涉房屋采取了人员疏散、整体拆除等应急处置措施。由此可见,区人民政府是为保护人民群众生命财产安全,保障公共安全,才对处于紧急危险状态的房屋采取了应急处置措施,拆除行为合法。

2. 区人民政府具有应急处置紧急行政权

案涉房屋存在随时倒塌的可能,如不及时处置,将危及过往群众的生命财产安全。如果区人民政府对此紧急情况不进行应急处置,则人民群众的生命财产安全和公共安全将可能遭受难以弥补的损失。

对此,政府不能默然视之,坐等原告,必须采取应急处置措施行使紧急行政权。因此,区人民政府对处于紧急危险状况的案涉房屋采取人员疏散、财产转移、整体拆除的应急处置措施具有合法性。

3. 涉案房屋已经作出安置补偿决定

原告位于黄河东路35号的房屋已在2014年被列入征收范围,该地区的征收工作人员一直就补偿事项与原告进行协商,但未能达成征收补偿安置协议。2020年1月16日,区人民政府就案涉房屋向原告作出征收补偿决定,并以公告方式送达,同时将原告应得之征收补偿款予以公证提存,至此,区人民政府已经履行了向原告支付征收补偿款的义务。

综上,区人民政府是为了保护人民群众生命财产安全,保障公共安全,才对处于紧急危险状况的房屋采取了应急处置措施,拆除行为具有合法性,且原告的合法权益已经得到保护,不存在损害原告合法权益的情况,故请求法院驳回原告的诉讼请求。

律师出庭意见

1. 被告辩称涉案房系危房,依据不足

首先,《城市危险房屋管理规定》第12条第2款规定,危房鉴定的申请主体应当是房屋所有人和使用人,可见,案涉房屋的安全鉴定应由房屋所有权人、使用权人申请启动。在本案中,涉案房屋鉴定的申请人是长江街道办事处,其既不是房屋所有权人也不是管理人,据此,长江街道办事处启动、申请鉴定不符合上述相关规定。

其次,银河公司的鉴定是在原告不知情、未参与的情况下作出的,且该鉴定报告也未依法向原告送达,构成鉴定程序严重违法。

鉴于此,区人民政府依据鉴定报告强制拆除原告的房屋属于认定事实不清,主要证据不足。

2. 区人民政府实施的强拆行为,程序违法

《行政强制法》第 34 条、第 35 条、第 36 条、第 37 条规定,行政机关作出强制执行决定前,应事先将催告书送达当事人。经催告,当事人逾期仍不履行行政决定,且无正当理由的,行政机关可以作出强制执行决定。在本案中,区人民政府拆除案涉房屋未依法送达行政文书,未告知强制拆除时间,未进行催告,未作出强制执行决定,据此,构成程序违法。

此外,《行政强制法》第 43 条第 1 款规定,行政机关不得在法定节假日实施行政强制执行;《国务院办公厅关于 2020 年部分节假日安排的通知》明确规定"劳动节:5 月 1 日至 5 日放假调休"。具体到本案,区人民政府实施强拆行为的时间为 2020 年 5 月 5 日,该日属于法定节假日,据此,被告在该日实施行政强拆行为显然于法相悖。

3. 用拆危代拆迁属于滥用职权

最高人民法院在"李某霞诉永州市某区人民政府行政强制及行政赔偿一案"[(2019)最高法行申 11659 号行政裁定]中,指出"区人民政府在对包括李某霞房屋在内的建湘大楼启动征收程序后,应当按照《国有土地上房屋征收与补偿条例》规定的程序,与李某霞户签订安置补偿协议或者作出安置补偿决定,并在给予补偿后要求李某霞搬迁。如李某霞在法定期限内拒绝搬迁,区人民政府可在人民法院裁定准予强制执行后依法实施强制搬迁。此既体现依法行政要求,也能快速地完成公共利益建设"。

可见,征收程序启动后,行政机关在对征收范围内大部分房屋已经完成征收的情况下,又对案涉房屋先故意用挖掘机不断地进行破坏,再进行所谓的危房鉴定,并以案涉房屋属于危房为由组织强制拆除,不仅属于滥用职权,而且是故意损毁公私财物的犯罪行为。

4. 强拆不是为了保护人民生命财产安全

提请法庭注意的是,因为本市疫情复发,包括涉案房屋在内的区域当时已经被封控,而原告也封控在另一区域,足不出户。区人民政府正是利用原告不能出门的间隙,以疫情防控为掩护,对原告房屋偷偷实施强拆。这种行为于法无据。

区人民政府之所以匆匆忙忙地拆迁原告房屋,并不是为了所谓的"保护人

民群众生命财产安全",而是为了快速完成拆迁任务,让开发商尽早开工建设,该地段在案件审理时如火如荼地施工就是最好的证明。

5. 区人民政府没有危房强拆的职权依据

《城市危险房屋管理规定》第5条第2款规定:"县级以上地方人民政府房地产行政主管部门负责本辖区的城市危险房屋管理工作。"第9条规定:"对被鉴定为危险房屋的,一般可分为以下四类进行处理……(四)整体拆除。"第17条规定:"房屋所有人对经鉴定的危险房屋,必须按照鉴定机构的处理建议,及时加固或修缮治理;如房屋所有人拒不按照处理建议修缮治理,或使用人有阻碍行为的,房地产行政主管部门有权指定有关部门代修,或采取其他强制措施。"

由此可见,只有县级以上房产局能进行本辖区的城市危险房屋的管理工作,区人民政府没有该项职权。另外,房主对于被鉴定为危险的房屋,应当按照鉴定机构的处理建议,及时加固或修缮治理。如房主拒不按照处理建议修缮治理,或使用人有阻碍行为,房产局有权指定有关部门代修,或采取其他强制措施。涉案房屋未经这些必要步骤,便强制拆除,属于程序严重违法。

6.《突发事件应对法》在本案中不适用

《突发事件应对法》第3条前两款规定:"本法所称突发事件,是指突然发生,造成或者可能造成严重社会危害,需要采取应急处置措施予以应对的自然灾害、事故灾难、公共卫生事件和社会安全事件。按照社会危害程度、影响范围等因素,自然灾害、事故灾难、公共卫生事件分为特别重大、重大、较大和一般四级。"

原告的房屋在被列入拆迁范围之前,就一直在那里,几十年都没有发生过任何安全事故,在强拆之前,房屋所在区域既没有发生洪水、地震等严重自然灾害,也没有发生爆炸、大火等事故灾害。因此,用《突发事件应对法》为违法拆迁行为辩解,与基本事实不符,不具有合法性、合理性、正当性,是欲盖弥彰。

综上,区人民政府实施的拆迁行为应当依法确认违法,请法院支持原告的诉讼请求。

区人民政府一审败诉

区法院作出一审判决,确认强拆行为违法,其裁判意见如下:

本案被告区人民政府系以危险房屋的认定作为事实要件决定拆除的。经审查，根据《城市危险房屋管理规定》第5条第2款、第9条第4款及第17条的规定，县级以上地方人民政府房地产行政主管部门负责本辖区的城市危险房屋管理工作。房屋所有权人对经鉴定的危险房屋，必须按照鉴定机构的处理建议，及时加固或修缮治理；如房屋所有人拒不按照处理建议修缮治理，或使用人有阻碍行为，房地产行政主管部门有权指定有关部门代修，或采取其他强制措施。

在本案中，原告房屋已被列入拆迁范围，被告在认定原告房屋属危房的前提下，不具有强制拆除原告房屋的职权，且被告实施的强制拆除行为不符合在拆迁中强制拆除房屋的法定程序，同时被告并未提交任何证据证明其行为的合法性，故该强制拆除行为应该确认违法。

区人民政府提起上诉

区人民政府提出3点上诉意见：

第一，根据《突发事件应对法》第7条及第9条的规定，上诉人具有对可能造成危险事故的危险源进行管理、监控及采取相应措施的职权。一审判决认为上诉人不具有对被列入危险房屋范围的涉案房屋采取拆除措施的职权，属于认定事实错误。

第二，一审判决认定本案适用《城市危险房屋管理规定》，属于认定事实和适用法律错误。

第三，涉案房屋已被列入征收范围，且上诉人已经对被上诉人作了征收补偿决定，该征收补偿决定已经送达给被上诉人，相关的货币补偿款也提存至公证处，上诉人已经履行了征收补偿义务。

综上，一审认定事实不清，适用法律错误，请求撤销一审判决并予以改判；上诉费及其他相关费用由被上诉人承担。

二审驳回上诉

二审经过开庭审理，驳回了区政府的上诉，其裁判理由如下：

在本案中,区人民政府系以危险房屋的认定作为事实要件作出了强制拆除涉案房屋的应急处置措施。经审查,根据《城市危险房屋管理规定》第5条第2款、第9条第4款及第17条的规定,县级以上地方人民政府房地产行政主管部门负责本辖区的城市危险房屋管理工作。房屋所有权人对经鉴定的危险房屋,必须按照鉴定机构的处理建议,及时加固或修缮治理;如房屋所有人拒不按照处理建议修缮治理,或使用人有阻碍行为,房地产行政主管部门有权指定有关部门代修,或采取其他强制措施。

在本案中,区人民政府认定涉案房屋属危险房屋,但涉案房屋已被列入征收范围,区人民政府不具有强制拆除案涉房屋的职权,且被诉强制拆除行为不符合在征收补偿中强制拆除房屋的法定程序,区人民政府提交的证据不能证明其行为的合法性。故该强制拆除行为应该确认违法。

综上所述,一审判决认定事实清楚,适用法律、法规正确,应予维持。区人民政府的上诉理由不成立,对其上诉请求不予支持。

案件评析与思考

根据《城市危险房屋管理规定》第5条第2款的规定,县级以上地方人民政府房地产行政主管部门负责本辖区的城市危险房屋管理工作。区人民政府即便是区房产局的上级政府机关,也不具有拆除危险房屋的法定职权,否则有悖"法无授权不可为"重要原则。根据《城市危险房屋管理规定》第9条的规定,对鉴定为危房的房屋,分为观察适用、处理使用、停止使用、整体拆除4种依次递进的处理方式。根据《城市危险房屋管理规定》第17条的规定,房屋所有人对经鉴定的危险房屋,必须按照鉴定机构的处理建议,及时加固或修缮治理;如房屋所有人拒不按照处理建议修缮治理,或使用人有阻碍行为,房地产部门有权指定有关部门代修,或采取其他强制措施。依此规定,能修缮的就不能强拆,否则,有违比例性和合理性原则。

第三部分

行政许可

案例 12
水利部的《水土保持方案批复》是否合法
—— 孙国友诉水利部不服《水土保持方案批复》案

▎导读提示

2003年,孙国友、武金明夫妇承包万亩荒沙地,用来植树造林。2008年,经过孙国友夫妇的5年播绿,荒漠已经变成绿洲,10余家媒体曾先后报道了孙国友夫妇植树造林的英雄事迹。然而,某企业在发现这块林地下面有煤后,在各种审批手续不全的情况下,直接在林地里建起了煤矿,排污毁林。

中央电视台《东方时空》等多个栏目均以"排污毁林"为题对此事进行了专题报道,引起其他中央及地方媒体跟进披露,但该事件始终没有一个说法。该煤矿之所以任性,大概是因为持有水利部的"尚方宝剑"——《水土保持方案批复》。于是,孙国友向水利部申请行政复议,要求撤销《水土保持方案批复》,未得到支持。孙国友只得起诉水利部,并将该企业列为第三人。

一审支持了孙国友的诉讼请求,不但确认水利部的批复违法,而且撤销了水利部作出的复议决定。上诉后,二审维持原判。根据一、二审判决所认定的批复违法的事实,后又通过民事诉讼,最终,该企业赔偿了孙国友的实际损失。该案入选北京市第一中级人民法院"2015年涉中央部委十大典型行政案例"之一。

▎荒漠造林

孙国友是四川人,在20世纪80年代初凭着一手理发的硬本事到西北某市打拼,没几年就发家致富成了当时人人羡慕的"万元户",还娶了美丽善良的当地姑娘武金明为妻。从小在风沙地里长大的武金明,十分痛恨沙子,心里早就埋下了一个治沙梦。为了实现这一心愿,武金明也一直鼓动着丈夫孙国友为第二故乡出把力。

2003年,夫妻二人通过承包工程已步入"千万富翁"行列。夫妻俩作了一个惊人的决定,在武金明的娘家所在地承包万亩荒沙地,用植树造林的方式治沙。

周围的亲戚朋友都纷纷投来反对意见,"你们有钱可以投资房地产呀","把钱拿去干啥不好,非要扔到沙子里去","钱多了可以借给我们一些","在寸草不生的荒漠中种植多难"……

孙国友并不在意这些,一是早已下定决心要和妻子共同治住一片沙,二是自己从小吃百家饭长大,本身就特别能吃苦,种植这种事对他来说不算什么。

买树苗,雇人种树,雇车拉水浇树……在沙漠中种树远比想象中困难。这里不止是寸草不生,还有一个又一个的大沙包,最高的沙丘都有七八米高。

光买树苗,都要花不少心思,不够"坚强"的树苗根本无法在如此恶劣的环境中存活。孙国友亲自到四川、山东等地,一棵一棵挑。即便是经过了精挑细选的小树苗,种起来也不是那么容易。刚栽下去的树苗,一夜风沙过后可能被连根拔起,只能栽树,被风沙拔起,再栽,如此循环往复地和风沙作顽强斗争。

为了解决树苗的灌溉问题,孙国友开始都是用车从很远的地方拉水,但是林地万亩,树苗那么多,靠车拉水显得杯水车薪。孙国友又架起了电线杆,埋地下管线,挖了一口长200多米、宽30米的井取水,每天用柴油机发电把水抽到大水罐,再通过加压送到地下管线,以此来进行林地日常灌溉。

正所谓万事开头难,等小树苗长大后,根系逐渐扎深,慢慢获得地下水分,浇水灌溉就相对减少了。其实,孙国友在承包前进行过详细的水文考察,这块地并没有表面那样干旱,用挖掘机往下挖两三米,就有水源。树苗长大后,可以直接依靠地下水源存活。另外,在林地的东南角,还有一个美丽的南湖,可以通过地下暗渠给林地供水。

几年时间下来,树苗茁壮成长,成了挺立的大树,树径都有脸盆那么粗了。放眼望去,一片郁郁葱葱的树林点缀在金黄色的大地上,时不时还有鸟儿飞来栖息、鸣叫,兔子在里面跳动,羊在这里觅食……

这幅美丽的画面背后,是孙国友夫妇巨大的人力、财力投入。他们当初的那 1000 万元,早就被风沙"吞噬"了。夫妻二人为了这片树林,不仅花光了所有积蓄,甚至还借过高利贷,每年只能靠承包工程来赚钱养活这片林地。

排污毁林

2008 年,正当孙国友夫妇想在此创办一个农家乐,填补治沙投入时,轰隆隆的机器开进了林地……某企业要在这里开矿。经勘探,该集团发现,这片林地下面有素有"黑黄金"之称的煤炭,而且储量巨大,开一个年产 800 万吨的煤矿都不成问题!

尽管孙国友的承包合同是 50 年,该企业要占用的土地完全位于孙国友的林地之内,但是他们还是任性强占。几十台各种机器在震耳欲聋的轰鸣声中一路向前,伴随着刺耳的履带声,孙国友的树木被推倒近 2 千亩,很多树甚至被连根拔起。事后,也没有人来给孙国友一个说法。

孙国友认为,草木皆有情,他一直将这些树木当成自己的"娃娃"一样悉心照料。眼看着它们长大,却遭受这样的横祸,孙国友实在气愤难平。

孙国友向当地公安机关报了案,公安机关义愤填膺地表示一定会追查到底,并委托森林司法鉴定机构对毁林面积进行了鉴定,得出的结论是毁林面积是 1443.5 亩。如此大面积的毁林,已经远超过刑事立案标准了,属于非常严重的刑事犯罪。

后来,因为一直没有动静,孙国友就去催公安机关,无意中得到了一份某企业就孙国友报案向当地政府提出了暂缓刑事立案的申请的复印件。

在毁林后,某企业就开始了煤矿的建设。不巧的是,矿井口正好建在了水源处。为了保证采矿安全,某企业还将地下水大量抽走,降低了地下水位。孙国友好不容易等到小树长成大树,可以依靠地下水源取水,但偏偏这个时候,地下水位又下降了,这对整个林场来说就是切断了供给。

孙国友只能主动找到某企业相关负责人,要求某企业解决万亩林地的供水问题。某企业答应将工厂废水提供给孙国友灌溉林地。孙国友一想,总算有水了,林地不至于干死。没过多久,某企业就在没有采矿许可证、煤矿企业安全生产许可证等一系列审批手续的情况下，直接将煤矿投入了试运行。

某企业为了尽快出煤，连污水处理厂都没有建好就开始采矿。废水都是直接通过外排管线，排入南湖，根本就未经过处理。排入湖中的水，还伴着难闻的气味。这些水，浇树树死，灌草草亡，根本不能拿来灌溉。林地的树木，慢慢出现了枯死现象。

看着辛苦养大的"娃娃"们被糟蹋成这副模样，孙国友悲痛欲绝，他决定上访，给自己讨一个公道。他给各职能部门写信，从地方各级部门到中央部委，挨个投诉。原环境保护部曾多次点名批评过某企业，地方有关部门也下过几次不痛不痒的处罚决定，但财大气粗的某企业根本不在乎那点儿罚款。

孙国友的不幸遭遇，引起了中央电视台的极大关注，中央电视台派出资深记者对煤矿的排污毁林行为进行调查和暗访。2014年4月12日，中央电视台财经频道、《东方时空》《新闻直播间》、中文国际频道等多个栏目与频道以"排污毁林"为题对该事件进行滚动报道，在全国引起轩然大波。

环境问题，关系民生，历来为各级媒体所关注。中央电视台的首先发声，引起了其他媒体的跟进披露，各大门户网站都在头版予以转发。巨大的舆论压力，并没有撼动某企业，问题始终没能得到有效解决。

▎接受委托

从事发到排污毁林，孙国友整整信访了5年，在没有任何效果后，才想到用法律手段来解决问题。在网上看到过我曾经代理的一些经典案例后，孙国友及家人决定请我代理，给我打了一年多的电话。因为手头案件太多，又有不爱听一面之词的习惯，所以最初在电话里我没有答应。

与孙国友的第一次见面，是在律师事务所办公室，他亲自上门拜托我代理他的案子。孙国友详细地向我讲述了他在荒漠植树，又被某企业排污毁林的经过，说着说着，50多岁的大男人竟然哭了。看着当地媒体对他植树造林事迹的报道，我觉得应该接受委托。

我很同情他的遭遇，内心对他这种无私播绿的精神也是充满敬佩。在环境问题日益严重的今天，我没有理由不帮助他捍卫这片万亩林地。

按照常规的法律思维,本案可以走民事诉讼,直接要求某企业赔偿损失,但走民事诉讼的话,一方面耗时长,另一方面由于本案属于涉及财产类案件,缺乏煤矿审批违法的证据。

于是,我们决定先通过行政程序取证,再运用民事程序索赔。在与孙国友的沟通中我得知,水利部曾向某企业作出过《水土保持方案批复》,这份批复是该企业后续环评、项目核准等一系列行政审批的前置性程序,但如此重要的行政许可在作出时却未听取过孙国友的任何陈述和申辩意见。

为了规避行政起诉期限,"明知故问"地申请信息公开,获得盖章的《水土保持方案批复》复印件,立即向水利部申请了原级行政复议。不出意外,我们收到了行政复议决定,水利部维持了《水土保持方案批复》。我们一纸诉状将案件递交到了北京市第一中级人民法院,要求撤销水利部作出的《水土保持方案批复》和行政复议决定书。

通过仔细翻阅水利部的证据材料和答辩状,我发现一个关键性的细节问题:有两份证据居然在时间上存在矛盾之处,而这种时间上的先后颠倒,与行政许可的一般程序相悖。至此,我心中对案件的结果已有一些把握。

法庭上的激烈交锋

作为行政诉讼中的原告,我方仅出具了几份证明我方与《水土保持方案批复》存在利害关系的证据,加上一张中央电视台报道某企业排污毁林的光盘。被告水利部的代理人当庭指出,原告与《水土保持方案批复》之间不存在法律上的利害关系。

没有利害关系?我早有应对,在行政诉讼中十有八九对方都会提出这样的质疑。我当庭指出了以下3点:

1.《水土保持方案批复》涉及的区域正好在孙国友合法承包的万亩林地中间;

2. 原告报案后,公安机关委托的司法鉴定机构认定第三人毁林1443.5亩;

3. 某企业在签订的《委托评估协议书》上承认占用林地。

当我发表完以上意见后,法官询问了某企业的代理人:煤矿是否位于原告的林地里面或者说是否和林地挨着？第三人的代理律师点头说是。从法官的问题中，我能判断出法官也已经认同了孙国友与《水土保持方案批复》之间是具有利害关系的。

同时，我在法庭上当场播放了中央电视台《新闻直播间》报道某企业排污毁林的视频。央视记者深入煤矿暗访，相关负责人向假装买煤的记者表示，企业确实没有办理相关手续，但现在一直正常出着煤。记者还拍摄到，煤矿直接设置外排管线，将未经处理的黑水排入南湖。随后，记者来到监管部门，向工作人员当面反映情况，但监管部门表示，部门已经罚款了，煤矿不改正也没其他办法。

水利部的代理人观看完视频后表示，这些媒体报道不可信。不管水利部信不信，法官是一定会有所触动的。视频是直观的，而且是中央电视台的新闻报道，它能把大家"带到"排污现场，看到黑水涌出，看到树木枯死。

水利部提出了10余份证据，来证明其作出《水土保持方案批复》的合法性，我逐一提出了有力的反驳意见。

1. 部分证据没有提供原件，缺乏真实性

水利部提交的证据1"国家发改委批复"、证据2"国家能源局同意函"、证据4"水利部水土保持监测中心的通知"均是复印件，无法判断其真实性。水利部本应当提供上述证据的原件，即便不能提供原件，也应当提供有第三人加盖印章和原件核对一致的复印件。

2. 部分证据不合法，作假嫌疑无法排除

证据4"水利部水土保持监测中心的通知"不但是复印件，而且是水利部自己出具的一份所谓文件，自己不能做自己的证人，是基本常识。水利部应当提供文件所涉及的中央编制委员会的"中编办字（1997）73号"《水土保持方案批复》。否则，证明不了水利部水土保持监测中心是一个合法的机构以及其具体的职责分工。

3. 证据之间相互矛盾，无法自圆其说

根据证据3可以看到，某企业提出行政许可申请的时间是2013年8月12日，而水利部水土保持监测中心的《技术性审查意见的报告》却在此前3天的2013年8月9日作出，该报告第5页更是显示2013年7月3日至4日还在银川召开过所谓的技术评审会。

此外,水利部作出《水土保持方案批复》的程序也严重违法。

1. 无证据证明水利部是合法受理行政许可

《水土保持方案批复》是一种典型的行政许可行为,必须遵循2004年《行政许可法》规定的法定程序。行政许可是依申请的行政行为,申请人要取得某项行政许可,前提条件是要向行政机关提出书面申请。在本案中,只有一份某企业的水土保持方案报告书的请示,并没有证据证明该请示是如何提交给水利部的。

2. 技术性审查在前申请在后完全不合常理

婴儿在出生之前不可能喝奶,没有领结婚证不可能办准生证,这些浅显的道理,讲的就是时间的先后顺序问题。有些事情可以颠倒,但有些事情不可能颠倒,否则就是造假。

在本案中,某企业提出申请的时间是2013年8月12日,而水利部水土保持监测中心的《技术性审查意见的报告》却在此前3天的2013年8月9日作出。更令人匪夷所思的是,2013年7月3日和4日还在银川召开过所谓的技术评审会,显然,这是在赤裸裸地造假。

3. 作出《水土保持方案批复》前未听取原告申辩意见

第三人某企业所建的煤矿,占用的土地正处于原告承包的万亩林地之间,事关原告的切身利益,但行政机关在作出《水土保持方案批复》前没有告知原告,更没有听取原告的申辩意见,违反了2004年《行政许可法》第36条"行政机关对行政许可申请进行审查时,发现行政许可事项直接关系他人重大利益的,应当告知该利害关系人。申请人、利害关系人有权进行陈述和申辩。行政机关应当听取申请人、利害关系人的意见。"之规定,属于程序严重违法。

质疑完水利部《水土保持方案批复》的合法性后,我又指出了几点水利部在作出行政复议决定时的程序性问题。

庭后,水利部的一位司长微笑着向我走来,与我握手,并称:"这次行政诉讼,对水利部以后进一步提高行政执法水平很有益。"我和这位司长就行政许可、行政复议的程序性事项,作了简单的交流。看得出,这位司长是想寻找一些工作上的改进意见。

一审裁判意见

经过合议,北京市第一中级人民法院作出了一审判决,在确认了水利部作出的批复违法的同时,一并撤销了水利部作出的行政复议决定,其裁判观点为:

《水土保持法》第25条第4款规定,生产建设项目水土保持方案的编制和审批办法,由国务院水行政主管部门制定。2005年《开发建设项目水土保持方案编报审批管理规定》第8条第2款规定,中央立项,且征占地面积在50公顷以上或者挖填土石方总量在50万立方米以上的开发建设项目或者限额以上技术改造项目,水土保持方案报告书由国务院水行政主管部门审批。

在本案中,某企业矿井及选煤厂项目由国家能源局、国家发展和改革委员会批准立项,且该项目占地面积、挖填土石方量均达到上述规定的标准,该项目水土保持方案应由国务院水行政部门审批。据此,水利部具有对涉案项目的水土保持方案进行审批的职权。

《水土保持法》第25条第1款规定,在山区、丘陵区、风沙区以及水土保持规划确定的容易发生水土流失的其他区域开办可能造成水土流失的生产建设项目,生产建设单位应当编制水土保持方案,报县级以上人民政府水行政主管部门审批,并按照经批准的水土保持方案,采取水土流失预防和治理措施。该条第2款规定,水土保持方案应当包括水土流失预防和治理的范围、目标、措施和投资等内容。

2005年《开发建设项目水土保持方案编报审批管理规定》第10条规定,"水土保持方案报告的审批条件如下:(一)符合有关法律、法规、规章和规范性文件规定;(二)符合《开发建设项目水土保持方案技术规范》等国家、行业的水土保持技术规范、标准;(三)水土流失防治责任范围明确;(四)水土流失防治措施合理、有效,与周边环境相协调,并达到主体工程设计深度;(五)水土保持投资估算编制依据可靠、方法合理、结果正确;(六)水土保持监测的内容和方法得当"。

在本案中,水利部向法院提交了监测中心针对涉案项目水土保持方案进行审查后作出的《关于报送〈神华宁夏煤业集团有限责任公司双马一矿矿井及选煤厂水土保持方案报告书〉技术审查意见的报告》,该报告详细记载了相关的技术审查意见,具体包括以下几部分内容:(1)主体工程水土保持分析与评价;(2)水土流失防治责任范围;(3)水土流失预测;(4)水土流失防治目标;(5)防治分区及措施总体布局;(6)分区防治措施布设;(7)水土保持施工组织设计;(8)水土保持监测;(9)水土保持投资估算;(10)水土保持效益分析。

上述内容符合前引规定对水土保持方案内容提出的要求。水利部据此作出被诉批复,实体上并无不当,且孙国友提出的诉讼理由主要涉及环境污染问题,并未对水土保持方案的内容提出有针对性的异议理由及依据。故对于孙国友针对被诉批复实体内容提出的异议主张,不予支持。

关于被诉批复的程序,参照2005年《开发建设项目水土保持方案编报审批管理规定》第9条第2款之规定,有审批权的水行政主管部门受理申请后,应当依据有关法律、法规和技术规范组织审查,或者委托有关机构进行技术评审。

在本案中,水利部在受理某企业提出的水土保持方案审批申请之前,就已先行委托水利部水土保持监测中心对某企业提交的水土保持方案进行技术评审,有违上述程序规定,一审法院对此程序问题依法予以确认。但鉴于该程序问题并未影响被诉批复的实体结论,故对于孙国友基于此程序问题提出的撤销被诉批复之诉讼主张,不予支持。

关于被诉复议决定的合法性,在案证据可以证明,水利部于2014年12月27日收到孙国友针对被诉批复提出的行政复议申请,于同年12月30日予以受理,并于2015年2月11日作出被诉复议决定,符合2009年《行政复议法》第31条第1款关于复议期限的规定。

此外,向申请人发出受理通知并非行政复议的强制性程序要求,集体讨论也并非行政复议的必经程序,孙国友据此对被诉复议决定程序合法性提出的异议不能成立,故不予支持。但是,鉴于被诉批复存在程序违法情形,被诉复议决定对于被诉批复程序合法性作出的认定存在错误,故依法应予撤销。

综上,水利部作出的被诉批复认定事实清楚,适用法律正确,程序轻微违法但未影响实体结论,依法确认被诉批复违法,但不撤销该批复。鉴于此,一审法院一并判决撤销被诉复议决定。鉴于一审法院已对被诉批复的合法性进行了判定,被诉复议决定被撤销后,复议机关无须重新作出复议决定。

在行政诉讼中拿到这样的判决已经十分不易,尤其是以中央部委为被告的行政案件。这样的结果我虽不是十分满意，但毕竟也是取得了一些成功，为孙国友以后的民事索赔提供了证据。

一天，我在微信朋友圈里看到了一些律师朋友分享的《北京市第一中级人民法院评选出的"2015年涉国家部委十大典型行政案例"》。才得知本案是首例涉及水土保持行政许可领域的行政案件。北京市第一中级人民法院确认水利部《水土保持方案批复》违法的依据，也正是我指出的水利部受理某企业的申请在后，技术评审在前，与行政许可的一般程序相悖。

有了这份行政判决书后，我开始代孙国友启动民事诉讼程序，起诉某企业构成侵权，要求赔偿。案件很顺利，银川市中级人民法院支持了孙国友的全部诉讼请求，某企业提起上诉，宁夏回族自治区高级人民法院经过审理，仍然是我方胜诉。目前，银川市中级人民法院已经将赔偿款全部执行到位。

案件评析与思考

（一）办案的诉讼思路

在本案中，最关键的一份证据就是《水土保持方案批复》，水利部提出了10余份证据，来证明其作出《水土保持方案批复》的合法性，但我认为，《水土保持方案批复》存在程序上不合法、不合理之处。比如，部分证据没有提供原件，缺乏真实性。同时，部分证据不合法，无法排除水利部自己制作证据提交给法庭的嫌疑。而且，《水土保持方案批复》的作出没有得到有效的授权，在证据提交上存在时间顺序颠倒的问题，证据存在虚假的情况。通过诉讼，一审法院确认了水利部作出的批复违法，也一并撤销水利部作出的行政复议决定。在行政诉讼之后，我们通过民事诉讼解决了争议，认定某企业构成侵权，并获得了赔偿款。

（二）办案的诉讼技巧

行政诉讼取证，民事诉讼索赔，是我在处理一些民事案件时的习惯做法。在现实生活及司法实践中，行政、民事、刑事往往交织在一起，这时就需要律师的专业知识,律师不能仅停留在某一专业领域,需要融会贯通。

在一些民事案件中,往往需要的某种证据正好被行政机关掌握,这时作为律师,要灵活使用《政府信息公开条例》《行政复议法》《行政诉讼法》,对拒不依法提供证据的行政机关依法申请行政复议或提起行政诉讼。对直接影响民事诉讼胜败的审批类行政行为,更要依法复议或诉讼,否则,民事诉讼将功亏一篑。

案例 13

已经颁发数年的建房规划许可证能否撤销

——白玉兰等诉住建局不服撤销建房规划许可证案

导读提示

为了建房,白玉兰等4户拿着自己的身份证明等文件向区建设规划局申请了建设用地规划许可证,后来,房屋盖起来了,白玉兰等4户也早已入住,可是这时候区建设局却以"提供虚假材料,采用欺骗手段非法获取建设用地规划许可证为由"作出撤销决定,废除了建设用地规划许可证。

而此时,房屋所在的土地被列入征用范围,房屋面临拆迁。如果建设用地规划许可证被撤销,就意味着已建成的房屋将成为违建,当地可以依法定程序将房屋强制拆除。白玉兰等4户不服,委托我代她们将区建设局诉至法庭。

法院最终以"现有证据不足以证实白玉兰等4户提供了虚假资料并采用了欺骗手段获取建设用地行政许可"为由,判决区建设局败诉,撤销了建设局作出的《关于撤销建设用地规划许可证的决定》。

案件回放

在农村或城乡接合部"城中村"生活过的人都知道,一些家庭有很多人,小孩长大结婚,有时候房子就会住不下。可是自从2008年1月1日《城乡规划法》实施后,这农村盖房子可就不像以前那样,喊几个亲朋好友房子就盖起来了。现如今,盖房得拿到相关的规划许可才行。

眼看着家里的房子不够住,又恰好村里的其他人也想要盖房,于是,白玉兰就和那些人商量了一下,又问了村里干部盖房子得拿些什么文件材料,在得到答案后,在 2008 年 4 月他们就一起向区村镇建设规划局以住房困难为由书面申请用地规划,申请 150 平方米住建房用地。

2008 年 12 月,村镇建设规划局向白玉兰颁发了建设用地规划许可,一起申请的其他村民也都拿到了各自的建设用地规划许可。

白玉兰的建房许可证表明,准许其在村里组建私人住宅用地面积 150 平方米,建设规模 3 层共 450 平方米。拿到了建设用地许可后,大家伙都干劲儿十足地去翻盖新房。

只是,谁都没曾想到,原以为日子就这么能红红火火过下去的大家伙儿,却被区建设局从头浇了一盆水。

究竟发生了什么事儿?

2010 年 7 月,区村镇建设规划局的上级区建设局作出决定,决定撤销白玉兰几人的建设用地规划许可证。区建设局认为,白玉兰等人在申请用地规划的时候,提供了虚假申请资料,采取了欺骗等不正当手段,因此作出撤销决定,并且这个决定还是邮寄给他们的。

白玉兰等人在收到撤销决定的时候先是愣了,在弄清楚这个决定是干什么的时候又怒了。明明就是真实材料却被区建设局说是提供虚假材料,明明就是合法地盖筑房屋却被区建设局说是不合法,并且还要面临房屋被强拆的可能,白玉兰等人觉得自己不能坐以待毙。

向区建设局讨说法未果后,白玉兰几人准备将区建设局告上法庭。何况区建设局在决定书里也表明了:"如果不服本处理决定,可以自接到本决定书之日起六十日内向区人民政府或市住建局申请行政复议,或在三个月内直接向区人民法院起诉。"

接受委托

白玉兰的一位朋友是我曾经的当事人,白玉兰一天到她家做客,正好看到报纸上有我点评的一个和她一样的案件。就这样,白玉兰觉得我代理这个案件很合适,就和另外同病相怜的 3 户一商量,决定共同聘请我代理这个行政官司。

其他人听到消息说白玉兰要去北京请律师打官司,有看热闹的,有隔岸观火的,也有在烦恼犹豫要不要一起诉讼的。

白玉兰打通了我的电话,她说自己平时出远门少,请我在百忙之中直接到当地,面议代理之事。因为是熟人介绍,我二话不说,在一天下班后,到北京西站坐车到了当地。

我仍记得白玉兰那爽朗的性子,他们一行人见到我后,就争先恐后地告诉我案子的进展情况,生怕我也像他们当地的律师一样,把他们拒之门外。于是,我找了一个很幽静的茶楼谈事。

"都别急,慢慢说。"我宽慰着他们。

"褚律师,他们太过分了!"白玉兰说着说着,就忍不住激动了起来,"你说说,我们明明都是拿着合法、真实的文件材料去申请的用地规划许可,现在他们说我们是假的,你说说,这可不就是在冤枉人么。"

"是呀是呀……"其他人附和着,都在数落着区建设局的不是。

"先说说到底是怎么一回事儿。"我给他们续了茶。

"褚律师,是这样的……"

听白玉兰他们说完之后,我才弄明白当地的真实意图。

区建设局先是向白玉兰等人下达了关于退还规划证件的通知,内容是:因你不是该村拆迁农户,按照相关法律政策的精神,你不符合申请在该村建设个人住宅的条件,故你取得的建设用地规划许可证属无效证件。根据2007年《城乡规划法》和区监察局"(2010)监决字第1号"决定,希望你自接到通知之日起7日内到街道办事处城建办公室办理退还建设用地规划许可证及退款手续。

可能是见白玉兰他们根本就不买账,区建设局又来插了一杠子,直接向白玉兰等4户下达了4份《关于撤销建设用地规划许可证的决定》。这一次的理由竟然是所谓的"提供虚假资料,采取欺骗等不正当手段"。通过专业判断,我觉得对于这个行政官司,以我的专业技能应该能帮白玉兰等人胜诉。

在申请办证时,白玉兰等人每人都提供了自己的身份证,即便不是本村村民,也没有隐瞒,不存在欺骗。如果白玉兰等人违法,也是区村镇建设规划局认可的。区建设局不能在办证收费时高高兴兴,一遇到拆迁,就将白玉兰等人说成所谓"采用欺骗手段骗取行政许可",更何况房子早已建成入住。

这个案子不难,我担心和白玉兰她们说得太深奥,她们也不明白,便简单地向他们说了案子结果的几种可能性。最终,我和白玉兰等人正式签订了委托代理合同。

随后,我起草了 4 份诉状,分别代白玉兰 4 等户将区建设局诉至法院。立案很顺利,区法院立案庭一路绿灯。

律师意见

举证质证之后,就被告作出的《关于撤销建设用地规划许可证的决定》的合法性,我发表了如下出庭意见,最终被区法院采纳。

一、原告在申请建设用地规划许可证时没有任何欺骗行为

根据城镇化进程的需要,非本村村民建房,在城乡接合部大量存在。大多数临街的房屋会经营旅馆、酒楼、农家乐等,而原告等人的房屋全是自居,并非用于经营。原告在申请用地规划许可时提供了各自的真实身份证。

在建设用地规划申请表上,有原告所在村、乡镇规划办、镇政府、区村镇建设规划局等负责人签署的意见,足以证实各单位都看过了原告的身份证。各单位对于原告是否属于该村村民一清二楚,不存在所谓的欺骗或隐瞒的问题。

被告不能仅凭原告等 4 户在建设用地规划申请表上的所谓"笔迹"一样,就推定原告有欺骗行为。4 户统一委托一人代为填写,并不违反法律的禁止性规定。

由此可见,对于原告的身份状况,原告是不是该村村民,被告等单位是心知肚明的,对此并没有提出异议。各单位为了利益,在建设用地规划申请表上签署的意见分别是情况属实,同意上报,同意报批,同意办理等。

二、《关于撤销建设用地规划许可证的决定》缺乏正当性

1. 区建设局的执法目的不端正

行政合理性是行政执法的基本原则,它要求行政机关不仅应当按照法定的条件、种类和幅度范围作出行政决定,而且要求这种决定应符合法律的意图和精神,符合公平正义等法律理念。

本案所涉房屋被列入拆迁范围，区建设局不应以"处罚"的名义代替"拆迁"。而且，房屋早已建成并入住，区建设局平时为何不管？现在要拆迁，就惦记这些房子，其行政执法目的一目了然。

2. 区住建局适用法律错误

区住建局适用2003年《行政许可法》第69条第2款错误，该款规定："被许可人以欺骗、贿赂等不正当手段取得行政许可的，应当予以撤销。"

以欺骗、贿赂等不正当手段取得行政许可的，被许可人获得的利益不是基于对行政机关的尊重和敬畏而来的，相反，被许可人对行政机关怀有主观恶意，这种对行政机关的主观恶意不属于行政机关予以保护的范围，但本案并非如此。

所谓以欺骗手段取得行政许可，是指明知自己的申请不符合行政许可的条件，故意采取弄虚作假的方法，使行政机关在审查过程中产生错觉，骗取行政机关作出准予行政许可的决定。以欺骗方式取得的行政许可，属于无效行政许可，应予撤销。

如前所述，被告对原告的身份状况是明知的，原告没有提供任何虚假资料，不属故意隐瞒事实真相或虚构事实，弄虚作假骗取行政许可。故被告正确适用法律的基础事实不存在，适用法律当然错误。

三、原告房屋早已建成入住，政府信赖利益应受保护

信赖保护原则，是行政机关诚信原则的延伸。被告作为规划行政主管机关，应该高效廉洁和诚信。被告下级机关区村镇建设规划局作出的建设工地规划许可应当具有稳定性，不得变化无常和溯及既往。

被告更不能根据自己的好恶、兴趣爱好甚至看着是否顺眼而肆意变更或撤销已作出的行政决定，并有责任依法采取措施保证原告的基于该行政许可已经建成并入住的房屋不受破坏。这是诚信政府、责任政府的核心所在。同时，原告对被告颁发的建设用地规划许可证的正当合理的信赖应当受到保护，被告不得擅自撤销该许可证。

如今，新的建设项目看上了涉案房屋所在地块，如果审批手续齐全合法，原告等4户愿意积极配合。只要拆迁安置补偿条件合理，能使原告等4户买到同地段的相同面积的房屋或重建,原告等是可以接受的。

综上,被告作出的《关于撤销建设用地规划许可证的决定》欠缺最基本的事实和法律依据,不具有正当性,应当依法予以撤销。

法院裁判意见

1989年《行政诉讼法》规定,被告对其作出的行政行为应当负举证责任,并且应当自收到起诉状副本之日起在法定举证期内向法院提供相关证据。在本案中,被告区建设局作出撤销决定,认定原告提供虚假资料,采取欺骗等不正当手段获取了建设用地规划许可证,然而被告提供的证据不足以证明原告弄虚作假。虽然区建设局在庭审后补充了相关证据材料,但因其超过了法定举证期限,本院不予采纳。因此,撤销被告区建设局作出的《关于撤销建设用地规划许可证的决定》。

除白玉兰外,我与另外3户同时收到了区法院于2010年12月8日作出的行政判决。被告区建设局在15日的上诉期内没有上诉,一审判决正式生效,案件画上句号。

案件评析与思考

(一)农村建房的许可证问题

《城乡规划法》第65条规定,在乡、村庄规划区内未依法取得乡村建设规划许可证或者未按照乡村建设规划许可证的规定进行建设的,由乡、镇人民政府责令停止建设,限期改正;逾期不改正的,可以拆除。因此,农村建设项目依法应当取得规划许可。但是,基于村民住宅用于满足村民基本生活需要这一特殊性,行政法规同时要求行政机关应责令相对人补办手续。这一制度设计考虑了农村地区长期以来村民在宅基地上建房"重用地审批,轻规划审批"的历史沿革、实践情况。乡镇政府是目前村民住宅用地的审核批准机关,即便村民持有的集体土地建设用地使用证存在手续不完善的问题,乡镇政府作为审核批准机关,也应积极履行职责,责令村民完善手续。若乡镇政府在未责令村民完善相关手续的前提下径行拆除村民房屋,则存在以拆违代拆迁的嫌疑。在本案中,白玉兰等人已取得了建房规划许可证,即使村民在未取得规划许可手续的情况下在宅基地上建房,也是大部分农村地区长期以来的普遍情况。行政机关如果不予平等对待,不仅会损害政府公信力,而且置行政相对人的合法利益于不顾,不具有可取性。与一般的违法占地建房行为不同,村民在取得集体土地建设用地使用证后,基于对政府的信赖进行建设房屋,具有一定的合理性。

(二)行政案件的举证责任问题

有时候我也会庆幸,多亏行政案件的举证责任在被告。依据《行政诉讼法》第34条第1款的规定,被告对作出的行政行为负有举证责任,应当提供作出该行政行为的证据和所依据的规范性文件。依据《行政诉讼法》第35条的规定,在诉讼过程中,被告及其诉讼代理人不得自行向原告、第三人和证人收集证据。根据依法行政的原则,行政机关在进行行政管理活动时,必须遵循"先取证,后裁决"的程序,以保证行政行为正确运行和行政职权正确履行。如果在行政诉讼中允许行政机关及其诉讼代理人自行收集证据,就等于纵容行政机关行政程序违法。规定行政机关及其诉讼代理人不得自行向原告、第三人和证人收集证据,有利于保护公民、法人和其他组织的合法权益,防止行政机关在原告起诉后,依行政权对原告、第三人和证人施加压力,提供对行政机关有利的证据。如果这个案子的举证责任在原告,我岂不是要帮白玉兰他们证明"我就是我"。

虽然我专注于行政诉讼,但是我觉得自己和行政部门不应该是站在对立面的,然而只代理原告的行政诉讼律师往往被行政机关视为"找茬"。我个人认为不管是律师,还是部门人员,当大家都放下有色眼镜,心平气和地交流切磋时,也许我们会变成亦师亦友的关系,能够共同促进法治进步。行政诉讼的律师需要在实践中被打磨,行政部门也需要在诉讼实践中促进依法行政,这样大家才能共同进步。

案例 14
颁发林地建设许可是否需征求林权人意见
——李文静诉林业厅不服准予使用林地建设许可案

导读提示

李女士是某市政协委员,在承包的林地被毁后,向公安机关报警,却没有实质性进展,于是向上级反映,也如石沉大海。此时,李女士想起了我,因为几年前,我曾通过行政诉讼帮其解决了一起学校被强拆案,获得了满意的安置。这个案件的思路也是一样,通过围魏救赵的组合诉讼促使问题得到合理解决。

我们先向市国土局申请政府信息公开,要求确认公司涉案林地是否办理用地审批,如果没有,请依法查处,但市国土局没有回应,我们又向国土厅申请行政复议,同样无反应。于是,我们起诉国土厅行政不作为,得到法院支持,法院判决国土厅履行法定职责。通过公开信息我们得知涉案项目有林业厅颁发的一份准许使用林地许可。

于是我们再次提政府信息公开申请,获得林业厅颁发的建设项目的林地使用许可,随之对该行政许可提起行政诉讼。当地林业局所属林场也向当地法院提起民事诉讼,请求确认与李女士之间的承包协议无效,准备对李女士釜底抽薪,但最终失败。

本案一审法院先以无利害关系为由裁定驳回起诉,但很快又被市中级人民法院撤销,指令一审法院继续审理。实体问题的合法性如何绕过,成为林业厅的难题。很快,当地和李女士进行协商,最终达成了440万元的补偿协议,案件画上了圆满的句号。

整体思路　组合诉讼

1. 旧案重提温故知新

十几年前,我曾代理过李女士运营的一家学校的拆迁案件,通过以静制动的方式,取得了不错的效果。当年,我代李女士向法院起诉要求撤销房屋拆迁许可证,法院既不立案,也不给收件单,当即邮寄。之后,我们不再催促,决定以静制动。房屋拆迁许可证的诉讼没结束,行政裁决无法进行,对方也就不能申请法院强拆。

法院不立案,看似帮助对方,实则有利于李女士。一天,法官突然致电:"对方向法院申请强制执行,要对学校实施强拆,来拿法律文书。"我当即提出强拆执行异议:法院强制执行应以房屋拆迁许可证和行政裁决书结束为前提条件,房屋拆迁许可证的行政诉讼不受理,却受理强拆执行,于法相悖。

为了证实自己的观点,我拿出了半年前向法院邮寄起诉书的 EMS 回单和签收单。判决还算顺利,法官采纳了我提出的不能强拆执行的异议意见,不予执行。无计可施,自知理亏的对方最终妥协,和李女士握手言和,达成了安置补偿协议。以静制动,让该案最终得到解决。有些当事人或律师,为了立案,好话说一箩筐。殊不知,有时法院不立案,并非坏事。

2. 围魏救赵,声东击西

言归正传,回到本案。由于李女士承包的林地,一夜之间,突然被当地某医药园区建设项目强行占用,果树全毁,李女士再次请我代理。接受委托后,我向林业厅申请政府信息公开,要求林业厅提供该项目的准予使用林地的行政许可决定,经过一番折腾,如愿以偿。

随后,我代李女士向法院提起行政诉讼,要求撤销该行政许可决定,理由是:该行政许可决定侵犯了李女士依法取得的林地承包权,林业厅在作出准予使用林地行政许可前没有依据 2003 年《行政许可法》第 47 条第 1 款之规定听取李女士意见。

由于准备充分,在第一次庭审时,查证的基本事实对李女士很有利,但林业厅坚称"李女士和行政许可之间没有法律上的利害关系"。当地林业局基于合同可以制衡李女士,林业厅基于上下级关系可以制衡当地林业局,李女士通过起诉可以制衡林业厅,于是就有了围魏救赵和声东击西的诉讼策略。

唯有如此,才能跳开当地的司法保护和行政干预,让案件在异地法院审判,让强势的当地理性地回到谈判桌,不能对合理诉求置之不理。李女士林地被占被毁,和十几年前的学校拆迁不一样,这次适宜主动启动法律程序,不能以静制动。房屋土地安在,以静制动有效,反之,则无用。

3. 民事官司二审胜诉

突然,李女士收到当地法院应诉通知。原来,作为发包方的林业局下属某林场认为双方于2010年11月30日签订的林地承包协议无效。我当即建议李女士坚决进行反抗。经过开庭审理,一审法院以"涉案林地属于国家公益林,协议内容违反了2009年《森林法》强制性规定"为由确认承包协议无效。

林场突然起诉,导致行政案件被中止。既然林场认为涉案林地是国家公益林,我便顺水推舟,将错就错,调整策略,与李女士及其爱人去林地现场实地勘测,当即向当地林业公安机关报案,要求追究破坏"公益林"者的刑事责任。如果涉案林地被认定为国家公益林,有人破坏林地,就应当追责,倒逼问题解决。否则,公安机关的不立案决定能直接证明涉案林地不属于公益林,协议有效。

同时,民事案件二审也在进行,经过开庭审理,市中级人民法院认为,该协议效力,已被自治区高级人民法院和本院认定,如果对合同效力有异议,只能通过其他申诉程序解决,而不能以生效裁判认定的事实再行起诉,一审受理,属程序不当,应予驳回。为此,裁定撤销原判,驳回林场起诉。

林场仍不放弃,又向高级人民法院申请再审,也被驳回。

林地承包协议无效计划失败后,林场于2016年9月23日向李女士发出了废除和解除承包协议通知,宣布双方签订的协议废除。

行政案第三次开庭时,对方以此为据,要求法院以"无利害关系"为由裁定驳回起诉。林业厅认为,协议既然解除,原告和行政许可决定就不再具有法律上的利害关系。

李女士马上向法院提起民事诉讼,要求确认林场的解除和废除协议通知无效,判令林场继续履行协议。有了前车之鉴,这一次法院支持了李女士的诉讼请求,作出了一审判决:林场必须继续履行与李女士之间签订的林地承包协议。

4.行政官司先败后胜

在对方意图用民事诉讼阻击行政诉讼,没有取得预期效果后,我自信行政案件胜诉无疑,但一审法院竟然以"原告与被诉行政行为之间没有利害关系"为由,作出裁定,驳回了起诉。

一审裁定的言外之意,即只有所有权人才能主张权利,使用权人都是"案外人"。如果这一观点成立,行政诉讼制度设计的"凡是与行政行为具有法律上利害关系的人都可以起诉"之规定无疑会被架空,我当即向市中级人民法院上诉。经过开庭审理,二审采纳了我的出庭意见,撤销了原审错误裁定,指令一审法院继续审理。

这意味实体审判,已不可避免。其后,对方土地储备中心和开发商开始和李女士接触,双方就补偿问题达成了协议。我代李女士申请了撤诉,历经3年多,案件终于画了上句号。

信息公开　省国土厅败诉

针对某医药园区项目涉嫌的违法用地行为,我于2014年12月12日向市国土局递交了政府信息公开申请,请求该局依法公开"李文静在涉案林场所承包的林地是否被征用,如被征用,依法公开林地转为建设用地的审批及报批相关材料"。

因市国土局未在法定期限内进行答复,我针对该局的行政不作为向自治区国土厅申请了行政复议,国土厅于2015年1月1日收到复议申请之后,再没消息。我就只有启动行政诉讼程序了。

2015年10月8日,国土厅辖区的区法院作出一审判决,确认国土厅构成行政不作为,判令国土厅在10日内作出行政复议决定。

这起政府信息公开案件的推进,最终让我知道涉案建设项目有一份林业厅就使用李女士的林地作出的行政许可决定。在继续要求国土部门对用地行为进行查处的同时,我转移了工作重心,向自治区林业厅申请政府信息公开,要求该厅提供涉案项目的准予使用林地的行政许可文件,这就有了关于该行政许可的行政诉讼。

民事诉讼 釜底抽薪

在李女士和林业厅行政许可案进行到关键节点时,林场突然向法院提起民事诉讼,要求确认其与李女士签订的林地承包协议无效。这并不突然,因为我事前曾经有所预计,也曾仔细推演,认为即便对方使用这招,法院也不会支持,因为已有生效裁判认定该协议是有效的。

一目了然,这是市林业局策应林业厅,对李女士釜底抽薪。一旦确认协议无效的诉求得到法院支持,林业局和林业厅会认为李女士和被诉的行政许可不再具有法律上的利害关系;然后,再要求法院以无法律上的利害关系为由直接裁定驳回起诉,以达到规避实体审查的目的。

一审法院支持了林场的诉讼请求,作出民事判决,确认协议无效,其无效理由是:本案原告将国有公益林承包给被告,违反了《合同法》[1]第52条第5项(对应《民法典》第153条第1款)及《森林法》第15条第3款规定,违反法律、行政法规强制性规定的合同无效,故对原告诉讼请求予以支持。

对这样的结果,李女士当然不服,依法提起上诉。

2016年5月31日,市中级人民法院就此案作出二审判决,确认合同有效,驳回林场起诉,对方以确认协议无效策应林业厅行政诉讼的策略最终未能成功。市中级人民法院的裁判意见为:

市中级人民法院(2013)×民初字第20号民事判决,高级人民法院(2015)×民一终字第001号民事判决,与上诉人一审期间提交的市中级人民法院(2013)×民初字第20-1号民事裁定、高级人民法院(2015)×民一终字第001-1号民事裁定均属生效裁判文书,具有当然的既判效力,相关裁判文书均已认定本案双方争议的协议书是合法、有效的,已认定事实属于确定事实,无须且不能再次经过审理确认。

被上诉人对已生效裁判认定事实有异议,可通过法定程序依法提出相应请求,而不能就已生效裁判确认事实另行提起诉讼。本案被上诉人就已生效裁判

---

[1] 因《民法典》2021年1月1日实施而废止。

确认事实向一审法院提起诉讼,一审法院受理程序不当,该起诉应予驳回。由于被上诉人对协议书效力确认提起诉讼违反法定程序,本案对上诉人有关一审法院判决应予撤销的上诉意见予以支持,对被上诉人的辩解意见均不予采纳。

这样的结果显然出乎林场意料之外。

接到二审判决后,林场向高级人民法院申请再审,要求启动再审程序,依法确认协议无效。经过审查,该院于2016年12月20日作出民事裁定,驳回再审申请。

代理意见　强力反击

民事诉讼终结,被暂时中止审理的行政案件恢复审理,并正式开庭,针对林业厅在法庭上的抗辩理由,我提出如下代理意见。

一、原告与被诉行政许可决定有直接利害关系

原告承包的林地签有正式协议,依据《合同法》第8条"依法成立的合同,对当事人具有法律约束力""依法成立的合同,受法律保护"[1]之规定和《物权法》第134条"国家所有的农用地实行承包经营的,参照本法的有关规定"[2]之规定,原告的合法林地使用权完全应当受到法律保护。

根据法律规定,合同在未被人民法院生效判决或仲裁委员会仲裁裁决判定违法或撤销以前,其效力毋庸置疑。而且,在原告就林地承包协议与其他民事主体的民事诉讼中,从市中级人民法院不但没有否定合同的效力,反而支持了原告提出的诉讼请求可见,被告所谓"该协议违法无效"完全没依据,与本案基本事实相悖,不应采信。

被告未征求原告的意见,向第三人颁发了行政许可决定,其许可的涉案林地正位于原告合法承包的林地范围之内,直接剥夺了原告依法享有的林地使用权,故被诉行政许可决定当然和被告有法律上的利害关系。

被告辩称"原告承包的林地不在行政许可决定范围之内"完全与本案基本

---

[1] 现行有效的为《民法典》第119条。
[2] 现行有效的为《民法典》第343条。

事实不符,与现有证据相悖。在被告向法庭提供的林地勘查图中,不仅包含了原告 2011 年承包的 300 亩林地,还包含了原告 2010 年购买的果园,毋庸置疑。

《最高人民法院关于审理行政许可案件若干问题的规定》第 1 条规定:"公民、法人或者其他组织认为行政机关作出的行政许可决定以及相应的不作为,或者行政机关就行政许可的变更、延续、撤回、注销、撤销等事项作出的有关具体行政行为及其相应的不作为侵犯其合法权益,提起行政诉讼的,人民法院应当依法受理。"

因此,原告是本案诉争林地的权利利害关系人,具备原告诉讼主体资格,人民法院受理本案符合上述相关法律规定。被告所谓原告没有原告诉讼主体资格,属无稽之谈。

二、被诉行政许可决定程序严重违法,损害原告利益

从庭审举证、质证情况来分析,被告在作出行政许可决定的过程中没有履行告知、公告义务,程序严重违法,侵害了原告的合法权益。

1. 被诉行政许可涉及原告重大利益关系

原告是本案讼争行政许可决定的林地使用权人,被告在没有合法手续的情况下将本案诉争林地同意他人征用,明显侵害了原告的合法权益。原告是被诉行政许可决定的利害关系人,被告在作出行政许可决定前应当按照《行政许可法》第 36 条、第 47 条的强制性规定,依法向原告履行告知义务,保障原告依法享有的陈述、申辩和要求听证的权利。在庭审中,被告没有任何证据证明其已经就陈述、申辩和听证权利向原告履行了告知义务,被告侵害了原告的陈述、申辩和要求听证的权利,属于行政许可程序严重违法。

2. 市森林公安局作出的调查材料弄虚作假

原告于 2014 年 11 月 7 日发现林地被毁,在现场抓拍了许多照片后,立即报案,市森林公安局的两名警官到现场,勘测毁林面积约为 13 亩。次日复查,仍然面积相同。2015 年 2 月,市森林公安局组织嫌疑人和原告到现场指认,嫌疑人避重就轻仅承认部分毁林。

办案人员分两部分测量了被毁林地,毁林者和林业局的工作人员马某一起作出了所谓的现场测量图。因为该证据没有尊重客观事实,属人为加工,故意祖护毁林嫌疑人,所以,原告没有签字,该证据不能作为本案的定案依据。

三、被诉行政许可决定认定事实不清,适用法律错误

1. 被告提供的证据存疑,不能作为定案依据

其一,可行性报告没有附注设计、编写、绘图人员的资质证明,落款处没有印章或签名;其二,林业局林木权属证明不真实,隐瞒了原告为合法林权权利人这一基本事实;其三,林场的《征地补偿协议》没有落款时间,存在事后伪造的重大嫌疑;其四,其他证据没有提交证据原件,也没有证据证明复印件和原件核对一致,无法确定复印件真实性。

2. 使用林地申请表上没有签署具体意见

《占用征用林地审核审批管理办法》(以下简称《占用林地办法》)第10条规定:"按照规定需要报上一级人民政府林业主管部门审核或者审批的征收、征用或者占用林地申请,县级以上地方人民政府林业主管部门或者国务院林业主管部门委托的单位应当逐级在《使用林地申请表》上签署审查意见后,将全部材料报上一级人民政府林业主管部门审核或者审批。"

在本案中,被告提供的使用林地申请表上只有盖章,并没有根据上述规定应由有关单位签署的具体审查意见。相关单位到底是同意还是不同意,并不明确,被告依此作出行政许可决定,显属认定事实不清。

3. 被告无证据证明在作出行政许可前进行了现场查验

《占用林地办法》第8条规定:"国务院林业主管部门委托的单位和县级人民政府林业主管部门在受理用地单位提交的用地申请后,应派出有资质的人员(不少于2人),进行用地现场查验,并填写《使用林地现场查验表》。"综观被告提供的所有证据,并没有使用林地现场查验表这一至关重要的证据。也就是说,被告是在未现场查验的情况下作出的行政许可决定。

四、被告超越行政职权,违反先补后征原则

行政机关作出行政行为,应当具有相应的职权依据,正所谓"法无授权不可为"。被告对涉案林地具有相应的审批权限,是行政许可决定合法的前提条件。同时,原告作为林地使用权人,在未获得适当补偿的情况下,被告直接作出行政

许可决定,违反了"先补后征"的重要原则。

1. 本案行政许可的行政审批权应属国家林业总局

在庭审中,被告提供了勘查图和林地利用规划图,并一再坚称"原告承包的林地属于国家重点公益林,签署的合同无效",这一观点实质上是自相矛盾的。用重点公益林质疑原告合同的效力,被告在不知不觉中又陷入了超越、滥用职权的境地。

《占用林地办法》第5条规定:"建设工程占用或者征收、征用林地的审核权限,按照森林法实施条例第十六条的规定执行。"而根据《森林法实施条例》第16条的规定,占用或者征收、征用重点林区的林地的,由国务院林业主管部门审核。

既然被告在法庭上声称"原告承包的林地属于国家重点公益林",那么依据上述规定,相关审批权限归国家林业总局。可见,被告径行作出行政许可决定,明显属于超越、滥用行政职权。

2. 被告在作出行政许可决定时违反了"先补后征"原则

"先补后征"原则,对于公民的财产权来说,是一种"稳定器",对于政府及企业的征收征用权来说,则是一种"抑制器"。而"先征后补"于法相悖,损害人民利益,影响社会稳定,法律不容。2011年2月最高人民法院下发的《关于新形势下进一步加强人民法院基层基础建设的若干意见》称,明确要求基层人民法院审慎处理农村集体土地征收、城镇国有土地上房屋拆迁案件,切实保障被征地农民、被拆迁人合法权益。

《占用林地办法》第4条规定:"用地单位申请占用、征收、征用林地或者临时占用林地,应当填写《使用林地申请表》,同时提供下列材料:(一)项目批准文件;(二)被占用或者被征收、征用林地的权属证明材料;(三)有资质的设计单位作出的项目使用林地可行性报告;(四)与被占用或者被征收、征用林地的单位签订的林地、林木补偿费和安置补助费协议。"

在本案中,原告是合法林地承包权人,未得到任何补偿,被告在审批时对林业局故意隐瞒未依《占用林地办法》第8条的规定派员到现场查验的事实,未尽到合理的审查义务,被告作出的行政许可决定属于认定事实错误。至于被告辩称的所谓"在行政许可决定中已经交代要进行合理补偿安置",本代理人认为属于程序颠倒的"亡羊补牢,为时已晚"。

综上,被告作出的行政许可决定于法无据,严重损害了原告的合法权益,应当依法予以撤销。

行政诉讼　一审驳回

在被告用民事诉讼阻击行政诉讼,没有取得预期效果后,法院如果依法裁判,我自信胜诉无疑。

但是,在开庭后,一审法院竟然以"原告与被诉行政行为之间没有利害关系"为由,于 2017 年 5 月 10 日作出一审行政裁定,驳回起诉,完全忽视了我的上述代理意见。

法院的理由是:李女士虽然与林业局某林场签订了协议,但该林地及林木的所有权归国家所有,林场仅将林地有偿使用权、经营管理权委托给原告,故原告和被告林业厅作出的准予行政许可决定之间不具有法律上的利害关系,原告无权以自己的名义对该行政决定提起诉讼。

二审裁定　险中取胜

李女士不服,依法向市中级人民法院提起上诉,其核心理由是:在林业厅同意占用的林场林地中,有其的承包地和已取得林权证的土地,该事实有林业厅在一审提供的证据为证,被诉行政许可决定不仅侵害了其的合法权益,而且造成了其合法所有林木被强行毁坏的事实,其与本案具有当然的法律上的利害关系。

林业厅则认为,李女士仅有林地的有偿使用权和经营管理权,如遇到国家征收、依法占用,李女士应当无偿退回林地使用权。林业厅的行政审批行为对李女士的权利义务不产生实际影响,李女士不具备原告主体资格。

在市中级人民法院二审开庭审理过程中,双方各持己见。

2017 年 11 月 2 日,市中级人民法院作出二审裁定,撤销原审裁定,指令区法院继续审理,这意味着,案件已起死回生。市中级人民法院的裁判理由如下:

上诉人与林场签订的协议书的性质为国有土地承包协议,根据《物权法》"用益物权"编"土地承包经营权"章第 134 条"国家所有的农用地实行承包经营的,参照本法的有关规定"的规定,国有土地承包经营权属于用益物权。李文静的承包土地与林业厅准予行政许可决定批准用地在范围上有部分重叠,准予行政许可决定的作出与上诉人用益物权的行使有直接的利害关系。

得偿所愿　完美结局

这个结果,对李女士来说,无异于劫后余生,仿佛是从黑暗中迎来曙光,行政审判的大门终于向其敞开。

案件发回到一审法院后,法院重新安排举证,这意味着实体审判,已不可避免。后来,我接到了李女士的电话:"我已经和当地达成 440 万元的补偿协议,谢谢你三年多来的坚守,这样的结果和律师的努力密不可分,代我撤诉,行政官司没必要继续了。"

案件评析与思考

被诉行政行为属于什么类型,涉及法律的选择适用,所以,办理行政案件时首先要做的就是识别,但行政许可的识别并非总是轻而易举。实践当中,法律规范在创设行政许可时,通常都有许可之名,如规划许可、取水许可、排污许可等。本案中通过起诉国土厅行政不作为,得到法院支持,判决其履行法定职责。通过国土厅的信息公开,我们得知涉案项目有林业厅颁发的一份准许使用林地许可。林业厅想通过民事诉讼确认准许使用林地许可是无效的,因此本案中的关键点就是准许使用林地许可的问题。在诉讼中,一审与二审的核心问题是准予行政许可决定与上诉人用益物权的行使是否有直接的利害关系。李女士与林场签订的协议书的性质为国有土地承包协议,根据《物权法》"用益物权"编"土地承包经营权"章第 134 条"国家所有的农用地实行承包经营的,参照本法的有关规定"的规定,国有土地承包经营权属于用益物权。李女士的承包土地与林业厅准予行政许可决定批准用地在范围上有部分重叠,准予行政许可决定的作出与上诉人用益物权的行使有直接的利害关系。这个结果的取得,为后续的和解奠定了基础,可以说是胜诉的关键。

案例 15

注销企业排污许可证应当遵循什么程序

——违法注销排污许可证被复议程序依法撤销案

▎案情回放

2022年1月春节前,尖扎县某多孔砖厂收到了县工业商务和信息化局(以下简称县工信局)作出的尖工信〔2022〕第5号《关于淘汰落后砖瓦轮窑的通知》(以下简称《淘汰轮窑通知》),该通知要求砖瓦厂即日起立即停止轮窑烧制生产,进行技术升级改造,在改造期间不得进行轮窑烧制生产。

砖瓦厂收到这个通知后一下子慌了神,当初建厂时所有的审批手续都是经有关部门通过的,春节后向环境局报备开工的准备工作也完成了,突然通知停产停业,企业损失太大了。没办法,砖瓦厂只能一次次到政府找领导沟通,均无果。几个月后,问题始终没得到解决,砖瓦厂通过朋友介绍找到我,委托我作为诉讼代理人通过法律途径解决问题。因为临近起诉期,我先向法院提起了行政诉讼,要求被告撤销《淘汰轮窑通知》,并赔偿砖瓦厂因该通知产生的经济损失。

在梳理案件的过程中,我发现砖瓦厂的排污许可证已经被县生态环境局注销。对于该注销行为,砖瓦厂自始至终均不知情,县生态环境局存在明显的程序违法。2022年10月,砖瓦厂通过全国排污许可证管理信息平台,确认涉案排污许可证已于2022年3月被注销。对此,砖瓦厂立刻就该违法注销排污许可证的行为申请行政复议,请求确认注销行政行为违法,并撤销注销决定。

1个多月后,砖瓦厂收到了州政府作出的行政复议决定书,该决定书载明:撤销州生态环境局作出的注销行政行为,责令其依法重新作出处理。

案件回顾

2022年1月3日,正值尖扎县某多孔砖厂冬歇期间,省环保督察组到厂里检查,要求砖瓦厂提供审批手续,并对厂区环境进行查验,审查后省环保督察组领导并未对此提出任何疑问或者整改建议便离开。

2天后,县工信局给砖瓦厂投资人孙厂长打电话,要求孙厂长亲自到工信局领取文件。孙厂长到工信局后,根据工作人员要求,在工作簿上签到,并领取了尖工信(2022)第5号《淘汰轮窑通知》,《淘汰轮窑通知》要求孙厂长自2022年1月至2022年9月停止轮窑烧制生产,进行技术升级改造,在改造期间不得进行轮窑烧制生产,限期内无法完成改造的轮窑砖厂,有关部门将依法关停取缔。

看到《淘汰轮窑通知》后,孙厂长立即询问工作人员:"我们厂的生产都是有审批手续的,合法合规,而且明年的生产准备工作已经完成,这突然让我们停产改造,企业损失太大了,我们承担不了,真这么直接停产一年我们厂可能就要倒闭了,厂里员工都得失业。"工作人员回复:"这我们也解决不了,我们只是传达上级领导的文件,没有执法权,您跟我们说的这些问题,我们解决不了,要不您就直接找政府领导问问,看有什么办法解决您的困难。"

孙厂长找了许多政府领导想要沟通问题,协商解决办法,但可惜,临近春节,一个领导都没有见到,不是已经外出办公就是没有时间接待。春节以后,厂里工人陆续回来准备开工,县生态环境局在工作群里公告,让砖瓦厂不用再来局里报备开工了。然后,县供电公司向砖瓦厂送达了工信局文件通知,要对砖瓦厂强制断电。这让孙厂长陷入了焦虑,前期准备投入了大量的资金,现在真的停产停业,工厂马上就要倒闭了。

孙厂长立刻拿着开工申请材料到县生态环境局沟通,但是没有一个负责人解决问题,根本没人管这件事,孙厂长甚至都无法当面和领导沟通。没有办法,孙厂长只能到县政府找领导,但根本无人理会企业的困难,反倒是态度强硬,严令禁止砖瓦厂开工。4月工厂迟迟没有开工,工人的工资也无法结清,孙厂长只能和工人打欠条遣散员工。

就这样,砖瓦厂被动陷入了停产停业中,主管部门不协调解决企业困境,却每周对砖瓦厂施加压力,警告工厂不能开工,一旦开工就要对工厂进行处罚,立即拆除工厂。砖瓦厂陷入两难困境,不开工企业就要倒闭,开工就要被主管部门处罚。协调沟通迟迟没有进展,孙厂长选择到州政府进行上访,州政府了解情况后见了县政府领导,但仍然没有实际解决工厂生产开工的困境,不了了之。

工厂陷入僵局,对于停产停业的《淘汰轮窑通知》也马上要到最后的起诉期限,走投无路的孙厂长通过朋友介绍找到我,委托我作为其诉讼代理人,通过法律途径解决企业困境。拿到案件材料后,我立即整理诉讼材料,发现工信局作出《淘汰轮窑通知》存在明显的程序违法,适用法律错误,便第一时间向法院提起了行政诉讼,要求被告撤销《淘汰轮窑通知》,并赔偿砖瓦厂因该通知产生的经济损失。

通过整理材料,我发现砖瓦厂的生产合法合规,拥有采矿权出让合同书、采矿许可证、建设用地规划许可证、建设工程规划许可证、建设项目选址同意书、建设项目环境影响报告表、竣工环境保护验收监测报告表、安全生产备案资料、县应急管理局出具的砖瓦厂具备安全生产条件同意备案的批复、营业执照、取水许可证、排污许可证等完整的生产审批手续,但其中,排污许可证的有效期即将届满,期满以后排污许可证能否正常续证对后续诉讼具有影响。

我和砖瓦厂沟通,想要确认排污许可证仍在有效期内且能够正常申请续证,却在全国排污许可证管理信息平台查询到涉案排污许可证已于2022年3月被注销,但黄南州生态环境局注销排污许可证之前没有告知砖瓦厂注销的事实、理由、依据,也没有依法告知砖瓦厂具有陈述、申辩、要求听证等权利。

排污许可证注销后企业就不能正常进行生产经营活动,这会直接关系到砖瓦厂是否具有停产停业损失。因此,针对州生态环境局违法注销排污许可证的行为,我立即向州政府申请了行政复议,请求确认州生态环境局注销其编号排污许可证的行政行为违法,并撤销该注销决定。

很快,砖瓦厂收到州政府作出的黄政复决字〔2022〕01号行政复议决定书,决定书认为:被申请人注销申请人排污许可证违反法定程序,根据2017年《行政复议法》第28条第1款第3项的规定,本机关决定:撤销被申请人注销排污许可证的行政行为,责令被申请人依法重新调查处理。

至此,砖瓦厂的排污许可证有效性得以确认,为后续诉讼撤销《淘汰轮窑通知》提供了有力证据。

办案思路

行政法的制度精髓在于"控权",控权的主要方式是依法行政,行政机关实施行政行为必须有法律法规的授权,符合程序正当原则,在法律规则没有规定的情况下,行政行为应具有合理性。

因此,把握好行政法中的程序规定,通过主张程序违法使行政行为被撤销是行政诉讼的重要思路。

1. 违法注销排污许可证实际属于行政处罚性质的行政行为

《行政许可法》第70条规定:"有下列情形之一的,行政机关应当依法办理有关行政许可的注销手续:(一)行政许可有效期届满未延续的;(二)赋予公民特定资格的行政许可,该公民死亡或者丧失行为能力的;(三)法人或者其他组织依法终止的;(四)行政许可依法被撤销、撤回,或者行政许可证件依法被吊销的;(五)因不可抗力导致行政许可事项无法实施的;(六)法律、法规规定的应当注销行政许可的其他情形。"

注销是一种程序性行为,本质是一个"加盖注销章"或者"将许可证撕毁"的动作,是在行政许可的效力消失后,当事人无法继续从事行政机关准予的许可活动时,原发证机关需要办理的一个注销手续。行政机关办理注销许可手续应当符合法律规定,必须先有权利消失,才能进行注销登记。

在本案中,砖瓦厂不存在上述应当注销的情形,排污许可的权利尚未灭失,县生态环境局自行对排污许可证进行注销,实际上是增设了砖瓦厂的负担,使得砖瓦厂失去了合法排污的权利,具有行政处罚的性质。

2. 注销行为主要依据不足,程序违法,应予撤销

行政处罚的实施程序可以分为一般程序、简易程序与听证程序。

(1)一般程序

行政处罚的一般程序包括3个主要环节:一是调查查明当事人违法事实;二是决定作出之前由从事行政处罚决定审核的人员进行审核(通常是行政机关的负责人),对于重大、复杂的处罚案件,还需要经过行政机关的负责人集体讨

论作出决定;三是行政机关决定给予行政处罚的,应当制作加盖本机关印章的处罚决定书,并向当事人进行送达。

(2)简易程序

《行政处罚法》第51条规定:"违法事实确凿并有法定依据,对公民处以二百元以下、对法人或者其他组织处以三千元以下罚款或者警告的行政处罚的,可以当场作出行政处罚决定。法律另有规定的,从其规定。"第52条规定:"执法人员当场作出行政处罚决定的,应当向当事人出示执法证件,填写预定格式、编有号码的行政处罚决定书,并当场交付当事人。当事人拒绝签收的,应当在行政处罚决定书上注明。前款规定的行政处罚决定书应当载明当事人的违法行为,行政处罚的种类和依据、罚款数额、时间、地点,申请行政复议、提起行政诉讼的途径和期限以及行政机关名称,并由执法人员签名或者盖章。执法人员当场作出的行政处罚决定,应当报所属行政机关备案。"

也就是说,在符合《行政处罚法》第51条规定的前提下,可以由1名执法人员[1]当场处罚[2],当场送达。

(3)听证程序

听证程序一般适用于对行政相对人损害程度较重的处罚,通常情况下,责令停产停业,吊销许可证或者执照和较大数额罚款应当听证。《行政处罚法》第63条、第64条、第65条对听证程序进行了明确的法律规定。

本案中的注销行政许可不是正常情况下的行政处罚,不能简单套用行政处罚的法律规定,但仍应当符合行政处罚的基本原则和程序要求。

《行政处罚法》第5条规定:"行政处罚遵循公正、公开的原则。设定和实施行政处罚必须以事实为依据,与违法行为的事实、性质、情节以及社会危害程度相当。对违法行为给予行政处罚的规定必须公布;未经公布的,不得作为行政处罚的依据。"第6条规定:"实施行政处罚,纠正违法行为,应当坚持处罚与教育相结合,教育公民、法人或者其他组织自觉守法。"

---

[1] 在行政法一般规则中,调取证据和实质审查的执法人数均为2人以上,简易程序的执法人数则是一般规则的例外。

[2] 当场处罚是指调查检查阶段和决定阶段合并,不需要经过负责人批准,发现违法当场作出处罚。

《行政处罚法》第 39 条规定："行政处罚的实施机关、立案依据、实施程序和救济渠道等信息应当公示。"第 44 条规定："行政机关在作出行政处罚决定之前，应当告知当事人拟作出的行政处罚内容及事实、理由、依据，并告知当事人依法享有的陈述、申辩、要求听证等权利。"第 45 条规定："当事人有权进行陈述和申辩。行政机关必须充分听取当事人的意见，对当事人提出的事实、理由和证据，应当进行复核；当事人提出的事实、理由或者证据成立的，行政机关应当采纳。行政机关不得因当事人陈述、申辩而给予更重的处罚。"

《行政处罚法》第 47 条规定："行政机关应当依法以文字、音像等形式，对行政处罚的启动、调查取证、审核、决定、送达、执行等进行全过程记录，归档保存。"第 61 条规定："行政处罚决定书应当在宣告后当场交付当事人；当事人不在场的，行政机关应当在七日内依照《中华人民共和国民事诉讼法》的有关规定，将行政处罚决定书送达当事人。当事人同意并签订确认书的，行政机关可以采用传真、电子邮件等方式，将行政处罚决定书等送达当事人。"

同时，2019 年《排污许可管理办法（试行）》第 50 条规定："有下列情形之一的，核发环保部门应当依法办理排污许可证的注销手续，并在全国排污许可证管理信息平台上公告：（一）排污许可证有效期届满，未延续的；（二）排污单位被依法终止的；（三）应当注销的其他情形。"（对应 2024 年《排污许可管理办法》第 29 条）

《排污许可管理条例》第 33 条规定："违反本条例规定，排污单位有下列行为之一的，由生态环境主管部门责令改正或者限制生产、停产整治，处 20 万元以上 100 万元以下的罚款；情节严重的，报经有批准权的人民政府批准，责令停业、关闭：（一）未取得排污许可证排放污染物；（二）排污许可证有效期届满未申请延续或者延续申请未经批准排放污染物；（三）被依法撤销、注销、吊销排污许可证后排放污染物；（四）依法应当重新申请取得排污许可证，未重新申请取得排污许可证排放污染物。"

根据上述规定，行政机关在作出行政处罚决定时应遵循程序正当原则，向行政相对人说明行政行为的依据、理由，以充分保障当事人的知情权和陈述申辩权。在作出处罚决定后，行政机关应当制作加盖本机关印章的处罚决定书，并向当事人送达。本案州生态环境局既没有在注销行政许可前告知砖瓦厂注销的依据、理由，也没有听取砖瓦厂的陈述申辩，进行执法记录，更没有在注销后对砖瓦厂进行送达，告知砖瓦厂救济途径，明显违反程序正当原则，注销主要依据不足，应当予以撤销。

3.违法行政处罚的救济

《行政处罚法》第7条规定："公民、法人或者其他组织对行政机关所给予的行政处罚，享有陈述权、申辩权；对行政处罚不服的，有权依法申请行政复议或者提起行政诉讼。公民、法人或者其他组织因行政机关违法给予行政处罚受到损害的，有权依法提出赔偿要求。"

行政机关设定和实施行政许可，应当遵循公开、公平、公正的原则。虽然现行法律对注销行政许可行为的程序没有具体规定，但行政机关在注销行政许可时仍应遵循程序正当原则，向行政相对人说明行政行为的依据、理由，以充分保障行政相对人的知情权和陈述申辩权。行政机关在注销行政许可前未告知行政相对人，未听取行政相对人的陈述申辩的，属于违反程序正当原则，在作出注销决定后又未依法送达行政相对人，行政相对人要求撤销行政机关该行政许可注销行为的，人民法院应予支持。

在本案中，注销排污许可证虽没有直接对砖瓦厂造成损失，但是州生态环境局违反法定程序，用注销行政许可的方式侵犯了砖瓦厂合法生产排污的权利。而砖瓦厂具有合法手续，符合正常生产经营的条件，是后续对《淘汰轮窑通知》进行诉讼，要求行政赔偿的证据之一。同时，在本案中，行政复议机关撤销违法注销排污许可证的行政行为，也为之后的赔偿诉讼提供了有力的证据。

复议结果

经审理查明：申请人于2019年12月31日取得排污许可证。2022年1月5日，申请人收到尖扎县工信局作出的尖工信（2022）第5号《淘汰轮窑通知》。该通知要求申请人自2022年1月至9月底，停止轮窑烧制生产。2022年2月10日，尖扎县生态环境局向被申请人提出申请，请求注销申请人的排污许可证。2022年3月10日，被申请人在注销申请人排污许可证时，未告知申请人注销的实施、理由和依据，未告知申请人享有陈述、申辩的权利，未进行全程记录。

本机关认为：被申请人注销申请人的排污许可证违反法定程序，根据《行政复议法》第 28 条第 1 款第 3 项的规定，本机关决定：撤销被申请人注销排污许可证的行政行为，责令被申请人依法重新调查处理。

案件评析与思考

（一）注销应符合程序正当原则

现行法律对于行政许可的注销行为，没有明确的具体程序规定，但行政机关行使行政职权时应符合程序正当原则，充分保障行政相对人的知情权、陈述申辩权，并将注销决定送达行政相对人。如果行政机关作出的行政行为针对特定的相对人，且法律法规没有规定以公告作为对行政相对人进行送达的方式，行政机关应当采取直接送达的方式进行送达，以确保行政相对人的知情权、申辩权。

（二）不能仅依据文件名称判断行为性质

《关于×××的答复意见》可能是具有安置补偿决定性质的安置补偿决定，《关于×××的通知》可能是具有行政处罚性质的行政处罚决定书，《关于×××的告知书》可能是具有行政复议决定性质的行政复议决定书等。在本案中，《淘汰轮窑通知》具有行政处罚性质。因此，在审查行政案件材料时，不能仅凭文件的抬头确认行政行为的性质，要结合文件的内容，看具体行政行为产生的后果影响，针对的是哪一种具体的行为，厘清行政行为的实质性质。

案例 16

如何认定行政许可案件中的不动产专属管辖

——清泉公司诉省国土资源厅行政许可纠纷案

▎导读提示

2008年,清泉公司受镇政府招商引资到当地投资经营。2010年,清泉公司取得省国土资源厅颁发的采矿许可证,露天开采,期限为2010年6月至2012年6月。

2012年5月,清泉公司员工与镇政府工作人员共同到省国土资源厅申报大厅递交采矿许可证延期手续,省国土资源厅未做任何答复意见,使得清泉公司无法继续正常经营。无奈,清泉公司向国土资源部申请行政复议,国土资源部于2012年年底作出行政复议决定,以清泉公司未能举证提交申请延期许可的书面凭证为由驳回复议申请。

清泉公司不服,向省国土资源厅所在地的法院提起行政诉讼。一、二审均认定,行政许可涉及不动产应适用专属管辖,应由矿区所在地的法院管辖,以不属于省国土资源厅所在地法院管辖为由裁定不予受理。

清泉公司不服,向省高级人民法院提起再审,省高级人民法院决定提审,最终再审裁定撤销原一、二审行政裁定,指令省国土资源厅所在地的区人民法院予以立案。

▎案情回放

2008年,镇政府招商引资给出优惠政策吸引了一批有志青年回乡创业,清泉公司就是招商引资项目之一的投资方。2010年,清泉公司投资经营灵泉矿泉水,依法取得省国土资源厅颁发的采矿许可证,矿山名称为天然清泉水,露天开采,许可期限为2010年6月至2012年6月。

2012年5月,采矿许可证即将到期,清泉公司派员工小王与镇政府工作人员一同到省国土资源厅办理延期手续,现场提交申报材料。然而,直到2012年6月,采矿许可证到期,省国土资源厅迟迟未作答复意见,没有作出是否准许延期的决定。采矿许可证到期后,灵泉矿泉水的投资经营工作无法正常展开。清泉公司数次到省国土资源厅询问沟通,均没有得到实质进展。

2014年4月,清泉公司向国土资源部提交行政复议申请,请求确认省国土资源厅未履行行政许可法定职责违法,并责令省国土资源厅继续履行行政许可法定职责。2014年年底,清泉公司收到国土资源部作出的行政复议决定书,该决定书认为清泉公司并未举证证明已向省国土资源厅提交书面申请凭证,对清泉公司所称申请延续许可的行为不予认可,予以驳回。

清泉公司不服行政复议决定,向省国土资源厅所在地的区人民法院提起行政诉讼,请求确认被告省国土资源厅对清泉公司采矿许可证延期申请拒不作出处理决定违法,并判令省国土资源厅继续履行行政许可职责。一审法院认为,本案行政许可涉及不动产矿山,应由不动产所在地法院管辖,予以驳回。清泉公司不服,提起上诉。二审裁定驳回上诉,维持原判。

清泉公司不服,向省高级人民院提起再审,主张原一、二审适用法律错误,本案是确认行政机关不履行行政许可职责案件,不属于涉及不动产权利的确认、分割、相邻关系等案件纠纷,不适用不动产专属管辖规定,不应当由不动产所在地的人民法院管辖,请求撤销原一、二审裁定,指令区人民法院受理本案。

2016年12月,省高级人民法院采纳再审理由,决定对本案进行提审,并于12月底作出再审裁定,裁定撤销原一、二审行政裁定,指令区人民法院予以立案。

法律分析

原一、二审驳回的理由是本案涉及针对采矿许可证的延期申请,矿山属于不动产,则本案应当适用专属管辖。我认为,原一、二审适用法律错误。案涉行政许可行为仅是行政机关履行法定职责授权批准被许可人获得从事采矿行为的资格和权利,并不适用不动产专属管辖的规定。本案应属于履行法定职责纠纷,不适用专属管辖。据此,清泉公司向省高级人民法院提出再审申请。

本案的争议焦点是,行政许可对采矿许可证的延期是否属于涉不动产纠纷,是否应适用专属管辖。本案需要解决两个方面的问题:一是矿山属于不动产,针对矿山的行政许可行为是否属于因不动产产生的纠纷;二是是否所有涉及不动产的行政诉讼都要适用专属管辖。

(一)本案是履行法定职责纠纷,与专属管辖无关

1989年《行政诉讼法》第19条规定:"因不动产提起的行政诉讼,由不动产所在地人民法院管辖。"[1]后来,《最高人民法院关于适用〈中华人民共和国行政诉讼法〉的解释》第9条第1款进一步将因不动产提起的行政诉讼明确界定为:"行政诉讼法第二十条规定的'因不动产提起的行政诉讼'是指因行政行为导致不动产物权变动而提起的诉讼。"因此,因不动产提起的诉讼指直接针对不动产提起的诉讼,是指行政行为直接导致不动产物权发生设立、变更、转让、消灭等法律效果,不应扩大解释为所有与不动产有关的任何纠纷。

本案的起因是省国土资源厅不履行行政许可法定职责,虽许可的事项是延期矿山开采许可,但并不涉及矿山所有权权属变更、确认等内容,也就不产生不动产物权设立、变更、转让或消灭的法律效果,即行政行为对不动产不具有直接处分性,因此本案不属于因不动产提起的行政诉讼。

(二)并非所有与不动产有关的案件均适用专属管辖

适用专属管辖一般是考虑到法院审理的便利性,不动产所在地法院能够就近调查、勘验、取证、测量,以及就近执行判决。因此,因不动产提起的行政诉讼,不动产是产生行政行为的具体原因。如在实践中,涉及不动产物权登记的案件,因不动产所有权、使用权归属提起的诉讼,因建筑物的拆除、改建、扩建等

---

[1] 2017年《行政诉讼法》第20条:"因不动产提起的行政诉讼,由不动产所在地人民法院管辖。"

提起的诉讼,因污染不动产提起的诉讼等涉及不动产专属管辖。

专属管辖属于法律强制规定,适用范围不应作扩大解释,而应当结合立法目的、具体案件情况作缩小解释,限定在确有必要范围内。若仅仅是案件或者案件证据与不动产相关联,则不属于因不动产提起的行政纠纷。例如,要求行政机关履行法定职责案件;涉不动产的政府信息公开案件;城市规划管理行政案件;拆迁许可前置的立项、规划等行为引发的案件;对拆迁裁决、房屋征收补偿决定不服提起的诉讼案件。这些案件虽与不动产有一定关联,但均不应适用不动产专属管辖。

一、二审败诉

区法院认为,本案争议焦点系省国土资源厅[1]是否应履行采矿许可证的延续登记的行政行为,采矿许可证是采矿权人行使开采矿产资源权利的法律凭证,行为人经依法办理登记手续,取得行政许可后成为采矿权人。本案系因不动产提起的诉讼,所涉及的不动产矿山不在我院管辖地域。1989年《行政诉讼法》第19条规定,"因不动产提起的行政诉讼,由不动产所在地人民法院管辖",故本案不属于我院管辖。

上诉后市中级人民法院认为,清泉公司向省国土资源厅申请许可其继续开采矿产资源涉及不动产的使用权。根据2014年《行政诉讼法》第20条的规定,清泉公司应当向不动产所在地人民法院提起行政诉讼。原审法院裁定不予立案并无不当,上诉人清泉公司的上诉理由不成立,其上诉请求本院不予支持。

---

[1] 本案发生在2015年5月之前,1989年《行政诉讼法》第25条第2款规定:"经复议的案件,复议机关决定维持原具体行政行为的,作出原具体行政行为的行政机关是被告;复议机关改变原具体行政行为的,复议机关是被告。"因此,作出原行政行为的省国土资源厅是被告。该规定现已作修订,2017年《行政诉讼法》第26条第2款规定:"经复议的案件,复议机关决定维持原行政行为的,作出原行政行为的行政机关和复议机关是共同被告;复议机关改变原行政行为的,复议机关是被告。"

再审胜诉

之后,清泉公司向省高级人民法院申请再审,2016 年 12 月底,省高级人民法院作出再审裁定,采纳了清泉公司的再审意见,认为本案系行政机关履行法定职责案件,不属于不动产纠纷,不适用专属管辖,原一审法院对本案具有管辖权,裁定撤销原一、二审裁定,指令原一审法院受理本案。省高级人民法院的裁判意见如下:

本案清泉公司的诉讼请求是请求确认省国土资源厅对其采矿许可证延期申请拒不作出处理决定的行政行为违法,并判令省国土资源厅立即履行行政许可职责。本案诉讼标的系确认行政机关不履行行政许可职责违法,不属于不动产纠纷,因此不适用 2014 年《行政诉讼法》第 20 条规定的不动产专属管辖规定。根据 2014 年《行政诉讼法》第 18 条第 1 款,行政案件由最初作出行政行为的行政机关所在地人民法院管辖。省国土资源厅的住所地在区,因此区人民法院对本案有管辖权。原审裁定适用法律错误,本院予以纠正。

案件评析与思考

(一)案件争议焦点问题

在本案中,最主要的问题就是本案是否适用不动产专属管辖。一、二审法院都认为本案涉及采矿许可证的延期,矿山属于不动产,应当适用专属管辖;但我认为案涉行政许可行为仅是行政机关履行法定职责授权批准被许可人获得从事采矿行为的资格和权利,并不适用不动产专属管辖的规定。本案应属于行政机关履行法定职责纠纷,不适用专属管辖。申请再审后,省高级人民法院采纳了我们的代理意见,决定提审本案,最终裁定由一审法院继续审理。

(二)行政案件中的管辖权问题

公民、法人或者其他组织认为行政机关和行政机关工作人员的行政行为侵犯了其合法权益的,有权以相应的行政机关为被告,向人民法院提起行政诉讼。

如果发生行政诉讼争议,作为原告则需要考虑到哪个法院去起诉行政机关,不然一旦诉讼的法院错了,将可能浪费时间、精力,得不偿失。首先应确定级别管辖,是基层人民法院管辖还是中级人民法院管辖抑或高级人民法院管辖。其次确定地域管辖,行政诉讼当事人只有确定了案件的级别管辖之后,才可能进一步确定地域管辖。在确定了级别管辖和地域管辖之后,才能最终确定行政诉讼的管辖问题。《行政诉讼法》第18条第1款规定:行政案件由最初作出行政行为的行政机关所在地人民法院管辖。经复议的案件,也可以由复议机关所在地人民法院管辖。第19条规定:对限制人身自由的行政强制措施不服提起的诉讼,由被告所在地或者原告所在地人民法院管辖。第20条规定:因不动产提起的行政诉讼,由不动产所在地人民法院管辖。因不动产提起的行政诉讼是指行政行为导致不动产物权变动而提起的诉讼,不动产物权的设立、变更、转让和消灭统为不动产物权变动。因不动产提起的行政诉讼主要有:(1)因不动产所有权、使用权而提起的诉讼,如征收征地的行为。(2)因违章建筑拆除而提起的诉讼。关于不动产所在地的规定:不动产已经登记的,以不动产登记簿记载的所在地为不动产所在地;不动产未登记的,以不动产实际所在地为不动产所在地。本案属于行政机关履行法定职责纠纷,不适用专属管辖。

第四部分

征地拆迁

案例 17
如何通过撤销房屋拆迁裁决获安置补偿
——胡天海诉某市房产局不服房屋拆迁行政裁决案

导读提示

通过法院拍卖，买房作商业投资，原指望通过劳动获取更好的生活，谁料想，不仅合法拥有的房产被强行拆除，就连房子所占土地也被拍卖，还欠下一屁股债务。当事人通过媒体的记者朋友找到我，希望能助一臂之力。

接受委托后，我从源头开始，就《房屋拆迁裁决书》的违法问题紧抓不放，诉至法院。开庭前一天入住酒店，第二天开庭后遇险，最终化险为夷。法院经过审理，对《房屋拆迁裁决书》依法予以撤销。

房屋拆迁的基础不存在了，开发商只能妥协，最终与当事人达成房屋安置补偿协议，案件被画上一个圆满的句号。这件约20年前的案件，始终让我记忆犹新，问题的最终解决，来之不易。

欣喜买房　暗藏危机

2002年1月22日是个阴天，对大多数人来说，这是个普通的星期二。但对胡天海两家人来说却是个毕生难忘的日子。因为就在当天，他终于拿到了某市东街城乡供销大楼两间三层房的房屋所有权证，两个星期前已经拿到为期40年的土地使用权证。

至此他"两证"齐全，终于成为房子法律意义上的真正主人。担心了1年多的两家人终于放下心头大石，露出了舒心的笑容。

原来早在1年多前，也就是2000年12月，胡天海就已经在市法院主持下，与市百货公司破产清算组签订了买卖合同,购得东街城乡供销大楼的这两处房产。

房产本属市政府破产还债的企业,政府为了"最大限度实现破产企业的资产变现",推出了一系列优惠政策,不仅房价优惠,还免除契税,并负责办理"两证"。免契税的事情胡天海几经波折大费周章才搞定,但"两证"却迟迟没能办下来。

作为生意人,胡天海花了巨额投资在房产上,法律上得不到保障,内心总是不安。但出于对政府的信任,他只是苦苦等待。现在一桩心事了结,他便一心扑在了生意上。

▎平地风波　拆房受辱

2003年1月5日,胡天海如往日一样看报纸,一则消息如晴天霹雳,震得他半天反应不过来。脑海里只有一个声音:珍如生命的房子要被拆了!清醒过来,他找来近期相关报纸。

他简直不敢相信自己的眼睛,自己房子所在的土地居然已经被政府以拍卖的形式转卖给了省城一家公司,土地上的房子作为"老城区改造"的障碍,近期就要被拆除!

他觉得更奇怪的是,怎么1年前法院刚拍卖,自己盼星星盼月亮,终于将房屋的土地证和房产证都办好,现在却要拆迁。思前想后,反复琢磨,他觉得这是一个"局",自己被框进来,成了"局"中人。

但他想,自己作为房产合法所有权人,不可能没有一个人来询问自己的意见!他不相信开发商会这样草率。然而不容他不相信,2003年3月15日,也就是消费者权益保护日这一天,市商业协会作为市政府指定的拆迁人,向他和其他业主送达了如下通知单:

"按照市房管局2003年元月5日发布的拆迁公告,你的房产属于中心市场拆迁范围,经依法评估,你的房产价值为388008.00元,我们将在搬迁之日用现金一次性进行补偿,请你在2003年3月31日前自动搬迁。若有异议,请及时申请房屋拆迁管理部门裁决。若到时未搬迁,我们将申请法院依法强制拆迁。"

看完通知,胡天海一阵头晕。自己买房装修改造,总投入不下70万元,现在正式营业还没有1年,还未回本。而这不知道哪来的评估居然把房产价值仅评为38万元,按此赔付,自己岂不是血本无归!

想到自己昼夜不分,劳心劳力,好不容易挣得的一点家产,可能就这样莫名其妙地没有了,这位硬朗的汉子,不由得泪水涟涟。但一想到还可以申请裁决,他又忙开了。

胡天海跑机关,找领导,想让"上面的人"听听自己这个合法业主的声音,但毫无效果。他买回一摞摞的法律书籍,与相关机构论法,要求依法对房产进行产权置换,即旧房换新房,差价多退少补。但得到的回应仍是"不可能!"。

最终,通知上所说的"若有异议,请及时申请房屋拆迁管理部门裁决"成了一句没有任何实际意义的空话。

2003年5月31日上午,一边,胡天海还在同有关部门协商,另一边,拆迁已经开始。一帮不明来历的"混混",不顾胡天海妻子还在房中,强行拆房。导致胡妻心脏病发。胡天海得知消息,赶回来理论,竟被冠以"阻碍拆迁"罪名,遭受了毒打,还被这帮"拆迁人"追赶了几百米远。

受辱的胡天海拨打了"110",要求追查凶手。警察赶到后以"来时现场未发现殴斗"为由,弃之不管。房拆平了,拆除下来的钢筋、砖瓦、屋顶等没有归还户主,而是被这帮"拆迁人"哄抢转卖给了他人。卖得钱款,不知所踪。没有一个人想到要给房主一声交代。

经历了一切,胡天海失去了对生活的希望,他屡次萌生轻生的念头,还准备跑到省城去上访申冤。胡天海的妻子受不了拆房的刺激,一听到别人提"房子"两个字,就泪流满面。

听说胡天海想去省城上访,一位政府工作人员威胁他:"你怎么不直接去联合国上访呢!这本级政府决定的事,谁干预也没有用!"

虽然我事先已经了解了一定情况,但见到了胡天海夫妇二人,仍被他们脸上的那种凄苦的神色所震动。两位老实本分的生意人已经被这场"变故"磨去了太多生气。虽然他已经拿起了法律武器,想维护自己的权益,但面对公权力,他们仍显得脆弱无力。

调查取证　官员躲闪

为了全面了解情况，接受委托后，我赶到了市商业协会。结果，知道"详细情况"的负责人"回老家"去了，而其他的人都自称"不了解情况"。

下午，我赶到市中心市场拆迁指挥部，找到了主要负责人。得知我来了解拆迁情况，他顾左右而言他。一会儿说拆迁工作结束了，自己不了解情况，不便说。一会儿又说，自己现在负责的是其他项目，不管拆迁的事了。最后，其以不要打搅他"正常工作"为由，让我离开。

临近下班，我又来到市房管局。当得知我欲找负责拆迁工作的相关领导了解情况时，一位中等身材、较胖、卷发的干部赶紧说负责人不在家，明显是敷衍和拒绝。而令人感到好笑的是，他旁边的同事在他否认的同时已经用暗笑和肢体语言指明了他就是负责人。

回到住处，十几个人一下子围了过来，着实吓了我一跳。一问，原来都是得知律师来办理此案，前来诉说不平的拆迁户。

经询问，这其中有子女双双下岗的，有八旬耄耋老人，有独立赡养婆婆、抚养子女的中年妇女，有农民，这些人以前都是依靠门面房来维持日常生活。

现在房没了，不知道以后该怎么办。问及他们既然不愿意拆迁，又有合法产权，为何最终还是妥协时，他们都表示内心虽极不情愿，但大伙觉得胳膊拗不过大腿，只有让步了。一位房主哭诉："赔给我们的房款一套仅几万元，而开发商在原地方盖起来的新门面一套要卖几十万元。原来的房子比现在的房还大，但赔款却连建好房屋的墙角都买不了。差距这么大，真是欺负人啊！"

他们拿出一份房产评估报告，开发商就是按此报告来对众户主进行赔付的。而事实上，这份报告不仅没有注册评估师签名、盖章，而且程序、内容皆不合法，根本不具有法律效力，属于无效报告。

以这样的评估为标准进行补偿显然有误。抛开其他情节不谈，最初拍卖该宗土地时，由于产权、土地使用权仍为原户主所有，当地实际上并不具有此处土地的使用权。

一审法院　主持正义

我决定借用《孙子兵法》中著名的"围魏救赵"计策,在当时的拆迁中,一般是政府主导,开发商埋单。房子虽然不是开发商直接拆的,但其往往是幕后主谋。而当事人又不能直接找开发商,这时就需要刺激拆迁办,倒逼开发商出来解决问题。

我相信《孙子兵法》中的这个作战技术对本案会有立竿见影的效果。为此,我代理当事人将作出《房屋拆迁裁决书》的市房产局诉至市人民法院,如果该裁决书被撤销了,那强拆行为自然就违法了。

开庭那天,人特别多,既有拆迁办的,也有附近的拆迁户,市法院最大的第一号法庭被塞的满满的,几乎水泄不通。庭审中我根据事先拟定的大纲,发表了措辞强硬、针锋相对的出庭意见。

一、市商业协会不具备拆迁人的主体资格

《城市房屋拆迁管理条例》第 4 条、第 34 条规定,拆迁人是指取得房屋拆迁许可证的单位,违反该条例规定,未取得房屋拆迁许可证,擅自实施拆迁的,由房屋拆迁管理部门责令停止拆迁,给予警告,并处已拆迁每平方米 20 元以上 50 元以下的罚款。[1] 同时,《建设部关于印制颁发〈房屋拆迁许可证〉的通知》第 4 条规定,房屋拆迁许可证是房屋拆迁的法律凭证。

而本案中,被告未能依《最高人民法院关于执行〈中华人民共和国行政诉讼法〉若干问题的解释》第 26 条"被告应当在收到起诉状副本之日起 10 日内提交答辩状,并提供作出具体行政行为时的证据、依据"之规定[2],向法庭提交市商业协会持有房屋拆迁许可证的证据。

质证过程中,本代理人对被告向法庭提交的所有证据发表了质证意见,其中并未见到房屋拆迁许可证。审判长也明确表示,被告提供的证据中,未见到房屋

---

[1] 该条例已废止,现行有效的为《国有土地上房屋征收与补偿条例》(2011 年 1 月 21 日施行)。
[2] 现行有效的为 2017 年《行政诉讼法》第 67 条第 1 款。

拆迁许可证。被告虽在辩论过程最后匆忙补上房屋拆迁许可证,但其不具备《行政诉讼法》规定的两种可以补充证据的特殊情况,因此,应视为被告举证不能。

另外,被告提交的"市人民政府办公室关于指定市商业协会为拆迁人的决定"不符合《建设部关于印制颁发〈房屋拆迁许可证〉的通知》第 3 条由城市房屋拆迁主管部门颁发《房屋拆迁许可证》的强制性规定,不具备外部行政管理职能的政府内设办公室的指定行为没有任何法律依据,当属无效。

由此可见,市商业协会不具备拆迁的主体资格,而被告不依法审查"拆迁人"身份,径以市商业协会为拆迁人作出 × 房裁字(2003)第 1 号《房屋拆迁裁决书》,属滥用行政职权,该裁决不具备行政法律效力。

二、被告所确认的评估报告属无效报告

1. 评估报告没有注册评估师签名和盖章

众所周知,作为一份有效且有较强说服力的评估报告,注册评估师的签名、盖章是其必备的法定形式。

2. 评估没有遵循法定程序

本案中,被告所确认的所谓程序适当的评价报告仅采用了一种评估方法,在评估过程中又没有采用 3 种以上的交易实例作为参考,显然评估程序违法。

3. 将商业用地评为综合用地无法律依据

众所周知,不动产在我国采用的是登记主义,并没有法律规定可以实际使用改变房产性质,依评估师和被告代理人的思维逻辑,"张三住了李四的房子,张三就获取产权",这种思维方法未免有些滑稽。

4. 评估内容违法

依照 1999 年《房地产估价规范》[1]第 8 条之规定,完整有效评估报告的内容必须包括:估价师声明、估价的假设和限制条件,估价技术报告,估价技术路线、方法和测算过程,估价结果作出的理由等内容。而本案所涉评估报告遗漏了这些至关重要的法定内容,不但不列举具体计算过程,而且在估价报告后面没有任何附件。

---

[1] 因《房地产估价规范》(GB/T 50291—2015)于 2015 年 12 月 1 日实施而废止。

三、原告合法财产所有权不容肆意损害

在开庭时,被告仅出示了一份市政府的请示报告,未能提供已收回国有土地使用权的具有法律效力的批复,这意味着在拍卖该宗土地时,该土地使用权仍属原告所有,案涉拍卖行为是一种无处分权的无效法律行为。《拍卖法》明确规定,委托拍卖人拍卖的标的物必须是委托人享有处分权的财产。

另外,原告房产是依法购买所得,并已取得房屋所有权证和国有土地使用权证,依照《土地管理法》第13条[1]、《城市房地产管理法》第5条、第19条[2]之规定,依法登记的土地使用权受法律保护,任何单位和个人不得侵犯。

综上,被告作出的行政裁决行为没有事实和法律依据,其所确认的评估报告内容违法、评估程序不当、计算失误,属无效评估报告,理应依法撤销。

开庭遇险　最终胜诉

那天,我和一群人从法庭出来,突然门口聚集许多身份不明的社会混混,我感觉自己已被包围,一场冲突不可避免,凶多吉少。我灵机一动,快速将手提包递给了当事人的一个亲戚,其中一人恶狠狠地问我是不是律师时,我摇摇头:"我是来打官司要货款的。"

当这群混混转移视线,去问其他人"谁是律师"时,我沉着冷静地快速撤离,在确保安全的情况下,回头再看,一群人正气急败坏地踢着路边停放的小车。我冒了一身冷汗。

律师如果被打,派出所可能会依法处理,但打在身上的伤痛是免不了的,律师受到攻击,确实不是什么光彩的事,只会让律师蒙羞。所以,在办理行政案件时,要特别注意自身安全。

其实开庭的前一天,在入住的酒店我就感觉不对劲,吃完饭回来,发现房间被动过,而酒店大堂有许多来历不明的人,我问前台服务员,她说不是住店的,

---

[1]　现行有效的为2020年《土地管理法》第12条第2款。
[2]　现行有效的为2020年《城市房地产管理法》第5条、第20条。

我快速离开,让朋友第二天帮我退房。

市法院经过审理,采纳了律师代理意见,依法作出行政判决,撤销市房管局作出的×房裁字(2003)第1号《房屋拆迁裁决书》。其裁判意见如下:

被告市房产局具有向第三人市商业协会作出案涉《房屋拆迁裁决书》的职权法律依据,其被告主体资格合法。第三人市商业协会向被告市房产局提出裁决申请,并提交了相关材料,被告本应依据相关规定,在受理裁决申请后,依法审核第三人市商业协会提交的证据是否真实、理由是否正当、资料是否齐备、依据是否充足、程序是否合法、送达是否及时。

结合现有证据,第三人市商业协会在向被告市房产局申请裁决时,提供的相关资料存在重大瑕疵,明显不符合作出《房屋拆迁裁决书》的基本条件。而被告市房产局不依法进行严格审核,属于认定事实不清,证据不足,程序有误。

综上,被告市房产局向第三人市商业协会作出《房屋拆迁裁决书》的具体行政行为认定事实的主要证据不足,事实不清,程序违法。

市房管局的败诉,直接导致强拆行为全部违法,"围魏救赵"策略的运用,促使最终达成房屋安置补偿协议,当事人得到合理补偿。

案件评析与思考

本案中的关键是《房屋拆迁裁决书》,如果撤销了《房屋拆迁裁决书》,就相当于釜底抽薪,这是本案胜诉的关键。本案中,在房屋拆迁的过程中,拆迁方市商业协会不具备拆迁人的主体资格,同时,在房屋的补偿标准方面,补偿价格过低。房屋价值的评估报告属于无效报告,评估报告没有鉴定人的签名和盖章,违反法定程序,评估报告的内容存在违法。当事人的合法财产所有权不能随意被损害。西方有个谚语,"风能进,雨能进,国王不能进",这表明私有财产是神圣不可侵犯的。本案中,对当事人的补偿应该以市场价来计算,不能以低价侵害当事人的合法财产权益。法院审理后认定,市商业协会在向市房产局申请裁决时,提供的相关资料存在重大瑕疵,明显不符合作出《房屋拆迁裁决书》的基本条件。而市房产局未依法进行严格审核,属于认定事实不清,证据不足,程序有误。最终,市房管局败诉,与当事人达成了房屋安置补偿协议,当事人取得了合理补偿。

案例 18

如何解决拆迁中停水断电及征收补偿决定不合理问题

——马建军等 3 人诉某区政府征收补偿决定及停水断电案

▎导读提示

章大强、张军、马建军 3 人的临街商业房屋面临拆迁,周边同类型房屋价格每平方米 1 万多元,区政府《房屋征收补偿决定书》给出的价格是每平方米 0.35 万元,拆迁办说:"要么拿钱走人,要么强拆,两者只能选择其一。"随后,对其停水断电。

被逼无奈的章大强等 3 人到北京联系我,希望能找到一条法律解决之道。详细看了一下材料,我发现房屋征收程序存在严重错误,而且离最后复议期限仅不足 10 天。

接受委托后,我马上启动行政复议和诉讼程序。最终,区政府对自己作出的《房屋征收补偿决定书》予以撤销。我再接再厉,起诉区政府,要求恢复供水供电,得到市中级人民法院支持。我用多轮组合诉讼方案,解决了违法拆迁问题。

章大强等 3 人的临街房屋傲然挺立,已经恢复供水供电,正常使用。通过 4 年的法律程序,作为三家人生计的门市房终于保住。开发商调整规划后建起的洋楼与章大强 3 人的门市房相邻,互不影响,前者卖房盈利,后者出租谋生。

▎案件回放

章大强、张军、马建军 3 人,因为自家房屋拆迁由陌生人变成了法律统一战线上的"战友"。老马在年轻时经过不懈打拼在市区买了一栋小楼,私下想着就算自己不住,租出去也够自己和媳妇养老了,以后收着租金吃穿不愁也省得给儿女添麻烦。

4年前区政府预先通知进行旧城区改造,老马的房屋也在其中,老马心想:咱这是小地方,不像北京,遇到城区改造进行拆迁能分到好几套房,咱也不追求那些,只要安置费和补偿金给的合理就成,城市建好了咱们住着也更舒坦不是,不能给国家和政府添麻烦!

但区政府聘请的评估机构对老马房子的评估价格远低于市场价格,老马当然不同意!评估价格错误不说,征收程序还违法,而且为了逼迫老马从他的房屋中搬出来,拆迁方还切断了老马房屋的水电。

没水没电,老马的房子也没人租用了,光经济损失就不少,这可怎么办?正当老马愁眉不展时,偶然一次闲唠嗑让他认识了老章和老张。

老章和老张跟他的情况极为类似,他们俩的房子也在旧城改造区域范围内,也是因为对补偿金不满意拒绝从房屋中搬离被切断了水电。俗话说"三个臭皮匠赛过诸葛亮",3个人一合计决定请一位律师帮他们解决房屋拆迁难题。

老张等3人在网上搜索了很长时间,通过对比,最终选择了北京市万博律师事务所,并找到了我。

初次见面是个周一,我刚出电梯就看到3位穿着朴素的人在讨论着什么。一见我走出电梯他们就拥上来与我握手,边握手边说:"褚律师,我们千里迢迢专程过来的!您可要帮帮我们啊!"

经过与3位交谈我发现他们都是实实在在的人,这我就放心了。最终,我代理了这起案件,和老张、老章、老马3个人一起开启了长达近4年的悠悠诉讼路。

申请复议遭到驳回

2012年4月9日,区政府以旧城区改造为名分别向老张、老章、老马以及征收范围内的其他户主发送了房屋征收决定书,老章、老张和老马的房屋均被列入了征收范围。

2012年5月24日,仅隔一个半月,区政府又分别向老章、老张和老马发送了一份《房屋征收补偿决定书》,称"因政府对旧城区进行改造,需对东起胜利一街,西至市水泥厂东墙外,南起长江路,北至奋斗路范围内的房屋进行征收",老章、老张和老马的房屋都位于征收范围之内。

《房屋征收补偿决定书》还对征收补偿政策进行了约定与说明。决定书称拆迁房屋的户主可以选择房屋产权调换安置或货币补偿安置,选择房屋产权调换安置的,可以按房屋的原面积回迁,户主要求安置超过原房屋面积的按照同类房屋的市场售价承担费用,因设计或拆迁房屋户主要求,安置房屋达不到原面积的,差额部分按房屋市场评估价格予以补偿;选择货币补偿安置的,根据房地产评估有限公司对老章、老张和老马房屋的评估结果,他们的房屋补偿金为每平方米3500元。

在临时过渡期的这段时间里,拆迁房屋的户主自己租房子住的,从搬迁之日起按拆迁房屋面积每月10元的标准向房主支付安置补助费直至回迁。同时,按每平方米每月10元的标准给予拆迁房屋房主3个月停产、停业损失补偿;过渡期内由区政府给拆迁房屋的房主安排周转房的,就不再支付临时安置补助金。

按照《房屋征收补偿决定书》的补偿标准,加上零零散散的搬家补助等其他补助金,老章、老张和老马的房屋补偿合计分别为人民币232万元、186万元、263万元。

"每平方米0.35万元!上个月邻街的老吴卖房子也不止这个价啊!"老张义愤填膺地说道:"人家都是盼着拆迁,巴望着多分两套。我们可好,光评估的价格就给压得低的不能再低了,我们咋不知道选了这么个评估公司!"

"我还想着搬回来继续住,楼上自己住楼下开个小卖铺什么的挺不错。可人家非要给我们补偿金,不让我们回来!《房屋征收补偿决定书》写得好好的,让我们选补偿方式,可事实上只给我们那么点钱,不让我们搬回来。"老马附和道。

"我听其他拆迁户说他们政府发这种法律文件都有时间限制的,好像前一份和后一份之间要间隔一段时间给我们这些拆迁户们留出反映问题的时间,那具体叫啥我也不太懂,是不是他们发的那文件不符合这个规定就算无效啊?"老章转过来向我进行咨询。

依据《行政复议法》与《行政诉讼法》的规定，如果老章、老张和老马对房屋征收决定书不服，有权在 60 日内向市人民政府提出行政复议或在 3 个月[1]内向法院提起行政诉讼。

可区政府在行政复议期限和行政诉讼期限均未届满的情况下，违反法律程序，仅一个半月就向他们又发送了《房屋征收补偿决定书》，这是严重的程序违法，应当依法予以撤销。所以我帮助他们 3 位向市人民政府提出行政复议申请，要求撤销区政府作出的《房屋征收补偿决定书》。

2013 年 4 月 28 日，市政府作出行政复议决定，维持了区政府的行政行为，拒绝撤销向老章、老张和老马发出的《房屋征收补偿决定书》。当然，这也在预料之中。

无奈之下，只得向区法院提起行政诉讼，要求撤销这 3 份《房屋征收补偿决定书》，《行政诉讼法》未修改之前，当地由区法院管辖县级政府为被告的案件，我曾提出过异议，但未被采纳。

行政诉讼扭转乾坤

我认为 3 份《房屋征收补偿决定书》的内容均违反了《土地管理法》《物权法》《城市房地产管理法》《循环经济促进法》《国有土地上房屋征收与补偿条例》的相关规定。

庭审中区政府代理律师辩称他们向 3 原告作出的《房屋征收补偿决定书》是依据《国有土地上房屋征收与补偿条例》的规定作出的，而且《房屋征收补偿决定书》由于数字计算错误已经被区政府依法撤销了，所以原告要求撤销的客体已经不具有法律效力了，应当驳回起诉。

其实在庭审前区政府法制办公室的工作人员和法官多次给我打电话称《房屋征收补偿决定书》的补偿金额可能计算错误，所以区政府决定把这 3 份《房屋征收补偿决定书》撤销，同时要求原告撤回起诉。

---

[1] 2015 年 5 月 1 日实施的《行政诉讼法》已将起诉期改为 6 个月。

为了彻底解决问题,也为了维护老章等 3 人的合法权益,经过老章、老张和老马的同意,我拒绝了区政府和法官的要求,仍然要求法院确认《房屋征收补偿决定书》违法。

但最终区法院认为虽然区政府作出的《房屋征收补偿决定书》程序上有瑕疵,但行政行为事实清楚、证据充分,不宜确认其违法,因此驳回了原告的诉讼请求。

我和老章、老张和老马商量过后,当即向市中级人民法院提起上诉。为此,我提出了如下上诉意见:

首先,在一审之前,区政府就自行撤销了《房屋征收补偿决定书》,这一行为就能够证明区政府的行政行为违法。一审法院以被告的行政行为事实清楚、证据充分,虽然程序上有瑕疵,但不宜确认其违法为由驳回起诉明显错误。

其次,区政府作出《房屋征收补偿决定书》程序严重违法。第一,补偿方案在征求意见时并没有按照《国有土地上房屋征收与补偿条例》的规定公示 30 日,而实际只有 27 日;第二,被告剥夺了老章、老张和老马 3 人选定评估机构的权利,且评估时间点并非征收决定公告之日;第三,评估机构确定的评估价格不符合市场价格和开发商的售价,每平方米 0.35 万元的价格远低于征收区域内同类房屋的市场价格。

最后,虽然《房屋征收补偿决定书》写明了老章、老张和老马可选择房屋产权调换和货币补偿两种补偿方式,但实际上,区政府直接给予他们与市场价格和开发商售价严重不符的货币补偿,剥夺了拆迁户们选择房屋产权调换的权利。

以上种种均能够证明区政府作出的《房屋征收补偿决定书》严重违反法律规定。综合上述理由,请求法院撤销一审判决、依法确认区政府作出的《房屋征收补偿决定书》违法。

市中级人民法院经审理认为,《房屋征收补偿决定书》被区政府自行撤销,且区政府主动确认补偿决定存在问题,因此区人民法院以"补偿决定事实清楚、证据充分"不妥,且适用法律不当。但是,由于《房屋征收补偿决定书》已经被区政府自行撤销,对老章、老张和老马不会产生实际影响,因此区人民法院的判决处理结果正确,应予维持。

虽然二审驳回了我们的诉讼请求，但是二审判决的理由是《房屋征收补偿决定书》不会对3位拆迁房屋的房主产生实际影响，这实际上已经表明《房屋征收补偿决定书》确实存在问题。

基于二审终审制，案件到二审就无法再上诉，可是他们房子里的水电还没有通，用老章的话说就是，作为养老费的房租没挣着，还净给心里添堵了！"即使不给经济补偿，最起码应该把水电给接通啊！这没水没电的，自己用也没法用，租也租不出去，不是个事儿！"

于是，我带着老章等人的期望又踏上了行政赔偿程序之路。

要求恢复供水供电

为了让"钉子户"从房子里搬出去，从2012年6月开始，那些被拆迁户家中的水、电就被切断了，老章、老张和老马的房屋就在断水断电的名单之中，这些房屋里面的水电到2015年年底依旧没有恢复。

在这3年多的时间里，他们的房子是想住没法住，想租没人租。看着附近邻街的房子顺利租出去，房东们美滋滋的数着钱，这3位老哥心里别提多着急了！

老章等人也想自行恢复水电，但供水供电设施已经被全部破坏，如果恢复，供电公司和自来水公司说需要大约60万元，还要获得铺设管道和架线的各种行政审批，即便有钱，以个人的力量也难以完成。

经过商讨，老章等人接受了我的建议，走行政赔偿程序，一是有可能恢复水电，二是将房屋不能动拆进一步坐实。但我也提出，经济赔偿的可能性不大，因为没有现成的房屋租赁合同为据，而且本案是由房屋征收引起，法院可能会回避赔偿问题。

另外，并没有直接证据证明水电就是区政府切断或区政府令供电公司、自来水公司切断的，这是一个软肋，如果区政府不承认，只能推理，需要法官靠自由心证去判断。

我的建议和预测得到老章等人的理解和支持，决定试着声东击西，暗度陈仓，很快，启动行政赔偿程序。

紧紧抓住二审判决书中的判决理由及依据，在 2015 年 12 月 21 日，我向区政府发出了行政赔偿申请书。依据《国家赔偿法》的规定，行政机关及其工作人员在行使职权时，有违法征收、征用财产或造成财产损害的其他违法行为，侵犯财产权的，受害人有取得赔偿的权利。二审的判决书中也说明了《房屋征收补偿决定书》已于 2014 年 3 月 31 日被区政府自行撤销，并确认该补偿决定存在问题。

也就是说，区政府作出错误补偿决定的行政行为使老章等人的房屋在几年的时间里停水断电，应当恢复。与此同时，《国有土地上房屋征收与补偿条例》第 31 条也规定，采取暴力、威胁或者违反规定中断供水、供热、供气、供电和道路通行等非法方式迫使被征收人搬迁，造成损失的，依法承担赔偿责任。区政府的行为明显违反了上述法律的规定。

其实我已经猜到，对于供水供电的请求，不会一帆风顺，因为需要大约 60 万元的恢复费用，不是一笔小数字，区政府可能会拒绝。果不其然，2016 年 2 月 20 日，区政府便向老章等发出了行政赔偿决定书，拒绝了恢复供水供电的要求。

区政府的理由是二审法院已经确认区政府在自行撤销了《房屋征收补偿决定书》后，对老章的权利义务不再产生实际影响，维持了一审的处理结果，判决驳回了申请人的上诉，维持原判，所以区政府不存在行政违法行为的事实。

与此同时，区政府称老张小楼的停水、停电问题并不是政府造成的，老张等人应该向供水、供电等职能部门要求恢复供水供电，请求恢复供水供电的主体存在问题。无奈，针对停水断电问题，只得再次向市中级人民法院提起行政赔偿诉讼，请求判令区政府赔偿损失并恢复供水供电。

恢复水电得到支持

2016 年 5 月 12 日，在距离区政府切断拆迁房屋水电后将近 4 年之时，市中级人民法院终于开庭审理了老章等人申请区政府赔偿及恢复供水供电一案。因当天时间冲突，冯律师代我出庭，针对区政府的抗辩观点，冯律师提出了如下代理意见。

一、原告的诉求合法,且人民法院应予以支持

本案的争议焦点可归纳为3点:一是被告作出征收补偿决定的行政行为是否违法?二是被告是否应承担行政赔偿法律责任?三是被告的违法行为与原告损失之间是否存在因果关系?

1. 被告所作出的征收补偿决定存在违法

本案是由2012年5月24日被告作出×政征补(2012)第419号《房屋征收补偿决定书》而引起的,而(2014)×行终字第29号行政判决已确认该房屋征收补偿决定已于2014年3月31日被被告区政府自行撤销,并确认该补偿决定存在违法问题。

因此,人民法院应依据《最高人民法院关于行政诉讼证据若干问题的规定》第70条"生效的人民法院裁判文书或者仲裁机构裁决文书确认的事实,可以作为定案依据"之规定,对该事实予以采信,从而确认被告行政行为存在违法。

2. 被告应承担赔偿责任,尤其是恢复供水供电

被告的违法行政行为侵害了原告依法享有的房屋所有权等,由于被告违法作出房屋征收补偿决定,造成原告利益受损,可见,原告的损失与被告的违法行为之间具有明显的因果关系,被告应承担行政赔偿责任,尤其是恢复涉案房屋的供水供电。

根据《国家赔偿法》第4条"行政机关及其工作人员在行使行政职权时有下列侵犯财产权情形之一的,受害人有取得赔偿的权利……(三)违法征收、征用财产的;(四)造成财产损害的其他违法行为"之规定,原告有取得赔偿的权利。

3. 违法行政行为直接造成原告租金等损失

原告的房屋为商业门面房,其土地证显示土地用途为商业服务,被告的违法行政行为导致原告的房屋无法出租,从而导致租金预期利益损失。另外,对该部分损失,根据其他人的房屋出租合同,同一地段、同一面积、同一新旧的房屋房租为每年5万元。

4. 被告应恢复原告涉案房屋的供电、供水

原告房屋至今还断电、断水,这也是原告提起本案诉讼的最核心问题,如没有被告的违法动迁行为,原告的房屋怎会出现长时间的断电、断水,本案因果关

系明确。被告辩称不是自己的行为所导致,不具合理性。原告向供电公司和自来水公司提出过恢复供水、供电的要求,供电公司的答复很明确,电线、变压器、电表等已因拆迁被毁,重新恢复线路等设施需要大约 40 万元的费用,应找房屋征收机关解决,自来水公司也是同样的答复,恢复费用大约需要 20 万元,有录音为证。

《国有土地上房屋征收与补偿条例》第 31 条明文规定禁止"采取暴力、威胁或者违反规定中断供水、供热、供气、供电和道路通行等非法方式迫使被征收人搬迁",该条例第 30 条也明确规定,"市、县级人民政府及房屋征收部门的工作人员在房屋征收与补偿工作中不履行本条例规定的职责,或者滥用职权、玩忽职守、徇私舞弊的,由上级人民政府或者本级人民政府责令改正"。因此,被告有义务恢复水电。

二、原告已完成举证责任,被告如无相反证据,则应采信

1. 原告就赔偿问题已完成最基本的举证义务

依据《最高人民法院关于执行〈中华人民共和国行政诉讼法〉若干问题的解释》第 27 条第 3 项[1]及《最高人民法院关于行政诉讼证据若干问题的规定》第 5 条和《关于审理行政赔偿案件若干问题的规定》第 32 条[2]等规定,原告应当对其主张承担举证责任。

在本案中,原告提供了有关财产损失的证据材料,被告对上述证据的合法性、真实性提出异议,但没能提供充分的证据进行反驳,因此,依据《最高人民法院关于行政诉讼证据若干问题的规定》第 67 条"对方当事人予以否认,但不能提供充分的证据进行反驳的,可以综合全案情况审查认定该证据的证明效力"之规定法庭应结合本案相关事实予以认定。

2. 原告损失大小的举证责任已转移给被告

本案是由国有土地上房屋被征收所引起的,其主要法律依据为《国有土地

---

[1] 现行有效的为《最高人民法院关于审理行政赔偿案件若干问题的规定》(2022 年 5 月 1 日施行)第 11 条第 1 款。

[2] 现行有效的为《最高人民法院关于审理行政赔偿案件若干问题的规定》(2022 年 5 月 1 日施行)第 11 条第 1 款。

上房屋征收与补偿条例》,该条例中对征收程序有严格的规定,其第19条规定,被征收房屋价值,由具有相应资质的房地产价格评估机构按照房屋征收评估办法评估确定。涉案房屋曾被被告单方作出过评估。

相关法规对如何作出房屋征收补偿价值评估有具体规定,其中《国有土地上房屋征收评估办法》第13条第2款规定"被征收房屋或者其类似房地产有经济收益的,应当选用收益法评估",第14条第2款规定"停产停业损失等补偿,由征收当事人协商确定;协商不成的,可以委托房地产价格评估机构通过评估确定"。

从上述规定来说,本案原告所主张的租金损失标准是可以从被告处获取的。正是因为被告曾作出评估,在原告提供证据初步证明其有财产损失的情况下,即发生举证责任的转移,这也是行政机关法定职责导致的必然的举证责任。

当原告对自己的主张承担初步举证责任后,举证责任即转移到被告一方,被告应当提供不予赔偿或减少赔偿数额的证据。如被告举证不能,则根据规定,其将承担不利的法律后果。本案被告未能提供不予赔偿或者减少赔偿数额的证据,且始终无法提供证据推翻原告诉请损失的主张,即应承担举证不能的不利后果。

3. 本案应适用优势证明标准

本案中由于原告在前期的行政程序中处于弱势,其收集证据的能力是有限的,在对"损害事实"证明上,应当适用优势证明标准,即原告只要初步提供证据证明损害事实存在即可,而法庭应本着客观、公平、合理的原则,依法行使自由裁量权来进行认定。

综上,本案诉讼的法律性质为国家行政赔偿,原告有权要求被告赔偿由于其违法行政造成的损失,尤其是至关重要的恢复供水供电。

针对恢复供水供电的请求,市中级人民法院认为这是区政府征收行为导致的,是关系人民群众民生的重大问题,区政府对此具有不可推卸的责任。市中级人民法院于2016年的儿童节当天作出行政判决,责令区政府在判决生效之日起3个月内对老章等人房屋的供水、供电予以恢复,并驳回其他诉讼请求。

以上是其中一人的行政判决,其他人的行政判决基本一样。显然,老章等人提起诉讼的目的已经基本实现,区政府接到一审判决后并没有上诉,在判决正式生效的 3 个月内,区政府履行了法院所判决的恢复供水供电义务。

如今,老章等人的临街房屋傲然挺立,正常使用。通过 4 年的法律程序,作为 3 家人生计的商业门市房终于保住。开发商调整规划后建起的高档洋楼与章大强 3 人的门市房相邻,互不影响,前者卖房盈利,后者出租谋生。

案件评析与思考

《国有土地上房屋征收与补偿条例》第 27 条规定:"实施房屋征收应当先补偿、后搬迁。作出房屋征收决定的市、县级人民政府对被征收人给予补偿后,被征收人应当在补偿协议约定或者补偿决定确定的搬迁期限内完成搬迁。任何单位和个人不得采取暴力、威胁或者违反规定中断供水、供热、供气、供电和道路通行等非法方式迫使被征收人搬迁。禁止建设单位参与搬迁活动。"《国有土地上房屋征收与补偿条例》第 31 条规定:"采取暴力、威胁或者违反规定中断供水、供热、供气、供电和道路通行等非法方式迫使被征收人搬迁,造成损失的,依法承担赔偿责任;对直接负责的主管人员和其他直接责任人员,构成犯罪的,依法追究刑事责任;尚不构成犯罪的,依法给予处分;构成违反治安管理行为的,依法给予治安管理处罚。根据上述规定,征收现场是不允许断水断电的,否则有关部门不仅应当受到行政处罚,触犯刑律的,还将依法追究相关责任人的刑事责任。"

针对断水断电的情形,被拆迁人要积极采取相应的措施应对。(1)被拆迁人应该积极联系供水供电部门,了解断水断电的原因,并在沟通的时候注意保存证据。(2)注意保存收集断电断水等的通知和告知,以便后续采取相应的措施维权。(3)向征收拆迁主管部门提交查处申请,要求对上述违法断水断电行为进行查处。(4)如果是供电公司等民事主体实施的行为,与征收拆迁无关,则被征收人可以提起民事诉讼,要求有关主体恢复供水供电。(5)如果主管部门对断水断电不予处理,还可以针对该不作为行为提起诉讼。

案例 19

政府作出房屋征收决定应具备什么条件

——张茜与某区人民政府不服房屋征收决定行政复议案

▎导读提示

张茜是一位生意场上的女强人,把生意做得风生水起,为了资产的保值增值,早年将闹市区某住宅楼一楼的临街门市房全部买下,用于出租,每年租金百余万元。某天一楼出现拆迁办的工作人员,称这地块被列入拆迁范围,但又不出示相关文件或手续。于是,双方在"拆与不拆"之间展开了拉锯战。

久经商场,张茜想到了找律师。经过政府信息公开申请,她获得区政府作出的房屋征收决定书。经行政复议,市政府确认房屋征收决定书违法,这为后续的诉讼打下了坚实的基础。

▎案情回放

张茜的房屋位于市区,属合法取得,并依法持有权属证书。后来张茜的房屋四周被围墙围住,租户无法经营,提出解除房屋租赁合同。经多方打听,张茜获悉房屋被列入征收范围。

张茜想到了找律师,一个周六的上午,张茜突然造访律师事务所,我正好在办公室值班,张茜要我为她提供法律服务,打征地拆迁官司。是一位朋友让她来找我的,她的朋友说我只代理行政诉讼原告一方,她认为这样的律师不会"吃了原告吃被告"。

我听后哈哈大笑:"你这观点不对,律师既可以为原告服务,也可以为被告服务,并不违反法律规定,只是自己更喜欢代理相对弱势的一方,这样有挑战性,比较符合我的性格。"就这样,我们达成了代理意向,我让她回去再考虑1周,如果没有问题,再签委托合同。

没想到,她从包里拿出一沓钞票:"律师费我已经带来了,来北京之前就已经考虑好了。"话已说到这份上,我无言以对,当场签约,破了一次例。只有努力工作,才能不辜负信任。

2015年6月8日,我代张茜向区政府申请政府信息公开,要求公开房屋拆迁批准手续。区政府于2015年7月3日作出政府信息公开告知书,公开了其于2014年2月20日作出的房屋征收决定书。

张茜认为房屋征收决定书违反法律规定,区政府作出征收决定之前,没有组织听证,也没有征得张茜的签名确认,属于违法。另外,区政府在作出房屋征收决定书之前,不具备必要条件,应当依法予以撤销。

与此同时,我通过政府信息公开等方式进行了进一步的查证,获悉:为实施振华中学南地块老旧小区改造,区房屋征收办分别于2014年1月10日和2月10日制作了"振华中学南地块房屋征收补偿方案(意见征求稿)""振华中学南地块房屋征收补偿方案"。但没有区政府组织相关部门对征收补偿方案进行论证、公布、征求公众意见、根据群众意见进行修改及多数被征收人同意执行该补偿方案的事实证据。这让我更加坚信,区政府在作出房屋征收决定书之前,未履行法定程序。

区政府抗辩意见

接到市政府送达的复议应诉及举证通知,区政府提供了相关证据,并提出了如下抗辩意见,认为应当驳回行政复议申请。

一、区政府具有作出被复议行政行为的法定职权

《国有土地上房屋征收与补偿条例》第4条第1款、第2款规定:"市、县级人民政府负责本行政区域的房屋征收与补偿工作。市、县级人民政府确定的房屋征收部门(以下称房屋征收部门)组织实施本行政区域的房屋征收与补偿工作。"第5条第1款规定:"房屋征收部门可以委托房屋征收实施单位,承担房

征收与补偿的具体工作。房屋征收实施单位不得以营利为目的。"第8条规定："为了保障国家安全、促进国民经济和社会发展等公共利益的需要,有下列情形之一,确需征收房屋的,由市、县级人民政府作出房屋征收决定……"

本案涉及的房屋征收决定书确认的征收实施范围为"东至用地界线;西黄河街;南至用地界线;北至建国路",该区域属于区政府行政管辖范围。因此,区政府具有作出征收决定的法定职权,由区政府作出对上述地区实施征收的决定符合法律规定。

二、房屋征收决定书要件充分,符合法律规定

根据《国有土地上房屋征收与补偿条例》第9条至第12条的规定,被申请撤销的房屋征收决定书满足下列条件:

1. 本次被申请撤销的房屋征收决定书中确定的征收范围已经被列入"2014年国民经济和社会发展年度计划情况的报告",该报告已经区第十七届人民代表大会常务委员会第十次会议通过。

2. 2014年1月初,房屋征收现场办公室对征收区域的房屋进行调查、登记、认定及处理。

3. 2014年1月20日,区征收办向振华中学南地块居民和企事业单位发放了征求意见书,对是否同意该地块实施房屋征收进行民意调查。调查结果表明,该地块188户住宅中,有173户同意搬迁,同意比例达92.02%;5户非住宅中,有4户同意搬迁,同意比例达80%。

4. 根据被征收人民意调查统计,振华中学南地块房屋征收工作现场办公室对"振华中学南地块征收补偿方案(征求意见稿)"进行了公示并逐户发放,以征求被征收人意见。

5. 2014年2月13日,区征收办根据民意调查结果,形成"关于振华中学南地块民意调查情况的综合报告",对该地块民意调查情况进行了汇总、分析。

6. 2014年2月20日,区政府依法作出涉案房屋征收决定书及房屋征收公告,并进行了公示。

7. 区金融国资办出具了该地块征收补偿费用到位、专户存储、专款专用的资金证明,以保障被征收人的合法权益及征收工作的顺利进行。

8.本次被申请撤销的房屋征收决定书中确定的征收范围内的土地将用于土地储备,为以后区经济发展提供土地支持。

三、区政府作出房屋征收决定书程序合法

依据《国有土地上房屋征收与补偿条例》第9条至第13条的规定,区政府作出房屋征收决定须履行的程序包括向公众公布征求意见的征收补偿方案、根据征求的意见修改征收补偿方案、确定正式的房屋征收补偿方案、公告征收决定等。

为保证被征收人的合法权益,区政府在作出征收决定的过程中,依据上述行政法规的规定,向征收地区的被征收人公布了征收补偿方案(征求意见稿);后根据征求意见对征收补偿方案进行了修改,作出了房屋征收补偿方案;最后作出了房屋征收决定并予以公告。因此,区政府作出房屋征收决定的程序符合相关法律、行政法规的规定。

四、本案所适用的主要法律依据

区政府作出房屋征收决定书所适用的主要法律依据是《国有土地上房屋征收与补偿条例》第8条、第9条、第10条、第11条第1款、第12条及第13条。

五、撤销房屋征收决定书会致公共利益受损

本案涉及征收影响范围广,征收工作已接近尾声,如撤销征收决定将给广大已搬迁居民及相应公共利益造成极大损害。被征收范围内居民积极响应征收工作,征收工作已取得重大成果。截至目前,被征收的188户住宅中已有180户与征收部门签订产权调换征收补偿协议,占总户数的95.7%,被征收的5户非住宅中已有3户签订征收补偿协议,占非住宅总数的60%。

一旦涉案征收决定被撤销,征收专项资金的申请依据也不复存在,将导致整个征收区域的征收工作终止,回迁房屋建设停工,已搬迁被征收户将回迁无望,将严重侵害社会公共利益及被征收户的合法权益。

综上,区政府作出的行政行为符合法律法规及规章的规定,具备合法性。因此,请求维持区政府作出的上述行政行为。

应当说，区政府为了维持该房屋征收决定书不被撤销和确认违法，给予了充分准备，做足了功课，也很专业。证据虽有七拼八凑之嫌，但表面上倒也看得过去。只是区政府在重视实体举证和答辩时，却忽视了本案在程序上的天然缺陷，导致首尾难顾。

行政复议代理意见

就区政府的证据和答辩，我提出了如下代理意见：

一、房屋征收决定书并非基于公共利益的需要而作出

1. 房屋征收目的是土地储备的说法依据不足

何为"公共利益"，按通常的理解，修路、建机场、筑码头、扩绿化带、架高压线、铺广场、建医院、办学校，这些才是名副其实的公共利益。区政府称"房屋征收决定书中确定的征收范围内的土地将用于土地储备，为以后区经济发展提供土地支持"，但没有提交证据证明土地储备符合2007年《土地储备管理办法》要求的相关审批文件。

2. 区政府没有证据证明征收行为基于公共利益

《国有土地上房屋征收与补偿条例》第8条规定，为了保障国家安全、促进国民经济和社会发展等公共利益的需要，有其规定的6种情形之一，确需要征收房屋的，由市、县级人民政府作出房屋征收决定。本案中，区政府没有提供证据证明其作出房屋征收决定书是基于6种情形中的哪一种。

二、区政府称房屋征收行为程序合法，属混淆视听

1. 区政府几乎没有提供征收行为程序合法的证据

复议决定是复议机关办案人员运用申请人与被申请人提交的证据去确定那些需要知道而又不知道的事实，必须在查清事实的前提下作出复议决定，真实性、合法性、关联性是证据之魂。而本案几乎没有被申请人提供的程序方面的证据，如征求公众意见、补偿方案的论证和公布、补偿方案修改意见、多数人同意补偿方案、社会稳定风险评估、征收资金估算等的证据。

2.区金融国资办出具的资金证明对本案无效

区政府称"区金融国资办出具了该地块征收补偿费用到位、专户存储、专款专用的资金证明,以保障被征收人的合法权益及征收工作的顺利进行"。但《国有土地上房屋征收与补偿条例》第12条第2款规定的是"作出房屋征收决定前,征收补偿费用应当足额到位、专户存储、专款专用"。显然,区政府下属的区金融国资办出具的资金证明无效。因为区金融国资办是行政机关或其内设机构,不是商业银行。

三、区政府作出房屋征收决定书程序严重违法

1.补偿方案未依法论证、公布、征求意见、修正

《国有土地上房屋征收与补偿条例》第10条规定:"房屋征收部门拟定征收补偿方案,报市、县级人民政府。市、县级人民政府应当组织有关部门对征收补偿方案进行论证并予以公布,征求公众意见。征求意见期限不得少于30日。"第11条第1款规定:"市、县级人民政府应当将征求意见情况和根据公众意见修改的情况及时公布。"

本案中,区政府没有提供证据证明其在作出房屋征收决定书前履行上述前置程序。补偿方案的事前论证、公布、征求意见、征求意见期限、根据公众意见修正和公布等法定程序被一跳而过。

2.没有进行社会风险评估,没有资金来源证明

《国有土地上房屋征收与补偿条例》第12条规定:"市、县级人民政府作出房屋征收决定前,应当按照有关规定进行社会稳定风险评估;房屋征收决定涉及被征收人数量较多的,应当经政府常务会议讨论决定。作出房屋征收决定前,征收补偿费用应当足额到位、专户存储、专款专用。"本案中,没有证据证明进行了风险评估,也没有商业银行出具的"专户存储、专款专用"证明。

3.无证据证明有半数以上的居民同意拆迁补偿方案

《国有土地上房屋征收与补偿条例》第11条规定:"因旧城区改建需要征收房屋,多数被征收人认为征收补偿方案不符合本条例规定的,市、县级人民政府应当组织由被征收人和公众代表参加的听证会,并根据听证会情况修改方案。"房屋征收决定书作出之后该征收区域的所谓"住户已签约产权调换住宅179

户,占总户数的 95.2%。非住宅签约 3 户,占非住宅总户数的 60%"不能替代事前多数被征收人的意见。就像刑事案件中受害人在案发后的接受调解或谅解并不意味着犯罪行为合法化。

四、不能以其他被拆迁户绑架张茜的合法利益

区政府提出的不能撤销房屋征收决定书的理由,可归纳为以下 5 个方面:一是对广大已搬迁居民不公及损害公共利益;二是 188 户已有 180 户达成安置协议;三是征收专项资金的申请依据也不复存在;四是征收工作终止,回迁房建设停工;五是已达成协议的搬迁户回迁无望。

用 180 户的选择来绑架 8 户,看似有几分合理,但不合法。征地拆迁不能简单地用"多数人决定论",而忽视、绑架、劫持少数人的合法正当利益。如果不能在法律的框架内依法进行,少数人的权益如果不能得到保护,就会沦为"多数人对少数人的软暴力",就会以所谓集体利益为名肆意侵害个体利益。这与《物权法》第 39 条[1]、《城市房地产管理法》第 5 条、《宪法》第 13 条等的规定完全相悖。

综上,区政府作出的房屋征收决定书欠缺事实和法律依据,程序违法,应予撤销。

复议决定被确认违法

2015 年 9 月 23 日,市政府作出行政复议决定,确认房屋征收决定违法。市政府的复议意见如下:

行政复议期间,区政府为说明房屋征收决定书的合法性,虽然向本机关提供了部分证明材料,但根据《国有土地上房屋征收与补偿条例》的相关规定,缺少组织相关部门对征收补偿方案进行论证、公布、征求公众意见,根据群众意见进行修改以及多数被征收人同意执行该补偿方案,社会稳定风险评估,征收资金测算等证据。

---

[1] 现行有效的为《民法典》第 240 条。

区政府主张征收地块用于土地储备,但缺少《土地储备管理办法》中要求的批件。尤其是征收补偿方案涉及被征收人的切身利益,需超半数以上被征收人同意。根据《行政复议法》第 28 条第 1 款第 4 项[1]之规定,未提交的证据视为没有。因此,区政府在作出房屋征收决定书前,缺少相关前置程序,属程序违法。

鉴于振华中学南地块住户已签约产权调换住宅 179 户,占住宅总户数的 95.2%,非住宅签约 3 户,占非住宅总户数的 60%,振华中学南地块共计 6 栋楼,已拆除一栋半的现状,如撤销该决定,将导致公共利益和国家利益受到严重损害。故依据《行政复议法》第 28 条第 1 款第 2 项第 3 目的规定,本机关决定:确认区政府作出的房屋征收决定书程序违法。

案件评析与思考

根据《国有土地上房屋征收与补偿条例》第 9~13 条的规定,征收房屋的各项建设活动应当符合国民经济和社会发展规划、土地利用总体规划、城乡规划和专项规划;旧城区改建项目应当纳入市、县级国民经济和社会发展年度计划;市、县级人民政府应当组织有关部门对征收补偿方案进行论证并予以公布,且应征求公众意见,征求意见期限不得少于 30 日,应将征求意见情况和根据公众意见修改的情况及时公布;作出房屋征收决定前,应当进行社会稳定风险评估;作出房屋征收决定前,征收补偿费用应当足额到位、专户存储、专款专用;作出房屋征收决定后应当及时公告。本案中,区政府主张征收地块用于土地储备,但缺少《土地储备管理办法》中要求的批件。尤其是征收补偿方案涉及被征收人的切身利益,需超半数以上被征收人同意。区政府在作出房屋征收决定书前,缺少相关前置程序,属程序违法。

---

[1] 对应 2023 年《行政复议法》第 70 条。

案例 20
拆迁中的房屋评估价值时点应当如何确定
——徐倩诉沈阳市某区政府不服房屋征收补偿决定案

案情回放

徐倩在沈阳市某闹市区拥有一处面积为558.62平方米的临街商业门市房,其中一部分出租给王阳做餐饮连锁店,另一部分出租给肖杰经营捷安特分店,自己也在经营其他生意。几个小店经营状况良好,效益稳步提升。为继续扩大店面,营造更好的经营环境,徐倩对店面进行了重新装修。

新的店面经营得风生水起,区政府却贴出征收公告,房屋被纳入征收范围,即将被拆除。这顿时让徐倩等人陷入困境,刚花钱对店面进行装修,经营状况也不错,突然要被区政府征收,损失可谓惨重。

然而,区政府作出征收公告后,迟迟未对徐倩等人进行安置补偿,反而在房屋周边设置围挡,使得王阳和肖杰的店面无法正常经营,二人和徐倩订立了合法且长期稳定的租赁合同,蒙受损失的徐倩决定走法律途径。

时间轴

2014年2月,区政府房屋征收管理办公室发布征收补偿方案;

2014年2月,区政府作出房屋征收决定,决定对房屋进行征收;

2014年7月,区城市更新局在涉案房屋周边设置围挡;

2019年12月,区政府作出公告,决定对涉案房屋采取紧急措施,后房屋被拆除;

2019年12月,评估机构出具评估报告,确定房屋在价值时点2014年2月

20 日的评估价值为 15641360 元；

2020 年 1 月，区政府对涉案房屋作出征收补偿决定。

从 2014 年作出征收公告，到 2019 年对房屋进行价值评估，时隔近 6 年，徐倩等人未获得公平合理的补偿。

因为整个征收过程存在许多违法之处，我先后代徐倩对征收决定、设置围挡和拆除行为等进行了复议和诉讼，经过几个法律程序，作出征收决定、设置围挡和拆除房屋的行为被确认违法。

区政府作出的征收补偿决定确定被征收人为徐倩，承租人为王阳、肖杰，对徐倩给予货币补偿 15641360 元，对小餐饮店装修补偿 6500 元，对捷安特门店装修补偿 41900 元，停产停业损失按房屋评估价值的 6%一次性补偿 941385.60 元，即(15641360 元 +6500 元 +41900 元)×6% =941385.60 元。

徐倩对区政府的征收补偿决定不服，她认为这是不合理、不合法的"白菜价"，毫不犹豫地起诉区政府，要求撤销征收补偿决定。承租人王阳、肖杰也不服征收决定对装修、停业等损失的补偿，也加入诉讼的阵营。

出示证据

2020 年 6 月，法院依法开庭审理徐倩等人诉区政府房屋征收补偿决定一案，徐倩提交的主要证据包括：

1. 征收补偿决定、公告：证明被诉行政行为内容明确。

2. 房屋所有权证书：证明其与本案存在法律上的利害关系。

3. 房屋征收决定、征收决定的涉案判决：证明征收决定已被确认违法，导致后续征收补偿决定因欠缺前置审批合法性而违法。

4. 征收补偿方案：证明补偿方案明确的补偿方式为货币补偿和产权调换安置，而补偿决定中仅包括货币补偿，与规定相悖。

5. 房屋被强拆的判决：房屋强拆行为已被确认违法，与"先补偿后搬迁"原则相悖，导致征收补偿决定违法。

王阳、肖杰等人也提供了租房协议、装修凭证等证据，证明区政府作出的补偿决定未经合法程序，使得店内设备物品毁损，应当承担责任。

区政府则辩称:"王阳、肖杰等人未提供'征收公告前两年经审计的财务报表及税务机关出具的依法纳税证明等相关材料'用于评估停产停业损失,且曾就停产停业损失部分补偿问题与肖杰、王阳进行协商,未达成一致意见,因此区政府可直接作出征收补偿决定。关于补偿款的分配,王阳、肖杰、徐倩等可以自行协商确定。"

代理意见

根据上述的争议点,我方提出了如下代理意见:

一、征收补偿决定欠缺征收决定和补偿方案等核心证据

1. 征收决定及补偿方案是征收补偿决定合法的前提

征收决定是征收补偿决定的前置程序,被征收人对征收补偿决定提起诉讼,征收决定及其附属的征收补偿方案是审查征收补偿决定是否合法的核心证据。如果征收决定或征收补偿方案存在重大明显违法,则失去证明效力,直接作出征收补偿决定,被诉征收补偿决定就缺乏合法依据,应当认定征收补偿决定主要事实不清,证据不足,依法应予撤销。

以上意见援引自最高人民法院(2015)行监字第1272号行政裁定。本案中,市政府在行政复议决定中已确认区政府2014年作出的征收决定违法。作为征收补偿决定重要前提的征收决定不合法,征收补偿决定的合法基础也就不存在。

2. 无证据证明区政府依法履行社会稳定风险评估

涉案征收项目系所谓旧城改造,属涉及人民群众的切身利益的重大决策事项,因此,风险评估应作为决策的重要依据,未经风险评估的,一律不得作出决策。虽区政府提交了推选代表通知,但该证据无法证明其进行了风险评估,故应视为区政府未依法履行。换言之,涉案征收决定和补偿决定等文书是在没有取得风险评估报告的情况下作出的,违反规定。

3. 欠缺房屋调查结论导致补偿决定主要依据不足

根据相关规定,房屋征收部门应当对房屋征收范围内房屋的权属、区位、用

途、建筑面积等情况组织调查登记,调查结果应当在房屋征收范围内向被征收人公布。房屋征收评估前,房屋征收部门应当组织有关单位对被征收房屋情况进行调查,明确评估对象。评估对象的确定应当全面、客观,不得遗漏、虚构。

由此可见,调查结果及其公示是房屋评估、征收补偿决定的前置程序,属于核心证据。本案中,不能证明区政府对涉案房屋进行了现场调查且对结果进行了公示,据此,应认定评估、补偿对象的确定不全面、客观。

二、涉案评估报告主要依据不足,程序严重违法

(一)主要依据不足

1. 评估委托不具有合法性

国家标准《房地产估价规范》(GB/T 50291—2015,住房和城乡建设部公告第797号,2015年12月1日起实施)第2.0.1.1款和第2.0.1.4款规定,房地产的市场价值评估,应遵循合法原则和替代原则。评估价值应当是依法判定的估价对象的价值或价格。具体到本案,估价对象主要指是否依法作出征收决定和补偿方案项下的房地产,换言之,需以合法的征收决定和补偿方案作为评估前提,而这个条件不具备。

2. 选定的估价方法错误

《国有土地上房屋征收评估办法》(建房〔2011〕77号)第13条规定,被征收房屋或者其类似房地产有经济收益的,应当选用收益法评估;可以同时选用两种以上评估方法评估的,应当选用两种以上评估方法评估,并在对各种评估方法的测算结果进行校核和比较分析后,合理确定评估结果。《房地产估价规范》第4.1.2.2款规定,估价对象或其同类房地产通常有租金等经济收入的,应选用收益法。

本案中,原告徐倩的涉案房地产为非住宅,有高额租金等收入,据此,应当选用收益法或包括收益法在内的两种以上的方法,涉案评估报告选用"比较法"违反规定,所作评估结果违法。

3. 评估报告内容不完整

依据《房地产估价规范》第8.0.1款的规定,估价报告应具有全面性,应完整地反映估价所涉及的事实、推理过程和结论,正文内容和附件资料应齐全、配套。本案中,案涉估价报告缺少"附件委托书"这部分重要的内容。不符合证据应合法、客观的基本要求。

4.评估报告时间远超签约期

房屋征收公告载明:签约期限自2014年3月1日起至2014年5月1日止;而评估报告上确定的估价作业期为2014年2月20日至2019年12月20日;征收补偿决定书落款日期为2020年1月16日。经对上述时间进行比对,可以看出,评估报告作出的时间已经超过规定的签约期限近6年。

(二)程序严重违法

1.评估机构选定程序违法

根据该市《国有土地上房屋征收与补偿工作流程》的规定,选定评估机构有3种循序渐进的方式:(1)与被征收人协商产生;(2)被征收人代表投票产生;(3)随机选定产生。首先,应先与被征收人协商选定评估机构;其次,如未能通过与被征收人协商方式选定评估机构,则可由被征收人代表投票产生;第三,通过前两种方式均未能选定的,随机选定产生。本案中,根据区政府提供的证据,区政府直接单方采用第二种方式,即"被征收人代表投票产生",并没有经过第一步骤"被征收人协商",属于严重程序违法。

2.查勘无签字确认或第三人见证

《国有土地上房屋征收评估办法》第12条第3款规定,房屋征收部门、被征收人和注册房地产估价师应当在实地查勘记录上签字或者盖章确认。被征收人拒绝在实地查勘记录上签字或者盖章的,应当由房屋征收部门、注册房地产估价师和无利害关系的第三人见证,有关情况应当在评估报告中说明。在本案中,实地查勘人员仅为征收方和评估人员,没有被征收方,于法相悖。

3.估价作业期不具有真实性

《房地产估价规范》第7.0.17.13款规定:估价作业期,应说明估价工作的起止日期,具体为自受理估价委托之日起至估价报告出具之日止。本案中,评估报告第12页记载"估价作业期2014年2月20日至2019年12月20日",而区政府评估业务委托书等证据材料显示委托之日为2014年3月10日,由此可见,该评估行为明显不具有真实性,不符合独立、客观、公正原则。

三、被诉征收补偿决定存在其他实体和程序违法

(一) 程序中的违法

1. 补偿决定仅确定货币补偿,剥夺原告选择权

《国有土地上房屋征收与补偿条例》第 21 条第 1 款规定:"被征收人可以选择货币补偿,也可以选择房屋产权调换。"选择房屋产权置换是被征收人的权利,征收补偿决定中仅提供货币补偿,并未提供货币补偿和房屋产权调换两种方式供原告选择,无法保障原告的选择权利,因此该补偿决定存在违法。

2. 对出租人与承租人适用同一补偿决定明显不当

在房屋征收补偿中,出租人徐倩是房屋的所有权人,对其补偿的方式和标准应与作为承租人的王阳、肖杰不同,区政府生搬硬套,将两方捆绑在一起,在同一份征收补偿决定中进行一次性解决,没有法律依据。同时补偿项目无法区分,尤其是停业停产、装修等损失,如果徐倩、王阳、肖杰不能达成一致意见,会诱发新的矛盾或诉讼。

3. 违法公告送达,又在公告期未满时作出补偿决定

只有在被拆迁人下落不明的情况下评估结果才能采用公告送达。几年间原告一直就拆迁问题在与区政府进行诉讼,区政府的代理律师也没有变化,也就是说,区政府知道原告的联系方式,故意采用公告送达的方式,意图达到掩耳盗铃的目的。令人气愤的是,即便假定评估结果可以公告送达,区政府在评估结果公告期未满时即作出补偿决定,也明显严重违反法定程序。

(二) 实体中的违法

1. 采用 2014 年 2 月 20 日作为评估价值时点于法无据

行政行为的合法性不仅体现在实体内容上,同时需要遵守法定程序,是否在法定的或者合理的期限内履行职责是判断行政行为程序是否合法的重要因素。《国有土地上房屋征收与补偿条例》第 26 条规定,在房屋征收部门与被征收人在征收补偿方案确定的签约期内达不成补偿协议的情况下,行政机关及时作出征收补偿决定是一项法定义务,行政机关不能以协商为由迟延作出征收补偿决定,使得被征收人获得补偿安置的权利长期处于悬而未决的状态。

这一规定的目的在于避免因征收当事人各执己见致使补偿安置事项久拖

不决,这不仅是行政效率的需要,也是为了避免被征收人的权益长期处于不确定状态中。因此,判断征收补偿决定是否在合理时间内作出尤其重要。本案中,征收决定作出日为 2014 年 2 月 20 日,而补偿决定作出日为 2020 年 1 月 16 日,两者之间相差近 6 年,显然不具有正当性、合法性、合理性。

2. 被征房屋补偿金额偏低,对原告显失公平

根据最高人民法院在(2020)最高法行申 3108 号行政裁定中的裁判观点,如果房屋征收补偿决定的作出与征收决定公告之日相隔较长时间,且不可归责于被征收人,那么若以房屋征收决定公告之日作为房屋价值的评估时点,将导致被征收人实际无法获得应得的的补偿。

虽然《国有土地上房屋征收与补偿条例》并未对房屋征收补偿决定的作出时间进行限定,征收主体原则上具有一定的裁量权限,但其仍应在合理的期限内作出。如果并非被征收人的原因而使房屋征收补偿决定延迟作出,征收主体应当承担相应的责任,即通过重新确定被征收房屋价值的评估时点等方式,弥补被征收人由此可能遭受的损害。

3. 确定一次性给予停产损失补偿费用于法无据

《×市国有土地上房屋征收与补偿办法》第 39 条规定,征收非住宅房屋,被征收人选择货币补偿的,按照被征收房屋房地产市场评估价格的 6% 一次性给予停产停业损失补偿费。征收非住宅房屋,被征收人选择房屋产权调换的,每月按照被征收房屋房地产市场评估价格的 5‰ 支付停产停业损失补偿费,停产停业期限按照过渡期限计算。

由上述规定可见,停产损失补偿费用是根据补偿方式来确定的,如选择货币补偿,可支付一次性费用,反之,则应按每月计,支付至过渡期限届满止,补偿标准以评估价格作为依据。而补偿决定却直接采用货币补偿方式,进而直接影响原告对某项权益的选择,对原告的合法权益造成巨大损害。

综上,征收补偿决定认定事实不清,证据不足,评估程序严重错误,尤其是评估时点的确定背离基本常识,如果不依法撤销,必将使原告遭受灾难性损失。

一审胜诉

2020年11月17日,市中级人民法院作出一审判决,撤销了区政府作出的征收补偿决定。其裁判意见如下:

被告对房屋所有权人和两个承租人在一个补偿决定中进行补偿,对于各项补偿费用的权利主体未予明确,认定事实不清。涉案评估报告以2014年2月20日即征收决定作出之日为价值评估时点,但评估报告的作出之日为2019年12月,补偿决定作出之日为2020年1月,补偿决定时点明显延迟,被告未说明延迟原因,依据不足。

评估结果系公告送达,公告期未过即依据评估结果作出补偿决定,亦不合法。综上,涉案补偿决定认定事实不清,证据不足,依据《行政诉讼法》第70条第1项之规定,判决如下:撤销区政府作出的征收补偿决定。

二审胜诉

区政府对市中级人民法院作出的上述一审判决不服,提起上诉。其主要理由为:

因房屋只有整体建筑面积,无法确定并区分具体承租面积,无法确认停产停业损失各方是否有其他约定,为保护被征收人的合法权益,以房屋总面积为基数计算停产停业损失,各方可自行依据承租面积合理分配补偿款。

被征收房屋内其他承租人以2014年为评估时间确定补偿标准,因此涉案评估报告以2014年为价值时点进行评估并无不当。房屋征收决定作出后,评估结果已告知各承租人,因王阳、肖杰等拒不配合,联系无果,故采用公告方式送达。

二审作出终审行政判决,驳回区政府上诉,维持原判。理由如下:

就案涉被征收房屋而言,所有权人和承租人享有各自的补偿权益,征收补偿主体应当在补偿决定中对各方补偿权益予以明确,以使各方补偿权益得以顺利实现。案涉补偿决定未区分相关补偿费用权利主体,一审判决相关认定并无不当。

区政府相关部门采公告方式送达评估结果，在公告期未满的情况下作出补偿决定，违反法定程序。关于评估时点问题，正常情况下，被征收房屋价值评估时点为房屋征收决定公告之日。但是如果补偿决定作出时间明显延迟且不存在归责于被征收人的原因，其间当地房屋市场价格又变化明显，就不能机械地以房屋征收决定公告之日作为评估时点，否则明显不利于被征收人得到公平补偿。

案涉补偿决定作出时间距离征收公告之日已近6年，区政府没有提供充分证据证明系被上诉人的原因导致补偿决定作出时间延迟，故一审判决认为该补偿决定以2014年2月20日为估价时点确定案涉房屋价格依据不足亦无不当。

至此，徐倩等人的征收补偿决定在法院的裁判下被撤销，将由区政府重新作出新的征收补偿决定，更为公平合理地补偿被征收人和承租人，避免徐倩等人因补偿不明确而产生新的纠纷。

案件评析与思考

(一)获得征收补偿的关键问题

首先，在征地拆迁案件中，征收补偿决定是最核心的程序，也是获得公平合理补偿的最关键一环。而要获得合理公平的补偿，要解决两个问题：一是主体资格问题；二是利害关系证明。本案中，徐倩是被征收房屋的所有权人，王阳和肖杰是被征收房屋的承租人，与本案均有利害关系，是被安置补偿的对象。

其次，征地拆迁类的行政案件时间跨度相对较长，要从整个征收程序的各方面进行突破，为之后的征收补偿程序打基础。其中，征收决定、设置围挡和拆除行为可作为突破口。我在接受本案的委托后，针对区政府作出征收决定、设置围挡和拆除行为，分别提起了复议和诉讼，确认征收决定、设置围挡和拆除房屋均存在违法，这成为后续征收补偿决定不合法的有力证据。

(二)类案检索的重要性

在涉及征收补偿决定的行政诉讼中，征地拆迁环节很重要。在房屋未被违法强拆的情况下,如果征收补偿决定被法院判决维持,对于被拆迁人而言,相当于保护房屋安全的最后一道防线被击溃。作出征收补偿决定的县级人民政府可以向法院申请对房屋实施强拆。

这个案件之所以能胜诉,关键是通过类案检索,找到最高人民法院生效判决作为支撑我方观点的依据,最终,两审法院均采纳了我方代理意见,撤销区政府的征收补偿决定。在行政诉讼中,善于检索相同或近似案例十分重要,这其实也是借力。

作为律师,除坚持用证据为事实说话外,还应坚持用案例为法律适用说话,前者有利于正确的事实认定,后者有利于正确的法律适用。我国虽不是案例法或判例法国家,但最高人民法院在不断公布指导性案例,所以,相同或近似案例能在一定程度上影响法官裁判思维。

案例 21

土地使用人能否对挂牌出让土地行为起诉

——谢琳琳诉某市原国土局挂牌出让国有土地使用权案

▌导读提示

谢琳琳的房屋被当地强拆，自己的房屋所有权证和土地使用证还在手上，某市原国土局（现更名为自然资源局）竟然作出土地挂牌公告，准备将谢琳琳房屋所占土地的使用权出让。谢琳琳不服，先后提起行政复议和诉讼，均败诉。

对法院失去信心的谢琳琳走上了信访路，她认为，天无绝人之路，也许信访能让她见到"包青天"。为此，她多次来到北京，但房屋拆迁安置补偿问题总不能得到解决。

又一次，谢琳琳从千里之外的南方来到北京，一下火车就直奔我的办公室，寻求我的帮助。在了解案情之后，我把她劝了回去，并答应为其提供法律援助，但条件是不能再越级上访。

2015年11月12日，某省高级人民法院作出裁定，认为谢琳琳的再审申请符合法律规定，裁定提审本案。2016年5月20日，省高级人民法院对本案进行公开开庭审理，市国土局近20名工作人员旁听，负责人亲自出庭，双方就事实认定和法律适用进行了充分发言和辩论。

法庭临时休庭15分钟合议，随后当庭宣判：撤销一、二审裁定，发回一审法院继续审理。正所谓"柳暗花明又一村"，谢琳琳的诉讼大门被再次打开。案件回到一审法院，后当地相关部门与谢琳琳达成安置补偿协议。

接受委托

因为律师事务所就在北京西站北广场对面,每天,都能听到同事们说北京西站的人如何如何多;每天,都有人扛着包裹满是信心地奔来;每天,也都有人收拾了包裹匆匆离开这个城市。

我仍记得谢琳琳来的那天下午,北京的天阴沉沉。

"来来来,坐。"我让助理给她倒了杯茶,两人就在会客桌那里闲聊了起来。"家里孩子多大了?"

"24岁了。别提了!"谢琳琳一拍大腿,激动地恨不能去找人拼命,"我儿子好不容易谈了个女朋友,他们两人在一起都4年了。原本说好要结婚的,结果房子噗噗通通的就给我们凿碎了。人家姑娘一看这情况,婚也不结了,没过多久,俩人就散了。"

说着,谢琳琳就抹起了眼泪。

"哎,当父母的都不容易。"我顿了顿,就赶紧转移了话题,"来给我说说案子情况吧。"

"嗯嗯,好的、好的。褚律师,你可一定得帮帮我们,我和我老公……"

谢琳琳是当地土生土长的老市民,不分白天黑夜,辛勤劳作,攒得一些积蓄,购得现在的房屋。而这房屋的所在土地的性质是国有,她本人也持有国有土地使用证。

国有土地的征收,其前置程序与农村集体土地征收程序有所差异。表现之一,就是农村集体土地由省政府或国务院审批,而国有土地由县级人民政府审批。

面临拆迁,谢琳琳要求拆迁办出示征收文件,对方都是以"同一区域的集体土地都已被省政府批准"为由搪塞。2012年7月,市国土局网上发布了一则《挂牌出让国有建设用地使用权公告》,挂牌出让包含谢琳琳房屋所处地在内的土地。

谢琳琳心想,这不是"一女二嫁"吗!质疑归质疑,但出让依然如火如荼地进行。从网上获得的信息来看,包含谢琳琳房屋在内的土地,已经在2012年8

月 24 日成交,价格为 9.79 亿元。

如果不是律师协助参与案件的查询,谢琳琳至今还被蒙在鼓里。而在此之前,谢琳琳根本就不曾和任何人或单位签订过拆迁补偿协议,也未得到任何补偿。谢琳琳认为,是市国土局非法出让了自己两证齐全的土地,她由此开始了艰难的诉讼之路。

之前委托的律师,也走了政府信息公开、行政复议等途径,并且进行过诉讼,但一、二审均以主体不适格为由,驳回起诉。谢琳琳对此万分无奈,毅然决然之下,坐上了北上的火车,开始了一次又一次的上访。

"你可别做傻事!"看着大有玉石俱焚之态的谢琳琳,我终是不忍拒绝,"我承诺为你做代理,法律援助,不收律师费,只是有一点你得答应,否则,我就只当你没来找过我。"

"让我答应什么事?你只管说。"

"一会儿立刻离开北京,别做傻事,建议以后也不要再上访。"

"好!"

直到谢琳琳登上回家的火车,我悬着的心才算落地。

我翻阅厚厚一摞案卷,找出省原国土厅的行政复议决定和区人民法院及市中级人民法院的一、二审裁定,仔细研究,发现相关诉讼请求都是因"涉案集体土地已被省政府批准同意征收了,不再和该土地具有利害关系"被驳回的。

根据《土地管理法》的规定,农村集体土地转为国有建设用地,必须经国务院或省级政府批准。也就是说,省政府同意征收的批文里的土地只能是农村集体土地,不能包含国有土地及房屋。

而谢琳琳的土地使用证上清清楚楚标明"国有土地",并非集体土地。省政府的征地批复不能包含国有土地,因此对谢琳琳没有约束力。如果省政府的征地批复包括谢琳琳家的房屋所在的国有土地,就是明显错误,只要对省政府提起复议或诉讼,肯定能撤销或确认违法。

通过上网查询,市国土局的官网上显示,谢琳琳房屋周围一片都是国有性质土地,包括谢琳琳的房屋占地也是,这份证据对本案很关键。

最关键的是,谢琳琳持有的就是国有土地使用证,只能按照《国有土地上房屋征收与补偿条例》第 8 条的规定由区政府作出房屋征收决定。

可见,省政府的农村集体土地征收批文和谢琳琳没有任何关系,省国土厅和一、二审法院犯的是低级错误。

弄清了这一切,我觉得,要帮谢琳琳打赢这场官司,只要省高级人民法院再审后能将案件发回到一审法院,市国土局、区政府等许多机关就可能面临追责,如此一来,拆迁安置补偿问题也就迎刃而解。

法庭交锋

开庭的那段时间,我已经连轴转了好几天。新疆、厦门、广州、哈尔滨,飞来飞去地几乎就没有停的时候。手机的来电因为飞行就全部转接到了办公室。

到临近再审开庭的时候,我听助理在微信上给我说,谢琳琳打了好几次电话,问得特别小心翼翼,问我是不是已经到了,她太怕了,怕我失约。她内心的恐惧和担忧,我能理解。我提前一天到达当地,但是直到庭审的前一天晚上才联系她,和她的一些朋友见了一面。

对于谢琳琳的案件,首先就要驳斥一、二审法院错误地认为主体不适格这一关键点。农村集体土地上为何会有一宗国有土地,为何谢琳琳持有的是国有土地使用证?这属于行政机关的审查范围,并且对方负有举证责任。

如果想追究,对不起,请自行立案另查,作为行政相对人的受害者,没有义务为行政部门曾经的过错承担责任。如果行政部门不能举证,那么不利后果请自行承担。

我对于该省高级人民法院也算得上是"常客"。每次庭审,我都会和对方"针锋相对",法庭上必须用气势来压制住对方,不能有丝毫妥协或让步,除非双方愿意和解。竞技场上可以有冠亚季军,作为律师,在法庭上只能做冠军,否则就是失败。

事实和证据查证之后,进入辩论环节。

对方代理律师认为,涉案土地已经被省政府批准征收,谢琳琳与涉案土地及挂牌出让土地的公告更没有利害关系。谢琳琳虽然持有国有土地使用证,但不排除是通过违法手段或渠道所获得的,这改变不了涉案地块全部为农村集体土地的事实。同时,"城中村"改造利国利民,属于该市的公益项目,应当得到法院支持。故其请省高级人民法院驳回再审申请,维持一、二审裁定。

对方律师说完,我发表了如下辩论意见:

其一,谢琳琳房屋所占土地属国有性质,有国有土地使用证佐证,根据《物权法》(现为《民法典》)的规定,国有土地使用证具有对外公示的效力。除非有相反的证据或被依法撤销,国有土地使用证的效力毋庸置疑。

其二,国有土地使用证是市人民政府颁发的,对方提出质疑,实质就是质疑上级机关。根据规定,下级对上级的审批、决策、颁证,只有服从的义务,没有公开质疑的权利。

其三,对方如果认为国有土地使用证是通过不正当途径获得的,应当承担举证责任,同时,是否正当获得不是本案审理的事项。谢琳琳是通过合法途径购买的他人房屋,过户交易时卖方已经持有国有土地使用证。

其四,涉案地块并非对方所称的全部是农村集体土地,与谢琳琳房屋一墙之隔的区人民法院就是国有划拨土地,周围还有许许多多的小区、加油站、商店等都是国有土地,对方的说法完全与事实不符。

其五,在举证阶段,本代理人向法庭出示一份从对方网站下载的截图,证明包括谢琳琳房屋在内的周围一片地均属国有土地,证明对方代理律师的说法与事实不符。

其六,省政府的征收批文只针对农村集体土地,而谢琳琳的土地是国有土地,不在该批文涉及范围之内。如果要征收,只能由区政府依据《国有土地上房屋征收与补偿条例》第8条的规定作出"房屋征收决定"。

其七,谢琳琳持有的国有土地使用权到目前为止,没有被注销灭籍。对方发布土地出让公告将其依法享有使用权的国有土地出让,直接侵犯了谢琳琳的合法权益,涉案被诉土地出让公告和谢琳琳具有当然的法律上的利害关系。

其八,城中村改造的好与坏,不同的角度会有不同的认识,有人流离失所,也有人趁机渔利。谢琳琳房屋所占土地现在的用地性质为政府机关团体用地,建起的是公务员小区。这难道就是所谓的"公益项目"?

综上,请依法裁定撤销原一、二审驳回起诉裁定,指令一审法院就实体问题继续审理。

再审胜利

省高级人民法院当庭宣判,让人对其竖起大拇指称赞。下面附上判决的一部分:

谢琳琳在再审程序中称,其拥有合法的国有土地使用证和房产证,属于市国土局挂牌出让土地的一部分,谢琳琳本人与出让公告行为有当然的法律上的利害关系,享有合法的诉权,原一、二审裁定适用法律错误,请求撤销一、二审裁定,指令一审法院进行实体审理。

市国土局辩称:谢琳琳即使拥有国有土地使用证,但从所涉土地的权利来源来看,该土地属于相邻的某城中村集体所有,在本次政府征收之前,没有办理过将集体土地征收为国有土地的审批手续,其实质上仍是集体性质,请求依法综合考虑城中村改造的实际情况,驳回其再审申请,维持原裁定。

本案被诉行政行为是市国土局作出的(2012)7号《市挂牌出让国有建设用地使用权公告即挂牌出让土地使用权公告》的行为,诉讼双方争议焦点是再审申请人与被诉行政行为有无利害关系。

谢琳琳所持有的土地使用证,形式上表现为国有性质,挂牌出让该土地前应依法收回国有土地使用权,至于在一宗集体土地上,为何存在零星的国有土地,引发相关行政争议属于司法审查范围,此类情况应由国土部门解释并承担举证责任,否则要承担不利的后果。

至少从现有的证据看,持有国有土地使用证的谢琳琳与被诉土地挂牌公告行为有利害关系,具有诉讼主体资格,一、二审法院驳回其起诉不当,应予纠正。根据修改前的《行政诉讼法》第六十一条第一项、第二项,《最高人民法院关于执行〈中华人民共和国行政诉讼法〉若干问题的解释》第七十九条第三项之规定[1],裁定如下:

一、撤销区法院、市中级人民法院行政裁定主文中关于"驳回谢琳琳起诉"

---

[1] 现行有效的为《最高人民法院关于适用〈中华人民共和国行政诉讼法〉的解释》(2018年2月8日施行)第123条第3项。

的部分;二、指令区人民法院对谢琳琳的起诉进行审理。

这意味着,堵死的法律之门被打开,一块土地,市国土局"一女二嫁",可能行不通。案件很快从省高级人民法院打回市中级人民法院,市中级人民法院又将卷宗退回到区人民法院,一切回到了原点,但法律的路径已经打通。

省高级人民法院再审将此案发回到区人民法院,对市国土局、区政府等行政机关而言,只能回到谈判桌上,协调解决房屋拆迁安置补偿问题。解铃还须系铃人,谢琳琳的拆迁问题最终解决了。

这无疑是一个不错的结果,谢琳琳不用再去越级上访,儿子的婚房问题也已解决。有时,我还在谢琳琳发的朋友圈里看到,她偶尔还跳起了广场舞,一些景区也留下了她和家人的身影。

这个案件,我虽一分钱的律师费也没有收,甚至还垫付了差旅费,但觉得特别值得。如果按照她原来的非法律的极端方法,有可能房屋拆迁补偿问题不能得到合理解决,还可能会因寻衅滋事、扰乱国家机关工作秩序等罪名被追究刑事责任。

▌案件评析与思考

本案一、二审均败诉,关键问题是谢琳琳是否与涉案土地及挂牌出让土地的公告有法律上的利害关系,是否享有合法的诉权,是否有诉讼主体资格问题。根据《土地管理法》的规定,农村集体土地转为国有建设用地,必须经国务院或省级政府批准。也就是说,省政府的同意征收的批文里的土地只能是农村集体土地,不能包含国有土地及房屋。而谢琳琳的土地使用证上清清楚楚标明"国有土地",其土地并非集体土地。所以土地的挂牌出让行为存在违法,谢琳琳与被诉土地挂牌公告行为有利害关系,具有诉讼主体资格,一、二审法院驳回其起诉不当。最终,省高级人民法院撤销了一、二审行政裁定主文中关于"驳回谢琳琳起诉"的部分并指令区人民法院对谢琳琳的起诉进行审理。

案例 22

省政府的农用地转建设用地批复是否合法

——艾某等诉某省人民政府农用地转建设用地批复案

导读提示

有人羡慕他人成了"拆二代",羡慕他们如此幸运。可事实是,并没有多少人愿意自己家被拆迁。本案中老艾他们几人就认为,金窝银窝,不如自己的穷窝。

为了维护合法权益,他们委托我,通过法律途径争取了近4年之久,最终通过国务院行政复议裁决,并借力公安机关,促使拆迁安置补偿得到解决。他们给我送了一面"借力国务院、维权解纷争"的锦旗。

案件回放

老艾他们几人是黄河边上土生土长的朴实农民。他们原本以为自己每天就是"青菜豆腐小米粥"的平凡生活,却怎么也没有想到,有一天自己竟然会一打官司近4年,而且是不讨喜欢的"民告官"。

2010年下旬,某市第二生活垃圾综合处理厂的建设项目需要拆迁老艾他们几家的房屋,但拆迁协议上的内容实在无法让他们接受,老艾他们怀疑这个工程的用地不合法,对拆迁安置补偿方案也不服,于是走上了寻求法律解决问题的道路。

老艾他们赶到北京,手持一张皱巴巴的报纸,上面有一篇文章介绍我在读书期间到当地办理行政案件的事情。看着风尘仆仆的几位山东老乡,他们一脸茫然和无助,让我不忍拒绝。

看了他们提供的材料,我发现建设项目是一个重点民生工程。我对他们说:"重点工程,往往涉及公共利益,应当相互理解。公共利益和个人利益发生冲突时,只要征地及房屋拆迁手续合法,要有牺牲部分利益的心理准备,既要维护自己的正当合法权益,更要兼顾国家和社会公共利益。"

老艾他们听我一说,头顿时点得像小鸡啄米,看老艾几人不像是想利用律师恶意做"钉子户"的人,这我也就放心了。接受委托后我立即开展工作,类似案件对我而言虽是轻车熟路,并不难,但法律程序真走起来并非一帆风顺,出现了许多沟沟坎坎、磕磕碰碰。

我首先向省政府申请信息公开,请求省政府公开该建设项目的农用地转建设用地审批文件。省政府随即书面回复,称省政府于2010年8月24日就该项目作出了×政土字(2010)1237号《批复》,一并寄给了我。

文件内容显示:(1)同意将234496平方米农用地转为建设用地。(2)要进一步落实补充耕地方案,切实提高已补充耕地的质量。(3)要认真抓好征收土地方案的组织实施,确保征地补偿和农民安置工作落实到位。

老艾几人想既没有人告知征地的事,也没有人让自己签名确认,自己的房屋和地怎么就被省政府批准征用了呢?随后,我代理老艾几人就该批复依据《行政复议法》第14条、第30条之规定向省政府申请原级行政复议。

2011年1月17日,省政府作出政复决字(2010)82号《行政复议决定书》对该批复予以维持。该决定称:(1)根据规定,涉案土地并未涉及基本农田,不需要国务院审批。(2)县国土局向被征地4个村委会送达的《征地听证告知书》,以及4个村委会向县国土局出具的《放弃听证证明》等表明,县国土局在征地报批前已依法履行了告知听证职责,征求了被征地村委会及村民意见。故所述的未征得申请人等村民同意的意见,无事实依据。(3)该批复程序内容合法。

申请国务院裁决

征地拆迁明明就没征得村民同意,却让村委会出具了放弃听证的证明,这分明就是歪曲事实。因此,针对省政府作出的《行政复议决定书》,我代老艾他们几人向国务院递交了行政复议裁决申请书。提出了如下理由:

一、征地报批程序违法,侵害了申请人的知情权和确认权

《国务院关于深化改革严格土地管理的决定》(国发〔2004〕第28号)第14条规定:"……在征地过程中,要维护农民集体土地所有权和农民土地承包经营权的权益。在征地依法报批前,要将拟征地的用途、位置、补偿标准、安置途径告知被征地农民;对拟征土地现状的调查结果须经被征地农村集体经济组织和农户确认;确有必要的,国土资源部门应当依照有关规定组织听证。要将被征地农民知情、确认的有关材料作为征地报批的必备材料……"

可见,告知的对象仅指"被征地农民",并不是村委会。同时,必须将对拟征土地现状的调查结果向被征地农村集体经济组织和农户告知并经其确认;有权确认的主体是"被征地农村集体经济组织和农户"。

二、省政府作出的《行政复议决定书》认定事实错误

《行政复议决定书》称"关于是否征得申请人等村民同意的问题,县国土局向被征地的4个村委会送达的《征地听证告知书》,以及4个村委会向县国土局出具的《放弃听证证明》等事实表明报批前已履行了告知听证义务,征求了被征地村委会及村民的意见"。该认定明显与事实不符,与法律相悖。

《国务院关于深化改革严格土地管理的决定》第14条规定得非常清楚:(1)拟征收土地的机构,必须将拟征地的用途、位置、补偿标准、安置途径等情况告知被征地农民。可见,告知的对象仅一个,那就是"被征地农民"。(2)必须将对拟征土地现状的调查结果向被征地农村集体经济组织和农户告知并经其确认。可见,有权确认的主体是"被征地农村集体经济组织和农户"。(3)必须将被征地农民知情、确认的有关材料作为征地报批的必备材料,缺一不可。

显然,《行政复议决定书》所称的"已经履行了告知和确认"是错误的。请国务院依法撤销省政府征地批复和行政复议决定。

2012年3月15日,国务院针对我代老艾他们提出的裁决申请,作出"国复(2012)59号"行政复议裁决,裁决:(1)撤销省人民政府作出的行政复议决定;(2)责令省人民政府依法重新作出处理决定。

国务院的行政复议裁决,在一定程度上起到了"定海神针"的作用,老艾他

们有了这个"尚方宝剑",房屋被强拆的危险得以缓解。

艰难谈判

一般而言,有了国务院的行政复议裁决,案件的进展会往前推动一大步,没想到,建设方却迟迟不肯作出实质且合理的补偿方案。可能也是由于国务院的裁决,建设方也不敢贸然大动干戈,毕竟用地行为是否合法,悬而未解,他们心里谁都没底。

之前,我从法院和政府两条线同时着手案件的推进。一方面,通过诉讼,要求地方政府依法履职,查处违法用地和暴力拆迁行为;另一方面,通过行政复议,借力政府上下级的监督和制衡,要求相关部门依法履职。

就在等待当地执行国务院裁决的同时,建设项目的施工方开始轮流找老艾他们"喝茶",说是进行"协商"和"沟通"。

从2012年国务院下达行政复议裁决书到2014年,为了就征地拆迁补偿达成一致,老艾他们一直在和对方"博弈"周旋。而对方后来大胆的举止,再次刷新了我对他们的认知。

2014年6月4日晚,老艾他们其中一家因亲戚结婚外出,其房屋被不明身份人员偷袭强拆,次日凌晨5时才发现。而室内家具、家电、被褥及衣物或被捣毁,或被掩埋,荡然无存!

在得知这个情况后,我立即向县公安局递交《履行法定职责申请书》,要求:依法对破坏老房屋的违法行为进行查处惩治,并依法追究违法行为人的法律责任。

同时,我又向市公安局局长、省公安厅厅长,省原人民政府法制办公室[1]、原国务院法制办公室[2]分别递交"关于房屋被强制拆除的紧急情况反映",请求:督促县公安局尽快对强拆房屋的违法行为进行查处惩治,依法追究违法行为人的法律责任。

---

[1] 省原人民政府法制办公室职能已被并入省司法厅。
[2] 原国务院法制办公室的职能已被并入司法部。

我不断和县公安局联系,坚决要求对故意拆毁房屋的施工方负责人立案侦查,以"故意毁坏财物罪"追究刑事责任。县公安局立了案,而且还将施工单位的董事长刑事拘留。

曾经居高临下蔑视老艾他们几人的施工单位的现场工作人员顿时像"霜打了的茄子",施工方董事长夫人不断给我打电话,软硬兼施。

几天后,接到一位自称从行政机关正处级退休的老同志的电话,说愿意和我及老艾他们沟通协调。为此,我又去过当地几趟,多次参加协调,气氛虽柔和,但双方都是在斗智斗勇、互探底线,安置补偿方案谈判最终取得实质性进展。施工方为老艾几人在镇上置换房屋,每家给予数额不等的现金补偿。

签订安置补偿协议时,老艾他们出具了一份谅解书,请求县公安局对施工方董事长免予刑事处罚。几天后,老艾他们发来短信:"褚律师,对方履行了签订的安置补偿协议,我们的问题解决了,由衷感谢。"

同时,之前的那位老处长也来电:"施工方董事长已被取保候审,放出来了。你是一个真正的律师,随时欢迎你经常来做客。"老艾一行人的案件,用了近4年的时间,往返30余次,终于算是结束了。

看着老艾他们由心而发的笑容,我心里很是安慰,时间虽长、过程艰辛,但毕竟画上了圆满的句号。目前项目早已建成,老艾几人也住上了新房,过上了"青菜豆腐小米粥"这般平凡而幸福的生活。逢年过节,我都会收到他们的短信祝福。

案件评析与思考

(一)办案的诉讼思路

有时候会有人问:"褚律师,你办理拆迁征地案件有自己的一套,可否传授一下经验?"每当这时候,我都双手一摊,哭笑不得地回道:"我知道的你们都知道,我哪有什么秘密可言。"这不是虚伪的谦虚,而是事实。

即使有这么多的业务经验,我也不敢在变幻莫测的案件事实面前说我特别懂行政法或行政诉讼。理论高度和现实层面并不是完全吻合的,而且,理论是死的,现实却是变化多端。即使是行政法教授,在具体的诉讼实践中,可能也会有一筹莫展的时候。

如果细究行政案件,确实是有那么一套完整的诉讼思路。比如就农村的拆迁征地案子来讲,在农村的拆迁征地中,农村用地转为建设用地,需要国务院或省级政府作出征地批复,批复的依据之一就是是否有村民的同意签字,这也是本案中老艾他们的案子最终反败为胜最重要的原因之一。

在现实中,部分地方村委为了某种利益,会故意隐瞒拆迁安置价格或其他安置条件,由村委会代表全体村民在公示等法律文书上签字。而大部分村民由于对相关法律程序不了解,所以往往会被村干部等人故意钻了空子。

因此,在质疑征地拆迁是否合法时,就要从申请信息公开着手。进而,不管是征地拆迁行为有批复,还是违法没有批复,都会进入各自相应的应对程序里。

(二)行政诉讼的办案经验总结

行政诉讼不同于民事案件和刑事案件,从某种程度上来讲,行政诉讼中原、被告双方主体地位是不平等的。因此,行政诉讼对证据的要求更为严格,证据的搜集也更为复杂。

有人会问:"一个拆迁案,顶多也就涉及开发商或者地方行政机关,为什么在诉讼中会有那么多的其他政府部门作为被告?"这也正是行政诉讼的特别之处。

任何一个行政主体,都有它的上下级以及其他权力彼此制衡的机关。有时候,进行诉讼是为了督促案涉行政主体履职;有时进行诉讼是为了收集证据;而有些时候,法律程序可使相关部门之间通过制衡来给目标单位释放传递影响,进而达到预期目的。

就是这样环环相扣地全方位展开诉讼,才能将案件的范围一步步地缩小,直到接近或者达到案件的最终结果。在实践中,这也叫连环诉讼或组合诉讼。

办理征地拆迁案件,其实也不复杂,有点像程咬金的三板斧:(1)申请政府信息公开;(2)申请行政复议;(3)提起行政诉讼。往往程序未走完,征地拆迁补偿协议就签了。

而很多时候,一个行政案件不能仅看案件是胜诉还是败诉。行政案件在大多数情况下,都不会仅启动一个诉讼程序。所以,在拆迁征地案件中,案件的胜诉与否并不重要,重要的是案件最终的结果。

第五部分

行政协议

案例 23

县政府单方解除投资合同的行为是否合法

——云开公司诉某县人民政府解除投资合同纠纷案

导读提示

作为民营企业的云开公司，本以为与县政府签有投资协议，合作有保障，信赖利益能得到保护。然而，建设项目在投入了巨大的人力、财力后，忽然被县政府单方告知，原投资协议予以解除，面对突然变故，云开公司措手不及，最终被迫提起行政诉讼，要求法院撤销县政府的单方解除通知。

但一、二审的诉讼并不顺利，在市中级人民法院和省高级人民法院连续败诉。云开公司向最高人民法院申请再审，最高人民法院组织双方举行听证，在查明基本事实后，作出再审裁定，认定原一、二审认定事实不清，适用法律错误，指令省高级人民法院再审本案。省高级人民法院经过再审，支持了云开公司的再审请求。

案情回放　争议缘由

在某一线城市举行的一次招商引资会上，县委书记向云开公司发出邀请："本县的投资优惠政策非常丰厚，能提供相当于零成本的净地作为商业项目用地，只要投资将项目建成，后期商业运转就可以盈利。"

丰厚的优惠政策吸引云开公司高层来到当地考察，经过多次协商达成合作共识，签订投资协议，准备在当地投资建设某商业项目，县政府为建设项目提供相当于零成本的净地，云开公司为了推动投资协议进行，尽早获得建设用地，仍然提供了许多非合同义务的帮助，包括拆迁。

然而，即便合同条款明确，云开公司的信赖利益依旧没能得到保障，前期投入巨大成本推进项目，即将瓜熟蒂落，只等县政府交付用地后便可开工建设，县政府领导却一拖再拖，向云开公司单方发出解除合同通知，理由是"投资不能及时到位，拆迁户上访，影响稳定，公共利益受损"。而云开公司则认为县政府是过河拆桥，直接下山摘桃子，让云开公司的投资成为"泡影"。

在解除通知中，县政府称"云开公司及其项目公司在推进项目过程中存在欺诈行为，不能依约完成涉案土地的拆迁工作，无法回迁的拆迁户不断投诉信访，造成严重不良社会影响和不稳定因素，云开公司的违法和违约行为严重侵害了国家利益和社会公共利益、人民群众的合法利益，导致本项目协议的合同目的无法实现，双方无法继续履行合作协议"。

解除合同通知中的内容，云开公司认为是县政府为单方解除投资协议找的借口。

合作项目就这样搁置，投入的成本无法收回，只能通过行政诉讼维护自身的合法权益，请求法院撤销解除合同通知。一、二审法院没有支持云开公司的诉求，云开公司向最高人民法院申请再审，经过听证，最高人民法院支持了云开公司的再审意见，认定一、二审法院认定事实不清，适用法律错误，指令省高级人民法院再审。

一审开庭　出庭意见

云开公司向市中级人民法院起诉后，市中级人民法院对此案进行了开庭审理，我提出了如下代理意见。

一、拆迁补偿既非原告法定义务也非合同义务

1.项目拆迁工作的责任主体依法为县政府

《国有土地上房屋征收与补偿条例》第4条规定："市、县级人民政府负责本行政区域的房屋征收与补偿工作。市、县级人民政府确定的房屋征收部门（以下称房屋征收部门）组织实施本行政区域的房屋征收与补偿工作。"可见，涉案项目的征收补偿工作应当由县政府负责完成，企业无权参与征地拆迁活动。

依据投资协议的约定,进行项目投资建设所需用地系达到"五通一平"标准的"净地",而不是需要拆迁的"生地"。县政府作为提供"净地"的义务方,应当依约提供涉案项目用地,而不能擅自单方将拆迁义务转嫁给云开公司。变更合同条款或增加一方合同义务,都必须取得合同相对方的认可或同意,否则无效。

2. 不能将拆迁协助视为云开公司的法定义务

县政府怠于进行法定征地拆迁安置工作,导致合同约定的"净地"无法交付,企业无法开工建设。不可否认,为了推动投资协议的履行,尽早获得建设用地,及时实现预期效益,云开公司对县政府在涉案土地的征地拆迁工作中提供了各种支持和配合。但是,这种支持与配合并不等同于企业附有此项义务,在协助过程中提供的费用应当在之后的税费中予以抵扣。

二、投资到位取决于县政府交付净地的先合同义务

1. 县政府单方撕毁合同与法定解除规定相悖

投资协议之所以不能如期推进,系县政府没有按照合同约定,完成征地拆迁工作,未能及时向云开公司提供净地进行项目开发建设。解除合同的权利应由守约方行使,而不能由违约方行使。否则,合同就会成为一纸空文。本案中,云开公司的行为不属于《合同法》第94条[1]规定的守约方可以依法解除合同的五种情形之一,显然,县政府的解约行为与法定解除合同规定相悖。

2. 县政府解除合同也不符合投资协议约定条件

投资协议约定了县政府可以终止协议的五种情形,但都有前提条件,那就是县政府履行交付"净地"。如该条件不满足,不可能出现县政府有权终止协议的情形。本案中,云开公司没有违反合同约定,反倒是县政府迟迟不能履行交付"净地"的先合同义务,县政府解除合同无事实和法律依据,不符合投资协议约定条件。

3. 规划方案是否最终通过审批不能成为解约理由

投资协议的履行有明确的先后顺序,只有县政府依约及时提供了"净地",云开公司才能开展包括项目立项、规划设计等在内的下一步工作。没有县政府

---

[1] 现行有效的为《民法典》第563条第1款。

提供的"净地",一切工作无从谈起。根据《城乡规划法》的相关规定,对规划设计进行审批的前提条件是取得"净地",否则都是纸上谈兵。

4.县政府所谓的"欺诈"行为其实是商业自治

投资协议并未约定投资项目必须独自开发,并且,依法成立的项目公司是县政府认可的合作企业。在大型地产项目的建设中,通过自筹资金、合作融资和建筑商垫资的方式筹备资金是商业惯例,云开公司在涉案项目建设开发中,即便存在合作融资等行为,其运行模式和资金来源也符合商业实践和惯例。

三、县政府单方解除合同与现行新政策明显相违背

履行与市场主体签订的有效合同,兑现以会议纪要、文件等书面形式承诺的合法优惠条件,不得以县政府换届、相关责任人调整或者当地县政府政策调整等为由不履行、不兑现,或者迟延履行、迟延兑现。因县政府和有关部门责任导致有效合同不能履行、承诺的合法优惠条件不能兑现,给市场主体造成损失的,应当予以赔偿。

涉案投资项目是县政府主动招商的,基于对县政府前任领导的信赖,云开公司决定投资建设项目。双方基于平等自愿、友好协商签订投资协议,前期工作还算顺利,后来也得到了县政府前任领导及市政府的大力支持。自原领导调离后,县政府新领导班子开始"新官不理旧账",使得一个良好的商业项目停滞不前,耗费的巨大成本化为泡沫。

综上,县政府作出的解除合同通知没有事实与法律依据,应当依法撤销。

一审判决　驳回起诉

市中级人民法院经过评议,作出一审行政判决。其裁判意见如下:

行政机关为实现公共利益或者行政管理目标,在法定职责范围内,与公民、法人或者其他组织协商订立的具有行政法上权利义务内容的协议,属于《行政诉讼法》第 12 条第 1 款第 11 项规定的行政协议。

行政协议虽然与行政机关单方作出的行政行为一样,都是为了实现公共利益或者行政管理目标,但与单方行政行为不同的是,它是一种双方行为,是行政

机关和行政相对人通过平等协商,以协议方式设立、变更或者消灭某种行政法上的权利义务的行为。

行政协议既保留了行政行为的属性,又采用了合同的方式,其由这种双重混合特征所决定,一方面,行政机关应当与协议相对方平等协商订立协议;协议一旦订立,双方都要依照约定履行各自的义务;当出现纠纷时,也要首先根据协议的约定在《合同法》的框架内主张权利。另一方面,"协商订立"不代表行政相对人与行政机关是一种完全平等的法律关系。法律虽然允许行政机关与行政相对人缔结协议,但仍应坚持依法行政,不能借由行政协议扩大法定的活动空间。法律也允许行政机关享有一定的行政优益权,当继续履行协议会影响公共利益或者行政管理目标实现时,行政机关可以单方变更、解除行政协议,无须双方意思一致。

具体到本案,县政府与云开公司签订投资协议系行政管理机关以土地优惠政策引进云开公司投资建设,属于以行政协议的方式行使行政权力的行为。在行政协议的订立、履行过程中,不仅行政机关应当恪守法定权限,不违背法律、法规的强制性规定,履行协议约定的各项义务,行政协议的相对方也应严格遵守相关法律、法规的规定和协议的约定,否则行政机关有权依照《合同法》的相关规定以及合同的约定,行使解除合同的权利。

投资协议第3条第2项约定:乙方应在2015年9月末前完成项目的全部固定资产投资。如果固定资产投资额度没有达到固定资产额度的70%,按协议约定承担相应责任。根据原告项目公司与被告及市房屋征收办等的回函可知,案涉地段拆迁工作由原告设立的公司承担,且该公司已经开始拆迁工作,部分居民签订了安置补偿协议,并已搬迁。

原告虽称其与被告签订的协议中未约定原告承担拆迁义务,但在协议履行过程中,原告设立的公司确实承担了拆迁责任,并已实际实施。市房屋征收与补偿办公室多次向项目公司发出提醒函,要求其对征收保证金专户存储、专款专用,但两公司并未履行该义务。

从项目公司在拆迁过程中与被征收人签订的协议来看,其并未按照征收补偿方案的规定进行补偿,超过方案标准进行补偿,按照原告公司与被征收人签订的补偿协议确定的回迁比例,无法完成回迁安置和项目建设。

关于回迁比例过高的问题,项目公司在 2015 年 9 月 5 日作出的《关于项目拆迁工作的回复函》中亦认可。回迁户因无法回迁不断投诉和信访,造成严重不良社会影响和不稳定因素。原、被告双方签订的项目合作协议履行的前提是完成项目地段的征收回迁安置,完成"净地"后才能进入下一步招拍挂和开发建设阶段。

因原告原因导致涉案地段已经不能完成回迁安置,原、被告双方投资协议目的无法实现,双方无法继续履行合作协议。同时,根据本院查明的事实,原告也未按照协议约定在 2015 年 9 月末前完成项目的全部固定资产投资。原告已符合合同约定解除条件,被告据此作出解除合同通知,符合《合同法》第 93 条第 2 款的规定,也符合投资协议的约定。原告要求撤销被告作出的解除合同通知的诉讼请求无法得到支持,应予驳回。

行政合同虽与民事合同类似,但是其中政府仍具有行政职能,会被赋予一定的行政优益权。一审的结果虽让云开公司有些挫败,但是诉讼没有终结,毕竟是一审判决,出于对司法公正的坚定信念,云开公司提出上诉。

二审意见　未被采纳

在省高级人民法院的二审庭审中,除坚持原一审中的出庭意见外,我补充提出了如下代理意见。

一、项目运行模式是云开公司的内部事务,合法有据

1. 投资协议并未约定必须是云开公司独自开发

投资协议约定:甲方县政府将涉案项目地块提供给乙方即云开公司进行项目开发建设,并对"净地"开发、出让金用途、相关政策扶持等进行了约定。其中,县政府并没有要求云开公司必须独立进行项目的开发工作,项目公司也是依照约定在当地注册成立。

2. 即便存在合作也非对涉案土地或项目进行倒卖

云开公司在对项目的具体运作上即便与其他公司合作,也并不等同于企业对涉案土地或项目进行了倒卖。所谓"倒卖",是指以营利为目的,低价买进,高

价卖出,以赚取高额差价的行为。本案显然不符合该特征,云开公司并没有转让项目土地的开发权。

3. 相关项目公司是对方认可的涉案项目开发企业

县政府所称"云开公司将项目倒卖给房地产公司",纯属指鹿为马。相关云开公司与项目公司的关系早已告知县政府,从县政府的发文和解除合同通知中亦可知,该房地产公司是县政府认可的为履行投资协议而成立的项目公司。根据国际通行的"禁止反言"的证据采信基本原则,已经事前认可的事实,不能再颠三倒四,矢口否认,否则就是恶意的背信弃义,不被容忍。

二、对商业项目建设起决定和主导作用是云开公司

1. 云开公司对"净地"交付后的开发起主导作用

根据各种协议及县政府及其有关部门文件,三家合作公司独自承担涉案项目的主体建设工作,分工明确,云开公司在财务上、人员管理上及项目运营风险上均对净地交付后的项目开发做了风险防范和控制。云开公司并没有脱离涉案项目进行项目倒卖。

2. 房地产投资建设中的投资融资合作符合商业实践

大型房地产项目的建设资金,一般来源于三个途径:自筹资金、合作公司融资和建筑商垫资。实践中,即使是实力强大的集团公司、上市公司、跨国公司、集团企业等,也很少会用数亿元作为项目流动资金,或自行筹集数亿元的项目开发资金闲置以备使用。云开公司在涉案项目建设开发中,即便存在投资融资等行为,其运行模式和资金来源也完全符合商业实践和惯例。

三、县政府单方发出的解约通知欠缺最基本依据

1. 县政府单方撕毁合同与法定解除规定相悖

合同有法定和约定解除两种,本案中,县政府的合同解除不符合法定条件,即《合同法》第94条规定之情形。综观本案客观实际,投资协议之所以不能如期推进,系县政府没有按照约定及时完成征地拆迁工作,向云开公司提供"净地"。

2. 县政府解除合同也不符合投资协议约定条件

投资协议约定了可以终止协议的五种情形,但附有条件,只有在县政府交

付"净地"之后才会发生。县政府依照投资协议约定提供"净地"是云开公司进行项目投资和项目开发的先决和前提条件,云开公司依约取得的是"净地",不承担征地拆迁的法律或约定义务,前期为项目所提供的征地拆迁安置费用,并不代表其在法律上或合同上具有承担相应义务的责任。

四、县政府单方解除合同与国家新政明显相违背

1. 民营企业公司权益应当也必须依法保护

为履行投资协议、运行投资项目而成立的项目公司均是在当地注册登记的企业法人,根据属地管理原则,属于地地道道的当地民营企业。县政府采取杀鸡取卵的方式解除合同,无益于当地营商环境的改善,只会对以后的招商引资造成难以挽回的负面影响。故依法公正裁判本案,对于树立民营企业投资信心,尤其是外地客商对当地的投资,意义不言而喻。

2. 县政府新官不理旧账是其解除合同的根本原因

省人大会议高票通过的《省优化营商环境条例》中明确,将重点清理整治"新官不理旧账"、不作为、乱作为、懒政怠政等问题,彰显了省人大重塑营商环境的信心和决心。该条例第 27 条第 1 款规定了五种情形下"新官必须理旧账"。然而,在本案中,县政府却明知故犯,侵害民营企业的合法权益。

综上,请二审撤销原判,支持云开公司提出的上诉请求。

高院二审　再次败诉

省高级人民法院经过二审开庭,也不认可我的代理意见,作出二审行政判决,驳回上诉,维持原判。其裁判意见如下:

本案的核心问题是县政府作出的解除合同通知是否合法。首先,行政协议作为合同的一种,其具有合同的相对性,即该协议效力指向的对象是合同签订的当事人,合同双方当事人应当按照合同约定行使权利、履行义务。同时,亦要求签订合同的当事人应诚实信用签订合同。

本案中,云开公司作为合同当事人,未按照投资协议约定在 2015 年 9 月末前完成项目的全部固定资产投资,在合同未约定其可以对约定项目与他人合作完成的情况下,未经县政府同意与其他公司订立合作协议,显然违背了合同约定。

其次,虽然行政协议是行政机关与公民、法人或者其他组织协商一致作出,但在特殊情况下行政机关可以单方变更、解除协议。单方变更、解除协议的决定,通常是为了更好地实现公共利益或者行政管理目标。

具体到本案中,根据云开公司与县政府签订的投资协议的约定,县政府作为行政机关签订本案行政协议的目的主要是满足振兴当地经济发展、增加就业等公共利益需要。但云开公司未按照征收补偿方案的规定拆迁致使案涉地块拆迁工作停滞多年,回迁户因无法回迁而不断投诉和信访,造成严重不良社会影响和不稳定因素,亦导致征收补偿费支付数额超过规定,对国家利益造成严重损害。

县政府签订协议的合同目的已不能达到,继续履行该协议显然会影响公共利益的实现。在此情况下,县政府解除协议对于减少国家和公共利益损失,维护经济社会秩序稳定具有重要意义。故县政府向云开公司发出解除协议通知符合行政法的基本原则和法律规定,原审法院判决驳回云开公司的诉讼请求并无不当。

申请再审 绝地反击

面对市中级人民法院一审和省高级人民法院二审的连续败诉,云开公司没有放弃希望,继续委托我向最高人民法院提交再审申请,理由如下:

1. 云开公司依照约定应取得的是项目"净地"而非"生地",云开公司没有约定义务或法定义务负责建设项目用地的征地拆迁安置补偿工作。

2. 原审判决认定县政府解除合同符合约定条件,与法律和事实不符。云开公司未如期投资的原因是县政府违反交付"净地"的先合同义务,并非云开公司违约,县政府解除协议既不符合法定解除条件也不符合约定解除条件。

3. 项目投资协议及补充协议中,云开公司均不承担拆迁工作,云开公司未与任何拆迁居民签订过拆迁补偿协议,未实际承担拆迁工作。

4. 协议并未要求云开公司独立进行项目开发,即便云开公司在项目具体运作上与其他公司合作,也不等同于对案涉土地或项目的倒卖。

5. 云开公司系基于信赖被招商至当地,县政府单方解除合同与现行政策相违背。所谓云开公司造成拆迁户及公共利益受损,没有依据。

最高法院　一锤定音

最高人民法院高度重视此案,召集双方举行了听证,作出再审行政裁定,支持了云开公司的再审请求,指令省高级人民法院再审本案。最高人民法院的裁判意见如下:

本案争议焦点是一、二审判决是否存在认定事实不清,适用法律错误的情形。

《合同法》第 67 条规定,当事人互负债务,有先后履行顺序,先履行一方未履行的,后履行一方有权拒绝其履行要求。先履行一方履行债务不符合约定的,后履行一方有权拒绝其相应的履行要求。[1] 本案中,云开公司与县政府签订项目投资协议,约定项目名称为商品城项目。建设期限自 2013 年 9 月至 2015 年 9 月建成运营。双方约定县政府为云开公司提供项目建设所需用地,且达到"五通一平"标准,该协议同时约定,云开公司应在 2015 年 9 月末前完成项目建设的全部固定资产投资……在县政府一直未提供"净地",且原协议约定的建设期限已经被补充协议变更的情况下,原审判决认定云开公司未按照原协议约定的建设期限在 2015 年 9 月末前完成项目的全部固定资产投资,违背协议约定,属于适用法律错误。

根据一审双方当事人提交的证据,2015 年 5 月 24 日,县政府作出涉案地块拟定房屋征收补偿方案,2016 年 5 月 10 日,县政府对案涉地块发布房屋征收决定的公告。2015 年 6 月至 2018 年 4 月,案外人两项目公司与县政府、征收办就涉案地块的拆迁工作、拆迁保证金、资产证明、规划工作等问题进行了多次函件往来。

房地产项目公司作为实施单位在市征收办与被征收人签订的征收安置补偿协议上加盖公章。而云开公司与县政府所签订的投资协议并未就征收补偿

---

[1] 现行有效的为《民法典》第 526 条。

工作进行约定。案外人两项目公司均为自然人独资的有限责任公司,具有对外独立承担责任的法人地位。原一、二审判决在没有查明云开公司与案外人两项目公司之间关系的情况下,认定云开公司未按照征收补偿方案的规定拆迁,导致征收补偿费支付数额超过规定,致使案涉地块拆迁工作停滞多年,造成国家利益严重损失,缺乏相关事实根据,属于认定事实不清。

省高级人民法院经过再审后,撤销了原一、二审判决,支持了云开公司的再审请求。

案件评析与思考

招商引资合同本身也是一种交易行为,政府想要得到投资方对本辖区进行的投资及税收贡献,投资方则承诺在辖区内进行投资经营,以期获得政府承诺的各项扶持和优惠政策。

根据金沙县人民政府、金沙县冷水河旅游开发有限责任公司(以下简称冷水河公司)合同纠纷二审民事判决书[(2019)最高法民终 1981 号],行政协议与民事合同的主要区别在于是否具有行政法上的权利义务内容,主要可从三个方面判断:是否具有行使行政职权、履行行政职责的内容;是否为实现公共利益或行政管理的目标;行政机关依据协议约定或法律规定是否享有单方解除、变更协议等行政优益权。案涉 4 份协议主要针对相关设施的拆除及冷水河公司已投入资产的评估及补偿作出安排,目的是对"合作框架协议"、"合作协议"及"合作补充协议"无法履行的后果进行清理结算。在 4 份协议达成及履行过程中,金沙县政府不处于支配地位,亦不具有单方变更或者解除协议的行政优益权。故该 4 份协议不属于行政协议的范畴。本案中最高人民法院的观点认为投资协议属于民事合同。

广东普天投资集团有限公司、广东荔枝庄园酒业有限公司再审行政裁定书[(2020)最高法行再 360 号]认为:案涉"投资协议""补充协议书"是政府为实现行政管理和公共服务目标而签订的具有招商引资协议性质的系列协议,若协议能正常履行,将提高当地生产总值、增加当地政府财政收入。协议约定了包括项目立项、土地征收拆迁、规划管理、招拍挂程序和土地出让、政府配套政策与资金支持、企业投资规模和纳税要求、相关配套证照办理以及相关优惠政策落实等"一揽子"事项。虽部分条款具有民事权利义务性质，但协议约定的权利义务，并非政府以机关法人身份而具有的民法上的权利义务，而系其履行行政管理职责过程中所行使的行政法上的权利义务，因此案涉系列协议具有明显的行政协议属性，在此基础上将合同当事人在履行协议过程中发生的纠纷纳入行政诉讼受案范围。该份判决书将投资协议认定为行政协议。

综上，合同是否为行政合同取决于在合同的签订、履行、解除、终止过程中，行政机关是否居于主导地位，行政职权是否在合同履行中起主导作用，行政主体是否享有合同的发起权、合同履行的监督权和指挥权、单方面变更合同权、单方面解除合同权等，在权利义务的约定上，是否体现行政管理关系，是否具有不对等性。行政机关享有行政优益权，合同内容体现出不平等的行政管理关系的，则为行政合同，反之，则为民商事合同。

案例 24
没有批准手续的土地成交确认是否合法
——某公司诉区国土局撤销土地拍卖成交确认书案

▍导读提示

在区国土局（现已更名为自然资源局）组织的区百货大楼国有土地使用权拍卖会上，明成公司以 1235 万元高价成功竞标。同日，双方签订拍卖成交确认书，明成公司承诺 10 日内付清全款。

后因资金困难，明成公司无法按期缴足拍卖款。区国土局在多次催款未果的情况下，单方通知解除合同，没收明成公司交纳的 124 万元履约保证金，并再次公开出让该国有土地使用权。

明成公司多次交涉退款未果，公司经营也随之陷入困境。公司董事长张天成千里迢迢来到北京找到我，希望能代理此案。

详细了解案情后，我想，如果以传统的民事诉讼途径来解决，肯定是吃力不讨好，那是否可以通过行政诉讼，让区国土局退还这 124 万元？

▍小城故事多

2005 年，当地新城建设如火如荼。区政府为了活跃区城文化市场、完善城市公益设施、繁荣市场、培育良好的购物环境，决定对原百货大楼进行拍卖，同时筹建区商贸中心。

拍卖出让宗地位于城中心繁华地段，距区委、区政府驻地 500 米，此宗地位置优越、交通方便，基础设施齐全，是理想的商业、居住黄金位置。出让用途为商业综合用地，出让年限为 50 年。

乐极又生悲

明成公司过五关斩六将，以1235万元的应价秒杀其余竞拍者，成功竞得该宗地土地使用权。同日，与区国土局签订《拍卖成交确认书》，双方明确约定一旦明成公司出现违约：

（1）区国土局可取消明成公司的竞得资格，没收124万元履约保证金；

（2）明成公司必须按成交价的20%向区国土局支付违约金；

（3）区国土局另行出让的价格如低于本次成交价，明成公司须补足差额。

天有不测风云，竞拍成功本该庆祝，却因融资受阻，明成公司陷入两难境地。

区国土局在三次催款未果的情况下，正式单方解除《拍卖成交确认书》。短短1个月，124万元打了水漂，还担负着补足差额的巨债，明成公司出师未捷身先死，把公司职工生存发展的家当都倒贴进去了。

其后，整整半年，张天成无数次找区国土局领导沟通。因经济形势突然收紧，融资受阻，导致无法按期开工，长此以往，对政府和明成公司而言都得不偿失，希望区国土局能够考虑接受明成公司分期付款的建议，没想到被一口回绝，答复说："解除合同，那是区政府常务会议明确作出的决定。"

万般无奈，张天成向市委督查室投诉，力陈124万元事关明成公司广大职工的生死存亡，而且旧百货大楼宗地使用权拍卖出让程序违法。材料层层转交，区委终于在2008年11月13日作出答复意见："建议通过法律途径解决。"

一言概之，没办法解决。

2008年的冬天，对于张天成及明成公司职工而言，寒冷又漫长。

按行政诉讼立案

2009年6月5日，张天成辗转多地，四处找律师，后其千里迢迢来到北京，希望我能接受委托，代理本案。

之后，我与张天成多次会面，讨论案情，准备材料。

第一次听到张天成的案情陈述，我首先想到：合同履行过程中，明成公司确实存在违约，而且双方在合同中明确约定了违约的救济途径，根据私法自治、契约自由之原则，其承担违约责任合乎情理，况且本案已长达3年，可能早已超过诉讼时效。

通过民事诉讼，未必能真正解决明成公司的困难。我本打算婉拒，可是抬头看到张天成，想到他多年奔波，从未放弃，又很难不被他的赤子之心打动，同时考虑到这124万元可能真的会影响明成公司所有职工的生存保障问题，在明确告知张天成诉讼风险后，我毅然决定接受代理，事在人为，一定会有办法。

经过反复斟酌，再三推敲，我忽然发现，行政诉讼也许可以成为本案的突破口。众所周知，合同纠纷一般属于民商事领域，并不归行政诉讼领域法律法规所调整。

甚至有专家发表论文断言：土地出让合同不是行政合同，理由是，合同内容是双方当事人的合意，只有双方意思表示一致，合同才能成立。土地管理部门虽在合同中表达国家意志，但国家意志在合同中仅是土地所有人的意志，对他方并不具有强制性。

这就意味着土地所有人与土地使用人法律上的地位完全平等，土地管理部门与用地人在出让合同中并不存在行政命令和服从关系，因此，无法仅因为土地所有权是由土地管理部门行使就将民事处分行为视作行政行为，或者硬说这种行为具有双重性质。

然而，通过对当时法律规定和司法实践的深入研究，我认为单纯认定土地出让合同不是行政合同过于武断和片面。实践出真知，经过反复论证，我觉得利用行政诉讼解决明成公司问题的方法值得一试。

但我的方案，遭到明成公司法律顾问的坚决反对，而且张天成的家人也反对。

但张天成仿佛是吃了秤砣铁了心，坚决要求启动法律程序，大不了官司败诉，再去省城发展。

我也考虑到本案的合同解除行为表面上是区国土局作出的，但实质上是区政府的意见。向区法院起诉时，我提交了一份关于"本区法院不适宜审判此案，建议移送市中级人民法院管辖"的《法律意见书》。

本只是试试而已，未曾想没几天，竟然先后接到区法院和市中级人民法院立案庭的电话。区法院说，案件已经按要求移送至市中级人民法院，市中级人民法院说案件已经裁定到临近的区法院异地管辖。

立案这么顺，有点意外。案立了，剩下的就是法律的把关和案件准确定性。我的办案思路是否正确？区国土局会如何抗辩，一审法院会支持我的意见吗？

法庭据理力争

庭审果然不出所料，区国土局提出以下3点答辩意见：

(1)本案不属于行政诉讼范围；

(2)原告起诉早已超过起诉期限；

(3)答辩人拍卖行为合法。

本案焦点已然明晰，土地出让合同到底是不是行政合同？如果确是行政合同，那么行政行为是否合法有效？对此，在开庭当天，我在法庭上提出如下代理意见。

一、本案属行政合同纠纷，按行政案件审理合法有据

2006年3月28日，被告发布《拍卖公告》，称将拍卖城中心繁华地段国有土地使用权，出让用途为商业综合用地，出让年限为50年，有意竞买者须交履约保证金124万元。原告参加竞买，最终以1235万元的价格竞得。2006年4月24日，双方签订《拍卖成交确认书》。2006年5月31日，被告向原告送达解除拍卖成交确认书，称："按双方签订的《拍卖成交确认书》的约定，原告已构成违约，解除《拍卖成交确认书》，124万元的保证金不予退还。"

双方签订的《拍卖成交确认书》为典型的行政合同，并非被告辩称的"民事合同"。行政合同是指行政主体为了行使行政职能、实现特定的行政管理目标而与行政相对人经过协商所达成的协议。

1.按司法实践，行政合同具有以下特征：

其一，当事人一方必定是行政主体。在行政合同中，一方是从事行政管理、

执行公务的行政主体,另一方是行政管理相对人,且行政主体处于主导地位并享有一定的行政特权,行政机关凭借国家赋予的优越地位,以合同的方式行使行政管理权。

其二,是为了公共利益而签订,具有公益性。行政合同是为履行公法上的权利和义务而签订的,如果合同内容只涉及私法上的权利与义务,则应视为民事合同。行政主体签订行政合同的目的是执行公务,行政管理相对方则是为了营利。

其三,履行或解除中行政主体有优益权。行政合同中的当事人并不具有完全平等的法律地位,行政机关可以根据国家行政管理的需要,单方依法变更或解除合同,而作为另一方当事人的公民、法人或其他组织则不享有此种权利。

2.从行政合同的特征不难看出,行政合同与民事合同相比,两者存在较大的区别:

其一,地位不平等。行政合同中,双方的权利地位是不平等的,是管理与被管理的关系。而民事合同的双方当事人的法律地位是平等的,一方不得将自己的意志强加给另一方。

其二,合同成立的原则不同。行政机关在合同的缔结过程中处于优先要约的地位,行政相对人自愿缔结合同就意味着要服从其管理和监督,履行某些先合同义务。而民事合同则充分保护契约自由,必须以当事人双方意思表示一致为前提,任何单位和个人不得非法干预。

其三,履行和变更或解除不同。行政机关享有行政优益权,可以根据行政管理的需要,单方依法变更或解除合同,行政管理的相对人则不享有此种权利。而民事合同一旦依法成立,不得擅自变更或者解除合同。

本案中,《拍卖成交确认书》是被告区国土局根据区人民政府的指示,为完成改造旧百货大楼这个行政管理目标而同原告签订的。在此合同的签订、履行、解约等方面,作为行政主体的区国土局享有绝对的优益权,而原告作为行政相对人不享有此权利,处于服从和被管理的地位。

故《拍卖成交确认书》属于典型的行政合同。根据最高人民法院司法解释的规定,行政合同为行政诉讼的立案序列。被告辩称的本案属民事纠纷的观点没有事实和法律依据,不应采信。

二、成交确认书无论程序还是内容均属违法,应当撤销

出让国有土地使用权是政府及国土局的一项法定职责,既是权利,也是义务,必须严格依法进行,否则,就是超越权限滥用行政职权,作出的出让行为无效。

本案中,被告区国土局在行政答辩状和庭审中,均采用《城市房地产管理法》(1994年)第11条规定作为自己依法行政的法律依据。本代理人认为,被告断章取义,适用法律错误。

虽然《城市房地产管理法》第11条第1款规定"土地使用权出让,由市、县人民政府有计划、有步骤地进行。出让的每幅地块、用途、年限和其他条件,由市、县人民政府土地管理部门会同城市规划、建设、房产管理部门共同拟定方案,按照国务院规定,报经有批准权的人民政府批准后,由市、县人民政府土地管理部门实施"[1],但该法第9条、第10条同时规定:"土地使用权出让,必须符合土地利用总体规划、城市规划和年度建设用地计划。县级以上地方人民政府出让土地使用权用于房地产开发的,须根据省级以上人民政府下达的控制指标拟订年度出让土地使用权总面积方案,按照国务院规定,报国务院或者省级人民政府批准。"[2]

本案中,被告没有依法向法庭提交"在出让土地时,符合土地利用总体规划、城市规划和年度建设用地计划"的证据。也没有提交省人民政府批准的区《年度出让土地使用权总面积方案》及出让的旧百货大楼地块是否包含在其中。更没有提交区国土局会同规划、建设、房产管理部门共同拟定的出让方案。

同时,被告区国土局在向原告出让国有土地时违反《城市规划法》(已失效,由《城乡规划法》取代)的规定。该法第21条规定:城市规划实行分级审批。直辖市的城市总体规划,由直辖市人民政府报国务院审批。区级人民政府所在地镇的总体规划,报市人民政府审批。城市人民政府和区级人民政府在向上级人民政府报请审批城市总体规划前,须经同级人民代表大会或者常务委员会审查

---

[1] 现行有效的为2020年《城市房地产管理法》第12条。
[2] 现行有效的为2020年《城市房地产管理法》第10条、第11条。

同意。该法第 22 条规定:"城市人民政府可以根据城市经济和社会发展需要,对城市总体规划进行局部调整,报同级人民代表大会常务委员会和原批准机关备案……"被告出让国有土地进行商业开发,必定涉及城市总体规划的修改,应依法报送市人民政府和区人大常委会备案。在法定举证期间,被告没有提交上述证据,仅提供了一份区建设局"同意调整规划"的文件。本代理人认为,该文件属超越行政职权,不应采信。

《招标拍卖挂牌出让国有土地使用权规定》第 5 条规定:"国有土地使用权招标、拍卖或者挂牌出让活动,应当有计划地进行。市、县人民政府土地行政主管部门根据社会经济发展计划、产业政策、土地利用总体规划、土地利用年度计划、城市规划和土地市场状况,编制国有土地使用权出让计划,报经同级人民政府批准后,及时向社会公开发布。"[1]编制符合规定的《国有土地使用权出让计划》并向社会公布是国有土地出让的法定前置程序。被告没有提交证据证实履行了法定程序。

由此可见,区人民政府及区国土局根本不具备出让旧百货大楼国有土地使用权的条件,双方签订的《拍卖成交确认书》及单方作出的解除拍卖成交确认书没有事实和法律依据,当属违法,应予撤销。

三、原告的起诉没有超过起诉期限或诉讼时效

起诉期限或诉讼时效直接涉及当事人权利遭到行政行为侵害后,能否请求法律救济以实现其权利的问题,是行政审判实务中一直争议较大的一个问题,行政合同纠纷的起诉期限或诉讼时效由于 1989 年《行政诉讼法》及其司法解释没有具体明确规定,应当依法适用《民法通则》《合同法》《民事诉讼法》的规定作为审判的依据。根据最高人民法院司法解释的规定,人民法院审理行政案件,除依照《行政诉讼法》和该解释外,可以参照民事诉讼的有关规定。

行政合同的双重属性决定了它的调整原则也是双重的,同时需要遵从依法行政和契约自由两大原则。在行政法律法规没有明确规定,又不与依法行政原则相矛盾的情况下,可以适用《民法通则》《合同法》等原则和相关制度,这也是

---

[1] 2002 年、2007 年修订改名为《招标拍卖挂牌出让国有建设用地使用权规定》,亦为第 5 条。

很多国家的做法。最高人民法院在行政审判工作会议中也明确指出："审理行政合同案件,法律有特别规定的,适用法律的规定。没有特别规定的,可以适用合同法和民法的规定。"

结合上述规定和基本理论,本代理人认为,行政合同的起诉期限,应当借鉴民事合同诉讼时效的规定,分为有效行政合同诉讼时效和无效行政合同诉讼时效。行政合同当事人主张行政合同无效的,可随时主张,不受诉讼时效限制。如主张行政合同有效,只是就是否履行、如何履行等发生争议的,应受诉讼时效的限制。

本案中,原告主张的是《拍卖成交确认书》无效,不受诉讼时效的限制。被告区国土局依无效行政合同拒不退还124万元保证金的行为直接侵犯了原告的财产所有权,没有法律依据。索回自己的合法财产可随时进行,不应受时效限制。

同时,原告向法庭提交了两份《退还保证金的申请》,时间分别是2006年11月和2007年11月,两份书面请求上有区领导和被告负责人的签字,被告代理人也当庭对这两份证据的真实性予以认可。因此,本案即便受诉讼时效限制,原告于2009年中旬提起诉讼也没有超过2年的诉讼时效限制。

综上,原告的起诉合法有据,应得到支持。

一审胜诉

历经1年有余,区法院作出一审判决,责令被告区国土局返还原告124万元履约保证金。其裁判理由如下:

1.行政合同是行政主体为实现行政管理目的,在遵循依法行政和契约自由原则的前提下,为达到特定的行政法律结果与行政相对人签订的协议。该协议兼具行政性和合同性两个属性。从本案来看,原、被告签订的《拍卖成交确认书》,其主要内容是为了实现合理开发利用土地资源的行政目的,由被告代表政府就国有土地使用权的出让与原告达成的土地使用权出让协议。

按照相关的法律规定,在土地使用权出让协议签订后,出让方对受让方用地的情况享有监督权,对受让方在使用土地的过程中出现的违约或违法情形享有制裁权,由此看来,原、被告双方虽是在平等自愿的原则下签订了国有土地使用权协议,但二者实际上是一种管理与被管理的关系,故签订的协议属行政合同,依据《行政诉讼法》第11条之规定,行政合同应作为行政案件受理。对被告作出的解除拍卖成交确认书通知书,因其基于《拍卖成交确认书》而作,依法应纳入行政诉讼受案范围。

2.《最高人民法院关于行政诉讼证据若干问题的规定》第57条规定,"下列证据材料不能作为定案依据:……(六)当事人无正当理由拒不提供原件、原物又无其他证据印证,且对方当事人不予认可的证据的复印件或者复制品……",因本院在给被告送达的应诉通知书中明确告知被告应向法庭提供书证的原件,而被告无正当理由,在庭审中未向法庭提供书证的原件,且原告对被告提供的证明被诉具体行政行为合法性的复印件又不予认可,依上述规定,应视为具体行政行为没有证据。

3.《城市房地产管理法》第9条规定:"土地使用权出让,必须符合土地利用总体规划、城市规划和年度建设用地计划。"该法第10条规定:"县级以上地方人民政府出让土地使用权用于房地产开发的,须根据省级以上人民政府下达的控制指标拟订年度出让土地使用权总面积方案,按照国务院规定,报国务院或者省级人民政府批准。"该法第11条第1款规定:"土地使用权出让,由市、县人民政府有计划、有步骤地进行。出让的每幅地块、用途、年限和其他条件,由市、县人民政府土地管理部门会同城市规划、建设、房产管理部门共同拟定方案,按照国务院规定,报经有批准权的人民政府批准后,由市、县人民政府土地管理部门实施。"

因本案中涉案土地是用于房地产开发,而被告未向法庭提供证明其出让涉案土地使用权符合上述规定的相关证据,故被告区国土局作出的《拍卖成交确认书》和解除拍卖成交确认书通知书事实不清,程序违法,对原告要求撤销《拍卖成交确认书》和解除拍卖成交确认书通知书,由被告返还原告124万元之保证金之诉请依法予以支持。对原告要求被告承担124万元保证金的利息的诉请,因原告也有过错,故不予支持。

4.对被告关于原告的起诉超过起诉期限之主张,因两个被诉具体行政行为分别于2006年4月24日、2006年5月31日(同年6月5日送达)作出,但均没有告知起诉期限,按照《最高人民法院关于执行〈中华人民共和国行政诉讼法〉若干问题的解释》第 41 条之规定,两个被诉具体行政行为的起诉期限应分别于 2008 年 4 月 24 日和 2008 年 6 月 25 日止,但因原告曾于 2006 年 12 月 6 日、2007 年 12 月 8 日分别向被告主张过权利,按照相关法律规定,原告主张权利之行为引起诉讼时效的中断,原告的起诉期限应从 2007 年 12 月 8 日起重新计算,到 2009 年 12 月 8 日止,故原告的起诉没有超过起诉期限,对被告的主张不予支持。

案件评析与思考

(一)本案的诉讼思路

本案中,最关键的问题是撤销《拍卖成交确认书》。按照常规的思路,一般会认为拍卖成交确认书是民事合同,应当通过民事诉讼解决。但我认为这样是行不通的,需要另辟蹊径,找到新的代理案件的思路,打开案件突破口。区国土局认为,本案不属于行政诉讼的受案范围,而且已经超过诉讼时效,区国土局的拍卖行为合法,程序正当。通过研究法条,我认为本案属行政合同纠纷,按行政案件审理合法有据;成交确认书无论程序还是内容均属违法,应当撤销。区国土局没有依法向法庭提交在出让土地时,符合土地利用总体规划、城市规划和年度建设用地计划的证据,也没有提交省人民政府批准的区《年度出让土地使用权总面积方案》及出让的旧百货大楼地块是否包含在其中的证据,更没有提交区国土局会同规划、建设、房产管理部门共同拟定的出让方案,区国土局出让土地的程序违法。同时,原告的起诉没有超过起诉期限或诉讼时效。最终,法院认定被告区国土局作出的《拍卖成交确认书》和解除拍卖成交确认书通知书事实不清,程序违法,对原告要求撤销《拍卖成交确认书》和解除拍卖成交确认书通知书的诉讼请求予以支持。收到判决的那刻,张天成总算是放下心来,公司也解除了危机。

(二)行政合同纳入行政诉讼的受案范围

此案如果放在现在,可能没有多大争议,修改后的 2017 年《行政诉讼法》已经明确规定了"行政合同"属于人民法院行政诉讼的受案范围。在全国人大常委会法工委邀请我去论证《行政诉讼法》修改时,我即以此案为例,希望修改后的《行政诉讼法》能将"行政合同"直接规定在受案范围内,以免司法实践中出现争议和分歧,许多专家学者也赞同我的修改意见。

现在不但2017年《行政诉讼法》将行政合同作为行政案件处理,而且由最高人民法院审判委员会第1781次会议讨论通过的《最高人民法院关于审理行政协议案件若干问题的规定》也于2019年11月27日正式发布。这部全社会寄予厚望的司法解释,是落实党中央国务院法治政府建设战略布局和治理能力建设战略部署的重要举措,是深入贯彻执行2017年《行政诉讼法》的重要体现,是目前解决行政争议的重要手段,是平等保护产权和优化营商环境的重要保障。

对于许多民商事纠纷,律师在办理时需要有行政法思维,不宜固化地一律使用民事诉讼的方式寻求司法救济,往往行政诉讼解决纠纷更经济和快捷。如认为保险公司存在欺诈行为,可以向保险金融监管机关提出查处申请;银行乱收费,可以向银行金融监管机关提出查处申请;律师违规办案,可以向司法行政机关提出查处申请;等等。如果不查处,可以申请行政复议或提起行政诉讼,倒逼民商事纠纷的解决。

案例 25

对行政协议不服是否可以依法申请行政复议
——王女士诉市人民政府不服驳回行政复议决定案

导读提示

王女士对区政府对国有土地上房屋实施的征收行为不服,同时认为其作为卫生院医生的丈夫被迫与街道办事处签订的房屋征收安置补偿协议无效,就两件事同时委托律师向市政府递交复议申请。

市政府经审查认为,本案征地拆迁主体是区原国土规划局(现更名为自然资源局),应以其被申请人申请行政复议,同时行政协议不属行政复议的受案范围,驳回复议申请。王女士不服,向市中级人民法院起诉市政府,要求撤销驳回决定,责令重新处理。

市中级人民法院认为,区政府是适格被申请人,行政协议也是复议的受案范围,判决撤销市政府作出的《行政复议决定书》,责令其重新处理。市政府不服,提起上诉,二审驳回上诉,维持原判。

案情回放

王女士的房屋面临拆迁,其因为认为补偿款和安置条件不合理,一直不同意搬迁。这时街道办事处抓住了王女士的丈夫是卫生院医生的软肋,逼迫其签订协议,否则回家"永远休假"。其丈夫为保住这份工作,被迫妥协。

王女士知道后,气不打一处来,恨丈夫的懦弱。她决定自己为自己讨说法,在熟人的介绍下,她联系上我,于是启动法律程序。

2016 年 11 月 29 日,我代王女士向市政府递交行政复议申请,复议请求为:

（1）确认区政府对王女士的国有土地上的房屋实行行政征收行为违法；（2）确认其丈夫与街道办事处签订的房屋征收补偿安置协议无效。

2018年1月24日市政府作出×政复决（2018）第22号《行政复议决定书》，并于同日送达给王女士。《行政复议决定书》认为：

区国土规划局负责全区范围内征用集体土地上房屋征收拆迁管理工作。《区政府关于同意航空投资项目集体土地上房屋征收补偿安置方案的批复》（×政函〔2016〕134号）载明，区国土规划局应当按照安置方案确定的征收范围及征收补偿标准进行征收补偿，由区国土规划局与杨柳街签订包干协议。

区国土规划局下属的区土地储备中心与杨柳街签订"航空投资项目集体土地上房屋征收补偿包干协议书"，甲方区土地储备中心作为房屋征收工作的出资人和法定主体，乙方杨柳街办事处作为房屋征收工作的实施单位和责任主体。

综上所述，被申请人不是航空投资项目房屋拆迁的责任主体，区国土规划局才是航空投资项目房屋拆迁的责任主体。房屋征收实施部门杨柳街办事处在实施集体土地房屋征收补偿安置过程中，对申请人国有土地上的房屋以集体土地上房屋拆迁的补偿方式进行了征收补偿，法律后果应当由区国土规划局承担，故申请人应当以区国土规划局为被申请人提起行政复议。

关于申请人提出的确认补偿安置协议无效的问题。根据《行政复议法》第2条、第6条的规定，行政复议的受案范围是行政机关侵犯公民、法人或者其他组织合法权益的具体行政行为，《行政复议法》上规定的具体行政行为尚不包括行政机关签订、履行协议的行为，且该协议已经履行完毕。

因此，该协议审查不属于《行政复议法》规定的行政复议范围。因此，市政府决定：根据《行政复议法实施条例》第48条第1款第2项之规定，驳回申请人的行政复议申请。

一审开庭　代理意见

王女士对市政府作出的复议决定不服，于2018年2月6日提起诉讼。在市中级人民法院的开庭当天，就本案的事实认定和法律适用，我提出了如下代理意见。

一、涉案行政复议决定混淆行政复议中所争议行为

市中级人民法院作出的(2017)×01行初144号判决和省高级人民法院于2017年12月12日作出的(2017)×行终1015号行政判决仅查明街道办事处系房屋行政征收实施单位,但并未否认区政府作为全区行政辖区国有土地上房屋征收决定机关,即区政府是否曾作出涉案行政征收行为决定这一事实,根据《国有土地上房屋征收与补偿条例》第14条的规定,被征收人对市、县级人民政府作出的房屋征收决定不服的,可以依法申请行政复议,也可以依法提起行政诉讼。

本案行政复议正是根据区政府×复不字(2016)第2号行政复议决定的自认行为所提起的,因此,市政府应当就区政府的行为是否构成滥用职权作出行政征收行为进行审理,而并非重点审理街道办事处的房屋征收实施行为,两者从本质上有根本区别,也分别具有可诉性,在本案中并不能混淆。

二、复议决定认定征收主体为区国土规划局无依据

从区政府作出的《行政复议决定书》来看,一目了然,区政府在本案行政复议申请前就自认涉案房屋征收行为由其负责;此外,市国土规划局作出的×土资规复决(2017)4号《行政复议决定书》查明区国土规划局并非涉案土地上房屋征收决定主体,《最高人民法院关于行政诉讼证据若干问题的规定》第68条第1款第4项规定,对已经依法证明的事实,法庭可以直接认定。

据此,已有生效法律文书确认区政府系涉案行政行为决定主体,应予以认定,市政府在行政复议决定中的认定,与本案基本事实不符,不应采信。至于(2017)×01行初144号、(2017)×行终1015号判决所查明的事实,如前文所述,与本案无关联性。

三、行政协议已属于行政诉讼的受案范围

修改后的《行政诉讼法》于2015年5月1日正式实施,其对许多问题作了大量调整,以适应司法实践中的变化,尤其是扩大了行政诉讼的受案范围,其第

12 条第 1 款第 11 项明确将行政机关不依法履行、未按照约定履行或者违法变更、解除政府特许经营协议、土地房屋征收补偿协议等协议的行为纳入了行政诉讼的受案范围。这一变化,让一直备受争议的"行政协议是否属于行政诉讼案件"问题得以解决。

由于立法计划的相对滞后性,许多条款与现实情况格格不入的《行政复议法》没有及时得到修改,尤其是未将行政协议明确列入行政复议的受案范围。根据新法优于旧法的法律适用一般原则,不能死板地认为只有《行政复议法》第 6 条列举的几种行政行为才能被纳入复议范畴,对其他行政争议不予理睬。

同时,不能忽视一个问题,《行政复议法》第 6 条第 1 款第 11 项对行政复议范围也作了"认为行政机关的其他具体行政行为侵犯其合法权益的"的兜底规定。因此不能把 2014 年《行政诉讼法》已经明确纳入受案范围的行政协议排除在外,否则,将不符合修改《行政诉讼法》的立法本意和解决行政争议的制度设计,也将会导致行政复议通过内部纠错解决行政争议的天然优势荡然无存。

四、行政复议应当依法处理行政协议纠纷案件

解决行政争议,目前有行政复议、行政诉讼、行政裁决、多元调解等方式,但前两种是最重要的化解政府与人民间的矛盾、解决行政争议的方式和手段。行政诉讼和行政复议既有自己的优势,也有自身的局限性。相较而言,行政复议因具有便民性、及时性、灵活性、可控性、效率性等特点,能够快速解决行政争议,平息政府与人民间的矛盾,促进社会和谐稳定。

众所周知,行政复议通过内部相对柔和的纠错,能够在一定程度上减轻法院行政审判的压力,有效节约宝贵的司法资源。为充分发挥行政复议的争议解决机制的作用,在受案范围上,行政复议应与行政诉讼相衔接,凡是《行政诉讼法》明确可以受理的行政争议案件,也都应纳入行政复议受案范围,而不必等《行政复议法》修改后再纳入。

行政复议是解决行政主体与行政相对人行政争议和纠纷的重要途径,是一种准司法行为。如果非得坐等全国人大修改《行政复议法》,就是机械、死板、教条,势必造成大量行政争议游离在行政复议之外,直接进入司法程序,导致复议机关闲得发慌,人民法院忙得累死,那就违背了行政复议解决行政争议的功能定位。

综上，市政府作出的《行政复议决定书》认定事实不清，证据不足，适用法律错误，应当依法予以撤销，并责令其重新处理。

一审判决　市政府败诉

上述代理意见，最终被市中级人民法院采纳，该院认为，区政府是行政复议程序中的适格被申请人，行政协议也是行政复议的受理范围，市政府作出的《行政复议决定书》事实不清，证据不足，适用法律错误。该院依法作出一审判决，其裁判意见为：

涉案房屋为国有土地上房屋，其所在地块位于区政府所作征地公告的征地红线范围内。作为具体负责征收实施工作的街道办事处依据上述征地公告所确定的征收红线范围就涉案房屋与王女士的丈夫签订补偿协议，并不存在超范围征收其房屋的情形，也不存在将其国有土地上房屋按集体土地上房屋标准补偿的事实，市政府以杨柳街超范围征收王女士房屋以及按集体土地上房屋标准进行补偿为由，认为区政府不是复议程序中被申请人的理由不能成立，不予支持。

2015年5月1日修改后的《行政诉讼法》与修改前相比，扩大了行政诉讼的受案范围，将包括具体行政行为、行政协议、事实行为等行政行为均纳入行政诉讼受案范围。因行政行为引发的纠纷均为行政纠纷，因行政协议引发的纠纷也是行政纠纷。

作为解决行政纠纷两种方式的行政复议和行政诉讼，相比之下，行政复议因其更具有及时性、灵活性等特点，解决纠纷更具效率和实效性，同时通过分流化解部分行政争议，减轻了法院的负担，节约了司法资源。为充分发挥行政复议的功能作用，在受案范围上，行政复议应与行政诉讼相衔接，所有因行政行为引发的行政纠纷也应纳入行政复议受案范围。

以现行的《行政复议法》尚未修改，并无有关行政协议被纳入行政复议范围的法律规定为由，认为除具体行政行为之外的其他行政行为引起的行政争议均不属行政复议受案范围的观点既脱离客观实际，也势必造成大量行政争议游离在行政复议之外,直接进入司法程序。这不仅增加了法院负担,浪费了司法资源,也加大了化解纠纷的成本,同时,也不符合行政复议解决行政争议的功能定位。

本案中,涉案房屋为国有土地上房屋,房屋所在地块在涉案征地红线范围内,杨柳街办事处就征收涉案房屋与王女士丈夫签订补偿协议,王女士对该协议不服,申请市政府复议,市政府以涉案补偿协议不是具体行政行为,不在行政复议范围内为由,驳回复议申请的理由不能成立,不予支持。

市政府不服　提起上诉

市政府不服上述判决,依法提起上诉,其具体理由为以下两点。

一、原审法院认定事实错误

区政府没有对被上诉人的房屋实施征收行为,不存在按照国有土地上房屋征收与补偿的相关规定承担征收被上诉人房屋的法律责任。本案的证据"区政府关于同意航空投资项目集体土地上房屋征收补偿安置方案的批复"及"航空投资项目集体土地上房屋征收补偿包干协议书"可以证明区国土规划局对涉案的房屋征收负责。

房屋征收实施部门杨柳街办事处在实施集体土地房屋征收补偿安置过程中,对王女士国有土地上的房屋以集体土地上房屋拆迁补偿方式进行补偿,法律后果应当由区国土规划局承担,且生效的法院裁判维持了区政府新政复决字(2017)02号《行政复议决定书》对涉案房屋征收的主体应是区国土规划局的认定。原审法院认定房屋征收主体是区政府显然错误。

二、原审法院适用法律错误

原审法院认定涉案房屋不存在超范围征收,也不存在按集体土地上房屋标准补偿,依照原审法院的逻辑,王女士的合法权益并未受到侵害,那么市政府作出的《行政复议决定书》也就不影响被上诉人的合法权益,应驳回起诉。

虽然行政诉讼的受案范围现已包括行政协议,但《行政复议法》尚未修改,对行政复议的范围的规定也未做调整。不能用行政诉讼的范围推定行政复议的范围。原审法院认定行政协议属于复议范围错误。

综上,请求撤销原审判决,依法改判或者发回重审。

驳回上诉　维持原判

省高级人民法院针对市政府的上诉,特别召集双方举行了听证,认真听取了各方意见,应当说,都比较友好。

2019年11月1日,省高级人民法院就此案作出终审判决,驳回市政府上诉,维持原判。其裁判理由如下:

根据《土地管理法实施条例》第25条第1款的规定,征收土地方案经依法批准后,由被征收土地所在地的市、县人民政府组织实施,并将批准征地机关、批准文号、征收土地的用途、范围、面积以及征地补偿标准、农业人员安置办法和办理征地补偿的期限等,在被征收土地所在地的乡(镇)、村予以公告。

本案中,引发房屋征收纠纷的根本原因在于因为航空投资项目建设,需要征收集体土地。涉案土地有部分属于国有土地,王女士的房屋所占土地性质即为国有,但区政府未依据《国有土地上房屋征收与补偿条例》的规定发布征收决定,而是依照集体土地的征收履行相关程序。

因此,尽管《区政府关于同意航空投资项目集体土地上房屋征收补偿安置方案的批复》及《航空投资项目集体土地上房屋征收补偿包干协议书》将区国土规划局表述为"法定主体",但依照上述法规的规定,区国土规划局应为具体的实施单位,对涉案房屋征收应当由区政府承担法律责任。并且,涉案房屋所占土地本为国有土地性质,对该房屋进行征收,依照《国有土地上房屋征收与补偿条例》第4条的规定,区政府也是法定的责任主体。

市政府认为,原审判决与本院的生效裁判(2017)×行终1015号相矛盾。本院认为,(2017)×行终1015号案件的审理对象是区政府作出的驳回王女士针对街道办事处提出的复议申请的复议决定,两案的诉讼标的不同。因此,原审判决认定政府以"市政府不是适格被申请人"为由驳回复议申请错误,该裁判观点与(2017)×行终1015号案的审判结果并不矛盾。市政府认为区政府并非房屋征收责任主体、应以区国土规划局为被申请人的上诉理由,不予采纳。

关于行政协议是否属于行政复议的范围,行政复议是行政复议机关对公民、法人及其他组织认为侵犯其合法权益的具体行政行为,基于申请而予以受理、审查并作出相应决定的活动。行政复议作为一种准司法行为,是保护公民、法人和其他组织合法权益的重要救济途径,也是政府系统内部自行解决行政争议的一项重要法律制度,应该将复议制度视为诉讼制度的配套制度看待。因此,行政复议的受案范围应与行政诉讼的受案范围保持一致,以便两者更好地衔接。这样才能充分发挥行政复议比起行政诉讼更快捷、灵活化解行政纠纷的功能。

《行政诉讼法》于 2015 年 5 月 1 日实施后,扩大了行政诉讼的受案范围,明确将行政机关不依法履行、未按照约定履行或者违法变更、解除政府特许经营协议、土地房屋征收补偿协议等协议的行为纳入了行政诉讼的受案范围。

尽管现行的《行政复议法》尚未修改,但不能机械地认定只有《行政复议法》第 6 条列举的具体行政行为才能纳入复议范畴,而把《行政诉讼法》已经明确纳入受案范围的其他行为排除在外。否则,将不符合行政复议的制度定位,也不利于发挥行政复议内部解决矛盾的天然优势。

且行政协议不同于民事合同,本质上也包含因政府发挥其主导优势、利用其行政主体地位而作出的行政行为,将行政协议纳入复议的审查范围并不存在法律上的障碍。王女士的丈夫与杨柳街办事处就涉案房屋签订征收补偿协议,市政府认为该行政协议不属于行政复议的范围,该上诉理由不能成立,本院不予支持。

原审判决撤销市政府作出的《行政复议决定书》并要求重新作出复议决定,符合《行政诉讼法》第 70 条的规定。综上,原审判决认定事实清楚,适用法律正确,程序合法。市政府的上诉理由不能成立,其上诉请求本院不予支持。

案件评析与思考

(一)案件的争议焦点问题

本案中,引发房屋征收纠纷的根本原因在于因为航空投资项目建设,需要征收集体土地。本案中两个争议焦点为房屋征收行为是否违法,补偿安置协议是否属于无效的问题。解决本案最关键的问题是房屋征收安置补偿协议是否属于行政复议受案范围。

最高人民法院在(2017)最高法行申5363号行政裁定书中认为:"判断是否属于行政复议的范围,关键在于认定行政机关做出的行为是否属于行政行为。本案中,涉案的协议是杭集镇政府与杭集镇王集村王一组签订《征地协议》(补充),其性质属于征地补偿协议,是行政机关为履行征收职责而签订的协议,具有行政协议的属性,因此对该协议不服可以提起行政复议。"该裁定书认定了行政协议属于行政复议受案范围。

同样,最高人民法院在(2019)最高法行申8145号行政裁定书中亦是持行政协议纠纷属于行政复议受案范围的观点。最高人民法院在该裁定书中认为:"《行政复议法》第二条规定:'公民、法人或者其他组织认为具体行政行为侵犯其合法权益,向行政机关提出行政复议申请,行政机关受理行政复议申请、作出行政复议决定,适用本法。'据此,公民、法人或者其他组织认为具体行政行为侵犯其合法权益,有权向行政机关提出行政复议申请。从行政复议与行政诉讼衔接关系来看,一般情况下,属于行政诉讼受案范围的行政争议,均属于行政复议受理范围。虽然《行政复议法》和《行政复议法实施条例》均未明确规定行政协议争议属于行政复议受理范围,但《行政复议法》第六条第十一项对行政复议的受案范围作出了兜底规定:'有下列情形之一的,公民、法人或者其他组织可以依照本法申请行政复议:……(十一)认为行政机关的其他具体行政行为侵犯其合法权益的。'另外,行政补偿协议仅是征收补偿的一种方式,并没有改变征收补偿的根本性质。故在涉案征收补偿有可能侵犯谢某侠合法权益的情况下,谢某侠有权依据上述法律规定向相山区政府申请行政复议。"该案中最高人民法院认为行政协议纠纷属于行政复议受案范围。

(二)行政协议是否属于行政复议范围

行政协议是否属于行政复议的受案范围,一直存在争议,律师、学者、法官各有各的观点。在司法实践中,各地法院也有差异,就是同一法院,也有不同的认定,包括最高人民法院也是如此。本案中的市中级人民法院和省高级人民法院的裁判意见无疑具有前瞻性。

2017年9月13日,原国务院法制办公室对交通运输部有过一份国法秘复函〔2017〕866号《国务院法制办公室对〈交通运输部关于政府特许经营协议等引起的行政协议争议是否属于行政复议受理范围的函〉的复函》,该函称:政府特许经营协议等行政协议争议不属于《行政复议法》第6条规定的行政复议受案范围。这意味着,行政协议不属于行政复议范围。

关于行政协议是否属于行政复议受理范围,最高人民法院的裁判观点也不同。其在(2018)最高法行申9449号行政裁定中,认为行政协议不属于行政复议受理范围;在(2019)最高法行申8145号行政裁定中又认为行政协议属于行政复议受案范围。

所以,统一裁判尺度,维护司法权威和公信力,显得尤为重要。在裁判尺度还不统一的特定情况下,作为律师,为了维护当事人的合法权益,应当尽可能向法庭提供具有对当事人有利的裁判观点的法律文书,力争有利的裁判结果。

案例 26

要求开发商补缴土地使用权出让金是否合法

——某房地产公司诉市原国土局不服补缴土地出让金案

导读提示

商品房建设作为近年来我国经济强有力进步的一个重要推动力,在各级各地方都有着大量的相关项目推进。巨大的管理需求自然也给政府及相关部门带来了巨大的管理压力。

本案中,某房地产公司在2009年取得土地使用权,2012年项目就已经竣工交付,却在2018年收到一份迟来的行政征收决定,以容积率超标为理由,要求补缴数百万元的土地出让金。

向上级人民政府申请行政复议,复议结果仍然是"认定事实清楚,证据确凿,适用依据正确,程序合法,内容适当"。

在考虑到行政诉讼的被告是当地政府后,我修书一封,建议异地管辖以保证审判活动不受干扰,最终在起诉后,当地政府撤回了《行政补缴决定书》,还给了某房地产公司一个公平合法的结果。

案情回放

2009年9月27日,某房地产公司与某市原国土局(已更名为自然资源局)签订了《国有土地使用权出让合同》,后逐级向各级政府主管部门申请各类审批。

2011年10月28日,市住房和城乡建设局为某房地产公司的环城南路滨水花园办理了设计文件审查备案审批。

2012年1月,滨水花园项目竣工开售。

2018年1月18日,某房地产公司收到了一封奇怪的邮件,一份来自市原国土局的行政补缴决定,主要内容如下。

……

环城南路滨水花园项目规划容积率为1.79,实际容积率为2.52,超容积率0.73,依法应当补缴超容积率面积的土地出让金210.54万元。

……

根据《土地管理法》(2004年)、《城市房地产管理法》(2009年)、《城镇国有土地使用权出让和转让暂行条例》(中华人民共和国国务院令第55号)、《国务院关于加强国有土地资产管理的通知》(国办发〔2001〕15号)、《国务院办公厅关于规范国有土地使用权出让收支管理的通知》(国办发〔2006〕100号)、《市政府关于加强土地市场管理实施办法(实行)的通知》(×政发〔2013〕31号)的规定,决定如下:

你公司应缴纳拖欠的土地出让金210.54万元。

某房地产公司很疑惑:"这滨水花园,2009年签的土地出让合同,2012年竣工,早就已经卖完。当初也办理了国有土地使用权证、建设规划用地许可证、建设工程规划许可证、建筑工程施工许可证、商品房预售许可证、不动产权证及购房户分户不动产权证,这证件都很齐全,怎么在2018年突然就冒出了个补缴土地出让金的决定!"

而以所谓超容积率为理由,实在是让人百思不得其解。土地出让合同中并未涉及容积率相关规定,这1.79的容积率从何而来?210.54万元的"补缴"也过于夸张。

面对错误的《行政补缴决定书》,某房地产公司的管理层虽然 头雾水,但还是十分冷静,面临可能的法律纠纷,一致决定委托律师,从专业角度维护自己的合法权益。经过一番研究,当地律师担起重任。

行政复议

当地律师接受委托后,先向市政府提起行政复议,市政府于2018年5月8

日作出行政复议决定,对市国土局的《行政补缴决定书》予以维持。其理由如下:

申请人某房地产公司在从事滨水花园项目建设过程中,存在超容积率的违法行为,且该违法行为处于继续状态,至今依然存在。被申请人作为法定的土地管理部门,对申请人超容积率建设的违法行为有依法查处的法定职权,其作出的×国土征(2018)4号《行政补缴决定书》认定事实清楚,证据确凿,适用依据正确,程序合法,内容适当,根据《行政复议法》第二十八条第一款第一项的规定,本机关决定如下:

维持被申请人市国土局作出的×国土征(2018)4号《行政补缴决定书》。

申请人如对本决定不服,可自收到本决定书之日起十五日内向××市法院提起行政诉讼。

某房地产公司虽有被维持的思想准备,但是当收到复议决定时,还是不免有些失望。某房地产公司当即向本地法院起诉市政府和市国土局,并正式立案,法院向市政府和市国土局送达了应诉及举证通知。

这时,某房地产公司决定更换熟悉行政诉讼的律师,因为输不起这个官司,倒不是在乎210.54万元,而是一旦败诉,自己在当地房地产行业的地位和影响将不复存在。对于自己开发的其他项目,市国土局难免不效仿,那很麻烦。正因如此,某房地产公司决定委托我代理此案。

异地管辖

这起案件,如果是我代理前期的行政复议,我会选择向地级市的市国土局申请行政复议,而不会选择向当地的县级市政府申请行政复议。《行政诉讼法》第18条第1款规定:"行政案件由最初作出行政行为的行政机关所在地人民法院管辖。经复议的案件,也可以由复议机关所在地人民法院管辖。"如果直接向地级市国土局申请行政复议,即便维持,也可以向地级市的市国土局所在地的区法院起诉,避开当地法院。目前,案件由当地的县级市法院受理并已经进入程序,这对某房地产公司无疑是很不利的。县级市法院判决县级市政府败诉,绝非易事,而某房地产公司冒不起这个风险。

接受案件后,我当即向市中级人民法院和当地法院争取,希望将案件管辖权转移至异地,否则,凶多吉少。为此,我向市中级人民法院提出了书面的异地管辖建议。随后,我又将上述建议,对抬头及内容稍作修改,也提交给了当地的县级市法院。

大约1周之后,感觉两级法院都收到了,我决定和法官进行沟通。正好市中级人民法院立案庭来电,进一步了解案情和异地管辖的更详细的理由,我作了详细的阐述和说明,法官挂断电话前说道:"褚律师,你的功课提前做得很足,我再协调一下我院行政庭,争取采纳你的建议。"

2018年7月18日,市中级人民法院作出(2018)×03行辖2号行政裁定,将县级市法院已经开始处理的案件指定给某区法院:

市中级人民法院认为,原告及其代理律师以二被告与××市法院同在地,交往密切,关系复杂,难以避免政府干预,出现审判结果不公为由,多次要求将此案指定其他法院审理。为消除原告的疑虑,体现法院审判的公正性,××市法院的报请,符合指定管辖的情形。依照《行政诉讼法》第二十四条第二款的规定,裁定如下:本案由某区人民法院管辖。

案件来到区法院后,我及时对行政起诉状进行了调整,把许多具有明显民事思维的语句去掉,添加了许多行政法专业术语和案件内容,去掉一些对己不利的表述,并将证据重新编排,去掉无用的,增加核心证据,做到无懈可击。

一份高质量的行政起诉状和证据目录,可以让行政庭法官加深对代理律师的印象。如果不能让法官了解律师的专业性,当然就不能得到法官的尊重,法庭上的意见能否被采纳,显而易见。

代理意见

就本案的事实认定和法律适用等问题,我向法庭提出了如下代理意见,同时也将该意见提交给了市国土局和市政府:

一、本案不存在所谓超容积率问题

该项目已得到相应的行政审批,某房地产公司在审批的范围内承建,既不存在超容积率问题,也不存在拖欠土地出让金,更不存在其他行政违法行为。某房地产公司与市国土局签订《国有土地使用权出让合同》后,逐级向各级政府主管部门申请,市住房和城乡建设局于 2011 年 8 月 8 日对某房地产公司申报的规划方案予以审批。

通过对该规划方案内各单栋楼规划建筑方案图进行计算,总建筑面积为 29279.6 平方米,规划设计方案经住房和城乡建设局审查批准后分别留存于住房和城乡建设局及城管执法局备案,以备案的具体内容对原告建设过程进行监督管理。某房地产公司最终建成的各规划单栋楼建筑面积与留存于住房和城乡建设局及城管执法局备案的各规划单栋楼建筑面积及总建筑面积均相同。

某房地产公司持住房和城乡建设局的合法批文,并在住房和城乡建设局监督管理下按照施工图及施工图设计文件审查备案单确定的工程面积施工建房,报批的规划建筑设计方案与施工完成的建筑均相同,且项目已建成交付购房户入住多年,现在再谈超容积率,令人匪夷所思。

二、容积率没有约定的责任在被告

某房地产公司与市国土局签订的《国有土地使用权出让合同》中并没有容积率的约束条款,依据国土资源部(已更名为自然资源部)下发的《协议出让国有土地使用权规范(试行)》《国土资源部关于当前进一步从严土地管理的紧急通知》的精神,应在土地出让合同中明确土地容积率及开工、竣工时限等条件,对违约的要追究违约责任。

如果要追究责任或应承担责任,市国土局既是贯彻执行国土资源部政策的执法者,又是以上合同的签订者,其拒不执行国土资源部下发政策,违法渎职,理应自行承担全部责任,而不能在合同之外强加给某房地产公司义务。

三、假定需要补缴,计算也错误

关于某房地产公司竞买国有土地使用权同期之前后市国土局出让类似土地的地价,案例如下:2007 年 12 月土告字(2007)13 号,3.01 万元每亩,1.8 容积率;2008 年 6 月土告字(2008)08 号,5.1762 万元每亩,1.63 容积率;2009 年 9 月土告字(2009)22 号,6.6 万元每亩,1.8 容积率;2010 年 9 月土告字(2010)

21号,14.58万元每亩,容积率2.0。

争议土地于2009年7月签约,地价为每亩21.9105万元,共计土地16.0197亩,假如按容积率为1.79,超容积率为0.73计算,市场评估土地地价,应当按照批准调整时的土地市场楼面地价核定应补缴的土地出让价款,也即16.0197亩×5.89305万元每亩/同期前后平均值=94.404万元,补交差约38.5万元,之后应减去因前期土地平整、挡土墙投入价值,还应减去年限及居住环境等因素变化对土地价值产生的影响价值。

四、土地出让合同受法律保护

某房地产公司与市国土局签订的《国有建设用地使用权出让合同》合法有效,双方的合同权利、义务均平等受到法律保护,任何一方未经相对方同意,无权单方擅自变更。《合同法》第8条规定:"依法成立的合同,对当事人具有法律约束力。当事人应当按照约定履行自己的义务,不得擅自变更或者解除合同。依法成立的合同,受法律保护。"[1]

本案中,《国有建设用地使用权出让合同》是由市国土局事先拟定的格式文本,并由其按照有关政策、规范计算好土地使用权出让价款,提供给某房地产公司盖章签署的。某房地产公司在签约之后已按照合同的约定履行完支付土地出让金这一最主要的合同义务。可见,该合同当事人各自的权益均受法律保护。非经双方协商一致或某房地产公司同意,任何一方无权、也不得擅自变更或解除。

五、补缴土地出让金缺乏正当性

无论市国土局要求补缴土地出让金理由多么冠冕堂皇,都属于有约不守的失信行为。任何行政机关单方要求某房地产公司承担义务,除非有合同的约定,或者是有法律的明确规定,否则就缺乏正当性,属践踏诚信行为。

党中央、国务院一直高度重视政府诚信建设,多次提出加强政府诚信、社会诚信和司法诚信建设,强调建立健全社会征信体系,褒扬诚信、惩戒失信。

---

[1] 现行有效的为《民法典》第465条。

政府机关及其工作部门是制度的制定者、执行者和维护者,更是诚信的示范者。政府的诚信,是社会信用体系建设的重要一环和关键,也关系民主法治、公平正义,影响着政府的公信力。

六、责令补缴有违政府信赖利益原则

某房地产公司签订《国有建设用地使用权出让合同》,交纳土地出让金,取得约定地块的土地使用权进行房地产开发,其实质就是一种特殊的行政许可。某房地产公司取得的许可权益和期待利益均受法律保护,这是行政法领域一再强调的政府信赖利益保护原则。

《国有建设用地使用权出让合同》一经签订,就对市国土局具有当然的确定力、约束力,非有法定事由和非经法定程序不得随意解除或变更。市国土局在合同签订、履行10年之后要求某房地产公司在合同之外再缴纳高达210.54万元的土地出让金,显然有悖于政府信赖利益保护原则。

七、补缴土地出让金无法律依据

根据《立法法》第8条[1]第1款第7项之规定,对非国有财产的征收或征用,只能由全国人大制定的法律来规定。本案中,市国土局要求某房地产公司补缴土地出让金,实质上就是对某房地产公司非国有财产的征收。从催交函的内容可以看出,其无全国人大通过的法律依据,也未引用具体法律条款。

最高人民法院指导性案例第41号"宣懿成等诉浙江省衢州市国土资源局收回国有土地使用权案"指出:"行政机关作出具体行政行为时未引用具体法律条款,且在诉讼中不能证明该具体行政行为符合法律的具体规定,应当视为该具体行政行为没有法律依据,适用法律错误。"对此,在本案审理中,如市国土局不能有效完成该举证责任,应视为补缴行为构成适用法律错误。

八、补缴行为违反正当性程序原则

正当性程序原则是行政法的一项基本原则。该原则要求,行政机关依法行

---

[1] 对应2023年《立法法》第11条第7项。

使职权,必须遵循正当法律程序,包括事先告知相对人,向相对人说明作为或者不作为的根据、理由,听取相对人的陈述、申辩等。国务院《全面推进依法行政实施纲要》要求,行政机关实施行政管理,应注意听取公民、法人和其他组织的意见,要严格遵循法定程序,依法保障行政管理相对人、利害关系人的知情权、参与权和救济权。

《省行政执法条例》第 6 条规定:"行政相对人对行政执法机关所作出的行政执法行为,享有陈述权、申辩权。"本案中,市国土局在作出补缴决定前,未听取某房地产公司意见,也未告知听证权,显然违反正当性程序原则,据此,应认定违反法定程序。

综上,市国土局作出的补缴决定应当依法撤销,市政府对于明显错误的补缴决定予以维持的决定,也应一并撤销。

主动纠错

2018 年 12 月 4 日,是第 5 个"国家宪法日",当天市国土局作出撤销决定,对错误的《行政补缴决定书》主动纠错,内容为:我局于 2018 年 1 月 18 日作出《行政补缴决定书》[×国土征(2018)4 号],经局研究,决定撤销《行政补缴决定书》[×国土征(2018)4 号],本决定送达后即发生效力。

随即,某房地产公司向区法院提交撤诉申请,接到某房地产公司撤诉申请,区法院依法作出行政裁定,准许撤诉。

事已至此,某房地产公司的合法利益得到了保护,我的代理工作画上了句号。

案件评析与思考

本案中的核心问题是补缴土地出让金的问题,补缴土地出让金的原因是容积率超标。容积率是指一定地块内,总建筑面积与建筑用地面积的比值。土地使用者应当按照合同约定的开发强度对土地进行开发利用,其中容积率是开发强度的重要指标之一。《建设用地容积率管理办法》规定,容积率等规划条件,应作为国有土地使用权出让合同的组成部分。根据某房地产公司2009年与市国土局签订的《国有土地使用权出让合同》，某房地产公司的容积率并未超标，而且《行政补缴决定书》上的补缴数额的计算也存在偏差。我接受委托后，申请行政复议被驳回，无奈准备诉讼。首先，我从管辖问题上，使案件由县法院移送到市法院，避免了由县级法院审理可能会导致的行政干预。其次，我准备开庭的代理意见，我提出土地出让合同受法律保护，补缴土地出让金缺乏正当性，没有法律依据。补缴土地出让金有违政府信赖利益，违反正当性程序原则。市国土局作出的补缴决定应当依法撤销，市政府对于明显错误的补缴决定予以维持，也应一并撤销。

案例 27

行政协议究竟适用起诉期限还是诉讼时效

——香港某公司诉某市政府不履行投资协议纠纷案

导读提示

香港某公司在东北某市政府的招商引资下来到当地开发投资,良好的商业前景被当地新闻媒体大力宣传报道,然而,随着原政府领导的调任,本该是一个造福当地百姓、推动地方经济发展的项目逐渐陷入困境。

建设项目用地迟迟不能交付,因向上级政府投诉的香港某公司法定代表人又被以"合同诈骗"罪名逮捕拘留,两次一审判处有期徒刑 13 年,历经三次一审、两次二审,我为其辩护,法定代表人在被羁押 3 年 10 个月后因检察院撤诉而被无罪释放。

此前,香港某公司提起行政诉讼,要求被告市政府继续履行项目投资协议,被一、二审法院驳回。向最高人民法院申请再审,最高人民法院作出行政裁定,指令省高级人民法院再审本案。省高级人民法院经过开庭再审,撤销原一、二审裁判,发回市中级人民法院重审,目前案件处于中止状态。

当时对涉及行政协议的行政案件,究竟是适用民事诉讼时效还是适用行政诉讼起诉期限,虽有规定,但仍存在争议。最高人民法院对本案的再审裁定,实质上对这个问题给出了精准答案。

案情回放

2013 年,市政府邀请香港某公司到当地投资,双方达成合作共识,并签订项目投资协议。2014 年,因项目原选址有铁路线路经过,被划归为铁路规划控制区,市政府重新选址,双方达成项目补充协议。

2015年,项目开始推进,良好的商业前景吸引当地民营企业家与香港某公司签订合作协议,合作建设项目。随后,支持项目建设的原政府领导被调离,新任领导开始以各种理由拖延项目进程,香港某公司无数次向有关部门反映均未见回音。

2018年6月11日,香港某公司法定代表人突然被公安机关以涉嫌"合同诈骗"为由刑事拘留,最后被以"诈骗罪"提起公诉。

2018年11月28日,香港某公司在穷尽各种救济途径的情况下,依旧无法推进项目进程,为了通过行政诉讼制衡对法定代表人的刑事追诉,香港某公司在我的建议下,选择了通过法律途径维护自身合法权益,提起行政诉讼,要求政府继续履行项目投资协议,交付合同约定的项目净地,且达到"五通一平"标准,履行协助完成审批手续的义务。

一审法院在被告政府没有提出诉讼时效抗辩的情况下,主动审查诉讼时效,认定香港某公司超过所谓起诉期限,裁定驳回起诉。香港某公司不服,提起上诉,二审法院认可香港某公司主张的应参照适用民事诉讼时效,却未对一审法院主动审查诉讼时效的程序违法问题予以纠正,驳回了香港某公司的上诉。

香港某公司不服,提出再审申请,最高人民法院就本案的焦点问题作出了认定:(1)二审法院主动适用诉讼时效规则进行裁判,属于适用法律错误;(2)二审认定诉讼时效起算点不正确。最终裁定指令省高级人民法院再审本案。

省高级人民法院接到最高人民法院再审行政裁定,另行组成合议庭对本案进行了公开开庭审理,作出行政裁定,撤销省高级人民法院原二审判决和市中级人民法院原一审判决,发回市中级人民法院重审。

最高人民法院和省高级人民法院的行政裁定认定的事实和裁判意见,对香港某公司法定代表人的所谓"诈骗罪"刑事指控起到了釜底抽薪和拨乱反正的重要作用。市中级人民法院第二次将刑事案件发回县级市法院重审。县级市法院第三次组成合议庭,由院长亲自担任审判长,正准备认真审理刑事案件时,检察院突然撤回起诉,香港某公司法定代表人在被羁押3年10个月后被无罪释放。

一审代理意见

在一审法庭开庭中,我提出了如下代理意见。

一、市政府负有交付净地的先合同义务

双方于 2013 年 8 月 24 日订立"项目投资协议书",协议第 2 条第 1 款约定,被告为原告提供项目所需用地,且达到"五通一平"标准。2014 年 9 月 24 日,原、被告订立"项目补充协议书",协议第 1 条补充约定,"甲方(被告)为乙方(原告)在我市建设小商品城、城市综合体(商住)等项目提供建设净地约 5 万平方米(面积以实测为准),并依法按国土部门规定获得土地使用权"。根据双方签订的项目投资协议和补充协议可知,市政府应向香港某公司履行交付净地的义务。

二、市政府不交付净地的行为构成违约

被告在协议签订后迟迟不能交付净地,致使建设工程项目无法开工,被告应承担继续履行合同等违约责任。2014 年《行政诉讼法》第 78 条第 1 款规定:"被告不依法履行、未按照约定履行或者违法变更、解除本法第十二条第一款第十一项规定的协议的,人民法院判决被告承担继续履行、采取补救措施或者赔偿损失等责任。"

三、市政府的抗辩理由明显不能成立

协议明确约定,由政府提供项目建设所需净地,即"项目投资协议书"第 2 条约定甲方(政府)义务是"为乙方提供项目建设所需用地(按土地出让金 100% 扶持企业基础设施建设),且达到'五通一平'标准"。协议条款内容明确,市政府却主张由香港某公司履行净地交付义务,明显缺乏事实依据。

一审裁定

市中级人民法院作出行政裁定,驳回起诉,理由是超过了法定起诉期限。其裁判意见如下:

依据《最高人民法院关于执行〈中华人民共和国行政诉讼法〉若干问题的解释》第41条第1款的规定,行政机关作出具体行政行为时,未告知公民、法人或者其他组织诉权或者起诉期限的,起诉期限从公民、法人或者其他组织知道或者应当知道诉权或者起诉期限之日起计算,但从知道或者应当知道具体行政行为内容之日起最长不得超过2年。[1]

本案中,原告与被告因投资建设小商品城、城市综合体等项目于2013年8月24日签订项目投资协议,2014年9月24日签订项目补充协议,被诉行政行为在2014年《行政诉讼法》实施之前即已作出,故原告的起诉应当适用《最高人民法院关于执行〈中华人民共和国行政诉讼法〉若干问题的解释》第41条第1款的规定。

本案原、被告双方在项目投资协议中约定的建设截止时间为2015年9月,原告亦认可协议约定的建设时间就是被告应当交付净地时间。而在2015年9月期限届满时,被告没有履行提供净地义务。另有被告与市春华实业有限公司于2015年6月关于规划等问题的协商,以及2015年7月关于征收保证金、征收补偿费存储等问题的信函及回复,亦可证明原、被告关于交付净地产生了争议。

原告于2018年11月2日向本院提起行政诉讼,要求被告履行提供净地等义务,其已超过法定的起诉期限,原告丧失了提起诉讼的权利。

二审代理意见

香港某公司不服,向省高级人民法院提起上诉,在二审开庭中,我提出了如下代理意见。

---

[1] 现行有效的为《最高人民法院关于适用〈中华人民共和国行政诉讼法〉的解释》(2018年2月8日实施)第64条第1款。

一、起诉期应当参照适用民事法律规范关于诉讼时效的规定

最高人民法院在成都某利科技有限公司、乐山某嘉科技有限公司诉乐山市某区人民政府解除投资协议并赔偿经济损失案[(2018)最高法行再1号行政裁定]中指出:"当时有效的《最高人民法院关于适用〈中华人民共和国行政诉讼法〉若干问题的解释》第十二条规定,公民、法人或者其他组织对行政机关不依法履行、未按照约定履行协议提起诉讼的,参照民事法律规范关于不依法履行、未按照约定履行协议提起诉讼的,参照民事法律规范关于诉讼时效的规定;对行政机关单方变更、解除协议等行为提起诉讼的,适用行政诉讼法及其司法解释关于起诉期限的规定……本案系因成都某利公司、乐山某嘉公司对区政府未履行案涉《投资协议》而提起的请求解除协议的行政诉讼,应参照适用民事法律规范关于诉讼时效的规定,不再适用起诉期限的规定。"

可见,公民、法人或者其他组织对行政机关不依法履行、未按照约定履行协议提起诉讼或者其他因行政协议提起诉讼的案件,应当适用民事诉讼时效制度。具体到本案,本案是由因市政府未依约履行涉案投资协议引起,应参照适用民事诉讼时效规定。原审适用行政诉讼起诉期,属于适用法律错误。

二、原审对本案诉讼时效的主动审查违法

《最高人民法院关于审理民事案件适用诉讼时效制度若干问题的规定》第3条规定:"当事人未提出诉讼时效抗辩,人民法院不应对诉讼时效问题进行释明及主动适用诉讼时效的规定进行裁判。"[1]由此可见,诉讼时效的抗辩只能由当事人在诉讼过程中援引,法院不得依职权主动审查。具体到本案,原审裁定内容、市政府答辩、庭审笔录等显示市政府未对本案提起诉讼时效抗辩,而原审却主动予以审查,显然与上述规定相悖,存在明显不当,属于重大适用法律错误。

---

[1] 现行有效的为《最高人民法院关于审理民事案件适用诉讼时效制度若干问题的规定》(2021年1月1日实施)第3条第1款。

三、本案不存在诉讼时效问题

《最高人民法院关于审理民事案件适用诉讼时效制度若干问题的规定》第 6 条规定:"未约定履行期限的合同,依照合同法第六十一条、第六十二条的规定,可以确定履行期限的,诉讼时效期间从履行期限届满之日起计算;不能确定履行期限的,诉讼时效期间从债权人要求债务人履行义务的宽限期届满之日起计算,但债务人在债权人第一次向其主张权利之时明确表示不履行义务的,诉讼时效期间从债务人明确表示不履行义务之日起计算。"[1]

具体到本案,从案涉"项目投资协议书""项目补充协议书"的内容来看,并不能明确被上诉人应当在什么时间履行提供"建设净地约 5 万平方米"的合同义务,因此,应定性为履行期限约定不明。不能确定履行期限的,诉讼时效期间应当从债权人要求债务人履行义务的宽限期届满之日起计算。本案的诉讼请求包括市政府继续履行提供 5 万平方米净地的合同义务,据此,涉案诉讼时效期应当从向原审法院起诉日开始计算,不存在诉讼时效问题。

此外,原审认为 2015 年 9 月"即是被告应当交付净地时间"于法无据。2014 年 9 月 24 日"项目补充协议书"对涉案建设期限予以变更,即"乙方取得项目建设净地后,建设工期为 18 个月",可见,涉案建设工期是以香港某公司取得净地后开始计算的,而原审却以变更前的工期为事实依据,显然存在不当。

综上,原审认定事实不清、适用法律错误、程序违法。请二审法院依法支持香港某公司的上诉请求,保护香港某公司的合法权益,实现社会的和谐稳定。

二审裁定　依旧败诉

省高级人民法院二审又以"超过诉讼时效"为由驳回上诉,维持原判。其裁判理由为:

行政案件属于公法诉讼,涉及公共利益和社会管理秩序的稳定性,依法审

---

[1] 现行有效的为《最高人民法院关于审理民事案件适用诉讼时效制度若干问题的规定》(2021 年 1 月 1 日实施)第 4 条。

理起诉是否符合起诉条件,包括对原告资格、被告资格、起诉期限等进行审查,是人民法院的法定裁判职责,上诉人主张法院不应主动审查,没有法律依据。

本案争议的主要问题是香港某公司提起的诉讼是否符合起诉条件。应当计算起诉期限时有效的《最高人民法院关于适用〈中华人民共和国行政诉讼法〉若干问题的解释》第12条规定,"公民、法人或者其他组织对行政机关不依法履行、未按照约定履行协议提起诉讼的,参照民事法律规范关于诉讼时效的规定;对行政机关单方变更、解除协议等行为提起诉讼的,适用行政诉讼法及其司法解释关于起诉期限的规定"[1]。该条明确规定起诉期限适用于行政机关单方变更、解除协议等行为;诉讼时效适用于公民、法人或者其他组织对行政机关不依法履行、未按照约定履行协议提起的诉讼。本案系因香港某公司对市政府不履行项目投资协议而提起的行政诉讼,应参照适用民事法律规范关于诉讼时效的规定。

《民法通则》第135条规定:"向人民法院请求保护民事权利的诉讼时效期间为二年,法律另有规定的除外。"[2]本案中,双方当事人于2013年8月24日签订的"项目投资协议书"中明确约定的建设期限是"自2013年9月至2015年9月建成运营",市春华实业有限公司于2015年1月16日向市发展和改革局出具的"关于某市义乌小商品城建设项目的立项申请"中明确载明"项目建设工期为二年,2015年5月开始土建施工,2016年4月末投入运营"。

立项申请中载明了开始土建施工的时间,项目协议中约定了建成运营的时间,应视为有确定的履行期限。立项申请中载明2015年5月开始土建施工,由此可知交付净地的期限应在2015年5月前,即香港某公司在2015年5月开始建设施工时应取得土地,但市政府未交付土地,此时其应知道自己的权利受到损害,其于2018年11月提起本案诉讼已超过法定的诉讼时效。

即使按2013年的项目投资协议约定2015年9月建成运营的时间计算,亦超过了2年的诉讼时效,且无证据证明存在诉讼时效中止、中断的法定情形。

---

[1] 现行有效的相关规定为《最高人民法院关于审理行政协议案件若干问题的规定》(2020年1月1日实施)第25条。

[2] 现行有效的为《民法典》第188条第1款。

据此,香港某公司主张协议履行期限为约定不明,无事实依据和法律依据。但原审裁定适用起诉期限的规定不当,本院予以指出。

申请再审　赢在最高人民法院

司法救济即将走到尽头,但是我和香港某公司依然不放弃希望,向最高人民法院提交了再审申请,理由如下:

1. 从"项目投资协议书""项目补充协议书"的内容看,并不能明确被申请人应当在什么时间履行提供"建设净地约5万平方米"的合同义务,因此,应定性为履行期限约定不明,涉案诉讼时效期间应当从向一审法院起诉日开始计算。

2. 本案是因市政府未依约履行诉争投资协议而引起的,应参照适用民事诉讼时效规定。

3. 诉讼时效的抗辩只能由当事人在诉讼过程中援引,法院不得依职权主动审查。市政府未对本案提起诉讼时效抗辩,而人民法院却主动予以审查,构成程序违法。

2021年1月1日,最高人民法院作出了指令再审裁定,为这个耗时8年的投资项目带来了曙光。最高人民法院的裁判意见如下。

本案的争议焦点是原审裁定是否存在认定事实不清、适用法律错误的情形,具体存在以下两个问题。

一、二审法院是否应主动适用诉讼时效规定裁判

本案系香港某公司对市政府不履行项目投资协议而提起的行政诉讼,应参照适用民事法律规范关于诉讼时效的规定。一审法院适用起诉期限的相关规定,适用法律错误,二审对此予以纠正,并无不当。2008年《最高人民法院关于审理民事案件适用诉讼时效制度若干问题的规定》中规定,当事人未提出诉讼时效抗辩,人民法院不应对诉讼时效问题进行释明及主动适用诉讼时效的规定进行裁判。当事人在一审期间未提出诉讼时效抗辩,在二审期间提出的,人民法院不予支持,但其基于新的证据能够证明对方当事人的请求权已过诉讼时效

期间的除外。

根据一审卷宗中的市政府答辩状、庭审笔录以及二审卷宗的记载,一审期间市政府并未提出诉讼时效抗辩,二审期间市政府亦未提供新的证据证明香港某公司的请求权已过诉讼时效期间。二审法院主动适用诉讼时效的规定进行裁判,违反上述司法解释规定,属于适用法律错误。

二、二审裁定认定诉讼时效的起算点是否正确

本案中,双方当事人于 2013 年 8 月 24 日签订的"项目投资协议书"中约定的小商品项目建设期限是"自 2013 年 9 月至 2015 年 9 月建成运营",但因原地段无法使用,双方于 2014 年 9 月 24 日签订了"项目补充协议书",该协议变更了项目位置,将项目占地面积从原协议约定的 12560 平方米变更为约 5 万平方米,同时其第 3 条约定香港某公司取得项目建设净地后,建设工期为 18 个月;第 6 条约定,补充协议与原协议具有同等法律效力。

因此,该补充协议应当视为香港某公司与市政府达成一致对原协议的变更,补充协议中并未约定市政府对香港某公司提供建设净地的履行期限。二审裁定根据变更前的项目投资协议中约定的建设期限,将 2015 年 9 月作为香港某公司应当知道自身权利被侵害的起算点计算诉讼时效,属于认定事实不清。

综上,一、二审裁定存在认定事实不清、适用法律错误的情形,应予纠正。香港某公司的再审申请符合《行政诉讼法》第 91 条规定的情形。依照《行政诉讼法》第 92 条第 2 款之规定,裁定如下:指令省高级人民法院再审本案。

案件评析与思考

(一)行政协议适用起诉期限还是诉讼时效的问题

对于行政协议来讲,其主要目的在于实现行政管理的目标,行政主体处于行政主导地位,也是行政优益权的集中体现。而民事协议主要注重私益性,双方意思自治,平等自愿调整各自权利义务。法院则基于以上不同特征,区分不同法律关系,以确定并适用不同司法审查标准,以达到针对性化解纠纷的目的。

《最高人民法院关于审理行政协议案件若干问题的规定》[1]第25条规定:公民、法人或者其他组织对行政机关不依法履行、未按照约定履行行政协议提起诉讼的,诉讼时效参照民事法律规范确定;对行政机关变更、解除行政协议等行政行为提起诉讼的,起诉期限依照行政诉讼法及其司法解释确定。行政诉讼中的起诉期限不同于民事诉讼中的诉讼时效,其是法律设定的起诉条件之一,是行政起诉能否进入司法实体审查的重要标准。此前,行政诉讼中本不适用诉讼时效制度,不存在时效中止、中断、顺延,而适用起诉期限规则,但现在实务中特定类型的行政协议案件以适用诉讼时效制度为主要裁判观点。

(二)法治是最好的营商环境

法治是最好的营商环境,要在法治的框架下,保护民营企业家的名誉权、人身权等人身权益,防止将经济纠纷当作犯罪处理,将民事责任变成刑事责任,充分保护企业家的合法权益,在民营经济受到司法侵害时提供有效救济,为企业提供一个平等、清廉、包容、创新的营商环境,让企业敢于创业、放心投资、踏实经营。

良好的营商环境需要政府支持、司法保护,任何一个错误的发生,都将打击民营企业家走入地方投资经营的信心,带来严重的负面影响。一直以来,我国努力走司法独立制度,努力让人民群众在每一个案件中感受到公平正义的存在,制定两审终审制度,用严密的审判制度保障审判公正。

---

[1] 于2019年11月12日由最高人民法院审判委员会第1781次会议通过,现予公布,自2020年1月1日起施行。

第六部分

行政不作为

案例 28

保险监管机关应如何处理保险公司乱收费

——陈女士诉原中国银行保险监督管理委员会不履行法定职责案

▍导读提示

陈女士为奶奶投了一份老年人健康险,奶奶去世,电子保单显示身故赔偿 8 万元,保险公司只赔了 2 万元。打印出来的纸质保单上身故赔偿金只有 2 万元,陈女士认为这是欺诈保险消费者的"阴阳保单"。

在交涉无果后,陈女士决定委托我代理此案。接受委托后,我向原中国保险监督管理委员会(以下简称保监会)[1]提出了履行法定职责申请,要求对保险公司的"阴阳保单"和老年人健康险存在的重复收费问题一并查处。

保监会经过调查,责令保险公司将多收 12024 名投保人的 260 万元保险金全部退还,并发出监管措施,要求保险公司整改,并报告整改措施。陈女士要求保监会公开对此案的监管函和保险公司呈送的整改报告。保监会只同意公开监管函,而以涉及保险公司商业秘密为由拒绝公开整改报告。

原级复议后,保监会维持自己作出的告知,一审法院以整改报告并非整体涉及商业秘密为由撤销告知书第 2 项。保监会和保险公司不服上诉,被二审法院维持原判,驳回上诉。

陈女士提起的多起行政诉讼,促使多个保险监管文件出台,北京市第一中级人民法院将其中一案评为"涉中央部委十大行政案件"之一。该院在评选理由中称"本案是保险业监管领域的新类型案件,同时也是本院受理的保险行业复议双被告的第一案"。

---

[1] 变更为国家金融监督管理总局。

案情回放

2012年1月2日,陈女士在某著名保险公司官网上为自己的爷爷和奶奶购买了一份老年人健康险,保费为232元。奶奶意外身故,2013年11月29日陈女士去保险公司办理理赔过程中,无意中发现自己所购买保险的保障金额与理赔金额相差4倍。

保险公司系统内的电子保单显示一般意外身故赔偿金是8万元,打印出来的电子保单和纸质保单却显示身故赔偿金只有2万元。陈女士要求保险公司对此给出合理解释。保险公司的答复是:"系统出错,这份保单只能获赔2万元。"

在陈女士看来,保险公司是故意隐瞒事实,欺诈保险消费者,这种"阴阳保单"侵犯了她作为保险消费者的知情权及合法权益。

对于保险行业中存在的一些潜规则,陈女士觉得要较真一下,既为自己,也为其他的投保人。因为曾代理过陈女士的另外两起案件,陈女士觉得我有行政法律师业务的优势,决定委托我代理此案。

接受委托后,我向物价局、发展改革委、保监会提出了履行法定职责申请,要求对保险公司涉嫌的价格欺诈和损害投保人合法权益的行为进行查处,将老年人健康险中多收取的费用退还给全体投保人。

监管机关应该说还算积极,立即进行调查取证。

接到提出查处申请,保监会于2014年10月13日对陈女士作出如下办公厅便函(2014)492号《履行法定职责情况告知书》:

您的《履行法定职责申请书》已收悉。针对您反映的中国××财产保险股份有限公司涉嫌违法违规经营问题,我会进行了调查。结合前期对该公司网销老年人健康保险检查情况,先就有关问题答复如下:

一、关于您反映的"价格欺诈"问题

经查,2013年1月2日和4月8日你在该保险公司官网为×××和×××购买的两张保单,投保意外身故残疾保险责任的保额选择均不一样,因此对应的保险责任收费也不一样。

×××的保单意外伤害身故、残疾和烧烫伤保额为4万元,对应的交通意外伤害身故、残疾保额也为 4 万元,因此,投保时该项保险责任收费 216 元;×××投保时选择的意外伤害身故、残疾和烧烫伤保额为 2 万元,对应的交通意外伤害身故、残疾保额也为 2 万元,投保时该项保险责任收费 108 元。

保险公司发现重复收取保费后,对两张保单的退款金额进行了计算,×××应退款 108 元(不含利息),×××应退款 54 元(不含利息),分别为原收取保费的一半。调查发现,保险公司确实存在重复收取保费的问题。

……

三、关于您反映的"阴阳保单"问题

经调查,2013 年 5 月保险公司发现网销老年人健康保险的保单数据在向承保系统传递时存在异常,2013 年 6 月该公司进行了系统升级修复,但由于修复方案不完整,部分数据未能得到修正。

您在保险公司理赔系统"报案平台"看到的保单信息是已修正信息,"查询平台"看到的保单信息是未修正信息,两者存在差异。调查中未发现阴阳保单问题。

综上,对调查中发现的保险公司重复收取保费、网销产品开发上线管理疏漏等问题,我会将依法采取相应监管措施。

特此答复。

依此告知,提出的查处事由基本得到了保监会的认可。

争议再起

2015 年元旦之后,我接到一位自称是保监会工作人员的电话:"就您代当事人陈女士反映的问题,我会已经向保险公司发出了监管函,要求该公司立即组织整改,该公司 2014 年 12 月 22 日已经向我会书面报告了整改情况,特此电话通知。"

"是不是应该给我们一份监管函和整改报告,哪怕是复印件也行。"我提出自己的合理要求。

对方在电话中说道:"涉及保险公司商业秘密,无法提供。"

我作出让步:"但你应当告诉我文号,否则怎么能判断出真假?"

对方犹豫了一会儿:"我得请示领导后再回复你。"

1小时后,该工作人员来电告诉了我监管函的全称及文号。

有了文号,我试着电话沟通了几次,遭到拒绝,对方说因涉及保险公司商业秘密,只能提供给公安、法院或检察机关,不能对当事人提供,也不能向当事人的律师提供。

保监会虽进行了查处,但陈女士享有知情权,对这样敷衍的答复,我首先想到了《政府信息公开条例》。

2015年3月我代陈女士向保监会提出政府信息公开申请,要求公开(2014)44号监管函和涉案保险公司于2014年12月22日提交给保监会的整改报告及相关材料。保监会于2015年3月31日对陈女士作出如下告知:

你于2015年3月12日提出的政府信息公开申请书收悉。现将有关事项告知如下:

一、我会向你公开《中国保监会监管函》(2014第44号),请见附件。

二、根据《政府信息公开条例》第十四条、第二十三条的有关规定,并经书面征求第三方保险公司的意见,你申请公开的报告内容因涉及该公司老年人健康保险的商业秘密,因此不向你公开。

附件:《中国保监会监管函》(2014第44号)

连同政府信息告知书一起寄来的是如下一份监管函:

中国保险监督管理委员会
监管函

监管函 2014 第 44 号

中国××财产保险股份有限公司:

经查,你公司在网络销售老年人健康保险过程中存在以下问题:

一是多收费。你公司的网络销售系统将意外伤害身故、残疾和交通意外身故、残疾特别保险金两项责任的保费重新计算,导致多收取客户保费。该款网销产品从上线至停售共销售保单 24892 件,涉及投保人 12024 名,合计多收取保费 260 万元。

二是网络产品开发上线工作机制存在缺陷,你公司缺乏对网销产品开发上线的规范流程和操作指引,网销部门和产品部门沟通不充分,产品部门对核心业务系统功能不熟悉。虽然你公司在发现系统之间保单数据传递异常后,对系统数据进行了修复,但部分数据未能得到修正,导致有 224 件保单在你公司理赔系统"报案平台"和"查询平台"显示信息不一致。针对上述问题,现对你公司提出以下监管要求:

一、责令你公司立即组织整改,全面清理网销工作存在的问题。你公司应成立专门的整改工作领导小组,制定详细整改方案,明确整改工作分工、工作进度和完成时限,严格落实整改责任。整改方案应该包括退还保费等具体处理措施。

二、你公司要以此次整改为契机,举一反三,深刻剖析问题产生的原因,对相关人员进行责任追究。同时强化依法合规和消费者权益保护意识。进一步加强对网销渠道的管理,完善网销产品开发上线工作机制,不断提升服务水平。

你公司应于 2014 年 12 月 24 日前将整改落实情况书面报告我会,并定期汇报退还保费工作进度。我会将视你公司整改情况,采取后续监管措施。

中国保险监督管理委员会
2014 年 12 月 4 日

通过监管函可以看出,保险公司多收了 12024 名投保人 260 万元保费,涉及人数之多,数额之巨大,可见一斑。如果没有执着和不断的推进,多收的 260 万元保费就成了"无头案"。

后来,我接到朋友的咨询电话:"我接到一个自称是保险公司的工作人员通过五位数客服总机打来的电话,让提供银行账号,说要退 54 元的老年人健康保险费和利息,这是真的吗?不会是骗子套我的银行卡号吧?"我自信地回答:"只要你在××保险公司曾买过老年人健康险,就不会是骗局。"

朋友问我为何那么肯定?我笑而不答。

应当说,保监会还是很重视保险消费者的合法权益的,对保险公司的违规行为,敢于亮剑,要求保险公司强化消费者权益保护意识。

各方观点

对于保险公司提交给保监会的整改报告,陈女士认为自己享有知情权,既然保监会认为保险公司以涉及商业秘密为由不予公开,那就只有进一步走法律程序了。为此,我代陈女士向保监会提出了原级行政复议申请,2014年2月4日,保监会作出维持决定,行政复议失败,我随之代陈女士起诉保监会。

北京市第一中级人民法院受理本案后,依法追加了涉案保险公司为本案第三人。

保监会简要提出如下抗辩意见:

1. 保监会作出的告知和行政复议决定程序合法;

2. 保监会作出告知,履行了法定职责,符合法律规定;

3. 原告申请公开的第2项信息涉及商业秘密,且不存在区分处理的可能性,保监会对此已经尽到了审查职责。

为此,请求法院判决驳回陈女士的诉讼请求。

保险公司辩称:

1. 原告申请公开的第2项信息涉及保险公司的业务整改流程、各部门的设置和职责等商业秘密,且保险公司采取了保密措施,保监会作出的告知认定的事实清楚;

2. 原告公开其申请的第2项信息,并不能达到其诉讼目的;

3. 原告申请公开的第2项信息不具备区分处理的条件。

故请求法院判决驳回原告的诉讼请求。

在举证期限内,保险公司向法院提交了4份证据,证明其对涉案信息采取了保密措施,涉案的整改报告,属于第三人的商业秘密:

1.《关于下发商业秘密保护管理暂行办法的通知》;

2.《商业秘密保护管理暂行办法》;

3.《用印签报》;

4.《商业秘密登记信息》。

就保监会和保险公司的答辩意见,在开庭当天,我提出了如下反驳意见:

一、保监会应当公开整改报告及其他材料

原告于2013年购买了2份老年人健康险,在理赔过程中发现"阴阳保单"问题,向被告提出了查处申请,被告依法对保险公司下达了监管函,确认第三人存在违规经营,尤其是重复收费的问题。被告公开监管函无疑值得肯定,但拒不公开保险公司的整改报告及相应材料是在故意袒护。

二、要求保监会公开整改报告及材料于法有据

2007年《政府信息公开条例》第14条第4款规定,"行政机关不得公开涉及国家秘密、商业秘密、个人隐私的政府信息。但是,经权利人同意公开或者行政机关认为不公开可能对公共利益造成重大影响的涉及商业秘密、个人隐私的政府信息,可以予以公开";第22条规定,"申请公开的政府信息中含有不应当公开的内容,但是能够作区分处理的,行政机关应当向申请人提供可以公开的信息内容"。[1]

三、整改报告及相关材料不属于商业秘密

保监会作为监管部门,具有法定监管职责,其依法获取并保存的整改报告,是类似于违法违规经营的检讨书或道歉函,体现的是如何纠正违法违规经营行为,并不涉及所谓的商业秘密。

1993年《反不正当竞争法》第10条第3款规定:"本条所称的商业秘密,是指不为公众所知悉、能为权利人带来经济利益、具有实用性并经权利人采取保密措施的技术信息和经营信息。"[2]保监会和第三人没有证据证明整改报告及相关材料属于商业秘密。

---

[1] 现行有效的为2019年《政府信息公开条例》第14条、第15条、第37条。
[2] 现行有效的为2019年《反不正当竞争法》第9条第4款。

四、没有证据证明整改报告全部涉及商业秘密

保监会虽然向第三人保险公司征求了意见,但保监会没有对是否涉及商业秘密尽到审查职责。另外,现有证据不能证明整改报告的全部内容均属于上述《反不正当竞争法》所规定的商业秘密。可见,保监会及第三人保险公司关于整改报告整体属于商业秘密,且不存在区分处理可能性的说法属无稽之谈。

根据保监会和第三人提供的证据,并不能证明整改报告的全部内容均属于《反不正当竞争法》第 10 条第 3 款规定的涉及第三人商业秘密的信息,即便涉及商业秘密,也能够作区分处理。

保监会和第三人关于整改报告整体属于商业秘密,不能区分处理的抗辩意见缺乏最基本的事实和法律依据,与《政府信息公开条例》第 22 条"申请公开的政府信息中含有不应当公开的内容,但是能够作区分处理的,行政机关应当向申请人提供可以公开的信息内容"[1]之规定相悖。

五、保监会作出的行政复议决定也应一并撤销

《最高人民法院关于适用〈中华人民共和国行政诉讼法〉若干问题的解释》第 10 条第 1 款规定,人民法院对原行政行为作出判决的同时,应当对复议决定一并作出相应判决。[2] 既然保监会作出的告知部分错误,维持该部分错误告知的行政复议决定也应当一并撤销。

综上,原告的诉讼主张合法有据,应当得到法院支持,保监会及第三人的抗辩意见逻辑不清,依据不足,不应采信。

一审裁判意见

北京市第一中级人民法院经审理后认为:

2007 年《政府信息公开条例》第 14 条第 4 款规定,"行政机关不得公开涉

---

[1] 现行有效的为 2019 年《政府信息公开条例》第 37 条。
[2] 现行有效的为《最高人民法院关于适用〈中华人民共和国行政诉讼法〉的解释》(2018 年 2 月 8 日施行)第 136 条第 1 款。

及国家秘密、商业秘密、个人隐私的政府信息。但是，经权利人同意公开或者行政机关认为不公开可能对公共利益造成重大影响的涉及商业秘密、个人隐私的政府信息，可以予以公开"；第21条第1项、第2项规定，"对申请公开的政府信息，行政机关根据下列情况分别作出答复：(一)属于公开范围的，应当告知申请人获取该政府信息的方式和途径；(二)属于不予公开范围的，应当告知申请人并说明理由"；第22条规定，"申请公开的政府信息中含有不应当公开的内容，但是能够作区分处理的，行政机关应当向申请人提供可以公开的信息内容"。[1]

《反不正当竞争法》第10条第3款规定，"本条所称的商业秘密，是指不为公众所知悉、能为权利人带来经济利益、具有实用性并经权利人采取保密措施的技术信息和经营信息"。

本案中，经审查，根据现有证据不能证明整改报告的全部内容均属于上述规定中的涉及第三人商业秘密的信息，整改报告属于上述规定中能够作区分处理的信息。保监会、保险公司关于整改报告整体属于商业秘密，且不存在区分处理可能性的诉讼主张缺乏事实和法律依据。

因此，保监会作出被诉告知书第2项内容缺乏事实和法律依据，依法应当予以撤销。原告要求撤销被诉告知书第2项内容的诉讼请求符合法律规定，予以支持。鉴于保监会对陈女士提出的第2项政府信息公开申请，尚需调查、裁量，故应判决保监会在一定期限内重新答复。原告关于判令保监会公开第2项信息的诉讼请求，不予支持。

《最高人民法院关于适用〈中华人民共和国行政诉讼法〉若干问题的解释》第10条第1款[2]规定，人民法院对原行政行为作出判决的同时，应当对行政复议决定一并作出相应判决。因法院依法撤销了被诉告知书第2项内容，保监会作出的被诉决定书中维持被诉告知书第2项内容的部分结论错误，故依法应当一并撤销。

原告关于撤销被诉决定书的诉讼请求，法院酌情给予部分支持。为此：

---

[1] 现行有效的为2019年《政府信息公开条例》第14条，第15条，第36条第1项、第3项，第37条。
[2] 现为《最高人民法院关于适用〈中华人民共和国行政诉讼法〉的解释》第136条第1款。

（1）撤销被诉告知书第 2 项；（2）责令保监会于法定期限内对原告的第 2 项政府信息公开申请，即"中国××财产保险股份有限公司 2014 年 12 月 22 日提交到保监会《关于中国保监会监管函（2014）44 号'网销老年人健康保险'有关情况及整改措施的报告》的所有材料"予以重新答复；（3）撤销被诉行政复议决定书中关于维持被诉告知书第 2 项的内容；（4）驳回原告的其他诉讼请求。

保监会的上诉理由

接到该判决后，被告保监会和第三人保险公司同时提起了上诉，保监会的主要上诉理由如下。

一、被诉行为证据确凿、适法正确、程序合法

被诉告知书的作出符合《政府信息公开条例》关于行政机关办理信息公开事项的程序规定。保监会提供的证据足以证明涉案信息涉及第三方的商业秘密及相关员工的个人隐私，公开该信息可能损害第三方合法权益，且第三方不同意公开该信息。被诉告知书适用了《政府信息公开条例》和《反不正当竞争法》的相关规定，适用法律正确。

二、对保险公司提交的证据不予采信处理不当

保险公司向一审法院提交的证据系用于证明其对涉案信息采取了保密措施，涉案信息属于商业秘密。该证据系办公 OA 系统生成的电子数据，且证据本身也属于商业秘密，无法当庭演示，一审法院可前往该公司进行核实，在未经核实的情况下便对该证据不予采信处理不当。

三、对整改报告作区分处理无实质意义

从整改报告内容来看，该报告是一个整体，包括保险公司的部门职责及产品上线流程等商业秘密，如果删除报告的实质内容，则剩余部分没有实际意义，所以对整改报告无法区分。

综上，保监会所作被诉告知书证据确凿、适用法律正确、符合法定程序，一

审判决对于相关标准把握过于严格。故请求二审法院撤销一审判决,并驳回陈女士的诉讼请求。

保险公司的上诉理由如下。

一、整改报告内容属于商业秘密

首先,整改报告确实不为公众所知悉,仅提供给保监会,即使在保险公司内部也仅有拟稿人及用印审批流程中所涉有限的公司领导知悉该报告的具体内容,符合商业秘密不为公众所知悉、处于秘密状态的特征。

其次,整改报告共四部分,或涉及保险公司内部整改时的组织分工和参与部门以及整改方式,或涉及整改后的网销保险产品的设计、审批等上线流程与各部门的职责,或涉及保险公司的经营数据,或系保险公司对员工的奖惩措施。上述内容都是保险公司在经营中根据经营实践拟定、修正进而发展成熟的,是使其在经营保险业务中能够区别于竞争对手、形成商业竞争力的信息,因此该整改报告符合具有经济价值的商业秘密的特征。

最后,保险公司对整改报告采取了保密登记,列为保密事项,符合商业秘密应经权利人采取保密措施的特征。保监会认定该整改报告属于商业秘密,符合法律规定,认定事实正确。

二、整改报告无法作区分处理

整改报告不属于能够区分处理的信息,不具备区分处理后将不涉密内容公开的条件。整改报告的实质性内容,属于保险公司商业秘密的各项管理流程、部门职责、经营数据和人事处罚信息,如果将上述信息分割开来,剩余部分不具有任何实质性内容。因此,该整改报告不具备信息的可分割性,无法进行区分处理。

综上,一审法院未予考量对保险公司商业秘密的保护,故请求二审法院撤销一审判决,并驳回被上诉人的诉讼请求。

北京市高级人民法院裁判意见

北京市高级人民法院经过审理,驳回上诉,维持原判,其二审裁判意见为:

《政府信息公开条例》第13条规定,"除本条例第九条、第十条、第十一条、第十二条规定的行政机关主动公开的政府信息外,公民、法人或者其他组织还可以根据自身生产、生活、科研等特殊需要,向国务院部门、地方各级人民政府及县级以上地方人民政府部门申请获取相关政府信息"。[1] 该条例第36条规定,"法律、法规授权的具有管理公共事务职能的组织公开政府信息的活动,适用本条例"。[2]《保险法》第9条第1款规定,国务院保险监督管理机构依法对保险业实施监督管理。[3] 根据上述规定,保监会作为法律授权的对保险业实施监督管理的事业单位法人,针对被上诉人提出的涉及保险业管理的信息公开申请,负有依照《政府信息公开条例》予以处理的法定职责。

《政府信息公开条例》第14条第4款规定,"行政机关不得公开涉及国家秘密、商业秘密、个人隐私的政府信息。但是,经权利人同意公开或者行政机关认为不公开可能对公共利益造成重大影响的涉及商业秘密、个人隐私的政府信息,可以予以公开";第23条规定,"行政机关认为申请公开的政府信息涉及商业秘密、个人隐私,公开后可能损害第三方合法权益的,应当书面征求第三方的意见;第三方不同意公开的,不得公开。但是,行政机关认为不公开可能对公共利益造成重大影响的,应当予以公开,并将决定公开的政府信息内容和理由书面通知第三方"。[4]

本案中,保监会在接到被上诉人要求公开整改报告的申请后,认为该整改报告涉及保险公司的商业秘密,故对此书面征求了保险公司的意见。保监会上述履行政府信息公开职责的程序符合行政法规的相关规定。

《政府信息公开条例》第22条规定,申请公开的政府信息中含有不应当公

---

[1] 现行有效的为2019年《政府信息公开条例》第27条。
[2] 现行有效的为2019年《政府信息公开条例》第54条。
[3] 现行有效的为2018年《保险法》第7条。
[4] 现行有效的为2019年《政府信息公开条例》第14条、第15条、第32条。

开的内容,但是能够作区分处理的,行政机关应当向申请人提供可以公开的信息内容。本案中,经征求意见程序获得保险公司不同意公开整改报告的意见后,保监会并未进一步提供证据证明其在行政程序中履行了对整改报告的全部内容是否均属于商业秘密,以及整改报告的内容是否可作区分处理进行相应审查的职责。

故保监会在未履行上述审查职责的情况下,直接作出被诉告知书拒绝向陈女士公开整改报告,不符合行政法规的规定。另外,需要着重指出的是,在案证据显示,被上诉人要求公开的整改报告,系保监会在履行监管职责中,发现保险公司的相关经营存在问题而要求该公司进行整改,该公司应保监会的监管要求而提供上述报告。整改报告的内容也主要是针对保险公司在经营中存在的问题所采取的整改措施。

因此,保监会应该将整改报告是否整体上均属于商业秘密以及是否具有内容可分性作出严格审查,以此防止将保险业领域内针对涉嫌违法违规行为所进行的整改而产生的信息泛化定性为商业秘密的处理倾向。故对保监会提出的一审法院把握相关标准过于严格的主张,不予支持。

本案中,保监会接到被上诉人的政府信息公开申请后,虽履行了收文登记、征求意见、作出被诉告知书并予以送达等行政程序,但并未履行审查整改报告全部内容是否均属于商业秘密、是否具有可分性等职责。

故对于被诉告知书的第 2 项内容应予撤销,保监会应依照《政府信息公开条例》的相关规定重新履行政府信息公开职责。因保监会在行政复议程序中作出的被诉决定维持了被诉告知书的第 2 项内容,故依法应对被诉决定中维持被诉告知书第 2 项内容的部分一并予以撤销。

综上,一审判决认定事实清楚,适用法律正确,本院应予维持。

案件评析与思考

本案中涉及的法律关键点是《政府信息公开条例》,《政府信息公开条例》明确了政府信息公开与否的界限,完善了依申请公开的程序规定,有助于更好推进政府信息公开,切实保障人民群众依法获取政府信息。

根据《政府信息公开条例》,除不予公开的政府信息外,政府信息应当公开。不予公开的政府信息包括:依法确定为国家秘密的政府信息,法律、行政法规禁止公开的政府信息,公开后可能危及国家安全、公共安全、经济安全、社会稳定的政府信息,公开会对第三方合法权益造成损害的政府信息。根据该条例,行政机关内部事务信息、过程性信息、行政执法案卷信息可以不予公开。该条例明确划定不予公开的范围后,真正确定了公开与不公开的边界,使该条例明确规定的"以公开为常态、不公开为例外"的原则具有操作基础,推动条例实施与政务公开工作全面迈上新台阶。

案例 29

公安机关对非法砍伐果树行为是否应处理

——李军诉区政府及公安局不履行法定职责及行政复议案

▍导读提示

在一起粮油物流建设项目中,需要拆迁村民房屋。对于建房手续有瑕疵的,村镇及建设方联动,打着执行《城乡规划法》的名义,将其拆除干净。面对李军既有土地使用证又有房产证的房屋,建设方犯了难。

此时有人出主意,房子拆不了,不如声东击西,砍掉李军地里的果树,逼其签订拆迁补偿协议。2016年1月25日,一群不明身份的社会闲杂人员,控制住李军一家,将55棵果树全部砍伐。

李军报警,公安机关调查取证后,作出《不予调查处理告知书》,称"报警事项系因粮油物流工程在所在村建设,该村清理原告等人栽种的果树引起,系基于土地承包合同产生的果木砍伐纠纷,不属于公安机关职责范围"。

向区政府申请行政复议,区政府认可公安机关的说法,驳回复议申请。向法院起诉,法院认定,报警事项属于公安机关职责范围,应当对违法行为进行依法查处。对此,作出一审判决,撤销公安机关《不予调查处理告知书》和区政府《行政复议决定书》,责令公安机关履行法定职责。

最终确定砍果树是受镇政府指使,调转诉讼方向,法院最终判决镇政府赔偿损失。

▍案情回放

一天早起,李军发现,村里的各家各户,墙上突然被刷上一个大大的红色

"拆"字,"拆"字外还有一个圆圈。原来,一起粮油物流建设项目需要征用李军所在村的土地和房屋。

很快,村镇干部轮番上门做工作,要求李军配合征地拆迁,主动交出地和房屋。按其给出的条件,李军一家人维持生计的果树,不值1年挂果卖的钱,两证齐全的独家小院,变成了村里统一建设的无证小产权房。

李军果断拒绝,这房屋是自己情感的归属,小院里有自己栽的果树和花草,累了树荫下躺一下,小日子也很滋润。李军有很深的乡土情怀,觉得这个家、这个房屋、这个院子,还有地里的55棵果树,就是自己的全部精神寄托。而今,因为征地拆迁,平静的生活被彻底打乱。

村里没有办理乡村规划许可的房屋,纷纷接到强拆通知。

李军的房屋有两证,这一招数显然行不通。有人出主意:"他家的承包地,就说手续不全,他不配合拆房子,就去砍他的果树,看他一家以后怎么生活!"

2016年1月15日,一群身份不明的人,来到果树地,将正在劳作的李军和其父母控制住,志在必得地说道:"是要你们的房子,还是要你们的果树?拆迁安置协议就在你的眼前,只要肯签字,一切好商量。""流氓,"李军怒不可遏,再次严词拒绝,"你们做梦。"

领头的人踱着八字步,轻蔑地一笑,大手一挥:"砍!"一群人手持电锯冲进地里。碗口粗的果树,在电锯发出的沉闷声中一排排倒下,事后一数,不多不少,整整55棵。事后李军说道:"终于理解了一些被拆迁户为何不惜以死相搏!都是被逼出来的。"

此时,我已经代理李军等7户的房屋拆迁案,建议李军赶紧向公安机关报案,并索要受案回执单,这是典型的毁坏财物的不法行为。

2016年4月21日,公安机关作出《不予调查处理告知书》,理由是报案称果树被砍一案,不属于公安机关管辖范围,请向其他有关主管机关报案、投诉或投案。

这样的答复意见,显然就是不履行法定职责,我代理李军向区政府申请行政复议,要求撤销《不予调查处理告知书》,并责令公安分局立即履行法定职责,调查处理,惩治不法行为。

2016年7月20日,区人民政府作出行政复议决定,认为区公安分局在接警后积极取证,调查了解情况,已经尽到告知并说明理由的义务,维持区公安分局作出的不予调查处理决定。

接到行政复议决定,我代李军向区法院提起行政诉讼,将区公安分局和区政府列为共同被告,提出3项诉讼请求:(1)依法撤销区公安分局《不予调查处理告知书》;(2)依法撤销区政府《行政复议决定书》;(3)责令区公安分局继续履行法定职责,惩治不法行为。

我提交的证据很简单,一份《报案回执单》,一份《不予调查处理告知书》和一份《行政复议决定书》。

被告答辩

接到法院应诉通知书,区公安分局提交了《受案登记表》《权利义务告知书》《不予调查处理告知书》《本地常住人口详细查询结果》《询问笔录》等证据,证明其履行了告知义务,作出《不予调查处理告知书》有事实和法律依据。同时提出如下书面答辩意见:

《公安机关办理行政案件程序规定》(2014年)第47条第1款规定:"公安机关对报案、控告、举报、群众扭送或者违法嫌疑人投案,以及其他行政主管部门、司法机关移送的案件,应当及时受理,制作受案登记表,并分别作出以下处理:……(三)对不属于公安机关职责范围内的事项,书面告知报案人、控告人、举报人、扭送人、投案人向其他有关主管机关报案或者投案。"[1]

2016年1月16日,原告报警称其果树被砍。答辩人受案后及时出警,经调查取证后,认定原告报警事项系因粮油物流项目在原告所在村建设,该村清理原告等人栽种的果树引起,系基于承包合同产生的果木砍伐纠纷,不属于公安机关职责范围。答辩人依法作出《不予调查处理告知书》并向原告送达,告知原告向其他有关主管部门报案、投诉或投案。

答辩人在接到原告的报警后及时出警,依法履行了受案、调查、回告等法定职责,依据调查的事实作出《不予调查处理告知书》,该告知认定事实清楚、证据

---

[1] 2020年公安部修正《公安机关办理行政案件程序规定》,该规定变为了第61条。

确实充分、程序合法、法律适用正确,依法应予维持。

综上,为维护答辩人的合法权益,请人民法院依法查明案件事实,作出公正处理。

可见,区公安分局认为,这事管不了,作出的《不予调查处理告知书》符合法律规定,已经做到仁至义尽。

区政府的答辩,则更为详细,不但支持了区公安分局的说法,还认为自己作出的行政复议决定程序合法,事实清楚,证据充分。其具体理由如下。

一、区政府作出《行政复议决定书》符合法定程序

2016年4月28日,答辩人收到原告提交的行政复议申请及相关材料。经初步审查,答辩人对该复议申请予以受理。5月4日,答辩人向原告的委托代理人寄送《行政复议受理通知书》。同日,向被申请人区公安分局送达《提出行政复议答复通知书》及行政复议申请副本。

2016年5月13日,被申请人向答辩人提交书面答复及相关证据、依据等。因情况复杂,不能在规定期限内作出行政复议决定,经负责人批准,答辩人决定将审理期限延长三十日并告知原告。

2016年7月22日,答辩人作出《行政复议决定书》,并分别向原告的委托代理人及被申请人送达。上述程序,符合《行政复议法》第十七条第二款、第二十三条第一款、第二十八条第一款以及第三十一条第一款等关于行政复议案件办理程序之规定。

二、《行政复议决定书》认定事实清楚,适用依据正确

经答辩人审理查明,2016年1月16日15时许,原告报警称有人将其承包果园内的林木损坏。被申请人接警后指令派出所出警。经调查,证实系在建项目"粮油物流园"需要在原告所在村建设,原告的果园在建设项目用地范围内,因未能就果树赔偿协议达成一致,村委会成员在与原告多次沟通未果后,于2015年1月15日上午将其果树砍伐。

2016年4月21日,被申请人作出《不予调查处理告知书》,说明该案不属于公安机关管辖范围,并向原告送达。答辩人认为被申请人作出《不予调查处理告知书》已经尽到告知并说明理由的义务,程序合法,处理适当。因此,答辩人根据《行政复议法》第二十八条第一款第(一)项之规定,作出《行政复议决定书》,维持了被申请人作出《不予调查处理告知书》的行为。

综上,答辩人作出的《行政复议决定书》认定事实清楚,适用依据正确,程序合法。原告的主张无事实及法律依据。请求人民法院依法驳回原告的诉讼请求。

律师意见

区法院对此案公开开庭审理,针对区公安分局和区政府的答辩理由,我提出了如下代理意见。

一、区公安分局管辖本案具有明确的法律依据

《人民警察法》第 2 条第 1 款规定:"人民警察的任务是维护国家安全,维护社会治安秩序,保护公民的人身安全、人身自由和合法财产,保护公共财产,预防、制止和惩治违法犯罪活动。"该法第 21 条第 1 款规定:"人民警察遇到公民人身、财产安全受到侵犯或者处于其他危难情形,应当立即救助;对公民提出解决纠纷的要求,应当给予帮助;对公民的报警案件,应当及时查处。"《治安管理处罚法》第 2 条规定:"扰乱公共秩序,妨害公共安全,侵犯人身权利、财产权利,妨害社会管理,具有社会危害性,依照《中华人民共和国刑法》的规定构成犯罪的,依法追究刑事责任;尚不够刑事处罚的,由公安机关依照本法给予治安管理处罚。"

《人民警察法》第 2 条第 1 款、第 21 条第 1 款和《治安管理处罚》第 2 条之规定构成了公安机关的职责范围,也是李军要求区公安分局履行法定职责的直接法律依据。可见,李军报案事项属于区公安分局管辖范围。

二、本案并不属于农村土地承包合同纠纷

李军及其祖辈都是该村人,果树地是村里统一分的,耕种经营了近 20 年,从未有任何人和任何单位提出过异议,和村里也没有所谓的"农村土地承包合同纠纷"。到目前为止,村里从来没有任何一个村干部承认果树是村委会毁损,

而且当天实施不法行为的歹徒都身份不明,何来"土地承包纠纷"一说!

事发此案与村镇组织实施的征地拆迁有关,如果确有土地承包纠纷,为何早不发生纠纷,晚不发生纠纷,偏偏在征地拆迁时就发生了"纠纷"!再者,即便真存在纠纷,应当向法院起诉,由法院裁判。擅自砍毁果树,是对私有财产的不法侵犯,属于违法犯罪,当属公安机关管辖。

三、公安分局在征地拆迁中角色严重错位

除暴安良,打击犯罪,确保一方平安,是公安民警的法定职责。

但区公安分局在参与该村的征地拆迁活动时,执法有轻有重:一是在当地组织的所谓违建强拆中,坐镇威慑,瓦解被拆迁人的心理防线;二是在村民人身或财产权面临威胁时,应当出警而不出警,或敷衍塞责。简言之,不该作为时乱作为,应该作为时不作为。

如此行政执法,缺乏正当性,是角色的严重错位。

四、区政府的行政复议决定应当依法予以撤销

首先如上所述,本案属于区公安分局的管辖范围,区政府在行政复议决定中认定本案不属于公安机关调查处理的案件,明显属认定事实不清,适用法律错误。其次,依据《行政复议法》及《行政复议法实施条例》之规定,负责行政复议的法制机构在拟定出行政复议决定后,应当报经本机关负责人审批或集中讨论作出,区政府没有提供证据证明其履行了这一法定程序,应当视为行政复议程序违法。

综上,李军提出的诉讼请求合法有据,请法院依法撤销区公安分局作出的《不予调查处理告知书》和区政府作出的《行政复议决定书》,并责令区公安分局履行法定职责,惩治违法犯罪行为。

法院判决

区人民法院经过审理,在查清事实、分清责任的基础上,依法作出一审行政判决。其裁判意见如下:

《人民警察法》第2条第1款规定:"人民警察的任务是维护国家安全,维护社会治安秩序,保护公民的人身安全、人身自由和合法财产,保护公共财产,预防、制止和惩治违法犯罪活动。"《治安管理处罚法》第2条规定:"扰乱公共秩序,妨害公共安全,侵犯人身权利、财产权利,妨害社会管理,具有社会危害性,依照《中华人民共和国刑法》的规定构成犯罪的,依法追究刑事责任;尚不够刑事处罚的,由公安机关依照本法给予治安管理处罚。"

本案中,原告以其所种植的树木被他人强行毁坏为由向被告报警要求处理,其报警事项符合违反治安管理行为的特征,属于公安机关的管辖范围。被告具有依照上述规定受案并予以处理的职责。被告在接警后进行了受案、出警、调查取证工作,通过相关人员的询问笔录可以证实,原告的果树被毁坏,系因村委在未与原告就拆迁事项达成协议的情况下,组织人员进行强行拆除。

被告应当根据查明的事实,依照有关法律规定,依法作出处理。被告以原告报警事项系因"粮油物流园"在原告所在村建设,该村委清理原告等人栽种的果树引起,系基于承包合同产生的果树砍伐纠纷,不属于公安机关职责范围为由,依据《森林法》的相关规定,作出《不予调查处理告知书》,应认定为适用法律法规错误,应予撤销。被告的行为构成不履行法定职责,依法应责令其限期履行。

《行政诉讼法》第79条规定:"复议机关与作出原行政行为的行政机关为共同被告的案件,人民法院应当对复议决定和原行政行为一并作出裁判。"《最高人民法院关于适用〈中华人民共和国行政诉讼法〉若干问题的解释》第9条第1款规定:"复议机关决定维持原行政行为的,人民法院应当在审查原行政行为合法性的同时,一并审查复议程序的合法性。"[1]

本案中,被告区政府接受原告的复议申请并予以立案,在审查被申请人提交证据及依据的基础上作出复议决定并依法送达,复议程序合法,但其以被告作出《不予调查处理告知书》已尽到告知并说明理由的义务,程序合法,处理适当为由,维持该告知书的行为错误,该复议决定应予撤销。为此,撤销《不予调

---

[1] 现行有效的为《最高人民法院关于适用〈中华人民共和国行政诉讼法〉的解释》(2018年2月8日施行)第135条第1款。

查处理告知书》和《行政复议决定书》。

这之后,公安机关经过调查,锁定砍果树是受镇政府指使,为此,将诉讼方向转向镇政府。经过一、二审,法院最终判决镇政府赔偿被砍果树的经济损失。

案件评析与思考

《人民警察法》第 2 条第 1 款规定:"人民警察的任务是维护国家安全,维护社会治安秩序,保护公民的人身安全、人身自由和合法财产,保护公共财产,预防、制止和惩治违法犯罪活动。"两个"维护"和两个"保护"属于公安民警的义务,而"预防和惩治"既是义务也是权利,这些构成了公安民警的法定职责范围。

《人民警察法》第 21 条第 1 款规定:"人民警察遇到公民人身、财产安全受到侵犯或者处于其他危难情形,应当立即救助;对公民提出解决纠纷的要求,应当给予帮助;对公民的报警案件,应当及时查处。"条文中的"立即救助"和"及时查处"高度概括了公安机关面对公民遇到危难和报警应当及时履行法律职责。"及时"二字是对履行法定职责的时间要求,即不能拖延或敷衍。法律明确规定了履职时间的,必须严格遵守,没有时间规定的,出于对相对人权利的及时保护,应当根据紧急程度,立即履行。

案例 30
超越评估资质范围的鉴定意见是否合法
——林卫平诉某市房管局对评估机构不履行监管职责案

▎案情回放

2007年12月,蓝天公司与林卫平经协商,就某市约35亩规划为"商业用地"的土地使用权签订一份联营合作开发项目协议。协议约定:林卫平出资1200万元,用于办理土地使用权许可证;蓝天公司负责办证前期费用;双方各占50%股权。

协议签订后,因蓝天公司未能依据协议约定办理共管账户,林卫平陆续支付给蓝天公司700万元,项目就此搁置。时隔几年,林卫平的家人在某一天开车路过涉案土地时,发现本已搁置的项目却高楼耸立,心生疑惑。

经仔细调查发现,原来暂停的合作项目早已悄悄启动,商品房建成且已售出。为了尽快挽回损失,林卫平将蓝天公司起诉至市中级人民法院,要求蓝天公司依据协议约定支付其项目50%的利益收入,并在诉讼中向市中级人民法院提出司法评估鉴定申请,要求评估该项目净利润。

对这个上亿元的项目,建联公司作为评估机构在收取50万元的评估鉴定费后却大篇幅剽窃网上不知名的文章,草率地弄出一份评估鉴定报告提交市中级人民法院。并且,建联公司是由市中级人民法院在评估机构库中摇号选出,不是林卫平个人委托,在此种选定方式下,建联公司仍敷衍塞责,林卫平觉得出50万元的评估鉴定费却成了"冤大头"。

因为我正好在代理这起标的近2亿元的合作开发合同纠纷案,我立刻向建联公司致函,要求其对该鉴定报告作出一份情况说明并退还鉴定费,建联公司却找各种理由推脱,拒不承认鉴定报告存在问题,也不退还鉴定费。

通过行政复议、诉讼等组合法律路径,也曾与住建部、自然资源部对簿公堂,最终缩小范围并锁定监管主体,直面市房管局。区法院驳回我方起诉,认为市房管局没有监管职责。上诉后,二审扭转乾坤,市中级人民法院不但认定监管机关就是市房管局,而且认定建联公司没有房地产评估资质。最后撤销一审判决和市房管局答复意见,责令市房管局履行法定查处职责。

借力各方

(一)先后向中国资产评估协会及财政部反映

向中国资产评估协会提出处理申请,该协会并未进行实质性调查,仅出具了一张未在署名处加盖公章的回函,大意是"这事不归我们管"。向财政部反映情况,财政部作出如下回复:

"建联公司是土地估价机构,由自然资源部对其行政监管,中国土地估价师与土地登记代理人协会对其自律监管,不属于财政部和中国资产评估协会监管范围。根据'属地管理、分级负责、谁主管、谁负责'的原则,建议向自然资源部或中国土地估价师与土地登记代理人协会咨询反映。"

可以看出,财政部认为,建联公司是土地估价机构,应属自然资源部监管。

(二)向中国土地估价师与土地登记代理协会反映

先通过电话沟通,再提交书面申请,请该协会依据协会章程对建联公司无相应委托事项无评估资质人员依法作出行业惩戒,并对出具有问题的评估鉴定报告进行查处,责令其停业改正,退还鉴定费。

中国土地估价师与土地登记代理人协会回复称:"案件类别为'房地产评估类',该案件选择出的机构应为房地产估价机构类别。房地产评估类无论是专业类别还是评估资质均不属于我会的职责。……我会建议你方按照该案件的'房地产评估类'类别,向相关行业协会及其行政管理部门提出申请;如有需要,可申请由法院向相关行业协会提出专业技术评审。"

可见,该协会将案件定性为房地产类别,认为不属于其管辖范围,建议向房地产相关行业协会和行政管理部门提出申请。对同一份评估鉴定报告的性质，中国土地估价师与土地登记代理人协会与财政部的认识不同，前者认为是房产评估，后者认为是土地估价。

（三）同时向住建部、自然资源部反映情况

因向各有关机构反映情况回复意见不一致，对涉案报告定性出现矛盾，我当即向房地产有关部门和土地有关部门均提交履行法定监管职责申请。

经过复议程序，自然资源部作出复议决定：评估内容是房地产开发项目的净利润，不涉及土地使用权价值的内容，不属于土地估价报告，对上述评估鉴定报告的监管不属于被申请人职责范围。

市房管局作出处理意见：建联公司系在省土地估价与登记代理协会备案登记的土地估价机构，而非房地产估价机构，其涉案报告属于土地咨询报告而非房地产咨询（估价）报告。同时，该公司承诺其从未以建联公司的名义，承揽房地产估价业务并出具房地产咨询（估价）报告……建议您向自然资源部门咨询了解有关情况。

住建部在复议决定中指出，省住建厅对查处事项不具有直接查处职责。

起诉两部

对该鉴定报告和无评估资质人员作出虚假评估的问题，两部门各执一词。自然资源部门认为，从评估内容看，应属于房地产有关部门管辖；住建部门认为，从建联公司性质看，建联公司属于土地估价公司，其违规行为应由土地有关部门进行查处。

双方的评判角度不同，对涉案虚假报告的定性不同，从表面上看，好似理由充分，但实际上却是相互推诿，是事实上的不作为。

建联公司仅具有土地评估资质，却作出对房地产内容评估鉴定的虚假报告，且拒不改正及退还鉴定费，这其中涉及房地产，也涉及土地，行政监管部门对此未明确规定管辖部门，存在职能划分不清的问题。

申请履职和行政复议未能实现预期，我继续通过诉讼途径解决，将住建部

和自然资源部的行政复议决定各诉至法院。经过开庭审理,我综合各有关判决、复议决定认定的事实,进一步明确了处理方向。

(一) 与自然资源部在庭审中的分歧

自然资源部认为:评估报告中无土地使用价值内容;评估方法也不是土地评估鉴定应当适用的方法;依据报告编号内容来看,报告应当属于咨询报告,相关内容均是对房地产净利润等进行评估,因此,涉案评估报告不属于土地估价报告,不属于自然资源部职责范围。

我方出庭意见:第一,建联公司作为具有土地评估资质的鉴定机构(持证经营),营业范围是土地估价评估,出具的鉴定报告却未适用正确的土地评估鉴定方法系违规行为;第二,建联公司接受法院的委托,就涉案项目进行鉴定(含咨询),以"建联地咨字(2019)第00"进行报告编号,并不足以证明涉案报告不是土地鉴定报告;第三,建联公司仅具有土地估价评估资质,出具的鉴定报告却不是土地估价评估,必然存在违法违规行为。

(二) 与住建部在庭审中的分歧

住建部认为:已将原告的申请转至省住建厅就有关情况进行调查核实,并无不妥,反映的问题不属住建部主管范围。原告反映的问题,同时涉及土地和房地产,对于无房地产评估资质却做出房地产评估鉴定的违法行为,并无明确规定应由住建部监管。

我方出庭意见:我方提出书面履行法定职责申请,请被告作出书面答复,被告却不对该履职申请进行审查,简单的将其定性为信访行为,单凭一张内容不清晰,合法性、真实性、关联性均欠缺的转办函无法证明被告已充分履职。

我方就该虚假评估报告同时向被告及自然资源部提交履职申请,自然资源部第一时间将履职申请转办给行业协会,行业协会作出的答复中明确涉案报告属于房地产性质,行业协会作出的答复定性其实也就代表了自然资源部的意思,认定涉案报告是房地产性质,建议原告向房地产监管部门申请履职,因此,原告申请被告履行法定职责并无不当。

关于职能划分管辖等问题,原告必然没有被告等相关行政机关专业,也无法对职能混同等问题确定由哪一行政机关对此行为履行监管职责。对我方来说，花费 50 万元的鉴定费在法院委托鉴定下得到一份敷衍了事、违规操作的评估鉴定报告是无法接受的，想要寻求有关部门帮助对此违法行为进行查处，可东奔西走，问题却迟迟没有解决，无人处理。

住建部若认为该案不属于自己的职能范围，也是自然资源部与住建部对职能划分不清晰，存在职能交叉，住建部可与自然资源部共同协商确定一个部门进行管辖，不能对履职申请不作任何答复。

出现转机

在几次的开庭审理中，法官注意到本案的关键问题：职能划分不清，住建部和自然资源部都有一部分的监管职责，究竟该由谁来处理？为了解决这一核心问题，我将与各个部门沟通的情况以及所收到的所有书面回函均提交承办法官，也与法官电话沟通数次，让承办法官能够更加全面、具体、细致地了解本案的实际情况和面临的困难。

随后，在与住建部的行政诉讼中，北京市第一中级人民法院法官对此事的管辖作出了认定：

"参照《房地产估价机构管理办法》第四十四条、《注册房地产估价师管理办法》第三十条的规定，对房地产估价机构在从事房地产估价活动中的违法行为，由该行为发生地的直辖市、市、县、市辖区人民政府建设（房地产）主管部门查处，被告对原告的举报事项不具有直接查处的职责。"

这份裁定虽没有直接要求住建部对其进行查处，但已将查处职责归到住建部门，根据地域管辖，由案发地的市房管局对其履行直接查处职责。

根据法律规定，法院生效裁判可以直接作为定案依据。我立即将北京市第一中级人民法院的行政裁定书用于与市房管局的诉讼中，将其作为新证据提交给市中级人民法院，同时将本案的其他有关书面意见作为补充证据提交。

一审败诉

此前,与市房管局履职一案,区法院以建联公司作为土地公司的违法行为不属于房管局职责为由作出行政判决,驳回我方的诉讼请求。其裁判理由如下:

《房地产估价机构管理办法》第3条规定:"本办法所称房地产估价机构,是指依法设立并取得房地产估价机构资质,从事房地产估价活动的中介服务机构。本办法所称房地产估价活动,包括土地、建筑物、构筑物、在建工程、以房地产为主的企业整体资产、企业整体资产中的房地产等各类房地产评估,以及因转让、抵押、房屋征收、司法鉴定、课税、公司上市、企业改制、企业清算、资产重组、资产处置等需要进行的房地产评估。"

《房地产估价机构管理办法》第47条规定:"未取得房地产估价机构资质从事房地产估价活动或者超越资质等级承揽估价业务的,出具的估价报告无效,由县级以上地方人民政府房地产主管部门给予警告,责令限期改正,并处1万元以上3万元以下的罚款;造成当事人损失的,依法承担赔偿责任。"

从上述规定可以看出,市房管局对房地产评估机构的违法行为有权进行监督和管理。

本案中,林卫平向市房管局投诉建联公司及评估师在鉴定中存在违法鉴定问题,其投诉对象建联公司为土地估价公司,而非房地产估价公司,对其进行查处不属于市房管局的职责范围。故市房管局按照省住建厅的函件要求对林卫平反映问题进行调查并作出《关于投诉反映建联公司违规问题的处理意见书》并无不当。林卫平的诉请无事实和法律依据,本院不予支持。

综上,市房管局作出的《关于投诉反映建联公司违规问题的处理意见书》主要事实证据充分,程序合法,适用法律正确,林卫平的诉请于法无据,本院不予支持。

二审胜诉

在二审中,我方把北京市第一中级人民法院的"对房地产评估机构违法行为应由市、区房管部门查处的"行政裁定作为新证据提交给了市中级人民法院。经过二审开庭,2022 年 4 月 19 日,市中级人民法院作出终审判决,撤销一审判决和市房管局答复意见,责令其重新处理,并对评估鉴定报告存在的问题进行了确认。市中级人民法院的裁判意见如下:

人民法院委托鉴定书中载明的委托鉴定内容为:(1)案涉联营开发协议项下房地产开发项目的净利润,按 2006 年 5 月 8 日"规划设计(土地使用)条件"进行鉴定;(2)案涉联营开发协议项下房地产开发项目的净利润,按 2014 年 7 月 30 日"规划设计条件(调整件)"进行鉴定;(3)案涉地块土地使用权的价值,分别以 2014 年 7 月 29 日建设用地规划许可证、2015 年 6 月 30 日建设工程施工许可证为节点进行鉴定,均对应 2006 年 5 月 8 日"规划设计(土地使用)条件";(4)案涉地块土地使用权的价值,分别以首次商品房预售许可证、首套房产销售备案、2018 年 4 月 19 日工程竣工验收备案证为节点进行鉴定(含同期、同类土地使用权价值进行咨询),均对应 2006 年 5 月 8 日"规划设计(土地使用)条件"。

《市产权交易所摇号选择中介机构确认书》载明的案件类别系房地产评估类,委托事项为上述四项委托鉴定内容。建联公司针对第三、四项事宜向法院出具退案函,就有关土地使用权价值部分的鉴定内容作退案处理。建联公司作出的报告,载明估价目的系对案涉联营开发协议书项下房地产开发项目的净利润,按 2006 年 5 月 8 日与 2014 年 7 月 30 日"规划设计(土地使用)条件"进行鉴定并发表专业意见;估价结果得出房地产开发项目在估价期日按照 2006 年 5 月 8 日、2014 年 7 月 30 日"规划设计(土地使用)条件"进行开发的房地产净利润。

在上述两份报告中的估价对象房地产开发净利润一览表中,净利润为总销售收入(不含增值税)与总开发成本(不含增值税)、房地产转让有关的税金、企业所得税的差额,可见,土地取得成本仅系该房地产开发项目净利润的影响因素之一,上述两份报告实质均系对涉案项目开发完成后净利润的鉴定结果,而并非仅参考土地登记资料、已向社会公布的基准地价、标定地价等公示地价信息和其他信息后作出的土地估价鉴定。

因此,建联公司作出报告系对案涉房地产开发项目的净利润作出的估价报告,属于《房地产估价机构管理办法》第3条规定的房地产估价活动。建联公司的经营范围和资质范围并不包括房地产估价,其在未取得房地产估价机构资质的情形下从事房地产估价活动,属于《房地产估价机构管理办法》第47条规定的应由县级以上地方人民政府房地产主管部门进行监督管理的情形。

市房管局对建联公司在未取得房地产估价机构资质的情形下从事房地产估价活动具有监管职责,其作出的《关于投诉反映建联公司违规问题的处理意见书》认定事实不清、适用法律错误,应予撤销。市房管局辩称建联公司作出的报告系土地评估,不属于房地产估价范畴,土地评估机构不在其监管范围内的意见,缺乏事实和法律依据,本院不予支持。

一审法院认为"林卫平投诉的建联公司为土地估价公司,而非房地产估价公司,进而认为不属于市房管局的职责范围,市房管局作出的《关于投诉反映建连公司违规问题的处理意见书》并无不当"属于认定事实和适用法律错误。

这份生效的行政判决,认定了一个非常重要的事实,那就是"建联公司作出报告系对案涉房地产开发项目的净利润作出的估价报告,属于房地产估价活动。建联公司的经营范围和资质范围并不包括房地产估价,其在未取得房地产估价机构资质的情形下从事房地产估价活动的,属于应由县级以上地方人民政府房地产主管部门进行监督管理的情形"。

对于林卫平而言,否定评估鉴定报告的效力是核心目的,而在此前的民事判决中,相同的市中级人民法院在一审中认可了评估鉴定报告的效力。用行政判决否定民事判决认定的事实,这也是从北京把行政官司打到地方的根本原因。

案件评析与思考

本案中,较难处理的部分是同时涉及房地产和土地两方面评估鉴定的问题,对于没有房地产评估资质的土地估价公司,作出涉及房产价值的评估报告究竟该由哪个部门对其进行监管?对于这种职能划分不清的问题,首先需要和有关部门进行沟通,如果他们可以内部协商确定管辖则最为高效,如若双方不能达成一致,可以通过诉讼的方式,由法院进行裁决,确定监管查处部门。

在合同纠纷案中,涉案标的较大的鉴定报告作为利益分配的认定证据,如果通过民事诉讼途径推翻鉴定结论,不仅需要高额的诉讼费,还会耗费较长的诉讼时间,而行政诉讼仅需 50 元的诉讼费,这不仅帮助当事人降低诉讼成本,而且能较快地通过行政监管的方式对出具鉴定报告的公司进行查处,同时对评估鉴定行业起到了震慑作用。通过行政诉讼推翻鉴定结论,为民事诉讼取胜、分配合作项目的利润奠定了基础。

第七部分

行政复议

案例31

对赌协议按普通股权转让并征税是否合理

——李建国与某地方税务局不服补税决定行政复议案

导读提示

申请公司上市,中途遭到供应商搅局,被迫向中国证券监督管理委员会(以下简称中国证监会)撤回公开发行股票申请。因不能按约定时间上市,必须按对赌条款在约定的时间回购投资公司的股份。大股东实际没有任何收益,还须支付风险投资公司投资款的利息,这本是亏本的买卖。但税务机关认为,风险投资公司当初的投资款应属大股东转让股权的收入,必须补缴税款。于是一纸500余万元的个人所得税缴税决定让大股东感到不解,没有实际获得一分钱的股权转让款收益,怎么要交这么多的税?

考虑到税务机关和辖区企业之间的特殊管辖,大股东没有轻易启动法律程序,反复与税务机关沟通,但收效甚微。在复议期最后一天,万般无奈之下,只能申请行政复议,不然,缴税决定一旦生效,将无回旋余地。

县政府接到行政复议申请,高度重视,协调各方,最终达成案外和解,大股东认为达到预期目标,撤回复议申请,与税务机关握手言和。

案情回放

凯力公司进行资产重组和股份制改造,准备IPO上市,公开发行股票。2011年5月26日,大股东李建国与明天投资公司签订股权转让合同及补充协议,引进战略投资人和资金,希望将公司进一步做大。主要目的之一就是李建国将其2%的股份作价2933万元有条件转让给明天投资公司,该款项直接投入凯力公司。

除股权转让合同外,李建国和明天投资公司还签订了附条件的股权回购对赌补充条款。

《补充协议》第2条约定:双方同意,如凯力公司在2014年前完成首次发行股票并上市,明天投资公司在凯力公司的工商登记中的持股比例为2%;如未能在此之前上市,则明天投资公司在工商登记中的持股比例改为6.52%,同时,有权要求李建国支付年复利10%的利息。

《补充协议》第3条约定:如果凯力公司仍然未能于2017年6月30日前完成首次发行股票并上市,凯力公司有权要求李建国按照年复利8%的价格加算利息,并回购自己的全部股份,利息自2015年1月1日起算。

以上协议,就是公司在融资中的对赌条款。

所谓对赌条款,是指投资方与融资方在达成协议时,双方对于未来不确定情况的一种约定。如果约定的条件出现,投资方可获得预期的投资收益,包括股权或利润、利息、分红等;如果约定的条件不出现,投资方则行使股权回购权利,让融资方回购股权,并支付约定利息或分红。

2012年6月28日,凯力公司向中国证监会递交了IPO股票发行上市申请,次月正式受理,此时凯力公司的某下属控股公司与供应商发生重大冲突,并诉诸法庭。供应商认为,一旦凯力公司上市,双方之间的话语权格局会发生变化。

一直以来,凯力公司下属控股公司的供应商利用商品的垄断地位和资金优势,对其有意无意进行控制,搞"一言堂",要求必须言听计从,不能有不同意见。慎重起见,为了避免意外,凯力公司向中国证监会撤回了IPO上市申请。

为了妥善解决税务问题,凯力公司向县税务局提出申请,对凯力公司上市股权变化导致的个人所得税重新进行审核,要求把原核定的个人所得税取消,县税务局始终没有答复。2016年3月的一天,李建国突然收到县地方税务局的一份交税通知:限你在2016年3月18日前到县地方税务局申报缴纳股权转让所得个人所得税579.5407万元及从滞纳税款之日起按日加收的滞纳税款5‰的滞纳金。

此前的2015年12月15日,县地方税务局向李建军发出缴税通知,受该公司之托,我向县地方税务局提交过一份"不应交税的法律意见"。显然,县地方税务局并没有采信,不然就不会有上述正式缴税决定。

基于企业和当地税务机关的特殊关系,我始终坚持协调解决。

为了做到心中有数,我和李建国及凯力公司的财务负责人不断地向上级税务局、注册税务师事务所、税务专业律师事务所、IPO 专业律师事务所求证,猛啃税法专业书籍,请教著名高校研究税法的教授、学者。最终得出的结论是:没有实际所得,就不应当交税。

两个月复议期届满的最后一天,我代李建国向县政府提出了行政复议申请,要求撤销 579.5407 万元及滞纳金的缴税决定。

对方答辩

县政府受理行政复议申请后,及时向县地方税务局发出通知,要求提交证据并答辩。县地方税务局提出如下答辩意见。

一、县地方税务局作出缴税决定认定事实清楚

1. 本案的基本事实简单明了

李建国于 2011 年 5 月 26 日将所持凯力公司 2% 的股权转让给明天投资公司,合同协议转让价金额为 2933 万元,并于 2011 年 5 月 31 日在县原工商局办理了股权变更登记。

2. 纳税义务发生时间的认定

《国家税务总局关于加强股权转让所得征收个人所得税管理的通知》[1]第 1 条规定:股权交易各方在签订股权转让协议并完成股权转让交易以后至企业变更股权登记之前,负有纳税义务或代扣代缴义务的转让方或受让方,应到主管税务机关办理纳税申报,并持税务机关开具的股权转让所得缴纳个人所得税完税凭证或免税、不征税证明,到工商行政管理部门办理股权变更登记手续。

李建国于 2011 年 5 月 26 日签订股权转让协议并于 2011 年 5 月 31 日办理股权变更登记,纳税义务已经发生,应申报缴纳股权转让个人所得税。

---

[1] 被《股权转让所得个人所得税管理办法(试行)》取代。

二、应纳税额的核定符合法律规定

1. 股权转让收入的确定

依据《关于股权转让个人所得税计税依据核定问题的公告》[1]第1条,自然人转让所投资企业股权取得所得,按照公平交易价格计算并确定计税依据。根据股权转让合同,申请人李建国将2%的股权转给明天投资公司,合同转让价款为2933万元,应以此转让价款作为转让收入。

2. 应纳所得税的确定

根据《个人所得税法》第6条,财产转让所得,以转让财产的收入额减除财产原值和合理费用后的余额为应纳税所得额。李建国于2011年5月将所持凯力公司2%的股权转让给明天投资公司,核定应纳税所得税额为5795411元。

三、答复人作出的缴税决定符合法定程序

1. 责令限期改正程序合法

李建国股权转让行为发生在2011年5月,至2015年12月14日仍未申报缴纳股权转让个人所得税。依据《税收征收管理法》第62条之规定,于2015年12月15日下达责令限期改正通知书,通知申请人李建国于2015年12月25日前改正未按规定申报股权转让所得个人所得税,股息、红利所得个人所得税和报送纳税资料的违法行为,并同时告知救济事项。

2. 核定税款程序合法

李建国于2015年12月24日就其2011年5月转让2%股权的行为进行了零申报,依据《税收征收管理法》第35条"纳税人有下列情形之一的,税务机关有权核定其应纳税额:……(六)纳税人申报的计税依据明显偏低,又无正当理由的"的规定,认定李建国申报的股权转让计税依据偏低,依法核定其应纳税额。于2016年3月9日下达税务事项通知书,通知申请人李建国在2016年3月18日前到县地方税务局申报缴纳个人所得税及滞纳金。

综上所述,县地方税务局作出的缴税通知事项事实清楚,适用法律、法规正

---

[1] 被《股权转让所得个人所得税管理办法(试行)》取代。

确,符合法定程序。因此请依法予以维持。

办案思路

李建国告诉我,县地方税务局在凯力公司递交 IPO 首次公开发行股票申请之前,曾给其出具过一份"税务合规证明",证明凯力公司自公司成立起至出具证明之日止不存在漏税、欠税和拖延税款的情形。该证据能直接证明补缴税款决定是错误的,是最有力的核心证据,但由于员工调动,原件遗失。

如果县地方税务局能确认"税务合规证明"复印件的真实性,案件胜诉则事半功倍。经仔细考虑,我决定向复议机关县政府提交该证据复印件,看县地方税务局见到该证据后作何反应。没想到,凯力公司很快收到县地方税务局的一份"撤销税务合规证明通知书"。

通知称"你单位因上市需要,申请县地方税务局于 2012 年出具'该公司自成立之日起至证明出具日,已按照国家和地方有关法律、法规规定的税种、税率依法纳税,不存在漏税、欠税或拖延税款的行为。该公司不存在违反国家有关税收管理法律、法规的规定而受到我局处罚的情形'的证明。后经核实,凯力公司未按《税收征收管理法》第二十条的规定履行申报、代扣代缴等义务……出具的证明与实际不符,属于无效证明,现决定撤销"。

在许多行政案件中,一些行政机关为了应对行政诉讼或行政复议,为了实现不当胜诉的目的,往往会采用一些不合规的方法,根据需要,对自己曾作出的行政行为或开出的证明文件,作出选择性撤销或收回。这样的"神操作",许多情况下首尾难顾,正所谓"撒了一个谎需要用千百个谎言去圆它"。

看到这份"撤销税务合规证明通知书",我心里突然感觉轻松多了,更有信心胜诉这个案件。第一,县地方税务局认可"税务合规证明"的真实性;第二,作出的撤销决定没有事实和法律依据。我随即代理该凯力公司向县政府递交新的复议申请,要求撤销"撤销税务合规证明通知书"。

虽然有了证明县地方税务局认定事实错误的证据,但并不能十拿九稳地让县地方税务局和县政府信服。针对县地方税务局在答辩中引用的《关于股权转让所得个人所得税计税依据核定问题的公告》第 1 条"自然人转让所投资企业股权(份)(以下简称股权转让)取得所得,按照公平交易价格计算并确定计税依据……"之规定和《国家税务总局关于加强股权转让所得征收个人所得税管理的通知》第1条"股权交易各方在签订股权转让协议并完成股权转让交易以后至企业变更股权登记之前,负有纳税义务或代扣代缴义务的转让方或受让方,应到主管税务机关办理纳税(扣缴)申报……"之规定,必须找到相反的规定,来反驳县地方税务局的意见,这样才能让县政府支持我方意见,达到胜诉的目的。

律师的知识面都是有限的,不可能在每一个领域都是专家,尤其是在税务和税法领域,必须借助专家们的力量。正好,有一位律师朋友是全国知名的税法律师,兼任几十家各地税务机关的法律顾问,也经常到各个大学授课,专讲税法。他给了我一个国家税务总局文件的文号和名称,让我看第2条。

上网一搜,国家税务总局国税函〔2005〕130号《国家税务总局关于纳税人收回转让的股权征收个人所得税问题的批复》出现在眼前。该批复第2条规定:"股权转让合同未履行完毕……收入未完全实现,随着股权转让关系的解除,股权收益不复存在,根据个人所得税法和征管法的有关规定,以及从行政行为合理性原则出发,纳税人不应缴纳个人所得税。"看着该条款,我突然间感觉每一个字都特别亲切,这个条款几乎就是为本案设计的!

我又特地向北京一家曾合作过的税务专业化律师事务所的主任请教,都在走专业化之路,很容易沟通。该所主任告诉我,这属于混合投资,是一种对赌的企业融资行为,不能简单地依股权转让价格确定个人所得税。他给了我一份2013年7月15日国家税务总局发布的国家税务总局公告2013年第41号《国家税务总局关于企业混合性投资业务企业所得税处理问题的公告》。

该公告第2条第2项规定:"对于被投资企业赎回的投资,投资双方应于赎回时将赎价与投资成本之间的差额确认为债务重组损益,分别计入当期应纳税所得额。"

上述规定让我更有信心,开始构思反驳意见。

代理意见

有了国家税务总局的两个文件和县地方税务局作出的"撤销税务合规证明通知书"作为"尚方宝剑",我向作为复议机关的县政府提出了如下代理意见。

一、李建国和明天公司股权转让是附条件的融资行为

李建国将所持公司股份2%作价2933万元转让给明天投资公司,就合同的履行,双方约定了以下3个条件:

1. 如公司在2014年12月31日之前完成首次公开发行股票并上市,乙方在工商登记的持股比例为2%。

2. 如公司未能在2014年12月31日之前完成首次公开发行股票并上市,乙方在工商登记的持股比例改为6.52%,同时乙方有权要求甲方按照乙方支付的股权转让价款和年复合利率10%的价格计算利息,计息期为2011年6月1日至2014年12月31日。

3. 如果公司仍然未能在2017年6月30日前完成首次公开发行股票并上市,乙方有权要求甲方按照乙方支付的股权转让价款和年复合利率8%的价格加算利息,向乙方赎回乙方所持有的全部股份,利息期自2015年1月1日起计算。

另外,就股权转让款的支配问题,《补充协议》还作出了"股权转让款暂存于公司账户作为保证,合同期满后,如果凯力公司实现上市,该转让款立即支付给甲方,如果甲方回购了乙方持有的全部股权,则以此支付股权回购款,利息等费用由公司承担"的约定。

可见,该协议从形式上看好像是股权转让,但实质上是附条件的企业融资行为。因为李建国并不能支配股权转让款,而是由公司使用,如果上市计划和时间不符合约定,则由公司退还股权转让款,并承担利息。

二、合同未履行完毕,李建国并没有实际所得

个人所得税征收原则是对实际所得征税,有所得才征税,无所得不征税。

工商变更事项虽然是股权转让,但根据约定,李建国与明天投资公司之间的合同并未履行完毕,收入和成本无法确定。李建国未实际取得个人所得,不应在此环节征税。

就上述问题,《国家税务总局关于纳税人收回转让的股权征收个人所得税问题的批复》中已经有明确的规定。该批复第 2 条规定:"股权转让合同未履行完毕……收入未完全实现,随着股权转让关系的解除,股权收益不复存在,根据个人所得税法和征管法的有关规定,以及从行政行为合理性原则出发,纳税人不应缴纳个人所得税。"

本案中,李建国与明天投资公司之间的股权转让是附条件的对赌性质的融资行为,完全符合上述批复第 2 条的规定,无须缴纳个人所得税。

三、依据个税的实质课税原则,李建国无须交税

县地方税务局按 2933 万元来确认股权转让收入明显错误。根据对赌条款的约定,还有第二轮对赌,收入或成本调整共有两次,到 2017 年 6 月 30 日合同才真正履行完毕,收入和成本才能得到最终确认。

需要特别注意的是,2015 年 1 月,李建国依约定向明天投资公司支付了投资利息 1161 万元,股份调增至 6.52%。这实质上既是对最初转让股权的定价调整,同时也体现了混合性投资和附条件融资的性质,如果忽视对赌条款对收入和损益的影响,有违所得税收入确认中的收入、成本能够可靠计算的基本原则。

2015 年 1 月,按照《补充协议》约定,李建国分两次支付明天投资公司 1161 万元,明天投资公司账务上已作减少投资成本处理。同时明天投资公司的股比调增至 6.52%,并办理了工商变更。

实质课税原则是法律赋予征税机关的权利,也是征税机关的法定职责,在税收应用上已经体现。《国家税务总局关于企业混合性投资业务企业所得税处理问题的公告》第 2 条第 2 项规定:"对于被投资企业赎回的投资,投资双方应于赎回时将赎价与投资成本之间的差额确认为债务重组损益,分别计入当期应纳税所得额。"

如按分段来理解股权转让行为的性质,其在形式上与混合性投资是一样的。如果企业所得税混合性投资行为按融资行为处理,那么包含对赌条款的此次交易也应按混合投资行为处理,按融资行为确定交易性质。

因此,对赌条款是对股权转让的补充,应将对赌条款与股权转让合同视为一个股权交易的整体协议,按一次交易行为征收税款。如果孤立地依据股权转让征收税款,而不考虑对赌条款对整个交易的影响,则缺乏正当性,且与实际不相符,有违实质课税原则。

当公司上市成功时,李建国才能依约定取得2933万元股权转让款,这时才能按股权转让确认个人收入所得。如果公司不能上市,按对赌条款约定,股权转让实质上就是附条件的企业融资行为,不应当缴纳个人所得税。

四、可以参考县地方税务局作出的"撤销税务合规证明通知书"

首先,2016年5月16日,县地方税务局作出了一份"撤销税务合规证明通知书",此通知证实"税务合规证明"是真实的,李建国和凯力公司均不存在税务违规问题,这是铁证。其次,事后撤销缺乏正当性,损害的是自己的公信力,且无事实和法律依据,在本案处理中应不予考虑。

本案中,认定的所谓"李建国未按时申报缴纳个人所得税"的行为发生在2011年5月,正好在县地方税务局出具的无欠税"税务合规证明"的时间段。因为合同未履行完毕,尚未到缴纳税款的环节,因IPO上市,县地方税务局曾同意延期到上市成功纳税,并开具无欠税证明。

县地方税务局的上述通知,间接证明其认可缴税的附条件性,那就是公司上市。如今公司IPO上市没有成功,李建国个人不但没有取得实际所得,还需要承担巨额利息,在这种情况下,还要求缴纳个税,于情、于理、于法无据。

综上,县地方税务局要求李建国补缴税款没有事实和法律依据,应予撤销。

握手言和

我的代理意见似乎起到了说服作用,在县政府和其他机关的协调下,达成案外和解,县地方税务局同意等股权转让合同履行完之后,根据李建国的实际股权转让金额综合计算个人所得税。

这意味着,如果凯力公司上市成功,李建国应当缴纳个人所得税,这当然也是李建国希望的。如果最终公司不能上市,扣除李建国支付的利息成本和实际投资成本,几乎不用再缴纳个人所得税。

应当说,握手言和的这种结局是最好的结案方式,既不伤和气,又能让双方知道对方的想法和理由。

为此,我代李建国向县政府撤回了行政复议申请,县政府依法作出"终止行政复议决定书",案件终结。

案件评析与思考

一、对赌协议在中国事实上已经得到承认

1. 得到最高人民法院裁判意见的认可

对赌协议,来自国外,简称 VAM。其最初进入中国,被翻译为对赌协议,因为符合国人的叫法习惯,一直沿用至今,但其直译意思是"估值调整机制",这更能体现其本质含义,所以日常听到的对赌协议其实与赌博无关。

中国证监会 2008 年 4 月 16 日颁布的中国证券监督管理委员会令第 53 号《上市公司重大资产重组管理办法》第 33 条"交易对方应当与上市公司就相关资产实际盈利数不足利润预测数的情况签订明确可行的补偿协议"之规定指的就是对赌协议。由此可见,国家证券政策层面认可对赌协议。

2. 得到中国证监会颁布的文件的认可

海某投资与香港某公司对赌案件是中国 PE 第一案,一审兰州市中级人民法院和二审甘肃省高级人民法院均确认对赌条款无效。一波三折,最高人民法院再审判决撤销二审判决,改判香港某公司按对赌条款约定向海某投资支付补偿款。有了最高人民法院的裁判意见,对赌条款逐渐被各地的司法审判机关所接纳。

二、对赌协议按普通股权转让并征税不合理

1. 不符合收入确认原则

根据国税函〔2008〕875号《国家税务总局关于确认企业所得税收入若干问题的通知》的规定,除《企业所得税法》及其实施条例另有规定外,企业销售收入的确认,必须遵循权责发生制原则和实质重于形式原则。

2. 不符合实质课税原则

实质课税原则是指对于某种情况不能仅根据其外表和形式确定是否应予课税,而应该根据实际情况,尤其应当根据其经济目的和经济生活的实质,判断是否符合课税的要素,以求公平、合理、有效地进行课税。

案例 32

省长收到复议申请能否视为省政府收到
——陈凯军诉某省人民政府拒不作出行政复议决定案

▎导读提示

陈凯军等承包的耕地被林场强行收回,用于当地的某工程建设项目,就补偿或赔偿问题一直没有一个说法,陈凯军等人想到了记者和律师。媒体给予了关注,《中国青年报》推出长篇报道。

接受委托后,我代陈凯军向省政府申请行政复议,要求撤销市人民政府作出的一份涉案"批复"。原政府法制办公室(以下简称原法制办)工作人员不收材料,只得寄给省长,但一直没有回复或结论,我代陈凯军提起行政诉讼。

省政府称向省长寄复议申请材料不能算数,且起诉超期,要求法院驳回起诉。法院最终采纳了我的代理意见,确认省政府构成行政不作为,责令其在60日内作出行政复议决定。

目前,陈凯军的补偿问题早已得到解决,据陈凯军的一位朋友何先生说,他现在开着几家果蔬超市,每天忙得不亦乐乎。

▎起诉省政府

当事人之一陈凯军承包的耕地被某项目征用,其选择了上访,经过多年努力后,最终决定聘请律师走法律途径,我也就介入了这起案件。正式接受委托前,我对陈凯军提出了一个要求,不得上访或扰乱国家机关秩序,依靠法律的平和方式解决纠纷,陈凯军同意。最终这个"约法三章"写进了委托代理合同,如果违反,立即解除委托。

接受委托后,我首先向县政府申请公开市人民政府于 2011 年 2 月 30 日作出的《关于 2011 年度第二批次村镇建设农用地转用的批复》(以下简称《农用地转用批复》),因为这份《农用地转用批复》是案件解决的核心环节,有可能达到声东击西的效果。

经过一番周折,县政府于 2013 年 3 月 11 日依法提供,我当即向省政府申请行政复议,要求依法撤销《农用地转用批复》。但法定 60 日行政复议期已过,省政府并没有按期作出行政复议决定。我代陈凯军向省会所在地的市中级人民法院起诉,要求判决省政府立即作出行政复议决定。

一、陈凯军的意见

陈凯军诉称,2011 年 3 月,某林场给作为土地承包人的原告陈凯军发出解除承包合同通知,理由是行政区划及土地规划已调整。

为弄清真相,陈凯军向县政府等政府职能部门提出政府信息公开申请,县政府于 2013 年 3 月 11 日向申请人出示市人民政府于 2011 年 2 月 30 日作出的"×政土(2011)079 号"《农用地转用批复》。陈凯军认为《农用地转用批复》中的村镇建设用地与实际建设项目严重不符,与法律法规相抵触,程序违法,没有尽到批后监督的义务和法定职责,应当依法予以撤销。

陈凯军于 2013 年 5 月 8 日由其代理律师通过 EMS 向被告邮寄了行政复议申请书及证据材料申请行政复议,法定期限届满后,省政府仍未作出行政复议决定。

根据 2009 年《行政复议法》第 31 条规定,被告拒不作出行政复议决定的行为已构成行政不作为,法院不但应当判决其违法,还应责令其按照法定行政复议期限作出行政复议决定。

二、省政府的意见

第一,根据 2009 年《行政复议法》第 3 条的规定,履行行政复议职责的行政机关是行政复议机关,行政复议机关负责法制工作的机构具体办理行政复议事项。

2012 年和 2013 年,陈凯军通过当面提交以及邮寄的方式向被告的行政复议机构提交过其他行政复议案件材料,并参加了听证会。陈凯军在明知被告行政复议机构办公地点和邮寄地址的前提下,仍于 2013 年 5 月 10 日向省政府负责人个人邮寄行政复议申请材料,省政府未处理不应当视为行政不作为。

第二,根据 1989 年《行政诉讼法》第 38 条规定,行政复议机关逾期不作出决定的,申请人可以在行政复议期届满之日起 15 日内提起诉讼。陈凯军起诉明显超过该法规定的起诉期限。

综上,请求驳回原告陈凯军的诉讼请求。

代理意见

在法庭上,我和省政府的代理人就争议的焦点问题存在分歧,根据本案的基本事实,我提出了如下几点代理意见。

一、向省长邮寄行政复议材料是被迫

作为陈凯军的代理人,我亲自到省原法制办递交行政复议申请,接待的是一位女工作人员,自称是负责行政复议工作的。当她仔细看过本代理人出示的申请复议材料后,面露难色。本代理人让她提供一份收件单或在行政复议申请书上签注收到时间,她以没有法律规定为由拒绝。

为了解决问题,本代理人作出让步,告知其:"你不作签收也行,能相信你们不会否认申请行政复议的事实,希望在法定的六十日内依法作出行政复议决定即可。"随后我起身就走,她让本代理人把申请复议的材料收回。我当时答道:"接受行政复议材料是你们的法定义务,如果认为不应当受理,在五个工作日作出不予受理决定即可,否则视为当然受理。"

而省原法制办的这位工作人员,就是坐在被告席上的省政府的代理人之一,合议庭可以当场向她核实我说的是否属实?

为了进一步锁定这一事实,回到北京后,我向作为该省政府法定代表人的省长邮寄了相同的一套行政复议申请材料。由此可见,向省长邮寄行政复议申请材料,是没有办法的办法,只是为了留存曾经申请行政复议的证据,是善意的。事实证明这种做法是对的,不然,原告方的权益将无法保证。

二、省长签收视为法制机构签收

本案的复议机关是省政府,原法制办只是省政府的内设法制机构,本代理人被迫向省长邮寄行政复议申请材料,完全符合法律规定。对此问题,没有任何法律对此有禁止性规定。向省政府申请行政复议,不寄给省长,那还能寄给谁?总不能让复议申请人寄给财务室等无关部门吧!

根据2015年《最高人民法院关于适用〈中华人民共和国民事诉讼法〉的解释》第130条第1款"向法人或者其他组织送达诉讼文书,应当由法人的法定代表人、该组织的主要负责人或者办公室、收发室、值班室等负责收件的人签收或者盖章,拒绝签收或者盖章的,适用留置送达"之规定和2009年《行政复议法》第3条"依照本法履行行政复议职责的行政机关是行政复议机关"之规定,行政复议申请人向行政复议机关的法定代表人寄送行政复议申请书的行为与寄给行政复议机关法制工作机构的效力是一样的,行政复议机关不得拒绝。

《行政复议法实施条例》第18条第1款规定:"申请人书面申请行政复议的,可以采取当面递交、邮寄或者传真等方式提出行政复议申请。"由此可知,即便省政府否认本代理人曾当面提交的事实,依法通过邮寄的方式提交行政复议申请也完全符合法律规定。

三、省政府已经实际收到行政复议材料

向省长邮寄行政复议材料后,我及时登录邮局官网查询了邮寄的签收情况,省政府的收发室工作人员于2013年5月10日签收。为留存证据,本代理人当即打印了一份备存。这些网上信息的事后消失,是因为邮政官网对这些数据有一定的保留时间。

省政府收发室是处理文件收发的专门部门,其工作人员的签收,视为省长签收,省长的签收,视为负责处理行政复议的法制机构签收。如果省政府不认可这种说法,应当依法提供证据或规定。比如,省政府明确规定收发室不能签收寄给省长的邮件,或者省长签收不代表负责处理行政复议的法制机关签收。

如前文所述,本代理人已经当面向原法制办提交了复议申请及相关资料,工作人员不作书面签收,这才有了事后补寄,这是不容争议的客观事实。如果

对方否认,可以由当天的工作人员出面证明,或调阅原法制办当日的监控视频。本代理人持有的机票、车票、酒店发票、出租车票等均能间接证明到过原法制办。

四、陈凯军的起诉没有超过起诉期限

省政府不作出行政复议决定,具有持续性,本案的案由实质上是行政不作为,而且1989年《行政诉讼法》对行政复议不作为案件的起诉期限并未作出明确规定,法无禁止即可为。

另外,根据行政诉讼司法解释的规定,行政机关作出具体行政行为时,未告知行政相对人诉权或者起诉期限的,起诉期限从行政相对人知道或者应当知道诉权或者起诉期限之日起计算,但从知道或者应当知道具体行政行为内容之日起最长不得超过2年。复议决定未告知公民、法人或者其他组织诉权或者法定起诉期限的,适用前款规定。

由此可见,陈凯军的起诉,完全符合上述规定。另外,根据《行政诉讼法》及其相关司法解释的规定,如果被告认为原告的起诉超期,应当提供证据。也就是说,原告是否超过起诉期限的举证责任在被告。如果没有证据,就当然推定原告的起诉没有超期。

五、原告的诉讼请求应当得到支持

2009年《行政复议法》第17条规定:"行政复议机关收到行政复议申请后,应当在五日内进行审查,对不符合本法规定的行政复议申请,决定不予受理,并书面告知申请人;对符合本法规定,但是不属于本机关受理的行政复议申请,应当告知申请人向有关行政复议机关提出。除前款规定外,行政复议申请自行政复议机关负责法制工作的机构收到之日起即为受理。"

同时,该法第31条规定:"行政复议机关应当自受理申请之日起六十日内作出行政复议决定;但是法律规定的行政复议期限少于六十日的除外。情况复杂,不能在规定期限内作出行政复议决定的,经行政复议机关的负责人批准,可以适当延长,并告知申请人和被申请人;但是延长期限最多不超过三十日。"

本案中,省政府接受我方提交的行政复议申请后,并未在法定的60日期限内作出行政复议决定,构成行政复议不作为。原告要求判令省政府在法定期限内作出行政复议决定的诉讼请求合法有据。

综上,省政府的抗辩理由于法无据,没有证据支撑,原告的诉讼请求合法有据,应予支持,请依法公正判决。

省政府败诉

市中级人民法院经过开庭审理,认真听取了双方意见,依法作出行政判决,责令省政府在 60 日内作出行政复议决定。其裁判意见如下:

一、关于向被告法定代表人邮寄复议申请是否合法问题

《行政复议法实施条例》第 18 条第 1 款规定,申请人书面申请行政复议的,可以采取当面递交、邮寄或者传真等方式提出行政复议申请。因此,书面申请行政复议的,可以采取邮寄的方式提出,不必须到复议机关受理窗口当面递交申请。至于具体邮寄给哪个部门或人员,实施条例未作规定。

2009 年《行政复议法》第 3 条规定,行政复议机关负责法制工作的机构具体办理行政复议事项,包括受理行政复议申请,拟订行政复议决定等。根据该条规定,当事人可以直接向行政复议机构当面递交或邮寄复议申请书,但该条并没有限定申请人必须或只能向复议机构邮寄申请书。

根据《民事诉讼法》的相关规定,受送达人是法人或者其他组织的,应当由法人的法定代表人、其他组织的主要负责人或者该法人、组织负责收件的人签收。通过邮寄的方式提出复议申请的,同样可以适用《民事诉讼法》有关送达的规定,向复议机关及其法定代表人或者负责收件的办公室、收发室等部门邮寄复议申请书的,与直接向行政复议机构邮寄申请书具有同等法律效力,都应视为向复议机关提出复议申请。本案中,原告代理人向省长邮寄行政复议申请,不违反法律规定。

二、关于被告是否实际收到原告的邮寄材料

对这一事实,原、被告双方在庭审中出现分歧意见。原告认为,被告在答辩

状中称:"原告在明知答辩人行政复议机构办公地点和邮寄地址的前提下,仍于2013年5月10日向答辩人负责人个人邮寄行政复议申请材料,答辩人未处理不应当视为答辩人行政不作为。"应视为被告承认收到了邮寄材料。

被告代理人庭审中辩称"5月10日"是推测收到邮件的时间,实际上并未收到。法院认为,原告于2013年5月8日从北京发件,5月10日送达省政府,时间间隔合理;而且被告答辩称"未处理",而非"未收到"。综合分析原、被告双方的诉辩主张,原告的理解更为合理,即可以认定原告在行政程序中曾经向被告通过邮寄的方式提出申请,被告也实际收到申请书。

三、被告收到原告申请后未作处理是否合法

2009年《行政复议法》第17条规定:"行政复议机关收到行政复议申请后,应当在五日内进行审查,对不符合本法规定的行政复议申请,决定不予受理,并书面告知申请人;对符合本法规定,但是不属于本机关受理的行政复议申请,应当告知申请人向有关行政复议机关提出。除前款规定外,行政复议申请自行政复议机关负责法制工作的机构收到之日起即为受理。"

第31条规定:"行政复议机关应当自受理申请之日起六十日内作出行政复议决定;但是法律规定的行政复议期限少于六十日的除外。情况复杂,不能在规定期限内作出行政复议决定的,经行政复议机关的负责人批准,可以适当延长,并告知申请人和被申请人;但是延长期限最多不超过三十日。"

本案中,被告在收到原告邮寄的复议申请书后,既未作出行政复议决定,也未作出不予受理的书面决定,或者告知申请人向有关机关提出,且已超过法定期限,违反上述法律规定,构成行政不作为。

四、原告提起本诉是否超过法定期限

被告不履行法定职责是持续的过程,1989年《行政诉讼法》对这种案件的起诉期限并未作出限制性规定,因此,被告主张原告起诉超过法定期限的理由不成立,不予支持。

综上,原告的诉讼理由成立,被告应在法定期限内履行法定职责。

后来,省政府根据市中级人民法院行政判决,已作出了行政复议决定,陈凯

军的本次行政诉讼目的已经实现。陈凯军的补偿问题在当地的努力下已经解决,据他的一位朋友说,陈凯军目前开了几家果蔬超市,又开了餐厅,每天忙得不亦乐乎。

这场行政诉讼,也许将是他永远的记忆。相信法律,信仰法治,日子一定会越来越好。

案件评析与思考

(一)邮寄法律文书是否有效的问题

本案例的意义在于解决了司法实践中当事人向行政机关法定代表人邮寄行政复议申请是否有效的问题。有的行政机关认为,根据 2009 年《行政复议法》第 17 条第 2 款"除前款规定外,行政复议申请自行政复议机关负责法制工作的机构收到之日起即为受理"之规定,行政复议申请人向行政复议机关法制工作机构邮寄的行政复议申请送达后即视为有效。

根据 2015 年《最高人民法院关于适用〈中华人民共和国民事诉讼法〉的解释》第 130 条第 1 款"向法人或者其他组织送达诉讼文书,应当由法人的法定代表人、该组织的主要负责人或者办公室、收发室、值班室等负责收件的人签收或者盖章,拒绝签收或者盖章的,适用留置送达"之规定和 2009 年《行政复议法》第 3 条"依照本法履行行政复议职责的行政机关是行政复议机关"之规定,行政复议申请人向行政复议机关的法定代表人寄送行政复议申请书的行为与寄给行政复议机关法制工作机构[1]的效力是一样的,行政复议机关不得拒绝。

本案的主要争议焦点是是否超过起诉期限的问题,就起诉期限的问题,我认为向省长邮寄行政复议材料,省长签收视为法制机构签收。省政府已经实际收到行政复议材料,因此,复议申请并没有超过法定的起诉期限。最终,法院认可了我的代理意见,本案取得了满意的结果。

---

[1] 现由各级司法行政主管机关负责同级政府的行政复议工作。

(二)诉讼中邮寄法律文书的注意事项

通过邮寄的方式申请行政复议,是一种便捷、经济的递交方式。

1.应当通过邮局,以EMS特快专递的方式,不宜通过其他快递公司或邮局平信寄交。相较而言,邮局邮寄方式效力最高,平信难以查询,无法留存证据。

2.邮件回执的"内件品名"上应注明"×××不服×××一案的行政复议申请书及证据材料共计××页",原件妥善保管,这是以后诉讼的重要证据。最后是及时扫描或拍照输入邮箱,不易丢失。

3.在邮寄材料时,如条件允许,最好做个视频,以证明EMS封皮里装入的材料与实际相符。避免对方在开庭时否认收到材料,或辩称收到的材料与实际不符,尽可能将事情想复杂一点。

4.邮寄之后的3天左右,及时登录邮局官网查询邮寄的签收情况,并打印一份备存,或作截图储存,这些信息过一段时间就会消失,以后无法查证,到邮局查原始签收单,不是一件容易的事。

5.及时电话联系复议机关的内设法制机构,告知上述情况,方便其内部衔接,及时确认复议机关是否在法定的10日内收到被申请人提供的证据和答辩,避免复议机关对被申请人逾期举证予以通融。

案例 33
行政诉讼案件中关于重复起诉应当认定
——余兰等人诉某市人民政府行政复议案

案情回放

余兰及赵三香等人均系原某园林集团(以下简称园林集团)的职工,承包耕种园林集团的土地。2001年黑土实业有限公司(以下简称黑土公司)兼并园林集团,依据兼并合同黑土公司使用该土地,并承担和接收了园林集团的全部债权债务和企业职工。

就这样,余兰等人被黑土公司接管,余兰等人继续耕种该宗土地,又与黑土公司形成了土地承包关系。黑土公司从2011年起陆续提起民事诉讼,要求解除与土地承包人之间的土地承包关系。与余兰同样情形的案件,经法院审理判决解除了土地承包关系,赵三香等人的部分法律文书已经生效。

诉争的土地为国有农业用地,园林集团作为土地使用权人以收取经营费的方式,将土地交给职工耕种,并非《农村土地承包法》所规定的家庭联产承包。余兰等人不服法院认定的解除土地承包关系的判决,决定依法维护自身的合法权益,要求要么恢复土地承包关系,要么给予相应的补偿。

于是,余兰等人找到了我,委托代理他们与园林集团、黑土公司的系列诉讼。首先诉讼的是申请政府信息公开案件,余兰等人向某市政府申请信息公开,而某市政府未予回复。

对某市政府的不作为行为,余兰等人两次提起诉讼,第一次向市中级人民法院提起诉讼,市中级人民法院认为余兰等人的诉讼构成重复起诉,法院不予受理。经过上诉后成功改判,省高级人民法院认为不构成重复起诉,撤销一审裁定,指令市中级人民法院予以立案。

案情回顾

余兰,本是一家园林集团的退休职工,自 1984 年起开始耕种由园林集团经营管理的部分国有农场地。原本一直承包耕种着园林集团的土地,过着平淡又幸福的生活,稳定且安心的日子。自 2001 年开始,园林集团被黑土公司兼并,和余兰一样的职工,都被黑土公司接收,黑土公司开始通过诉讼解除与这些职工的土地承包关系,不想给这些职工耕种土地。

职工们觉得很委屈,自己耕种了这么多年的地,就像自己的孩子一样,每年照顾它成长,细心呵护。而且土地上种植的树木,根本不是一天两天能够种植和移栽的,如果解除土地承包关系,就像是放弃了自己的孩子一样,于心不忍。耕地对于余兰这些退休职工来说,意义重大,土地是他们生活的基础,是他们赖以生存的根本。

为了给自己讨回公道,维护自己的合法权益,余兰等人走上了法律维权途径,余兰想过就算要不回自己辛苦耕种多年的土地,也得要一些补偿,给自己的晚年生活多一份保障。

和余兰一起的一共有 6 名职工均被以同样的方式解除了土地承包关系,大家对此都不满意,在共同商讨之下,余兰召集大家一起找我代理这件案子。经分析案情后,我决定首先申请政府信息公开,打开案件的突破口。

2015 年 4 月,在以 EMS 特快专递的形式,向市政府递交了政府信息公开申请后,市政府未在法定期限内作出答复。余兰等人为了了解自己的土地性质,确定土地是农用地还是建设用地,向市政府申请信息公开没有结果,随即向市中级人民法院提起诉讼,一审法院认为,对余兰等 6 人就同一小区、同一事实及处理结果提起的诉讼已经立案并在审理当中,其起诉属于重复起诉行为,故不予受理。

余兰等人对一审法院的裁定书不服,向吉林省高级人民法院提起上诉,以市政府在法定期限内未依法履行信息公开职责向地级市人民政府申请行政复议,而地级市人民政府在法定期间内不作出行政复议决定为由向人民法院提起行政诉讼,属于人民法院行政案件受案范围,本案与上诉人已就南湖小区建设有关事项向一审法院提起的民事诉讼及行政诉讼的诉讼当事人及诉请事项并不相同,不应属于重复起诉。原审裁定适用法律不当,应予纠正。最终吉林省高级人民法院裁定:(1)撤销市中级人民法院一审行政裁定;(2)本案指令市中级人民法院予以立案。

办案思路

本案虽然看似简单,但实际上涉及的问题很多,比如涉及土地的性质问题,是农用地还是建设用地;涉及两个诉讼主体问题,是园林集团还是黑土公司;涉及6名当事人,6名当事人也有不同的情况;涉及管辖权的问题,对于土地等不动产的纠纷,是适用不动产专属管辖还是一般管辖;等等。经分析研究后,提出如下代理意见。

(一)一审裁定认定的事实错误

一审裁定认定的事实与实际事实不符,把不同的事实混为一谈。余兰等人在一审中所提交的证据材料均证明了本案最基本的事实,即余兰等人向市政府申请政府信息公开,而市政府在法定期间内未依法履行公开职责。余兰等人依法向市政府提出行政复议申请,但市政府在法定期间内拒不作出行政复议决定,为此,余兰等人向一审法院提起诉讼要求确认市政府行政不作为。

故,一审裁定中所称的"同一事实和处理结果""重复起诉行为"显然错误,没有法律和事实依据。一审法院错误认定了本案的事实和理由,认为本案属于重复起诉,裁定不予受理。本案的事实与理由,与之前诉讼的南湖小区建设有关事项并不相同,不属于重复起诉。

(二)一审适用法律错误且定性不当

一审适用2014年《行政诉讼法》第53条错误,该法第53条规定,公民、法人或者其他组织认为行政行为所依据的国务院部门和地方人民政府及其部门制定的规范性文件不合法,在对行政行为提起诉讼时,可以一并请求对该规范性文件进行审查。本案中相关当事人并没有针对规范性文件提出审查,原审引用该条款明显错误。法院主动引用该条款适用于本案错误,且对本案的性质理解有误,应予以纠正。

(三) 上诉人不存在重复起诉的行为

上诉人不存在重复起诉的行为,当事人的起诉是否构成重复起诉应从诉因、当事人、诉讼请求、诉讼标的等方面来判断,即当事人是否具有同一性,诉因、诉讼请求、诉讼标的是否相同。

一审法院简单地以诉讼请求和事实理由与另一案件中的其他事实与理由相同而认定构成重复起诉,法院认定事实与理由错误。上诉人余兰等人,因解除土地承包关系,与园林集团、黑土公司有多个不同的行政诉讼,以及后续又发生了多次民事诉讼,与黑土公司还有刑事案件纠纷。诉讼中的诉讼请求不同,尽管事实与理由在内容上有重复的部分,也不应认定为重复起诉。

综上,余兰等人与某市政府行政复议一案,不属于重复起诉,一审法院裁定不予受理适用法律错误,请二审法院依法重新审理,以上代理意见,请合议庭评议时认真考虑。

裁判结果

二审中,法院按照传票上面的日期如期开庭,我在法庭上,不但据理力争,针对重复起诉的问题也做了许多说明。同时在中国裁判文书网等法律网站上找了一些案例补充说明本案不构成重复起诉的理由,希望二审法院能够采纳代理意见,将本案重新立案并进行审理。

余兰等人对此次开庭也是非常重视,开庭当天,余兰等6人来到法庭进行旁听,等待着法院宣判这个决定她们未来生活的重要时刻。但是,法庭在开庭后并没有当庭宣判。

数天后,我收到了一封吉林省高级人民法院邮寄来的文件,助理拆开快递,告诉了我一个好消息。吉林省高级人民法院撤销了一审裁定,指令市中级人民法院立案。

案件评析与思考

《最高人民法院关于适用〈中华人民共和国行政诉讼法〉若干问题的解释》第3条第1款第6项规定,重复起诉且已经立案的,应当裁定驳回起诉。重复起诉之所以被禁止,是因为它违反了诉讼系属、既判力和一事不再理原则。如果允许重复起诉,将造成因重复审理而带来的司法资源浪费、因矛盾判决而导致的司法秩序混乱以及因被迫进行二重应诉而对被告产生的不便。根据《最高人民法院关于适用〈中华人民共和国民事诉讼法〉的解释》第247条第1款的规定,同时符合下列条件的,构成重复起诉:后诉与前诉的当事人相同;后诉与前诉的诉讼标的相同;后诉与前诉的诉讼请求相同,或者后诉的诉讼请求实质上否定前诉裁判结果。具体到本案来说,本案是政府未依法履行法定职责而引发的诉讼,但本案与一审认为的与南湖小区建设有关事项提起的诉讼并不相同,因此不属于重复起诉。

第八部分

行政赔偿

案例34

能否核准在居民住宅区开歌舞娱乐场所

——顾斌诉区文化局确认筹建意见违法及行政赔偿案

导读提示

顾斌是某体育运动项目原国家队队员,准备开设一家歌舞娱乐场所,开工前申请区原文化局实地勘查,区原文化局签发筹建意见书,认为符合条件,可以筹建。有了"定心丸"后,装修如火如荼进行。

在竣工后申请娱乐场所经营许可时,区原文化局却以"经营场地位于不能开设娱乐场所的居民住宅区"为由拒绝。顾斌百思不得其解,区原文化局不是现场看过吗!怎么就不能开设了呢!

我先代顾斌起诉区原文化局,要求确认筹建意见书违法,再要求区原文化局为损失"埋单"。最终,一、二审法院确认筹建意见书违法,随后提起行政赔偿诉讼,又经历一、二审两个阶段,最终行政赔偿119.3万元。赔偿金额不多,但具有典型性,意义重大。

国家赔偿 诉讼先行

2015年1月,我以"要求确认区文化局针对顾斌出具的筹建意见书的行政行为违法"为由,提起诉讼。

开庭如期进行,法庭辩论十分激烈。就以下几个问题,控辩双方争论不休:

一、关于顾斌是否具有原告主体资格的问题

区原文化局质疑道:"筹建意见书针对的是开曼公司而不是顾斌,所以,顾斌没有原告主体资格。即便本案具有可诉性,也只能由开曼公司作为原告才适格。"

我反驳道:"开曼公司只是进行了工商名称预核准,顾斌是开办人,区文化局在作出筹建意见书时已经审查过这一事实。名称预核准保留期只有半年,但区文化局卡壳,没有办理正式营业执照。可见,开曼公司并不是一个市场主体,作为开办人的顾斌才是适格原告。"

法院认定:"开曼公司于2013年6月18日取得企业名称预先核准,保留期至2013年12月17日,至今该公司未经登记机关进行设立登记,未取得营业执照,顾斌系该公司两名发起人之一,对该公司在设立过程中有关的行政行为,可以以自己的名义提起诉讼。"

二、关于筹建意见书是否具有可诉性的问题

区原文化局强调:"筹建意见书同意筹建意见只是行政指导性行为,仅供参考,没有强制约束力,是不可诉的行政行为。"

我指出:"区文化局出具筹建意见书是行政批准行为,不是行政指导。行政指导是为实现一定的行政目的,以建议、劝告、引导、鼓励等非强制性的手段,促使接受其意识并付诸实践,其本身并不具有强制力。比如,镇政府鼓励种水稻或购买指定农机,给予补贴。"

法院判定:"出具筹建意见书实质上进行了行政审批程序,其决定的内容对顾斌具有强制约束力,在性质上属于行政批准行为,顾斌不服可以提起诉讼,因此区文化局主张是不可诉的行政指导行为不成立。"

三、就核发筹建意见书是否有过错问题

区原文化局出庭的副局长在法庭上说道:"出具筹建意见书程序和内容合法。区文化局根据国家规定,只检查开办地点和经营面积,并进行了公示。拟开办的场所房产证属于纯商业用房,基本符合开设要求。并且,在公示期间并没有接到群众投诉,因此才出具筹建意见书。"

我反驳:"区文化局出具筹建意见书的行政行为违法,认定事实不清,作为行业权威主管部门不能犯这种低级错误。既然实地勘查,就应当知道涉案场所

是居民住宅区,不能开设娱乐场所,当初就不应同意筹建,避免投资损失,原告申请筹建就是基于对主管行政机关公信力的信赖。"

法院认定:"依据国家相关规定对'居民住宅区'的界定,歌舞娱乐场所所处位置应当属于居民区。"

四、就筹建意见书与损失是否有因果关系问题

区原文化局称:"文化局出具筹建意见书的时间是 2013 年 1 月 17 日。而顾斌签订的场地租赁合同和装修合同均在此之前,因此,纯属单方行为,是否造成损失和筹建意见书没有因果关系。"

我的观点是:"区文化局出具筹建意见书的行政行为违法,和顾斌的损失具有因果关系,应当对损失全额赔偿,因为损失的发生都是在筹建意见书之后。"

法院意见是:"争执的赔偿问题与案件无关,不予以采纳。"

经过双方举证质证,随后进行多轮激烈辩论,因案情复杂,合议庭决定择日宣判。在一个晴朗的上午,我在办公室收到区法院寄来的如下行政判决,该院的裁判意见为:

根据 2006 年《娱乐场所管理条例》第 3 条"县级以上人民政府文化主管部门负责对娱乐场所日常经营活动的监督管理"以及第 9 条"设立娱乐场所,应当向所在地县级人民政府文化主管部门提出申请"[1]的规定,被告区原文化局作为文化主管部门,有对辖区内文化娱乐场所得出设立进行审批的权力。

开曼公司于 2013 年 6 月 18 日取得企业名称预先核准,保留期至 2013 年 12 月 17 日,之后未经登记机关进行设立登记,未取得营业执照,顾斌系该公司发起人,对该公司在设立过程中有关的行政行为,可以以自己的名义提起诉讼。

被告认为其所出具的筹建意见书系不可诉的行政指导行为,但行政指导系行政机关为实现一定的行政目的,依法在其职权范围内,以建议、劝告、引导、鼓励等非强制性的手段,使行政相对人接受其意识并付诸实践,行政指导并不具有强制力,也不产生直接的法律效果。

而本案中被告出具的筹建意见书系对开曼公司是否符合施工筹建进行的

---

[1] 现行有效的为 2020 年《娱乐场所管理条例》第 9 条第 1 款。

审查与核准,该意见书依据的规范性文件为当地的《关于推进市文化行政审批标准化工作的通知》第 26 条、第 27 条以及《关于推进区文化行政审批标准化工作的通知》第 25 条、第 26 条,实质上进行了行政审批程序,该意见书决定的内容对行政相对人具有强制约束力,在性质上属于行政批准行为,相对人不服的可以提起行政诉讼,因此被告的上述主张不成立。

被告认为依照出具筹建意见书时的法律法规,涉案场所并不位于居民区内,而根据原文化部 2013 年 2 月 4 日公布的《娱乐场所管理办法》以及 2013 年 3 月 15 日公布的《文化部关于贯彻〈娱乐场所管理办法〉的通知》,涉案场所已被列入居民住宅区。

开曼公司申请设立的歌舞娱乐场所使用的房屋规划用途虽为商业,但该地段位于开发商地块红线范围内,该地块用途为住宅及配套设施,参照《文化部关于贯彻〈娱乐场所管理办法〉的通知》关于"居民住宅区"的界定,该地段应当属于居民住宅区。

综上所述,法院认为区原文化局作出的筹建意见书对涉案场所是否属于"居民住宅区"的判断有误,该行政行为认定事实不清。因该筹建意见书已过有效期,因此并不存在可撤销内容。为此,确认被告区原文化局于 2013 年 1 月 17 日作出的筹建意见书违法。

区原文化局不服,提起上诉,但很快被二审驳回上诉,维持原判。

行政赔偿 先败后胜

(一)在区法院一审败诉

筹建意见书的违法性质已经认定,我以此为据代顾斌先向区原文化局申请行政赔偿,区原文化局作出不予赔偿决定。顺其自然,我代顾斌向区人民法院提起行政赔偿诉讼。经过审理,区人民法院认为原告损失和被告筹建意见书没有因果关系,作出如下一审行政赔偿判决,驳回全部赔偿请求,其裁判意见为:

根据《国家赔偿法》第 2 条的规定,国家机关和国家机关工作人员行使职权,有本法规定的侵犯公民、法人和其他组织合法权益的情形,造成损害的,受害人有依照本法取得国家赔偿的权利。筹建意见书系被告作出的行政行为,且该行为已被两级法院确认为违法,原告基于筹建意见书所受到的直接损失应当属于国家承担赔偿责任的范围。

关于第二个争议焦点,被告认为原告所受到的损失与被告作出的筹建意见书并不存在因果关系。根据《国家赔偿法》第2条的规定,合法权益受到行政行为的侵害是取得国家赔偿的前提,且该侵害的发生应当与行政行为之间存在直接的因果关系。同时根据《国家赔偿法》第36条第8项"对财产权造成其他损害的,按照直接损失给予赔偿"的规定,承担赔偿责任以对当事人造成的直接损失为前提。

本案中,筹建意见书于2013年1月17日作出,有效期截至2013年7月16日,当时该筹建意见书尚未被撤销,也未被确认为违法,原告在该时段内基于筹建意见书所受到的直接损失应当由被告进行赔偿。

本案原告要求的经营场所装修等费用,其中装修工程合同分别签订于2012年9月20日、9月26日,并于2012年9月28日施工,其费用产生于筹建意见书作出之前,与筹建意见书的作出并不存在因果关系,因此,法院对原告的该部分主张不予支持。

对装修费用中的弱电、设计费、消防工程、环评费等各项费用,原告提供了收款收据用以证明该类费用发生在筹建意见书之后,上述收款收据只能证明原告支付相关款项的时间,因原告并未提供充分证据证明相关工程开始施工的时间在筹建意见书之后,因此法院对原告的该部分主张不予支持。

本案原告要求的经营场所房租及物业等所支出的费用问题,首先,房租合同签订于筹建意见书作出之前;其次,原告基于房租合同享有的是对房屋的租赁权,其本身财产价值并不会因筹建意见书被确认违法而受到侵害;最后,房屋的相关物业支出也是基于对房屋的租赁使用而来的。因此,对原告的该部分主张不予支持。

本案原告要求的经营场所设备费用问题,该类财产所有权仍为原告所有,且并未发生实际损失,因此对原告的该部分主张不予支持。原告要求被告赔偿其预期经营利润以及律师费用的问题,原告的上述主张并非筹建意见书所造成的直接损失,因此,法院对原告的该部分主张不予支持。

(二)二审裁定发回重审

顾斌当然不服,向市中级人民法院提起上诉,经过两次开庭审理,于 2017 年 8 月 2 日依法作出如下二审行政裁定,该裁定几乎是对原一审判决的颠覆。市中级人民法院的裁判意见为:

本案的争议焦点是筹建意见书有无造成上诉人的直接损失以及如何确定被上诉人的赔偿范围和数额。

2013 年 1 月 17 日被上诉人作出筹建意见书,认为开曼公司基本符合施工筹建条件,即认可其选址的合法性。该行为虽非法定行政许可,但因被上诉人的特定身份及筹建意见书的具体表述,上诉人有理由相信其申请开设娱乐场所的选址已获政府确认。

虽然造成上诉人损失的直接原因是营业审批不能完成而不是筹建意见书本身,之前上诉人基于自己的法律和商业判断已经签订了场地租赁合同和施工合同、着手实际施工和物品采购等工作,并且也只有在全部施工完成之后才能申请营业许可,但如果没有被上诉人的筹建意见书的介入,上诉人还是有可能中止相关操作,提前止损。

筹建意见书的出现,减少甚至终止了上诉人进行法律风险规避的可能性,故应认定筹建意见书与上诉人的损失之间存在因果关系。另外,上诉人的商业和法律判断与损失之间也存在因果关系,多因一果的情况下,应由被上诉人承担相应的赔偿责任。

筹建意见书于 2013 年 1 月 17 日作出并于当日送达,虽载明有效期截至 2013 年 7 月 16 日,但该筹建意见书明确告知上诉人营业选址合法,故其对上诉人的影响会一直延续到被上诉人明确否定及纠正该选址告知时为止,超过该时间节点后上诉人就应该及时止损,终止相关经营操作,否则应自行承担扩大的损失。原审法院以筹建意见书载明的 6 个月期间作为责任期间,与事实不符。

关于上诉人的具体损失,经营场所装修等费用,上诉人提供了开曼公司与建筑装饰工程公司于 2012 年 9 月 20 日、10 月 6 日签订的两份建设工程施工合同及施工单位结算对账单,鉴于上诉人竣工报告证据形成时间晚于合同签订时间,而被上诉人未举证证明该证据为假,故应认定部分工程延续到筹建意见书效力影响期间,即被上诉人责任期间存在装修费用的实际损失,同时,该责任期间也必然存在房屋租赁费用等其他损失,故一审认定本案在责任期间并不存在实际损失与事实不符。

综上,被上诉人违法发布筹建意见书与上诉人的损失之间存在因果关系,上诉人上诉理由成立。原判认定基本事实不清,证据不足,为此,撤销原判,发回重审。

发回重审　最终胜诉

(一)区原文化局在重一审中的抗辩理由

区原文化局针对顾斌的行政赔偿请求,提出了如下抗辩意见:

(1)被告作出筹建意见书的行为不应承担国家赔偿责任;

(2)原告主张的损失不属于国家承担赔偿责任的范围;

(3)筹建意见书并非原告经济损失的直接原因;

(4)筹建意见书与原告的经济损失不存在因果关系;

(5)行政行为违法,并不必然导致原告受到影响或产生损失;

(6)原告申请的项目难以满足开办娱乐场所的条件;

(7)原告存在"未审批先营业"的违法情形;

(8)原告存在未申请先筹建,未审批先投资,未论证盲目签合同的行为;

(9)原告存在"不计后果,不止损失"的行为;

(10)筹建意见书是依据市原文化局规定作出的,责任源头不在被告;

(11)筹建意见书的行为与作出不予行政批准存在正当理由;

(12)筹建意见书的相关依据发生变化;

(13)原告对于主张的损失是在故意张冠李戴;

(14)原告主张的项目和事实与证据之间存在自相矛盾。

综上,原告的诉求于法无据,与事实不符,恳请依法驳回。

从区原文化局的抗辩理由可以看出,区原文化局的律师为了否定赔偿请求确实花费了许多心血,做足了功课,这无疑是值得称赞的。通过对方的抗辩意见,判断出对方的重点在于筹建意见书与顾斌的损失不具有因果关系。如果应当赔偿,双方的比例应当如何划分及赔偿金额如何计算。

我以市中级人民法院作出的生效行政裁定书中已认定的"筹建意见书和损失之间具有因果关系"反驳了区原文化局的抗辩意见。根据法律规定,生效判决已经认定的事实或作出的定性,下级法院在没有特殊情况下应当直接作为认定事实和定性的依据。所以,对方说得再多,道理讲得再细,有市中级人民法院的行政裁定书这个"尚方宝剑",赔偿基本已定。

基于对方是副局长和律师出庭,又有许多区原文化局的工作人员旁听,本案赔偿已是铁板钉钉,所以,我在法庭上尽量保持平和,并没有表现出强势的一面。

但事后,我向法庭提交了措辞强硬的书面代理意见。

(二)重一审和重二审支持了行政赔偿请求

2018年5月20日,区人民法院依法作出重一审判决,支持了顾斌的部分赔偿请求。原审法院认为,原告因被告作出筹建意见书所造成的各项经济损失为房屋装修费用137.05万元、房屋租金损失97.79万元、物业费损失2万元、设备设施损失25.33万元,合计262.17万元,由被告承担40%的赔偿责任,计104.86万元。

一审判决作出之后,顾斌和区原文化局同时提起了上诉,顾斌认为赔偿过少,而区原文化局认为一分都不应赔。

市中级人民法院也很负责,对此案进行了两次开庭。

2019年5月20日,市中级人民法院作出二审判决,支持了顾斌的部分上诉请求,驳回了区原文化局的上诉主张。市中级人民法院认为,上诉人顾斌因区原文化局错误行政行为造成的各项经济损失为装修费用30.79万元、房屋租金及物业费99.79万元、设备设施18.55万元,所造成的各项经济损失合计149.13万元,由上诉人区原文化局承担80%的赔偿责任,赔偿金额为119.3万元。

由此可见,顾斌上诉后,获得的赔偿金额在原来104.86万元的基础上增加了 14.44 万元。总损失金额虽核减许多,但责任比例从 40% 提高到 80%,所以实际赔偿额未降反升。虽然结果不尽如人意,但毕竟也是前进了一步。至此,本案画上了句号。

从一审判决确认筹建意见书违法,到区原文化局上诉,二审维持原判,使行政赔偿获得了依据,第一轮结束。从一审区人民法院驳回赔偿请求,到二审裁定发回重审,获得应当赔偿的"尚方宝剑",第二轮结束。再从区人民法院重一审判赔 104.86 万元,到二审增加到 119.3 万元,第三轮结束。先后经过三次一审,三次二审。

从区原文化局 2013 年 1 月 17 日作出筹建意见书到 2019 年 5 月 20 日市中级人民法院对赔偿问题最终一锤定音,已过 6 年多的时间。

案件评析与思考

(一)案件的关键点

本案是一起涉及政府信赖利益保护的行政案件,引起了许多法学专家高度关注,并在课堂教学中引用。本案的关键点在于,筹建意见书的性质究竟是行政指导行为还是行政批准行为。只有明确了筹建意见书的性质,才能进行接下来的诉讼。关于筹建意见书的法律适用问题,法院采纳了我的观点,认为:出具筹建意见书实质上进行了行政审批程序,其决定的内容对顾斌具有强制约束力,在性质上属于行政批准行为。行政批准又称行政许可,其实质是行政主体同意特定相对人取得某种法律资格或实施某种行为,实践中表现为许可证的发放。

(二)诉讼的办案思路

本案的两大争议焦点,一是关于居民区范围的定性,涉及筹建意见是否合法;二是行政赔偿的范围和标准,究竟哪些应当赔,哪些不应当赔。本案的办案思路是,首先,确立了诉讼的主体是顾斌,作为开曼公司的发起人,顾斌有诉讼的权利。明确诉讼主体以后,就是对筹集意见书的性质进行法律分析,经分析论证后得出筹建意见书是行政批准行为。其次,确定筹建意见书所造成的影响,顾斌因筹建歌舞厅遭受的损失,以及如何确定赔偿的范围和标准。最后,通过三次一审,三次二审,最终让区原文化局进行了赔偿。

在大部分的司法实践中,律师的确是法官和当事人之间沟通的桥梁。律师业务素质够硬,才能撑托起整个案件覆盖面的全部。

案例35
如何巧用组合诉讼在拆迁中获得满意赔偿
——某印刷厂诉某开发区管委会违法拆迁及行政赔偿案

导读提示

2006年年底,武广高速客运专线某段建设项目正式选址,并于同年获批建设用地规划许可证,这标志着某市作为重要的铁路枢纽,运输能力将大幅提高。本案当事人开元印刷厂厂区的一部分正处于该项目征地范围内。

2007年年初,武广高铁开元印刷厂段项目施工方正式获批房屋拆迁许可证,征地拆迁工作随之展开。2008年1月,在与开元印刷厂协商未果的情况下,开发区管委会、拆迁办、城管局、公安分局等部门"联合执法",将厂区内拥有合法权属的各类建筑,强行拆除。

对拆迁许可证及强拆提起的诉讼,耗时四年有余,2012年11月30日,区人民法院作出行政赔偿判决,判决开发区管委会在同等地段范围产权调换给开元印刷厂房屋建筑面积5180平方米、土地使用权面积9296平方米,赔偿各项损失千余万元。

按照判决,每逾期一年交付新厂房,开发区管委会都将承担100余万元停业停产损失赔偿,可谓逾期履行的"紧箍咒"。上诉后,市中级人民法院作出终审判决:驳回上诉,维持原判。

本案被中国人民大学法律硕士统编教材《行政诉讼律师基础实务》一书收录为教学案例。

案情回放

2006年年底,武广高速客运专线项目正式确定。经过层层招投,市新桥公司最终被确定为总承包方,后因征地拆迁推进不顺,遂又委托市阳光公司负责处理拆迁事宜。

开元印刷厂是一家位于该市开发区的民营企业,作为被拆迁方之一,拥有国有土地使用权面积9296平方米,房屋所有权面积2840平方米。

双方对征地补偿分歧很大,无论拆迁方软磨硬泡,开元印刷厂认为相关补偿不能实现同等规模的厂房重建,同意就意味着赶走员工,关门大吉,于是"坚决不同意"。

僵持之下,半年眨眼就过去了。

中止裁决以退为进

2007年12月4日,因长期协商未果,拆迁方新桥公司与委托方阳光公司凭借已经获批的房屋拆迁许可证,向开发区原土地规划管理局申请行政裁决。

根据《城市房屋拆迁行政裁决工作规程》相关规定:

(1)市、县人民政府城市房屋拆迁管理部门负责本行政区域印刷厂内城市房屋拆迁行政裁决工作;

(2)行政裁决应自收到申请之日起30日内作出;

(3)被拆迁人或者房屋承租人在裁决规定的搬迁期限内未搬迁的,由市、县人民政府责成有关部门行政强制拆迁,或者由房屋拆迁管理部门依法申请人民法院强制拆迁。

这就意味着,申请人在已经获批房屋拆迁许可证的前提下,足以预料行政裁决的结果,那就是开元印刷厂必败,而行政裁决的作出时间不超过30日,又可以借此申请强制拆迁,不容多想,开元印刷厂必将处于弱势地位。

因曾为开元印刷厂办理过其他案件,厂家决定委托我全权代理该案。

看了材料并通过了解案情,我发现,拆迁方申请裁决,将对开元印刷厂十分不利。无论如何，我方的首要任务就是要通过合法的路径坚决阻止裁决结果的作出。

《城市房屋拆迁行政裁决工作规程》第12条规定："有下列情形之一的，中止裁决并书面告知当事人……（二）裁决需要以相关裁决或法院判决结果为依据的，而相关案件未结案的……"该条款成为我方与拆迁方博弈的最佳筹码。

本案中，房屋拆迁许可证系申请行政裁决的前置条件。如果我方在裁决结果作出前，针对房屋拆迁许可证的合法性提起行政诉讼，那就意味着，这次行政裁决必须中止。

另外，据调查所知，申请人是在武广高铁项目开发区段破土动工之后才补办的房屋拆迁许可证，登记的被许可单位是受托方阳光公司，而非拆迁方新桥公司。那么，本次诉讼胜诉的可能性很高，这正是以退为进的绝佳时机！

为此，我向开发区拆迁管理办公室递交了如下答辩意见，要求其暂停裁决：

一、新桥公司不具备申请人的主体资格

根据《城市房屋拆迁行政裁决工作规程》第8条的规定，申请人或者被申请人必须是拆迁当事人，而本案申请人新桥公司不是房屋拆迁许可证确定的拆迁人，其显然不具备申请人的主体资格，拆迁管理部门受理房屋拆迁行政裁决申请没有事实和法律依据。

二、本案不具备受理拆迁行政裁决的法定条件

根据《城市房屋拆迁行政裁决工作规程》第5条之规定，申请人没有合法的拆迁评估报告，没有协商记录、补偿方案，未达成协议的被拆迁人比例不是100%，本案不具备受理房屋拆迁行政裁决的法定条件。

三、房屋拆迁许可证存在明显的违法

根据该市《城市房屋拆迁管理实施办法》的规定，需要拆迁房屋的建设单位应当及时申请领取房屋拆迁许可证，并由房屋拆迁管理部门以房屋拆迁公告的形式予以公告。我方从未见到房屋拆迁公告，反而看到房屋拆迁许可证，上面记载的拆迁人和拆迁实施单位均为"阳光公司"。

经工商局查询,全市并没有"阳光公司"这个企业主体,对此,答辩人已就房屋拆迁许可证存在的违法问题对开发区土地规划管理局拆迁管理办公室提起行政诉讼,法院已正式受理此案,见法院受理通知。

依《城市房屋拆迁行政裁决工作规程》第 12 条之规定,本案即便符合受理行政裁决条件,也应暂停行政裁决程序。

中止裁决目的达到了,但事情的发展却还是超出了预期。

诉讼不可避免

2008 年元旦刚过不久,人们还沉浸在新年伊始的喜悦中,开元印刷厂却遭到强制拆除。

接到开元印刷厂打来的电话,我急匆匆赶到现场,找到负责人,并拿出法律规定同其理论,要求其停止非正常强拆行为。一位领导模样的人走过来给我"普法":"这里是在依法强拆,不要妨碍'公务',如果强拆错误,你们有权利去法院起诉,官司打赢了,我们自然会赔偿。"

这是我做律师以来第一次亲临的强拆现场,因强拆形成的灰尘如同滚滚浓烟,遮天蔽日,让周边狼藉不堪。

闻讯赶来的某电视台记者也架上了摄像机,但很快被现场工作人员围住,并强制带离,不允许在现场采访报道。事后,不知记者从哪里知道了我的联系方式,希望从我这里了解一些诉讼中的情节,对此,我也一一如实相告。

这次强拆也让我恍然大悟,原来拆迁公告上规定的拆迁截止期限为 2007 年 12 月 30 日,也难怪他们会这么急。

更匪夷所思的是,在营业执照、土地使用权证、房屋所有权证齐全的情况下,市城市管理行政执法局竟然多次以"擅自兴建厂房、车间"等为由,将厂区内不同区块的建筑认定为违法建筑,多次作出强制拆除决定。

据开元印刷厂负责人介绍,那天他和部分职工向拆迁方提出交涉,认为强拆没有履行法定程序,也没有合法的拆迁许可,不同意强制拆除。然而,抗议没有一点作用。被强行带离现场之后,轰隆隆的机器声和墙体坍塌的声音终于还是淹没了一切……

自此，双方再无协商的可能，对簿公堂已成定局，而这一次，确定的被告，将会是组成"联合执法"的几个行政机关。

在当时的环境下，提起行政诉讼是需要足够胆量的，身处被告辖区之内的企业，敢于正面提出异议，哪怕是出庭为原告作证，都足以让人慎之再慎。

寻找证人，确定当日参与强拆的主体，颇费了一番功夫。不止一次往返于破旧的厂区，寻找当日目击现场的当事人，不过大家要么说不知道，要么说知道，但不敢去作证。我虽能理解大家的躲闪，但内心也会失落，也会感叹人情冷暖，各有各的无奈。

但叹气归叹气，除了硬着头皮往下走，还能怎么样呢？

皇天不负有心人，终于找到了三位亲历现场的目击者，亲笔写下了来之不易的证词，初步证明当日实施强拆的机关包括开发区管理委员会、原土地管理规划局、城市管理行政执法局、公安分局等。

更重要的是，当天现场采访的电视台记者，给我提供了一盘录像带。记者说他是接到新闻热线电话，赶赴现场的，现场架起来的摄像机虽然受阻，但同去的其他记者携带的微型摄像机在不显眼的暗处详细记录了整个强拆过程。而这份录像带，成了强拆的核心证据。

记者提供的录像带，让我即将提起的行政诉讼有了重磅证据。

为此，我直接向市中级人民法院提起行政诉讼，要求确认强拆行为违法，并恢复房屋和土地原状，赔偿物品及停业停产损失，后该院指定异地某区人民法院审理。因为房屋拆迁许可证的诉讼未结案，该判决对确认违法强拆具有重要参考价值，所以，区人民法院暂时中止了审理，等待房屋拆迁许可证的诉讼的最终结论。

我方也只能养精蓄锐，等待开庭，厚积薄发。

拆迁许可证官司胜诉

2008年3月14日，开元印刷厂诉市国土资源和房产管理局及开发区分局、第三人新桥公司、第三人阳光公司要求撤销房屋拆迁行政许可证纠纷一案正式开庭。

庭审历经3小时、被告提交的证据多达12类42份,交战激烈自不待言。最后,法庭基本接受了我的出庭意见,依法作出如下行政判决:

1.《城市房屋拆迁管理条例》[1]第5条规定,县级以上人民政府负责管理房屋拆迁工作的部门对本行政区内的城市房屋拆迁工作实施监督管理。该市《城市房屋拆迁管理实施办法》规定,"市国土资源和房产管理部门是全市城市房屋拆迁工作的主管部门,并具体负责包括经济技术开发区的城市房屋拆迁管理工作"。

上述规定表明:(1)市原国土资源和房产管理局是城市房屋拆迁工作的主管部门;(2)开发区的城市房屋拆迁许可事项属市国土和房产局的职责范围;(3)国土开发区分局或其下属的拆迁管理办公室不具有对城市房屋拆迁作出许可的法定职责。

2.1989年《行政诉讼法》第52条第1款规定:"人民法院审理行政案件,以法律和行政法规、地方性法规为依据。地方性法规适用于本行政区域内发生的行政案件。"第53条第1款规定:"人民法院审理行政案件,参照国务院部、委根据法律和国务院的行政法规、决定、命令制定、发布的规章以及省、自治区、直辖市和省、自治区的人民政府所在地的市和经国务院批准的较大的市的人民政府根据法律和国务院的行政法规制定、发布的规章。"[2]

《最高人民法院关于执行〈中华人民共和国行政诉讼法〉若干问题的解释》第21条规定:"行政机关在没有法律、法规或者规章规定的情况下,授权其内设机构、派出机构或者其他组织行使行政职权的,应当视为委托。当事人不服提起诉讼的,应当以该行政机关为被告。"[3]

根据上述规定:(1)市人民政府2002年12月4日"×政(2002)67号"通知,市原城市规划管理局、市原国土资源管理局2002年9月10日"×规土资(2002)75号"通知,其性质应为委托性文件,并非授权性具有规章位阶的规范性文件。(2)行政执法主体资格应遵循职权法定原则,没有法律、法规或者规章

---

[1] 现行有效的为《国有土地上房屋征收与补偿条例》(2011年1月21日施行)。
[2] 现行有效的为《行政诉讼法》(2017年7月1日施行)第63条。
[3] 现行有效的为《最高人民法院关于适用〈中华人民共和国行政诉讼法〉的解释》(2018年2月8日施行)第20条第3款。

授权的执法主体,不能以自己的名义独立实施行政行为。(3)拆迁管理办公室是在没有法律、法规或者规章规定的情况下作出的房屋拆迁许可证。

3. 该市《城市房屋拆迁管理实施办法》第6条规定,需要拆迁房屋的建设单位应当按本办法的规定,向市或有关区城市房屋拆迁管理部门申请领取房屋拆迁许可证。

阳光公司受新桥公司委托组织实施天通汇大桥铁路、引线工程开发区段的拆迁工作,向拆迁管理办公室申请房屋拆迁许可,拆迁管理办公室在许可证上确定的拆迁人为阳光公司,确定的拆迁范围为开元印刷厂内,与建设用地规划许可证及附图上标明的建设单位、拆迁范围不相符合。

综上所述,被告市原国土资源和房产管理局不能提交有关法律、法规或者规章,证明被告原国土资源局东湖分局或其下属的拆迁管理办公室是该分局所在区域内负责城市房屋拆迁管理的法定主体,其辩称:"市国土房产局不是本案适格被告、国土开发区分局依法有权颁发拆迁许可证"的意见,不能成立。

原国土资源局开发区分局下属的拆迁管理办公室未将用地的建设单位新桥公司列为拆迁人,却将受托人阳光公司列为拆迁人;许可拆迁房屋范围确定为开元印刷厂内;以自己名义作出房屋拆迁许可证的行为,属主要证据、依据不足的不合法行为,根据1989年《行政诉讼法》第54条第2项第1目的规定,[1]该行为应予以撤销。

但由于房屋拆迁许可证涉及的天通汇公铁两用大桥铁路工程是一项重点工程建设项目,如支持原告撤销房屋拆迁许可证的诉讼请求,将会给国家利益造成重大损失。因此,判决确认房屋拆迁许可证违法,责令市原国土资源局采取补救措施。

这份判决,胖似"尚方宝剑"。

虽首战告捷,但最终目的是拿到足额的赔偿和厂房还建,这也是当事人最在乎的,因此我方悬着的心还是不敢放下。

---

[1] 现行有效的为《行政诉讼法》(2017年7月1日施行)第70条第1项。

强拆行为被确认违法

随着区人民法院对强拆案件的审理。2010年12月10日，区人民法院就强拆行为作出一审行政判决。有了这份行政判决，之前被中止的行政赔偿诉讼才能继续开展，而这最后一步，也是解决当事人问题的关键一步，何时才能迈出呢？

相较于民事诉讼，行政诉讼往往需要更长的时间才能解决委托人的困难，也许一年，也许两年，也许更长。两年的时间尚可忍受，但办案过程中，为之付出的辛酸委屈、受过的苦楚，又有谁懂？

行政判决的理由部分，总算未辜负我的努力，摘录如下：

根据国务院《城市房屋拆迁管理条例》的规定，被告开发区管委会具有行使拆迁的职权。本案中，由于原告的厂房及附属物的拆迁包括两个方面的内容：

一是红线图规划范围内的房屋为2840.48平方米，市范围内的拆迁虽然符合国务院《城市房屋拆迁管理条例》第7条的相关规定，但在双方达不成拆迁安置补偿协议并且未先进行行政裁决的情况下，实施房屋强制拆迁，其行为与上述法规不符。

二是红线图规划外的2340.03平方米的房屋拆迁，是在无任何合法手续的情况下实施的，其行政行为明显违反国务院《城市房屋拆迁管理条例》第7条"申请领取房屋拆迁许可证的，应当向房屋所在地的市、县人民政府房屋拆迁管理部门提交下列资料：（一）建设项目批准文件；（二）建设用地规划许可证；（三）国有土地使用权批准文件……"的规定。

关于本案拆迁违法主体的确定。本案诉讼所引被告主体有4个，开发区管理委员会、原土地管理规划局、市城市管理行政执法局、原国土资源局开发区分局。庭审中被告开发区管理委员会自认其是强拆行为的组织者和实施者，原告的诉状中也诉称："现场指挥人员宣称'这是开发区管委会组织的强拆'。"

其他三被告均称没有参与及实施拆除行为，现有证据亦不能证明其他三被告实施了拆除房屋的具体行政行为。由此可见，本案虽为多重主体，但具体实施强制拆除房屋行政行为的行政机关应为开发区管理委员会。

综上所述,由于被告开发区管理委员会拆除原告房屋及附属设施,在红线规划范围内的拆迁房屋未经行政裁决,其拆迁行为程序违法。红线规划范围外的房屋拆除无任何规划手续和法律依据,其拆除该部分房屋的行政行为亦应确认违法。

拿到赔偿已是板上钉钉,赔偿额的多少才是衡量胜负的标准。下一步就是行政赔偿诉讼了。

行政赔偿再次胜诉

2012 年厂区已荡然无存,这 4 年来,眼看着武广高铁从开工到试运行,再到通车,一趟趟高铁呼啸而过,匆忙的旅人,是否又知道脚下这片土地曾经的模样？2012 年 7 月,开元印刷厂诉开发区管理委员会行政赔偿一案,中止二年后,在区人民法院开庭。

由于强拆,导致大部分物品灭失,损失大小的证据难以取得。对此,只有尽量获得物品的单据。开庭前,我向法院申请调取对方当初的录像或证据保全公证书,因为,根据当时的规定,强拆之前,必须邀请公证处作证据保全。

没想到对方回复法院:"既没有录像,也没有财产保全公证。"这让我心里更有底气了。开庭当天,对方律师要我举证损失的证据。我提出一个新观点,即行政诉讼中没有规定的问题,可以参照民事诉讼及其证据规则规定,一方有证据证明对方持有对自己有利的证据而拒不提供的,视为一方的主张成立或举证责任免除。

现有证据证明强拆时,被告已经做了现场物品和强拆过程的录像。另外,根据《房屋拆迁管理条例》的规定,强拆时应当邀请公证处作证据保全公证。而被告拒不提供这些证据,应当根据原告提供的物品清单及购货发票确定损失。

结束庭审,区人民法院最终作出一审行政赔偿判决。其裁判意见如下：

如果由于实施机关强制拆除对没有依法制作公证笔录和公证清单导致被拆迁人对灭失损坏的财物无法充分履行举证责任的,在被拆迁人能提供初步证据证明有财产损坏灭失的情况下,即发生举证责任的转移,实施机关应当对其强制拆除没有造成财产损失的主张承担举证责任,并承担举证不能的不利后果。被拆迁人不能履行初步证明责任的主张和请求,但只要其赔偿主张和请求是合情合理的,法院也可以综合考虑,依法行使自由裁量权。

本案中,考虑到被告管理委员会所实施的行政强制拆除行为严重违反法定程序和正当程序,以及诉讼中没有提供不赔或者少赔的证据的情形,应认定原告开元印刷厂主张的不可搬迁的设备设施以及设备搬迁、安装、调试费等为合理存在,结合案件实际情况并考虑物品折旧等合理因素,按照原告印刷厂自报价的30%确定其财产损失。

综上,依照法律规定,经法院审判委员会讨论决定,判决如下:

(1)被告开发区管理委员会于判决生效之日起二年内,在同等地段范围产权调换给原告开元印刷厂房屋建筑面积5180.51平方米,土地使用权面积9296.59平方米;

(2)被告开发区管理委员会赔偿原告开元印刷厂临时安置补偿费574万元;自2012年11月10日起至过渡期满止,被告经济技术开发区管理委员会按5180.51平方米房屋建筑面积22元/平方米·月向原告开元印刷厂支付临时安置补偿费;

(3)被告开发区管理委员会赔偿原告停产停业损失费用208.18万元;

(4)被告开发区管理委员会赔偿原告设备设施损失以及设备搬迁、安装、调试费70.96万元;

(5)被告开发区管理委员会赔偿原告原材料、成品、半成品等财产损失59.841万元;

(6)被告开发区管理委员会赔偿原告构建物及地上附着物损失96.57万元;

(7)驳回原告的其他诉讼请求。

上述第2项至第6项,被告开发区管理委员会于判决生效之日起10日内支付。

终局裁决实现预期

原以为行政赔偿判决作出之后,该案即可告一段落,未曾想被告率先提起上诉,我方决定,也提起上诉,吞并对方的上诉请求,不能被动挨打。行政赔偿案件之中,争议焦点无非三点,即赔不赔、谁来赔、赔多少。本案之中,争议焦点就只剩下赔多少的问题了。

除此之外,本案也暴露出行政诉讼中的新问题,那就是,由于行政机关强制拆迁未按照法定程序,导致被拆迁人财产损害且无法提供损坏物品清单的,举证不能的责任究竟由谁来承担?

二审开庭,我重复了在一审中的基本观点。经过漫长的等待,市中级人民法院作出终审判决,驳回双方上诉,维持原判,理由与一审基本一致,这一天是2015 年 9 月 21 日。

案件评析与思考

(一)诉讼的办案思路

本案中从确认拆迁许可证违法到确定强拆行为违法,每一步都需要考虑法律适用问题。我方在裁决结果作出前,针对房屋拆迁许可证的合法性提起行政诉讼,适用《城市房屋拆迁行政裁决工作规程》第 12 条规定,规避了土地规划管理局作出行政裁决。这一步,成为了胜诉的关键。关于房屋被强拆后物品损失的计算问题,在行政诉讼法没有明确规定的情况下,参照适用民事诉讼法的相关规定,解决了我方举证对物品的损失。根据《民事诉讼法》第 67 条的规定,当事人对自己提出的主张,有责任提供证据。"谁主张,谁举证"为举证责任承担的一般规则,但是并非一成不变,当负有证明责任的一方当事人证明其主张的证据达到高度盖然性标准时,对方当事人如果提出主张不成立,其应当承担反驳证明责任,此时即发生了举证责任的转移。民事诉讼中对于某一事实的举证责任会不断在当事人之间进行转移,直至这一事实被查明。本案行政赔偿诉讼一审中,举证对我方极为不利,因为强拆行为导致物品灭失。为此,我花了大量时间固定证据,并获得了一些物品单据。一审判决正是依据这些单据作出了对我方有利的判决。

(二)对法条的修改意见

全国人大常委会在修改《行政诉讼法》时邀请我参加,就这个案例,我提出了在"证据"一章中增加一条,即"在行政赔偿诉讼中,原则上由原告举证,如果是因被告的行为导致证据灭失的,就物品损失大小,应由被告承担举证责任,不能举证的,人民法院可以按原告提供的物品清单等初步证据定案"的修改意见。

后来,在 2017 年修正的《行政诉讼法》中,我看到该法第 38 条第 2 款作出了这样的规定,"在行政赔偿、补偿的案件中,原告应当对行政行为造成的损害提供证据。因被告的原因导致原告无法举证的,由被告承担举证责任"。

本案原一、二审在判决中,对开元印刷厂的损失大小的举证责任,转移至被告承担,在 2017 年修正《行政诉讼法》施行之前的当时的行政审判环境,难能可贵,无疑值得称道,是非常大的进步。

(三)办案经验的总结

"套路"一词最近很火。有律师同行说,行政诉讼也都是"套路",政府信息公开,行政复议,行政诉讼,行政赔偿,按部就班。其实不然,越是看起来简单的东西越要求专精,好比武林高手过招,往往都是专精一门的一方更容易获胜。

对一些案件的处理,按照常规的办案思路,可能根本解决不了问题。法庭犹如战场,律师不仅要通晓法律,还要善于掌握和领悟作战技巧,这样才能出其不意,一招取胜。

办理征地拆迁案件,需要律师有坚强的毅力和超强的抗压力。许多案件,可能一拖几年,可谓"持久战"。在诉讼设计上,也需要统筹安排,先打哪个官司,再复议哪个案件,需要环环相扣。一个诉讼可能只是为下一个诉讼固定证据或锁定违法行为。

案例 36

区政府能否要求海鲜养殖场停止生产经营

——李中伟诉某区人民政府侵犯经营自主权行政赔偿案

导读提示

江苏的李中伟千里迢迢来到沿海某市从事海鲜养殖,支付了近192.93万元的承包费,打井盖房,修建水渠,投鱼放虾,就等收获。没想到,附近村民认为承包的养殖场有争议,要求上级政府机关"做主"。

某区政府一纸公告,要求李中伟暂停养殖经营活动。有了公告撑腰,附近村民将养殖场的设施和物品全部砸毁。当年预计的收入也成"南柯一梦"。李中伟的朋友委托联系上我,希望能帮他讨一个说法。

2015年12月21日,当地市中级人民法院作出一审判决,以"被告区政府作出的公告超越职权、认定事实不清、证据不足、行政程序违法"为由判决撤销该公告。区政府没有上诉,一审判决正式生效。

随后的行政赔偿诉讼经过一、二审,区政府最终判赔李中伟实际损失200余万元。

案情回放

一方水土养一方人,加上耳濡目染,使得生活在江苏沿海某村庄的李中伟学得一手养殖海产品技术的绝活。通过辛勤劳动,整天泡在水里,赚得了人生的第一桶金,曾经贫困的家庭因此发生翻天覆地的变化。

虽然李中伟生活的江苏沿海气温适合海鲜养殖,但由于该地冬天气温相对较低,不适合海鲜的养殖和繁育,往往需要使用价格昂贵的大棚,而大棚有时无法承受突如其来的台风侵袭。

一年只能养一季海鲜，投入多、耗时长，尤其是冬天的时间几乎全部浪费。李中伟开始到更南边的沿海地区考察，寻找冬天气温相对较高，也适合养殖海产品的地方。如此一来，每年只能收获一季的海鲜可以变成两季，经济效益提高，人也不会在冬季里无所事事。

正在南方沿海考察的李中伟接到一位老乡的电话，让他过去看看，当地冬季气温相对较高，一年可以养殖两季甚至三季海鲜，而且正好有一片海边养殖场需要对外承包。

李中伟觉得是一个机会，赶到当地，见到养殖场的使用权人张某和黄某，原来他们也只是承包人，但他们可以转租。这片养殖场海域使用权系吴某等四人通过法院拍卖所得。2009年3月10日，吴某作为甲方将养殖场承包给张某和黄某。

望着这一片紧邻大海，通过围堰形成的天然海鲜养殖场，李中伟眼前一亮，顿时内心像牛羊见到了肥沃的草原一样兴奋，暂时的荒凉，只要改造，就会是优质养殖场。内心虽然激动，但李中伟并没有表现出来，只是不断挑刺，他希望拿到一个合理的承包价。转租人一看这阵势，觉得高价不太可能，很快给出了最低价。

李中伟聘请律师对承包租赁合同签订的各种风险进行了评估，2013年10月5日正式和转租人签约，随后支付了192.93万元承包租赁费。为了适合多季养殖，李中伟又投巨资打井盖房和修建水渠，投放第一批海鲜虾苗。

蛮荒之地，突然井然有序，焕发生机，一时之间触动了附近村民的神经。村民觉得每年192.93万元的承包租赁费，养殖场俨然就是一棵"摇钱树"。村民开始上访，要求政府为他们主持"公道"，村民认为这个养殖场的地是他们祖辈留下来的。

区政府发出如下公告：

鉴于浅海湾养殖场纠纷问题，区人民政府正在调查核实。为了维护相关当事人的合法权益，依据《海域使用管理法》及相关法律规定，特作出如下公告：

(1)在浅海湾养殖场使用手续完备之前，任何单位和个人不得单方改变浅海湾利用现状，暂停一切生产经营活动。(2)相关单位和个人应当理智、依法反映诉求，支持、配合政府工作；对任何借机闹事、非法上访等影响社会稳定的行为，由公安机关依照有关法律规定处理。

在发布公告的当天,区政府拆除了部分养殖设施,供电公司也停止了电力供应,没有了增氧设备的海鲜陆续死去,损失惨重。

正所谓祸不单行,依法租赁承包的养殖场,不但被区政府给关闭了,附近的村民竟然以李中伟侵权为由将其诉至法院,要求停止侵害,恢复原状,返还土地。法院驳回了村民的起诉。但养殖场依然不让养殖,两年的承包期已过,交出的192.93万元的租赁费,如同"肉包子打狗——有去无回"。

眼看公告二年的期限即将届满,我代李中伟向市中级人民法院提起行政诉讼。立案费了一番周折,立案的当天,两年起诉期已届满,但我保留了在两个月以前提交起诉材料的证据,即EMS回执单。

起诉的理由是,案外人吴某等人通过法院拍卖合法取得了浅海湾养殖场使用权,有生效的民事裁定为证,不存在任何纠纷和争议。李中伟的承包租赁使用权受法律保护。

区政府作出的关于暂停李中伟合法租赁养殖场一切生产经营活动的公告,实质上是一种没有任何法律和事实依据的行政强制措施,属超越滥用行政职权,该行为侵犯了李中伟对浅海湾养殖场的合法经营使用权,且对其造成了巨大损失,应当依法撤销。

法庭审理　互不相让

2015年5月9日,市中级人民法院对此案公开开庭,区政府派出两位律师出庭应诉。法官问我对被告出庭人员是否有异议?

我回答道:"根据2014年《行政诉讼法》第三条第三款之规定,被诉行政机关负责人应当出庭应诉,不能出庭的,应当委托行政机关相应的工作人员出庭。被告负责人既不到庭,也不派其他工作人员出庭,仅让两位律师到庭,显然属于不正确履行诉讼义务的行为,应当批评。鉴于法院组织一次开庭不容易,为了节约司法资源,同意继续开庭,不纠结此问题。"

法官点了点头,告诉对方委托代理人:"原告律师提出的观点和建议都是正确和善意的,作为被告,以后出庭应诉应当注意这一问题。"

我陈述完诉讼请求及理由,区政府的代理律师铿锵有力地答辩:

（1）区政府作出涉案公告时李中伟还不具有经营权，李中伟主张区政府的公告侵害其经营权没有依据；

（2）区政府作出的公告是行政指导性行为，是建议性的，不具有强制性，没有对李中伟的权利义务产生实际影响，不属于行政诉讼的受案范围；

（3）即使区政府的行政行为是可诉的，李中伟提起诉讼的时候也已超过了法定的起诉期限。

综上，请法院依法驳回起诉。

区政府当庭提交一份工商查询单作为证据，称"该证据可以证实李中伟名下有一个养殖场合作社，应当以合作社的名义起诉，李中伟和本案没有利害关系，原告主体不适格"。

针对区政府提供的上述唯一一份证据，我提出：第一，被告举证超期；第二，该证据和本案没有利害关系；第三，租赁承包合同证明原告与被诉公告具有当然的法律上的利害关系，请法庭不予采纳该证据。提议被法庭当庭采纳，否定了该证据的证明效力。

区政府代理律师对我庭前提供的证据，除两份收条不予认可外，对其他证据予以认可。看来，他们已经预感到这次诉讼后，原告李中伟的目的是要申请行政赔偿。

基于区政府在答辩中认为李中伟的起诉超过两年起诉期限，我向法庭提交了在两年的起诉期内向法院邮寄起诉材料的 EMS 回执单，看到这份证据，区政府的代理律师无话可说。

这也告诉我们，在案件起诉期即将届满时，先向法院邮寄起诉材料，保留好邮寄回执单，即便实际立案时间在起诉期限届满之后，也可以减少法庭上的不必要的争论。最重要的是可以避免超过起诉期限的法律风险。

代理意见　合法有据

在法庭辩论环节，我提出了如下代理意见。

一、公告的性质为行政强制，而非行政指导

在本案中，要判断公告的性质是属于行政强制还是行政指导，重点应该看

其是否具有强制力。行政指导,是行政机关在职责范围内实施的指导、劝告、建议、说明、提醒、警示等柔性管理行为,具有非强制性、示范性、自由选择接受性、沟通协调性等特点。

被告称公告为行政指导,但其内容却完全不符合上述定义特征。第一,被告不具有相关的管理职责,后文详细论述。第二,公告不具备非强制性特点,并不是能够选择性接受的,也不具有沟通协调性,原告只能服从。

公告中存在"在浅海湾养殖场使用手续完善之前,任何单位不得单方改变浅海湾利用现状,暂停一切生产经营活动……"的表述,其中,"不得""暂停一切"等词语明显会产生强制性和拘束力,原告不能自由选择。

从被告的行为方式来看,将原告的生产设备予以拆除,不让其继续养虾,使其无法正常进行生产活动,明显使用了强制性手段。被告对原告的财物实施暂时性控制的行为,符合《行政强制法》第2条第2款关于行政强制定义的规定。

二、原告与公告具有法律上的利害关系

原告是涉案海域的合法承租人,依法享有涉案海域的使用权,当然与本案具有利害关系。根据《海域使用管理法》第23条第1款规定,海域使用权人依法使用海域并获得收益的权利受法律保护,任何单位和个人不得侵犯。

2006年11月28日,吴某、陈某、钟某等四人经依法拍卖取得涉案养殖场的海域使用权。法院的"(2004)宾执字第383-3号"民事裁定书已经对上述事实予以了确认。

2009年3月10日,吴某(甲方)与张某、黄某(乙方)签订租赁合同,就甲方向乙方出租涉案养殖场的具体事项进行约定。2013年10月5日,经相关人员同意,张某、黄某与李中伟就转租部分签订租赁合同,对出租虾场的地点、面积、期限、金额等事项进行了约定。

上述合同均系各方当事人的真实意思表示,合法有效。原告的租赁期间为2014年1月1日至2015年12月31日,在此期间内是合法的海域使用权人。而被告作出的公告严重侵犯了原告的经营自主权,原告显然与本案具有法律上的利害关系。

三、原告起诉未超过起诉期限

《最高人民法院关于执行〈中华人民共和国行政诉讼法〉若干问题的解释》第 41 条第 1 款规定:"行政机关作出具体行政行为时,未告知公民、法人或者其他组织诉权或者起诉期限的,起诉期限从公民、法人或者其他组织知道或者应当知道诉权或者起诉期限之日起计算,但从知道或者应当知道具体行政行为内容之日起最长不得超过 2 年。"[1]

上述司法解释的规定强调了行政机关的告知义务,说明起诉期限是可以根据行政机关诉权、起诉期限的告知状况来确定的。而公告的作出日期为 2014 年 1 月 6 日,其内容中未告知行政相对人有行政复议或行政诉讼的权利,应当适用二年的特殊起诉期限。原告于 2015 年 10 月 28 日通过邮寄方式起诉,显然在该起诉期限内。

四、被告不具有作出公告的职权依据

被告在公告中称其是"依据《海域使用管理法》及相关法律规定"作出的。然而,《海域使用管理法》并未赋予被告相关职权,在《地方各级人民代表大会和地方各级人民政府组织法》中也无法找到被告可以作出涉案公告的职权依据。

《海域使用管理法》第 37 条第 1 款规定:"县级以上人民政府海洋行政主管部门应当加强对海域使用的监督检查。"第 39 条规定:"县级以上人民政府海洋行政主管部门履行监督检查职责时,有权采取下列措施:……"第 50 条规定:"本法规定的行政处罚,由县级以上人民政府海洋行政主管部门依据职权决定……"

从上述规定可以看出,对于海域的使用,履行监督检查职责和有权作出行政处罚等行为的主体均是县级以上人民政府海洋行政主管部门。结合所在市区的政府各职能部门的职权分工,有职权发布公告的行政机关只能是区原国土

---

[1] 现行有效的为《最高人民法院关于适用〈中华人民共和国行政诉讼法〉的解释》(2018 年 2 月 8 日施行)第 64 条,并将期限修改为"一年"。

资源局。

根据 2015 年《地方各级人民代表大会和地方各级人民政府组织法》第 59 条之规定:"县级以上的地方各级人民政府行使下列职权……"[1]其具体职权已经通过列举予以规定,从上述规定完全看不出被告有权发布公告并对海域行使行政管理职权。在庭审中,被告也未提供其发布公告的职权依据。

被告根本不具有对海域使用进行管理的法定职责,其作出公告要求"暂停一切生产经营活动"于法无据,超出了法定职权。

五、被告所谓的"纠纷"无事实依据

被告在公告中称"鉴于浅海湾养殖场纠纷问题,区人民政府正在调查核实"。在庭审中也坚称存在纠纷,但未提供相关的事实依据证明。

根据《最高人民法院关于行政诉讼证据若干问题的规定》第 1 条第 1 款之规定,被告对作出的具体行政行为负有举证责任,应当在收到起诉状副本之日起 10 日内,提供证据以作出被诉具体行政行为的全部证据和所依据的规范性文件。被告不提供或者无正当理由逾期提供证据的,视为被诉具体行政行为没有相应的证据。在本案中,在举证期内被告未提供存在纠纷的证据,也未进行答辩,因此应当视为没有相应证据。

综上,区政府作出的公告,超出了法定权限,侵犯了原告的经营自主权,应予撤销。

违法确认　首战告捷

回到北京不足 10 日,在办公室收到市中级人民法院的一审行政判决,撤销了区政府的公告。其裁判观点如下:

本案的争议焦点:(1)原告的主体是否适格,其起诉是否超过了诉讼时效;(2)被告作出之公告的法律性质,是否是可诉的行政行为;(3)如原告具有诉

---

[1] 现行有效的为《地方各级人民代表大会和地方各级人民政府组织法》(2022 年 3 月 12 日施行)第 73 条。

权,且该公告也对其权利、义务产生了实际影响,那么被告是否有作出该公告的法律职权,该公告所查明事实是否清楚,证据是否确实、充分,适用法律是否正确,程序是否合法。

关于争议焦点一:

首先,由于本案讼争的公告系于 2014 年 1 月 6 日作出,但是该公告中未告知当事人起诉期限,故根据《最高人民法院关于执行〈中华人民共和国行政诉讼法〉若干问题的解释》第 41 条第 1 款"行政机关作出具体行政行为时,未告知公民、法人或者其他组织诉权或者起诉期限的,起诉期限从公民、法人或者其他组织知道或者应当知道诉权或者起诉期限之日起计算,但从知道或者应当知道具体行政行为内容之日起最长不得超过 2 年"的规定,原告于 2015 年 10 月 28 日起诉,并未超出起诉期限。

其次,庭审中被告亦承认张贴公告时,原告系浅海湾养殖场的实际养殖人,而该公告以"不得单方改变浅海湾利用现状,暂停一切生产经营活动"作为主要公告内容,则必然会对其利益产生影响,其系公告行为的利害关系人,根据 2014 年《行政诉讼法》第 12 条的规定,其是合格的原告。

关于争议焦点二:

本案涉案公告对原告有"任何单位不得单方改变浅海湾利用现状,暂停一切生产经营活动"之要求,且本案审理过程中,原告也自认其作出公告的目的是平息关联纠纷,故法院认为,此种责令原告暂停生产经营的决定,系被告为避免危害发生、控制危险扩大而采取的暂时性控制行为,对目前养殖场的经营者的权利、义务必然产生实际影响,故该行为属于可诉行政行为。

关于争议焦点三:

首先,被告并非海域管理部门或者工商管理部门,其在本次诉讼中,也未依法提交任何证据证明其有相应的强制职权,故其不能证明其有职权作出以"暂停生产经营"为主要内容的公告;其次,被告未对该公告中查明的事实提交有相关证据,也未举证证明其作出公告的相关法律程序符合《行政强制法》第三章的规定,故视为该行政行为事实不清、证据不足、行政程序违法。综上,对该公告应予撤销。

判决的落款时间为 2015 年 5 月 10 日,也就是说,开庭的第二天,法院就作出了判决,可见结案效率之高,而且判决基本上采纳了我提出的代理意见。意外的是,区政府在法定的上诉期没有上诉。

行政赔偿　一审胜诉

在两年诉讼时效即将届满的 2017 年 1 月 24 日,也就是当年春节的前几天,我代李中伟向区政府提出了行政赔偿申请,赔偿范围和金额是李中伟确认的,他说赔偿金额提大一点,如果调解也有空间。作为律师,我只能表示理解。

法定的两个月过去,区政府置之不理,这也在预料之中。于是我代李中伟向市中级人民法院提起了行政赔偿诉讼,立案虽历经了一些周折,但最终立案。

2017 年 8 月 2 日,市中级人民法院对此案正式开庭。随后作出一审行政赔偿判决,判决区政府赔偿原告李中伟 192.93 万元及利息。市中级人民法院的裁判理由如下:

一、关于赔偿权利问题

《国家赔偿法》第 4 条第 1 项、第 4 项规定,行政机关及其工作人员在行使行政职权时有违法实施罚款、吊销许可证和执照、责令停产停业、没收财物等行政处罚的,或者造成财产损害的其他违法行为等侵犯财产权情形之一的,受害人有取得赔偿的权利。

本案被告区政府于 2014 年 1 月 6 日在原告李中伟正在经营的养殖场处张贴公告,要求"暂停一切生产经营活动",虽不是行政处罚,但对李中伟的生产经营产生了实际影响,并被法院生效的行政判决以其"作出涉案公告事实不清、证据不足、行政程序违法"为由,判决撤销。被告区政府的行为符合上述规定的侵犯财产权的情形,故李中伟有取得赔偿的权利。

二、关于损害事实及赔偿数额

根据《国家赔偿法》第 15 条第 1 款"人民法院审理行政赔偿案件,赔偿请求人和赔偿义务机关对自己提出的主张,应当提供证据"的规定和 2014 年《行政诉讼法》第 38 条第 2 款"在行政赔偿、补偿的案件中,原告应当对行政行为造成的损害提供证据"的规定,本案原告李中伟应当对行政行为造成的损害及其主张的经济损失的事实负有举证责任。

原告主张被告应赔偿其经济损失 580 万元,赔偿款项由租金损失费、雇人工资费、利息损失费、物资损失费、可得收益 5 部分构成。经审查,对租金损失费 192.93 万元及其利息予以支持,对其他部分,因原告证据不足,不予支持。

二审判决　一锤定音

一审判决作出之后,李中伟对这个结果还是相对满意的,本不再准备上诉,突然,市中级人民法院来电,让去拿区政府的行政上诉状。区政府上诉,及时拿到或能否拿到行政赔偿款已不确定,既然如此,李中伟也决定上诉。

省高级人民法院二审开庭时,仔细核对区政府对一审判决的签收时间和上诉状的递交时间后,发现区政府的上诉实际超期了一天。我当庭提出异议,建议合议庭应当视为区政府上诉不能成立,该意见被当庭采纳,区政府的代理人也表示认可。此时,李中伟自动成为唯一上诉人,如果撤回上诉,一旦省高级人民法院作出准予撤回上诉裁定,一审判决就能立即生效,及时进入执行程序,拿到行政赔偿款。

我把这个建议告诉了李中伟,他在电话中说道:"一辈子没有打过官司,尤其是民告官官司,即便二审维持原判,赔偿数额不增加,也无所谓,但省高级人民法院的裁判文书具有终生收藏的重要价值,所以不撤诉。"确实,许多人一生难有一场诉讼,能够胜诉行政机关又能让自己的损失降到最低,在以往,是不可想象的。

无疑,李中伟要感谢自己生在这个好的时代,更要感谢秉公执法的市中级人民法院。行政诉讼制度的设立初衷,是化解官民矛盾,提供救济渠道,让行政执法平稳有序进行,不因错误执法给行政相对人造成损失。

2017 年 12 月 29 日,省高级人民法院作出如下终审判决,驳回上诉,维持原判,事实和理由与市中级人民法院一审基本一致。虽然二审判决落款时间是

2017年12月29日,但我实际收到该判决书的时间是2018年4月20日。

我及时将送达回证签名回寄给省高级人民法院,接到裁判或其他法律文书,在送达回证上签名后及时退回法院,是我的习惯。所以,一些法院对我代理的案件,尽量集中开庭,节约我的时间,多数会调剂开庭冲突问题,提供各种便利。一位法官给我推荐了一起自己亲属发生在外地的案件,他的推荐理由很简单:"每次将送达回证签名后退回来的律师不多,你是其中之一,律师不在乎水平有多高,而在于细节。"

案件评析与思考

(一)胜诉的关键点

本案的关键点在于,诉讼时效的问题。如果超过了诉讼时效,那么案件甚至不会进入实体审理就会被驳回。在准备诉讼之前,我为了避免超过诉讼时效,用EMS专递向法院递交诉讼材料。此外,是关于公告是行政指导行为还是行政强制行为的问题。公告的性质,决定了它是不是可诉的行政行为。从公告的措辞来看,它带有明显的命令性和强制性的口吻。同时也采取了强制性措施,因此公告是可诉的行政强制性行为。

所谓行政强制措施,是指行政机关在行政管理过程中,为制止违法行为、防止证据损毁、避免危害发生、控制危险扩大等情形,依法对公民的人身自由实施暂时性限制,或者对公民、法人或者其他组织的财物实施暂时性控制的行为。在本案中,公告应适用行政强制行为而不是行政指导行为。行政行为增加了行政相对人的某些义务、减少了行政相对人的某些权利,或者使行政相对人请求不能实现或者只能部分实现,并对行政相对人的权利义务产生确定的实际影响,这是可诉的行政行为的基本特征之一。在实践中,并非行政机关作出的所有过程性、阶段性行为均不可诉。如果行政机关作出的过程性、阶段性行为具有直接影响行政相对人的权利义务的效果,那么该行政行为也应为可诉。该案涉公告涉及李中伟的利益,具有行政强制力,故属于可诉的行政行为,某区政府辩称公告系催告,是过程性行为无法律依据,不予采纳。法院还认定案涉公告违反相关行政法律法规所规定的程序,属程序违法,应当予以撤销。

(二)行政机关的权责问题

各级政府和行政机关为了社会管理,目的可能是善意的,但稍有不慎,就会像本案一样,好心办成坏事。无论在什么情况下,行政机关都必须以法律作为工作的行为准则,不能把"特殊情况"作为违法的理由,否则,最终可能需要承担国家赔偿责任。

一些行政执法人员,不能以履行职务为借口,推卸个人责任。如果被交办的行政执法事务是违法的,其应当向领导释明,让上级权衡清楚。如同甲给乙一个石头,让其砸丙,此时的乙可以放弃或不同意,有枪口抬高一毫米的权利,这是善意。如果不考虑后果,乙拿着石头砸了丙,则是恶意,不能以是甲让其这样做的为自己的鲁莽行为进行辩护。

对于平等主体之间的民事纠纷,应有司法机关或仲裁机构依法最终裁决。作为政府机关,建议不要以维稳等看似合理的理由去插手。否则,可能涉嫌超越或滥用行政职权,不但有损政府机关的公信力,而且容易诱发上访事件的发生,让社会矛盾越发复杂,可谓"好心办成坏事"。

案例 37

交通事故处理完毕交警队能否继续扣车
——任某诉市高速交警支队强制扣车及行政赔偿案

导读提示

2014年6月15日,老任的货车因交通事故被某市高速交警支队扣留。可未曾想,在作出道路交通事故责任认定书之后,市高速交警支队却以"未提供担保"为由拒不放行被扣留车辆。

万般无奈的老任联系到我们,委托我们将市高速交警支队起诉到当地辖区法院,要求确认其继续扣押行为违法,立即返还车辆,并赔偿合理营运损失。

2015年3月,双方达成和解,市高速交警支队一次性赔偿老任15万元。老任拿到赔偿款、货车也放行后,向法院提出撤诉申请,法院依法裁定准许,案件画上句号。

案情回放

老任和老赵,是20多年的老邻居了,不是亲人,胜似亲人。可这两年,两人在村里见了面,却总像看不见面前这个大活人,一声招呼也不打,变得比陌生人还淡了。

这事儿还得从几年前说起……

2012年,老任贷款买了辆大货车,开始跑起长途运输。没过两年,老任不仅提前还清了贷款,小院的楼房也越盖越高。可说起这开车,也是个体力活,老任已过了知天命的年纪,身体慢慢地开始吃不消。这时,他想起了比自己小几岁的老赵。

就这样,老赵给老任当起了司机。老任呢,乐得在家逍遥自在,养花种草。老赵呢,每月领到"工钱",也是笑得合不拢嘴。

天有不测风云,人有旦夕祸福。

2014年6月15日,凌晨2时,老任接到老赵打来的电话。

老赵声音有点颤抖,他嗫嚅着:"哥……哥,坏了,撞车了……"

老任反而不慌不忙:"人没事吧?报警了吗?"

老赵听老任这么一说,心里才慢慢有点底气:"刚报了,我没事,一点皮外伤,是他们追咱车的尾。"

老任安慰道:"没事,咱有保险。你把地址发来,我明天去找你。"

可嘴上虽这么说,老任半宿却没睡着。他知道,中国太大,各地的交警办起事来也是"十个指头不一定一般齐",如不亲自去一趟,心里总觉得不踏实。

万万没想到,一语成谶,事情的发展越来越不对劲。

2014年6月15日,老任的货车和行驶证原件被市高速交警支队扣留。次日,司法鉴定中心出具的《血液酒精含量检验结果》显示,老赵的血液中未检出酒精成分,不涉及酒驾。

2014年6月25日,司法鉴定中心出具《交通事故车辆技术检验结果》,老任的车辆仅后部反光标识的粘贴不合格;2014年7月1日,市公安交通管理局出具"×公交认字(2014)第1406716号"道路交通事故认定书,老赵承担事故次要责任。

2014年7月7日,价格认证中心作出《道路交通事故车辆损失价格评估结论书》,各方损失一目了然,老任的车赔偿不会超过20万元。按理说,到这时候,市高速交警支队的工作应该告一段落了,如果各方当事人还是对于赔偿数额有争议,完全可以通过法院解决此事。

可2014年7月12日,老任申请放行车辆时,一位交警口头答复:"你因对交通事故被扣押的车辆不能提供法律规定的担保事项,依据《××市道路交通安全管理规定》第48条的规定,暂时不予放行。"

老任觉得有点不可理喻,自己提供了车辆的交强险保单、商业险保单,赔偿限额高达40万元,且车损险不计免赔,为什么还要提供担保?

这岂不是天下之大的"奇闻"吗!

固定证据

2015年元旦刚过,一个精干的老人来到律师事务所办公室,他就是老任。这时,他的车被扣押已近半年。

老任屁股还未坐定,就将冤屈和遇到的不公一一道来……

与此同时,他还问了一个有趣的问题,他问:"之前老赵被对方起诉了,他非让我花钱请律师替他去,他本人不去了,您说法律上有必须我请律师的规定吗?他真搞笑,我没请律师,他开庭竟然没去!"

我不置可否:"这就要看你俩的交情了。"

老任说:"还交情,仇人还差不多!"

回到本案,发现更奇怪,本次交通事故,各方的赔偿争议在2014年11月12日已由市中级人民法院作出终审判决,分别由各方的保险公司承担相应赔偿责任,也就是说,各方的赔偿问题已经解决了,但市高速交警支队还未放行车辆。

而市高速交警支队主张的《××市道路交通安全管理规定》中规定,"发生交通事故造成人员伤亡的,公安机关交通管理部门可以责令有赔偿责任的当事人、事故车辆所有人提供有效担保;不能提供的,公安机关交通管理部门不得放行有关的事故车辆",明显与现行法律相悖,不能适用。

我问道:"你打官司的目的主要是要求赔偿?还是要求放车?"

老任一拍大腿:"哪敢让交警赔偿啊!我就是想让交警尽快放车,每天的营运损失太大了。如果时间拖长了,原来的客户会跑光,有的货主还找我的麻烦,要求承担违约责任并赔偿损失。"

我建议:"既然如此,那就直接起诉,要求确认扣车行为违法,立即放车,并赔偿自法定应当放车之日起至实际放车之日止的营运及其他损失,让市高速交警支队感受到压力,围魏救赵,以打求和,达到尽快放车之目的。"

公安部2008年《道路交通事故处理程序规定》第28条规定:"因收集证据的需要,公安机关交通管理部门可以扣留事故车辆及机动车行驶证,并开具行政强制措施凭证……"[1]第 44 条第 1 款规定:"检验、鉴定结论确定之日起五日内,公安机关交通管理部门应当通知当事人领取扣留的事故车辆、机动车行驶证以及扣押的物品。"[2]

本案中,拒绝出具扣押凭证,程序显然违法。在技术鉴定后 5 日内不放行车辆,属于违法超期扣车。初步判断,此案胜诉应该没有问题。

最终我决定接受委托,虽然案件的标的不大,法律关系也很明确,但实现社会的公平正义也是律师应负的责任。既然当地律师不愿意代理,我们就代理,不能让当事人的权利成为真空。接受委托后,我和曾经的助理饶建军律师代理此案。

要起诉,首先必须证明车辆是被市高速交警支队扣押,哪怕扣押是众所周知的客观事实,法院立案庭也必须见到扣押的证据才会按规定立案。行政诉讼中被诉行政行为是否客观存在以及是否系被告实施,一般来说由原告承担举证责任。

而老任的货车并不直接扣押在市高速交警支队大院,而是在社会停车场。我让老任试着与市高速交警支队联系,要其补开一份扣押清单,但对方明显已经知道了老任的意图,就是不补开,只是说车就在停车场。

没办法,来到停车场,请求停车场出具一份货车是市高速交警支队委托停放的证明,也同样遭到拒绝。而我们所拍到的照片和视频只能证明货车在停车场,车上并没有市高速交警支队扣押的任何痕迹。

后来,我们想出了一个不是办法的办法,只能借助公安机关的力量了。该办法是让老任拿着备用钥匙,到停车场假装要开走自己的货车,停车场如果制止,就赶紧拨打"110"报警,并向出警民警索要受案回执单,借民警履行职务之机帮忙固定证据。

果然,这一方法很奏效,派出所给出一份不予立案告知书,理由是"货车是由市高速交警支队 2014 年 6 月 15 日委托停车场代为看管,不属于治安案件,建议通过正当的法律途径解决"。上述证据能直接证明扣车行为客观存在,并且

---

[1] 现行有效的为 2018 年《道路交通事故处理程序规定》第 39 条。
[2] 现行有效的为 2018 年《道路交通事故处理程序规定》第 58 条。

该行为属市高速交警支队所实施。

打赢官司的目的是更好地解决行政赔偿问题,这需要进一步固定证据。让老任找出了和货主签订的运输合同,该合同虽能证明扣押的一年多时间老任有运输业务可做,但营运损失数额方面的证据还需要进一步加强。

我们向运输合同的货主方调取了老任领取运输费的财务凭证及银行付款凭证,证实老任在事故发生前6个月的运费收入。同时也通过当地物价局获取了一份运输行业的平均数据。

在大数据上查到当地法院的4份民事判决,判决中的车辆吨位和老任完全一样,对营运损失的计算标准,一目了然。

有了这些证据,我们决定先礼后兵,如果能够早日解决,皆大欢喜,打官司也是为了解决实际问题,并非最终目的。之后,我们来到市高速交警支队,找到办案人员,拿出2008年《道路交通事故处理程序规定》,指出第44条"检验、鉴定结论确定之日起五日内,公安机关交通管理部门应当通知当事人领取扣留的事故车辆、机动车行驶证以及扣押的物品"之规定,建议放车,避免双方损失进一步扩大。

但办案人员的态度非常明确,要么提供担保放车,要么继续扣车。

找到市高速交警支队负责人,得到的回复如出一辙。看来,案前协调放车,已经不可能,那就只能起诉了。随后,我们代老赵正式向市高速交警支队所在地的法院起诉,要求确认扣车行为违法,立即放车,并赔偿自法定应当放车之日起至实际放车之日止的营运损失。

在法定的答辩期,市高速交警支队向法院提交了一份《××市道路交通安全管理规定》,作为其"代为保管"车辆的依据,其认为第48条"发生交通事故造成人员伤亡的,公安机关交通管理部门可以责令有赔偿责任的当事人、事故车辆所有人提供有效担保;不能提供的,公安机关交通管理部门不得放行有关的事故车辆"之规定是市高速交警支队"代为保管"车辆的法律依据。

这意味着市高速交警支队认可了货车是其所扣押,虽然其认为是所谓的"代为保管"。这样一来,案件事实就变得简单多了,下一步只是适用法律的问题了。

法庭争辩

2015年3月一个下午,老任诉市高速交警支队确认强制扣车行为违法及行政赔偿一案在法院如期开庭,市高速交警支队的领导和外聘的律师出庭,各执勤中队的30余名工作人员旁听。

通过举证质证及法庭调查,我们提出了如下代理意见。

一、交警的调解并非民事索赔的法定前置程序

2004年《道路交通安全法实施条例》第94条第1款规定:"当事人对交通事故损害赔偿有争议,各方当事人一致请求公安机关交通管理部门调解的,应当在收到交通事故认定书之日起10日内提出书面调解申请。"

该法第96条规定:"对交通事故损害赔偿的争议,当事人向人民法院提起民事诉讼的,公安机关交通管理部门不再受理调解申请。公安机关交通管理部门调解期间,当事人向人民法院提起民事诉讼的,调解终止。"

根据上述规定,发生交通事故,并造成人员损害、财产损失后,只有在各方当事人书面提出申请后,交警部门才可以对交通事故损害赔偿进行调解,调解不成,或一方当事人向法院起诉的,调解终止。

对事故损害赔偿进行调解,既不是交警部门法定职权,也非其法定义务。交警部门进行损害赔偿的调解也不是进行民事索赔的法定前置程序。可见,交警部门对交通事故损害赔偿进行处理并非不受制约的法定职权。

二、被告认为扣车不属强制措施与事实不符

被告市高速交警支队认为自己只是对货车临时"代为保管",避免分歧,当事人之间的纠纷可以通过诉讼途径解决,该行为不属行政强制措施。我们不认可被告市高速交警支队的这种与基本事实不符的辩解。

《行政强制法》第2条第2款规定:"行政强制措施,是指行政机关在行政管理过程中,为制止违法行为、防止证据损毁、避免危害发生、控制危险扩大等情形,依法对公民的人身自由实施暂时性限制,或者对公民、法人或者其他组织的

财物实施暂时性控制的行为。"

2008年《道路交通事故处理程序规定》第28条第1款规定:"因收集证据的需要,公安机关交通管理部门可以扣留事故车辆及机动车行驶证,并开具行政强制措施凭证……"

可见,市高速交警支队对原告的车辆在鉴定之后以"不能提供担保"为由"拒绝放行"是对原告货车采取的控制性措施,剥夺了原告对该车的正常使用权,是典型的行政强制措施。市高速交警支队所谓的"被诉行政行为不属行政强制措施"与基本事实不符,与上述法律规定相悖。

《××市道路交通安全管理规定》第48条的规定违反了上位法《道路交通事故处理程序规定》第44条的规定,市高速交警支队明显属于适用法律错误。

交警部门办案应公平、公正、公开,合法有据,在对方没有向法院申请财产保全的情况下,自作主张扣车,要求提供担保,侵害了交通事故中其他方的合法权益。

三、扣车违反《道路交通事故处理程序规定》规定

2008年《道路交通事故处理程序规定》第44条第1款规定:"检验、鉴定结论确定之日起五日内,公安机关交通管理部门应当通知当事人领取扣留的事故车辆、机动车行驶证以及扣押的物品。"《行政强制法》第25条第1款规定:"查封、扣押的期限不得超过三十日;情况复杂的,经行政机关负责人批准,可以延长,但是延长期限不得超过三十日……"

根据上述法律规定,市高速交警支队在对原告车辆采取行政强制措施之后,由于原告车辆的最后一份鉴定结论于2014年6月25日已经作出,市高速交警支队最迟应在2014年7月1日前发还原告车辆。本案中,原告货车实际被扣押近半年,被诉行政行为显属违法。

四、被告以没有提供担保为由继续扣车于法无据

《行政强制法》第28条规定,行政机关在不再需要采取查封、扣押措施的情形下,应及时解除查封、扣押措施。

原告车辆投保了交通意外强制险及40万元不计免赔商业三者险,事故发

生后,原告即向市高速交警支队提供了各种保单,虽然原告雇请的司机在事故中负次要责任,但是原告投保的保险足以赔偿事故中受害人损失。

显然,原告在提供上述材料后,市高速交警支队没有必要继续扣押原告车辆,在做完相关检测、鉴定后,应及时发还原告车辆。

五、原告要求被告一并赔偿营运损失合法有据

根据《行政诉讼法》《国家赔偿法》及最高人民法院相关司法解释的规定,原告在提起行政诉讼时,可以一并提出行政赔偿。市高速交警支队扣押原告正在营运的大货车,造成的损失是客观的,应当依法予以赔偿。

我方向法庭提交了原告和其他公司签订的两年期限的运输合同,同时该公司也向法庭出具了扣车前 6 个月的运输费用清单及银行支付凭证。扣除燃油费、保险、人工工资、维修费等。

为此,我方还向法庭提供了当地运输市场的统计数据,与我方同等载运量的车辆,年净利润都在 32 万元以上。同时,在法定举证期,我方向法庭提交了营运损失价格评估或价格认证申请。如果市高速交警支队不认可我方提出的最低行政赔偿请求,法庭可以依法委托第三方作出评估或认证。

综上,本次交通事故处理过程中,在对车辆的有关检测、鉴定完毕后,市高速交警支队应及时发还车辆。对其扣押车辆的行为显然应判决确认违法。违法扣车给原告造成的损失,依法应予赔偿。尤其是应当立即放车,避免损失进一步扩大,及时止损至关重要。

开完庭,在等待判决的日子里,我们就案件的基本情况向当地纪委和检察院原反渎职侦查局各提供了一份紧急情况反映。指出:由于市高速交警支队的违法扣车行为,给车主造成的直接营运损失在进一步扩大,如果不能立即纠正,将会给国家造成重大损失。请纪委和司法机关提前介入,对可能存在的涉嫌滥用职权的犯罪行为依法进行调查。

案外协调

日子一天一天过去,判决还没等到,却等到了市高速交警支队的电话,询问本案是否能够和解,希望我们能做老任的工作,我们答复道,"是否同意和解得看老任的意思,我们无权干预"。

我们第一时间通知了老任。

考虑到多方面的因素后,老任最终与市高速交警支队达成了和解,并最终拿到15万元的赔偿,虽然相对于老任的损失,这点补偿可能远远不够。但也许在老任的心里,一个态度,一个说法比什么都重要。

老任说:"打行政官司的主要目的是让市高速交警支队放车,赔多赔少,并不介意,只要能跑运输,其他的损失很快就能挣回来。只是没有想到,这在市高速交警支队辖区法院打的行政官司,竟然也能取得这样的效果,说明我国的司法公正和依法行政在党中央的领导下已经取得了实质性的进步,以后跑运输会更加有法律保障。"

最终,老任和市高速交警支队握手言和,我们代老任向法院申请撤诉。在我看来,这样的结果也是不错的,问题既得到了解决,双方的矛盾也没有进一步加深。

案件评析与思考

本案案情比较简单,办案要点主要是适用法律问题。交警支队的扣车行为,并不是交警支队认为的简单的"代为保管",而是行政强制措施。依据2011年《道路交通安全法》第72条第2款之规定,交通警察应当对交通事故现场进行勘验、检查,收集证据;因收集证据的需要,可以扣留事故车辆,但是应当妥善保管,以备核查。2008年公安部《道路交通事故处理程序规定》第28条第1款规定;"因收集证据的需要,公安机关交通管理部门可以扣留事故车辆及机动车行驶证,并开具行政强制措施凭证……"但本案中交警支队并不开具任何凭证,程序上存在违法。而且依据《道路交通事故处理程序规定》第58条之规定,自检验报告、鉴定意见确定之日起5日内,公安机关交通管理部门应当通知当事人领取扣留的事故车辆。本案中,根据司法鉴定中心出具的《血液酒精含量检验结果》,老赵不涉及酒驾。同时,根据道路交通事故认定书,老赵承担事故次要责任。鉴定意见、检验报告结果已出,交通管理部门应当通知老任领取被扣留的货车。《行政强制法》第 25 条第 1 款规定:"查封、扣押的期限不得超过三十日;情况复杂的,经行政机关负责人批准,可以延长,但是延长期限不得超过三十日……"《××市道路交通安全管理规定》第 48 条的规定违反了上位法《道路交通事故处理程序规定》第 58 条的规定,市高速交警支队明显属于适用法律错误。市高速交警支队扣押车辆的时间也已经远超过 60 日。在程序上存在严重不合法之处。因此,老任起诉扣车行为违法以及行政赔偿,在法律上是可以得到支持的。最后,本案经过诉讼,以调解结案,取得了一个比较好的结果。

案例 38

能否不经法定程序拆除涉嫌排污的企业

——邹吉诉某政府以环保为名强拆及行政赔偿案

导读提示

邹吉退伍后在某边境地区开办了一个作坊式小厂,相关部门认为没有办理相关审批,将其设备用挖掘机拆毁,小厂被夷为平地。

向法院起诉强拆系违法,一审判决驳回。上诉后,二审法院撤销原判,发回重审。重一审后确认强拆违法,但判决驳回行政赔偿请求;上诉后,二审认为应当赔偿,判决县政府赔偿损失30万元,驳回其他诉讼请求。

先后7份裁判文书,才让案件画上句号。

案情回放　一审败诉

2012年6月,退伍军人邹吉租用某民兵训练场建立固体垃圾处理厂,主营废旧轮胎及固体生活垃圾再加工处理。相关行政机关认为邹吉的小厂涉嫌未获许可审批,擅自对回收的废旧轮胎、橡胶等物品进行加工处理。

2013年4月至11月,县原环境保护局(以下简称县原环保局)、县原质量技术监督局(以下简称县原质监局)、县原工商行政管理局(以下简称县原工商局)为此分别下达了责令改正违法行为决定、通知、行政处罚决定、实施强制措施决定等相关法律文书予以处理。而邹吉认为,这是一种新兴的环保模式,既减少废旧轮胎等对环境的污染,也可以变废为宝。

2013年12月4日,县政府以邹吉的垃圾处理厂未经行政审批,且拒不服从当地环保及质监部门下达的责令改正决定或通知为由,组织公安、工商、环保及质监等部门联合执法,在事先没有任何通知的情况下,将邹吉的厂房、机器设备和设施等强制拆除。

此时的邹吉想起了找律师,于是打通了我的电话。从北京飞到南宁,再到当地,还需坐5个小时以上的长途班车,路程之远,可见一斑。

我先向县政府递交了《关于县政府违法强拆造成个人损失的报告》,就此次强制拆除行为与县政府进行交涉,县政府随即作出《关于邹吉来信的答复》称,"由于没有对当事人作出行政处罚决定,所以并未侵害到当事人的财产权,对非法设施和工棚拆除是依法处置的,故县政府不予赔偿"。这个答复看似无用,实则锁定了强拆行为就是县政府实施的。

2014年3月17日,我代邹吉向市中级人民法院起诉,请求:(1)依法确认县政府非法限制邹吉人身自由及强行捣毁邹吉厂房、机器设备和设施、原材料及生活资料等行政行为违法;(2)依法判决县政府赔偿邹吉相应经济损失。

市中级人民法院认为此案应由县人民法院管辖,县人民法院最终受理此案。针对邹吉的起诉,县政府认为,本案中县政府主体不适格,邹吉未经有关职能部门许可非法利用废旧轮胎土法炼油污染环境,相关执法部门依职权开展调查作出具体行政行为是其依法履行管理国家的法定职责,不是本案被告所为,因此,邹吉将县政府列为被告是错误的,属于被告主体不适格。恳求法院依法裁定驳回邹吉的起诉。

经过开庭,县人民法院作出两份一审判决,一份是驳回要求确认强拆违法,另一份是驳回要求行政赔偿。

二审开庭　代理意见

一审败诉,邹吉提起上诉。在二审开庭中,我提出了如下代理意见。

一、原审判决认定被诉具体行政行为合法属明显错误

1. 县政府的强拆行为于法无据

从原审庭审中县政府所提交的环保局、工商局、质监局等职能部门下达的各种法律文书中均没有强拆内容。

县原环保局的执法依据《环境保护法》、县原工商局的执法依据《无照经营查处取缔办法》及县原质监局的执法依据《产品质量法》都没有规定这些职能机构可以实施强制执行措施。对生效法律文书,行政相对人不履行的,只能申请人民法院强制执行,县政府及工商局、质监局、环保局均没有强制执行权。

2. 县政府实施的强拆行为严重违反法定程序

《行政强制法》第34条、第35条、第36条、第37条分别规定:行政机关依法作出行政决定后,当事人在行政机关决定的期限内不履行义务的,具有行政强制执行权的行政机关依照本章规定强制执行;行政机关作出强制执行决定前,应当事先催告当事人履行义务;当事人收到催告书后有权进行陈述和申辩,行政机关应当充分听取当事人的意见,对当事人提出的事实、理由和证据,应当进行记录、复核;经催告,当事人逾期仍不履行行政决定,且无正当理由的,行政机关可以作出强制执行决定。

本案中,县政府在实施强拆前并没有履行决定、催告、陈述、申辩、复核、决定执行等法定程序。由此可见,县政府既无强制执行权,也没有履行法定程序,其实施的行政强制执行措施于法无据,应当依法确认无效。

3. 县政府应承担本案举证不能的法律后果

在行政诉讼中,被告对自己实施或作出的具体行政行为是否合法承担举证责任,但县政府在原审庭审中并没有提交有效证据证明其行为的合法性。本案中,县政府提供的所有证据均为县原环保局、县原工商局、县原质监局的执法文书复印件,不是县政府自己在实施强拆行为前所应当收集的证据。显然,这些证据缺乏真实性,也不是县政府收集的,与本案没有关联性,不应采信。

二、原判观点和最高人民法院刚公布的相同案例背道而驰

1. 原审判决和最高人民法院公布的案例的裁判观点相悖

2014年8月29日,最高人民法院公布了十大征收强拆案例。其中,第九个案例"叶呈胜、叶呈长、叶呈发诉仁化县政府房屋行政强制案"与本案基本一样。摘录裁判观点如下:

法院认为,虽然叶某胜等三人使用农村集体土地建房未经政府批准属于违法建筑,但仁化县政府在2013年7月12日凌晨对叶某胜等三人所建的房屋进行强制拆除,程序上存在严重瑕疵,即采取强制拆除前未向叶某胜等三人发出强制拆除通知,未向强拆房屋所在地的村民委员会、村民小组张贴公告限期自行拆除,违反了《行政强制法》第34条、第44条的规定。

本案中,县政府实施的强拆行为和上述案例中实施的强拆行为程序违法如出一辙。我国虽不是判例法国家,但最高人民法院公布该案例的目的是希望各级法院统一裁判尺度。原审法院在最高人民法院公布上述案例的第6天,作出与相同案例完全不同的判决结果,令人费解。

2.原判明显偏袒县政府,有行政干预之嫌

原审置公平正义于不顾,企图以枉法裁判的形式恶意终结邹吉的正当法律维权之路,将邹吉推向上访、缠访的无奈选择。作为人民法院,应当讲究裁判的法律效果与社会效果、政治效果和谐统一。具体而言,法院的工作应是定分止争。本案很简单,被诉行政行为明显违法错误,应当依邹吉的请求确认违法。

只有知错就改的政府机关才是值得人民信赖的政府机关,只有将公平正义置于首要地位的法院才是值得人民信赖的法院。请二审法院依法纠正原审错误判决,并向有关单位发出司法建议,依法追究非法强拆中相关政府人员的党纪政纪和法律责任。

综上,请二审撤销原判,依法改判或发回重审,确认强拆行为违法。

针对我提出的上述代理意见,县政府作出了如下反驳:

一、原审法院认定邹吉违法行为事实清楚

2012年6月,邹吉在未办理任何审批手续的情况下租用民兵训练场设立固体垃圾处理厂,主营废旧轮胎及固体生活垃圾再加工处理。由于该厂涉嫌未获得相关部门许可审批,擅自利用回收的废旧轮胎、橡胶、塑料等物品进行加工处理,2013年4月至11月,县原环保局、县原质监局、县原工商局为此分别下达了责令改正违法行为决定、通知、行政处罚决定、实施强制措施决定等相关法律文书予以处理。

因邹吉拒不服从当地环保及质监部门的处理,依然我行我素,强行违法开工,为此县政府不得不组织工商、环保及质监等部门联合执法,将邹吉的厂房、机器设备和设施等强制拆除,事实清楚,程序合法。因此,原判认定事实清楚。

二、原审法院适用法律正确无误

邹吉开办的固体垃圾处理厂没有进行环境影响评价,没有通过环保部门审批,不具备准入条件,系无照经营,违法生产。邹吉擅自利用回收的废旧轮胎、橡胶、塑料等物品生产加工土法炼油系列产品,本身已属违法,县原环保局等为此分别下达了相关法律文书予以处理。

但邹吉拒不服从当地环保及质监部门下达的责令改正决定或通知,为此县政府根据相关法律法规对邹吉的固体垃圾处理厂予以强制拆除并没有违反法律规定,一审法院根据《最高人民法院关于执行〈中华人民共和国行政诉讼法〉若干问题的解释》第56条第4项之规定[1],驳回邹吉诉讼请求的判决,适用法律得当。

综上,请二审维持原判,驳回上诉请求。

二审裁定 发回重审

2015年10月30日,市中级人民法院作出"(2015)×中行终字第82号"二审裁定,撤销原判,发回重审。裁判意见如下:

本案的争议焦点,县政府强拆行为是否合法。2012年6月,邹吉在未办理任何审批手续的情况下租用民兵训练场自行建厂,擅自利用回收的废旧轮胎、橡胶、塑料等物品生产加工土法炼油系列产品,属违法办厂,为此县原环保局作出责令改正违法行为决定书,责令邹吉立即停止生产、自行拆除生产设备、恢复原貌,并将改正情况书面报告。

在邹吉对此置之不理,仍继续生产的情况下,2013年12月4日县政府组织公安、工商、环保及质监等部门联合执法,对邹吉的固体垃圾处理厂予以强制拆除,对厂房、机器设备和设施、原材料及生活资料等进行强行捣毁。

综观全案,邹吉在未办理任何审批手续的前提下违法办厂,应予取缔,但县政府在进行强制拆除程序上存在瑕疵,违反了《行政强制法》第34条、第35条、

---

[1] 现行有效的为《行政诉讼法》(2017年7月1日施行)第69条。

第 36 条、第 37 条的规定。

本案中,县政府在实施强拆前没有依法履行强制执行程序,在未履行决定、催告、陈述、申辩、复核、决定执行等程序下,对邹吉的金鑫裂解油厂进行强制拆除,其强制拆除程序违法,故县政府实施行政强制拆除的行政行为违法,邹吉的上诉理由成立,法院予以支持。

与此同时,市中级人民法院还就原审法院驳回行政赔偿的"(2014)×行初字第 4 号"行政赔偿判决也一并撤销,理由基本一样。

重审判决　确认违法

市中级人民法院很快将案件退回县人民法院,有了市中级人民法院二审行政裁定中就强拆行为性质划定的"圈圈",在重一审开庭中,我几乎没有费太多口舌,双方也没有原一审开庭中的剑拔弩张。2015 年 4 月 22 日,县人民法院作出重一审判决,确认县政府强拆违法。其裁判理由如下:

本案中,县政府以联合执法形式采取的行政强制执行措施,从行政强制执行的实体方面来讲是有事实依据和法律依据的。邹吉未经有关部门审批,违法建厂在先,为此,县原环保局、县原质监局和县原工商局依法对邹吉作出了责令改正决定、处罚决定和实施行政强制措施决定并均已生效,但邹吉拒不服从上述行政执法部门责令改正,不自觉停止生产,不自行拆除生产设备和恢复原貌,所以县政府以联合执法形式采取行政强制执行措施对邹吉的固体垃圾处理厂予以拆除,该行政强制执行实体上并无不当。

但县政府在采取行政强制执行措施过程中没有严格按照《行政强制法》第 35 条、第 36 条和第 37 条规定的程序进行。依照上述法条规定,行政机关在实施行政强制执行前首先应作出书面强制执行决定,而且在作出书面强制执行决定前,还应当事先书面催告当事人履行义务,同时还要告知当事人依法享有陈述和申辩的权利,对于当事人陈述和申辩的意见行政机关应当充分听取,对当事人提出的事实、理由和证据应当进行记录、复核,经催告当事人逾期仍不履行行政决定,且无正当理由的,行政机关可以作出书面强制执行决定。

本案从双方当事人提交的证据来看,县政府在对邹吉固体垃圾处理厂进行强制拆除前并没有作出书面强制执行决定,也没有履行催告的义务,未告知邹吉享有陈述和申辩的权利,亦没有下达书面强制执行决定书,更未告知申请行政复议或者提起行政诉讼的途径和期限,因此被告对邹吉固体垃圾处理厂进行强制拆除在程序上确实违法,对此案件事实被告在重审庭审中亦予以确认。

综上,本案中由于县政府在采取行政强制执行措施过程中在程序上违法,导致其具体行政行为违法,加之县政府已经实际实施了强制执行措施,该行政行为已不具有可撤销的内容,但应确认县政府强制拆除行为违法。

但该院就邹吉一并提起的行政赔偿却不予支持,作出一审行政赔偿判决。其裁判理由如下:

本案双方当事人争议的焦点是,邹吉提起的要求被告赔偿经济损失和消除影响的诉讼请求是否有事实和法律依据。根据《国家赔偿法》第2条第1款的规定,行政侵权赔偿责任由5个要件构成,即侵权的主体必须是行政机关及其工作人员;侵权行为必须是在行使行政职权中发生的行为;致害行为必须是违法的;必须存在法定的损害事实,而法定的损害事实是指被损害的利益必须是合法权益;违法行使职权的行为与损害事实存在法律上的因果关系。该5个构成要件相互联系,密不可分,缺少其中任何一个要件,均不构成行政侵权赔偿责任。

因此,行政机关及其工作人员违法行使行政职权的行为造成公民、法人和其他组织合法权益损害的,国家才能承担行政赔偿责任,如受到的损害是不受法律保护的权益,国家不承担行政赔偿责任。本案中,邹吉租用民兵训练场后建立固体垃圾处理厂,在未取得任何行政许可审批的情况下,擅自利用回收的废旧轮胎、橡胶塑料等物品进行上法炼油加工处理,属于违法。

本案系与邹吉请求确认县政府行政强制执行具体行政行为违法一案(已另案处理)一并提起的赔偿案件,该案经法院审理后作出"(2015)×行初字第2号"行政判决,确认县政府强制拆除邹吉固体垃圾处理厂的具体行政行为违法。

根据《最高人民法院关于执行〈中华人民共和国行政诉讼法〉若干问题的解释》第27条第3项关于"在一并提起行政赔偿诉讼中,证明因受被诉行为侵害而造成损失的事实,原告承担举证责任"的规定,[1]邹吉应在行政赔偿中对自己的主张承担举证责任,而邹吉在本案中没有提供证据证明其修建固体垃圾处理厂进行土法炼油系合法行为。

因此,邹吉不能证实其合法权益受到损害,县政府不应承担行政侵权赔偿责任。

二审赔偿 代理意见

第二天开庭,我首先谈到了革命先烈几十年前在此地发动的轰轰烈烈的起义,革命的目的是让百姓过上好日子,现役和退役军人绝大多数也来自普通的百姓家庭。而如今的邹吉,这位曾经守卫边疆的退役军人,不给国家添加负担,自谋生路,却遭到暴力执法。

既然一审已经确认强拆违法,就应当依法给予行政赔偿。实事求是,有错就改,是我们的优良传统。为此,我即兴发表了自己的观点。事后归纳成如下文字材料,提交给了法庭:

一、要求被告予以行政赔偿有明确的法律依据

1. 县政府以未侵犯邹吉合法权益为由拒赔,没有依据

《国家赔偿法》第 2 条规定国家机关和国家机关工作人员行使职权,有本法规定的侵犯公民、法人和其他组织合法权益的情形,造成损害的,受害人有权依照本法取得国家赔偿的权利。如何理解"合法权益",分别从法律意义和包含意义进行阐述:

(1)法律意义上的合法权益。

是指法律程序上没有被剥夺的权利。例如,因涉嫌走私被扣押车辆,如果扣押行为被认定为违法,哪怕只是程序违法,车辆也应当返还并赔偿。除非该车辆在以前已经法定程序宣布为走私车辆。同理在本案中,邹吉的厂房设施,

---

[1] 现行有效的为《最高人民法院关于审理行政赔偿案件若干问题的规定》(2022 年 5 月 1 日施行)第 11 条第 1 款。

生产资料,生活资料等并没有被法律明确禁止享有、拥有、持有等,故应当认定为邹吉的"合法权益"。

(2)包含意义上的合法权益。

在我国,公民的合法利益包括宪法和法律所规定的政治权利、民主权利、人身权利、经济权利、教育权利等。其中经济权利包括财产所有权、经营管理权、法人财产权、经济职权、经济债权、工业产权等。以此可知公民,法人或其他组织的财产权应当被视为公民,法人或其他组织的"合法权益"。

本案中,邹吉的厂房的设施,生产资料,生活资料等属于邹吉的财产所有权范畴。同理,邹吉的厂房的设施,生产资料,生活资料等也是邹吉的"合法利益"。

2. 县政府以土法炼油加工处理行为违法为据拒赔,于法无据

(1)本案中的设备制造厂家是国内的正规上市企业,并有质量认证证书,其生产的产品销售国内外,有着良好的口碑,并非县政府所称"土法炼油及淘汰设备"。

(2)邹吉的土法炼油加工处理行为是否合法与本案无关。

本案是由于县政府非法强拆导致邹吉财产损失的行政诉讼赔偿案。既然县政府的行为已被确认违法,那么就应当承担相应的法律责任,而不能以邹吉也存在所谓违法行为拒赔。假设,一个有确凿证据证明且足以判死刑的被告人,在未定罪前被刑讯逼供致死,这时难道可以说在法律上赔偿义务人就不应当承担国家赔偿责任?同理,邹吉的土法炼油行为是否合法与本案诉争并无关联性。

3. 要求县政府予以行政赔偿有明确的法律依据

《行政强制法》第68条第1款规定:"违反本法规定,给公民、法人或者其他组织造成损失的,依法给予赔偿。"《国家赔偿法》第4条规定:"行政机关及其工作人员在行使行政职权时有下列侵犯财产权情形之一的,受害人有取得赔偿的权利……(四)造成财产损害的其他违法行为。"本案中,县政府实施的强拆行为于法无据,依法应当承担赔偿责任,邹吉提出的赔偿请求合法有据,应当得到支持。

二、邹吉诉求的赔偿请求合法有据,应予支持

1. 邹吉的损失有购货合同及各种票据佐证

邹吉提出的赔偿金额,已经向原审法庭提交了详细的赔偿清单,各项损失一目了然。至于县政府在一审庭审中所提到的"没有发票"的问题,代理人认为,现实生活中,不开发票的现象比比皆是,但邹吉的设备有合同,其设备型号、安装地点、金额和实际情况一致,厂家也出具了付款凭证,至于应不应该开具发票的问题以及厂家是否有税务违法的问题,则属另外一个法律关系,不是本案争议的问题,并不影响邹吉索赔。

2. 提交的部分证据间接证明损失物品的种类等

县政府在一审程序中提交的照片,以及在质监局 2013 年 11 月 12 日作出实施行政强制措施决定中涉及查封物品的种类、状态等信息,间接证明邹吉提交的赔偿清单属实。

3. **本案中被告应当承担主要的举证责任**

《行政诉讼法》第 38 条规定,在行政赔偿、补偿的案件中,原告应当对行政行为造成的损害提供证据。因被告的原因导致原告无法举证的,由被告承担举证责任。

本案中,邹吉对因强拆所致物品损失的"举证不能",原因是县政府实施强制拆除时,不依法履行职责,严重违反法定程序。本案县政府实施强拆时,强制带走邹吉,没有制作现场笔录,未对房内大量财产清点并进行公证或见证,没有对物品进行搬离和移交给邹吉,并制作交接笔录,这样在邹吉提供证据初步证明其有财产损失的情况下,即发生举证责任的转移。

当邹吉对自己的主张承担初步举证责任后,举证责任即转移到了县政府一方,县政府应当提供不予赔偿或减少赔偿数额方面的证据。如县政府举证不能,则根据结果意义举证责任的规定,将承担不利的法律后果。本案县政府未能提供不予赔偿或者减少赔偿数额方面的证据,且始终无法提供证据推翻邹吉诉请损失的主张,即应当承担举证不能的不利后果。

综上,县政府因违法强拆给邹吉造成的损失,应依法评估,予以赔偿。

司法公正是社会正义的最后一道防线,不能仅停留在口号上,目前正在提

倡和鼓励"退役军人自主创业"。关注退役军人的权益保护,保护其合法创业刻不容缓,请市中级人民法院在评议本案时慎之又慎。

终审判决　赔偿 30 万元

2017 年 9 月 17 日,市中级人民法院作出"(2015)×中行终字第 81 号"二审行政判决,撤销一审不予赔偿判决,判令县政府赔偿邹吉损失 30 万元,驳回其他诉讼请求。其裁判理由如下:

在本案中,2012 年 6 月,邹吉在未办理任何审批手续的情况下违法建立固体垃圾处理厂,擅自利用回收的废旧轮胎、橡胶塑料等物品进行炼油加工,县原环保局、县原质监局、县原工商局等行政执法部门向邹吉下达了责令改正违法行为决定、通知、行政处罚决定、实施强制措施决定等相关法律文书等行政处理处罚决定。

但邹吉没有整改纠正其违法行为并继续违法生产,在此情况下,县政府予以强制拆除是正确的,应予支持。但县政府在组织有关部门进行强制拆除前没有依法作出书面强制执行决定书,也没有履行催告的义务,未告知邹吉享有陈述和申辩的权利,以及申请行政复议或者提起行政诉讼的途径等,其行为违反了《行政强制法》第 35 条、第 36 条、第 37 条、第 38 条规定的强制执行程序,其强制执行程序的具体行政行为违法(已另案确认违法)。

在强制拆除过程中县政府对邹吉的财产没有依法定程序处置,给邹吉造成了一定的损失,依据《国家赔偿法》第 4 条第 4 项的规定,行政机关在行使职权时,给公民财产造成损害的,公民有取得赔偿的权利,故对邹吉的赔偿请求法院予以支持,一审法院判决有误,应予纠正。

根据案件的具体情况,因邹吉是违法办厂,依法应予以取缔,故县政府在赔偿上只承担相应的赔偿责任。至于邹吉要求县政府为其消除影响的请求,因邹吉没有提供证据证明县政府的行政行为对邹吉造成了影响,故邹吉的这一诉讼请求一审法院不予支持,并无不当。

综上所述,一审法院判决认定事实清楚,但适用法律错误,判决不当,应予纠正。经审判委员会讨论决定,判决如下:(1)撤销原判;(2)县政府赔偿邹吉经济损失 30 万元;(3)驳回邹吉的其他诉讼请求。

赔偿金额虽然并不令人满意,但二审法院顶着压力,作了两次补救:

一次是在先前一审判决驳回起诉的情况下,二审裁定撤销原判,发回重审,并对强拆行为的违法性质作了定调。

再就是这一次,在一审判决驳回行政赔偿的情况下,二审改判县政府赔偿 30 万元,赔偿金额虽不多,但在司法实践中仅因程序违法一般不予赔偿的大环境下,应当说有一定的进步。

案件评析与思考

本案中的法律关键点在于县政府的强拆行为程序违法。建设工程所在地的市县级以上人民政府责成的有关部门,有权按照《行政强制法》的规定强制拆除违法建筑;强制拆除违法建筑应当事先予以公告,并在法定申请行政复议和提起行政诉讼的期限届满后实施;实施强制拆除前,应当发出催告履行通知书,要求被处罚人在合理的期限内自行拆除;实施强制执行行为方式、方法应当合理、适当,不得实施野蛮强拆。本案涉及的法律关系明确,并不存在对法律适用有争议的问题。县政府在对邹吉固体垃圾处理厂进行强制拆除前并没有作出书面强制执行决定,也没有履行催告的义务,未告知邹吉享有陈述和申辩的权利,亦没有下达书面强制执行决定书,更未告知申请行政复议或者提起行政诉讼的途径和期限。

第九部分

其他

案例 39
政府信息公开中法院如何认定商业秘密
——港企诉交通运输部政府信息公开案

导读提示

某香港独资公司早年在某省海边建成危险品码头,正常运营,国际船舶纷纷驶来停泊。之后,旁边不足 300 米的海岸边建起了另一家危险品码头,停靠危险品运输船舶。为了避免发生碰撞事故,酿成特大爆炸事故,港资码头主动关闭,并向上级政府机关求助和反映,无果。

港资企业委托我提供法律帮助,为了查证码头建设手续是否完备合法,我先后两次向交通运输部申请政府信息公开,虽然其已作出书面告知,但与《政府信息公开条例》相悖。港企认为这是交通运输部敷衍应对,而交通运输部则认为告知符合法律规定,两方最终走向法庭。

第一起案件,法院以"交通运输部作出的告知涉及商业秘密证据不足且未作区分"为由判决撤销,责令重做。第二起案件,法院以"交通运输部在告知中存在引用法条错误"为由判决确认违法。上诉后,北京市高级人民法院驳回上诉,维持原判。

第一起案件:

一审法庭交锋

第一起案件开庭,双方就涉案政府信息是否应当公开以及是否属于商业秘密等问题各抒己见,畅所欲言。法庭调查结束,各方发表了辩论意见,代交通运输部出庭的律师对行政法业务非常专业,把《政府信息公开条例》研究得也很透彻。我提出了如下代理意见。

一、被诉告知程序严重违法

1. 是否征求第三方意见无证据

交通运输部在告知和答辩中均称"本行政机关书面征求了第三方市港口开发有限公司的意见",并附回复意见,以此证明已征求信息权利人意见。然而,回复意见并不符合行政诉讼证据的"三性"原则。

首先,征询主体错误。回复意见的作出主体为"市港口控股集团有限公司",但"交规划发(2008)111号"《岸线批复》,载明的项目法人为"市港口开发有限公司"。据此,可看出涉案信息权利人应为"市港口开发有限公司",而并非"市港口控股集团有限公司"。

其次,征询时间早于涉案政府信息公开申请时间。回复意见的作出时间为"2016年4月9日",而原告于"2017年2月9日"才向交通运输部申请政府信息公开,证明回复意见与本案无关联性。

最后,从回复意见内容来看与本案无关联性。回复意见称"我公司不同意向申请人北京市ZL律师事务所……公开报告",而本案的委托人为"北京市万博律师事务所",显然也说明该意见与本案无关联性。

2. 认定商业秘密欠缺程序性证据

2007年《政府信息公开条例》第23条[1]规定:"行政机关认为申请公开的政府信息涉及商业秘密、个人隐私,公开后可能损害第三方合法权益的,应当书面征求第三方的意见,第三方不同意公开的,不得公开。但是,行政机关认为不公开可能对公共利益造成重大影响的,应当予以公开……"1993年《反不正当竞争法》第10条第3款规定:"本条所称的商业秘密,是指不为公众所知悉、能为权利人带来经济利益、具有实用性并经权利人采取保密措施的技术信息和经营信息。"[2]

---

[1] 2019年《政府信息公开条例》调成第15条且内容有较大变动。
[2] 现行有效的为2019年《反不正当竞争法》第9条第4款。

本案中,《工可报告》是否涉及信息权利人的商业秘密,交通运输部应当进行判断,如其认为涉及信息权利人的商业秘密,公开后可能损害信息权利人合法权益,应当书面征求该信息权利人的意见。同时,交通运输部应对申请所涉政府信息是否构成商业秘密负有审查义务。

二、被诉告知认定事实错误

1. 交通运输部对《使用岸线的请示》也应公开

涉案《省交通厅关于港区液体化工泊位使用岸线的请示》(以下简称《使用岸线的请示》)为应依法公开的政府信息。交通运输部在告知和答辩中均称,中博公司申请公开的《使用岸线的请示》是由省交通厅制作的,依法不应由省交通厅公开,对此,我方不予认同。

2007年《政府信息公开条例》第2条规定:"本条例所称政府信息,是指行政机关在履行职责过程中制作或者获取的,以一定形式记录、保存的信息。"[1]本案中,《使用岸线的请示》属涉案港口码头使用港口岸线批复的报批文件,为交通运输部在履行行政许可职责过程中获取的,该信息交通运输部已获取并保存。

根据2007年《政府信息公开条例》第17条"行政机关从公民、法人或者其他组织获取的政府信息,由保存该政府信息的行政机关负责公开"之规定,保存信息的机关也有义务公开,而不仅限于"谁制作谁公开"。

2.《工可报告》认定为商业秘密缺乏证据支持

首先,交通运输部无证据证明《工可报告》涉及商业秘密。1993年《反不正当竞争法》第10条第3款规定:"本条所称的商业秘密是指不为公众所知悉、能为权利人带来经济利益,具有实用性并经权利人采取保密措施的技术信息和经营信息。"因此,作为权利人对其具有的技术信息或经营信息认定为商业秘密时,应有证据同时证明其技术信息或经营信息符合上述条件。

而本案中,交通运输部审查申请公开的信息为商业秘密之依据仅为"涉案回复",该回复只是对所申请公开事项为商业秘密的简单描述,并不是证明其为

---

[1] 现行有效的为2019年《政府信息公开条例》第2条。

商业秘密的事实证据,故交通运输部认定《工可报告》涉及商业秘密无证据支持。

其次,申请公开事项即使是商业秘密,也不意味着不能公开。根据1993年《反不正当竞争法》第10条第3款的规定,商业秘密是指不为公众所知悉、能为权利人带来经济利益、具有实用性并经权利人采取保密措施的技术信息和经营信息。《工可报告》明显不符合商业秘密应具有的基本特征,不属于商业秘密。

根据2007年《政府信息公开条例》第14条第4款规定[1],行政机关不得公开涉及国家秘密、商业秘密、个人隐私的政府信息。该规定旨在避免因特定政府信息的公开导致国家利益、社会公共利益以及公民、法人和其他组织的合法权益遭到损害。同时,应当明确《政府信息公开条例》对于涉及商业秘密的政府信息公开虽进行严格限制,但并没有完全排除公开。

2007年《政府信息公开条例》第22条规定,申请公开的政府信息中含有不应当公开的内容,但是能够作区分处理的,行政机关应当向申请人提供可以公开的信息内容。[2] 原告申请政府信息公开的目的在于知晓港区液体化工品泊位工程的港口码头对港口岸线使用情况。

即使《工可报告》作为工程的可行性研究报告涉及商业秘密,但并不是报告的所有内容均涉及商业秘密,交通运输部可以对掌握的申请公开事项进行区分处理。交通运输部主张《工可报告》涉及商业秘密,但并没有提供证据证明《工可报告》属于商业秘密,且现有证据亦不足以证明《工可报告》属于商业秘密。因此,可以认定《工可报告》应予公开。

最后,港口码头使用港口岸线情况属于应当公开的信息,不公开反而会损害公众利益。2011年12月8日,交通运输部第12次部务会议审议通过了《港口岸线使用审批管理办法》,主要基于以下两方面考虑:

一是依法行政和规范港口岸线使用审批行为的需要;二是合理使用和有效保护港口岸线资源的需要。已达到规范各级港口行政管理部门的行政行为,提高工作效能,方便行政相对人,提高岸线使用许可的透明度等目的。

---

[1] 现行有效的为2019年《政府信息公开条例》第15条。
[2] 现行有效的为2019年《政府信息公开条例》第37条。

可见港口岸线作为国家资源,在许可程序透明的情况下,其岸线的使用应被公众知晓,将港口岸线作为商业秘密而拒绝公开,是对公众知情权的伤害。

根据 2007 年《政府信息公开条例》第 23 条"行政机关认为申请公开的政府信息涉及商业秘密、个人隐私,公开后可能损害第三方合法权益的,应当书面征求第三方的意见;第三方不同意公开的,不得公开。但是,行政机关认为不公开可能对公共利益造成重大影响的,应当予以公开"之规定。交通运输部对于港口岸线的使用情况应依法公开。

三、被诉告知适用法律错误

1. 错误适用 2007 年《政府信息公开条例》第 21 条第 3 项之规定

《政府信息公开条例》第 2 条规定:"本条例所称的政府信息,是指行政机关在履行职责过程中制作或者获取的,以一定形式记录、保存的信息。"本案中,(交规 2007 第 24 号)属涉案港口码头使用港口岸线批复的报批文件,信息交通运输部已获取并保存。该条例第 17 条又进一步明确规定了"行政机关从公民、法人或者其他组织获取的政府信息,由保存该政府信息的行政机关负责公开"的义务,因此,中博公司所申请的事项,即公开"相关报批文件"当属上述法律规定交通运输部应依法公开的政府信息。故交通运输部作出的告知适用法律错误。

2. 错误适用 2007 年《政府信息公开条例》第 23 条之规定

交通运输部并无证据可以证明"本行政机关书面征求了第三方(该信息权利人,市港口开发有限公司)意见"这一事实,在没有向第三方征求意见的情况下,不应当适用 2007 年《政府信息公开条例》第 23 条作出不予公开的决定。

综上,交通运输部所作出的告知程序违法,且认定事实和适用法律错误,应当依法撤销。

胜诉交通运输部

2017 年 8 月 27 日,北京市第二中级人民法院就此案作出一审判决,撤销政府信息告知书,责令交通运输部重新处理。其裁判意见如下:

2007年《政府信息公开条例》第4条第1款规定,各级人民政府及县级以上人民政府部门应当建立健全本行政机关的政府信息公开工作制度,并指定机构负责本行政机关政府信息公开的日常工作。据此,交通运输部具有受理中博公司所提政府信息公开申请,并根据具体情况作出答复的法定职责。

2007年《政府信息公开条例》第23条规定:"行政机关认为申请公开的政府信息涉及商业秘密、个人隐私,公开后可能损害第三方合法权益的,应当书面征求第三方的意见;第三方不同意公开的,不得公开。但是,行政机关认为不公开可能对公共利益造成重大影响的,应当予以公开,并将决定公开的政府信息内容和理由书面通知第三方。"2007年《政府信息公开条例》第22条规定:"申请公开的政府信息中含有不应当公开的内容,但是能够作区分处理的,行政机关应当向申请人提供可以公开的信息内容。"

本案中,交通运输部认为《工可报告》涉及相关单位商业秘密,决定不予公开。首先,交通运输部在本案行政程序期间,没有向相关单位书面征求意见,该情形不符合《政府信息公开条例》的上述规定,属于缺少法定步骤,程序违法。交通运输部提交的2016年4月9日有关单位出具的回复意见,不能证明交通运输部在本案行政程序中程序合法。

其次,交通运输部在本案中仅述称相关信息属于商业秘密,但未提供证据予以佐证,属于主要证据不足。且交通运输部对上述信息的内容是否能够作出区分处理,亦未予以证明和说明。

2007年《政府信息公开条例》第17条规定:"行政机关制作的政府信息,由制作该政府信息的行政机关负责公开;行政机关从公民、法人或者其他组织获取的政府信息,由保存该政府信息的行政机关负责公开。法律、法规对政府信息公开的权限另有规定的,从其规定。"

本案中,交通运输部根据上述规定,针对(交规2007第24号)文件,认为该政府信息不属于交通运输部公开权限,据此向中博公司所作告知并无错误。但交通运输部在告知中引用2007年《政府信息公开条例》第21条相关款项有误,属于适用法律错误。综上,法院对中博公司所提撤销告知的诉讼请求予以支持。

判决后,交通运输部根据上述判决进行了重新处理。

第二起案件：

法庭抗辩意见

在第二起政府信息公开案件中,我向法庭提出了如下代理意见。

一、无证据证明交通运输部已经尽到了合理检索查找义务

参照最高人民法院 2014 年 9 月 12 日发布政府信息公开十大案例"张某诉上海市规划和国土资源管理局案"裁判观点,即"行政机关以信息不存在为由拒绝提供政府信息的,应当证明其已经尽到了合理检索义务。"

本案中,虽交通运输部并未明确告知涉案信息不存在,但根据涉案告知书的内容,以及所指引查询到的内容来看,查询内容仅包括岸线行政许可依据、条件、办理许可程序等信息,但并没有期限、申请该行政许可需要提交的全部材料目录等信息,因此,可推断其实质就是指向涉案政府信息部分不存在,据此,交通运输部理应对其是否已经尽到了合理检索、查找义务进行举证。

二、交通运输部未依法履行告知义务

2007 年《政府信息公开条例》第 10 条规定:"县级以上各级人民政府及其部门应当依照本条例第九条的规定,在各自职责范围内确定主动公开的政府信息的具体内容,并重点公开下列政府信息:……(七)行政许可的事项、依据、条件、数量、程序、期限以及申请行政许可需要提交的全部材料目录及办理情况……"[1]

《交通运输部政府信息公开指南》规定:"第一,主动公开……(一)公开范围……5.交通运输行政许可项目、依据、条件、数量、程序、期限、申请行政许可需提交的全部材料目录及办理情况。"

据此,本案中的涉案政府信息属于交通运输部应主动公开范围的政府

---

[1] 现行有效的为 2019 年《政府信息公开条例》第 20 条。

信息。

2007年《政府信息公开条例》第21条规定:"对申请公开的政府信息,行政机关根据下列情况分别作出答复:(一)属于公开范围的,应当告知申请人获取该政府信息的方式和途径……(三)……该政府信息不存在的,应当告知申请人……"

本案中,交通运输部虽告知了获取该政府信息的方式和途径,但从所指引查询内容来看并不包括全部涉案政府信息申请事项,在此不作赘述,假定本案的涉案信息,如期限、申请该行政许可需要提交的全部材料目录等不存在的,交通运输部理应予以明确告知。

三、交通运输部辩称对涉案信息无汇总义务无法律依据

国办发〔2010〕5号文件第2条第3款虽规定"行政机关一般不承担为申请人汇总、加工或重新制作政府信息",但本案的涉案政府信息属《政府信息公开条例》第10条第7项规定的应主动公开范围内的信息。与此同时,2003年《行政许可法》第30条第1款规定:"行政机关应当将法律、法规、规章规定的有关行政许可的事项、依据、条件、数量、程序、期限以及需要提交的全部材料的目录和申请书示范文本等在办公场所公示。"

据此,本案中的涉案信息事项理应由交通运输部汇总后予以公示,显然交通运输部的答辩与法律规定相悖。

四、交通运输部告知未援引法律依据,适用法律错误

参照最高人民法院发布政府信息公开十大案例"如果爱婚姻服务有限公司诉民政部案"和北京市第二中级人民法院(2013)二中行初字第1110号行政判决裁判观点,即"交通运输部有可援引的法律依据而未援引,属于适用法律错误。"

据此,在本案中,告知书并未援引具体法律依据,应认定为适用法律错误。交通运输部所作出的告知书程序违法,认定事实和适用法律错误,应当依法撤销。

一审确认违法

2018年3月1日，北京市第二中级人民法院作出如下一审判决，确认98号告知书违法，但驳回其他诉讼请求。其裁判意见如下：

2007年《政府信息公开条例》第13条规定，除本条例第9条、第10条、第11条、第12条规定的行政机关主动公开的政府信息外，公民、法人或者其他组织还可以根据自身生产、生活、科研等特殊需要，向国务院部门、地方各级人民政府及县级以上地方人民政府部门申请获取相关政府信息。[1] 据此，交通运输部作为国务院部门，依法具有就中博公司提出的政府信息公开申请作出答复的法定职权。

《政府信息公开条例》第21条第1项规定，对申请公开的政府信息，属于公开范围的，应当告知申请人获取该政府信息的方式和途径。[2] 第24条规定，行政机关收到政府信息公开申请，能够当场答复的，应当当场予以答复。行政机关不能当场答复的，应当自收到申请之日起15个工作日内予以答复；如需延长答复期限的，应当经政府信息公开工作机构负责人同意，并告知申请人，延长答复的期限最长不得超过15个工作日。[3]

本案中，交通运输部于2017年8月11日收到中博公司邮寄的政府信息公开申请书，查找到已经依职权主动公开的公告后，于2017年8月23日作出98号告知书，告知中博公司获取该信息的网址，并于同年8月25日将98号告知书邮寄送达中博公司，中博公司亦认可查找到了该公告。故一审法院认为，98号告知书认定事实清楚，程序合法。

关于中博公司提出的交通运输部未依法定程序和方式公开政府信息的主张，一审法院认为，《最高人民法院关于审理政府信息公开行政案件若干问题的规定》第12条第2项规定，申请公开的政府信息已经向公众公开，交通运输部已经告知申请人获取该政府信息的方式和途径的，人民法院应当判决驳回原告的诉讼请求。

---

[1] 现行有效的为2019年《政府信息公开条例》第27条。
[2] 现行有效的为2019年《政府信息公开条例》第36条第1项。
[3] 现行有效的为2019年《政府信息公开条例》第33条。

本案中，公告系交通运输部已经向公众公开的信息，交通运输部已经告知中博公司获取该政府信息的方式和途径，已经履行了信息公开法定职责，故中博公司的此项起诉意见，不予采纳。

关于中博公司提出的交通运输部公开的信息内容不具有明确性和完整性的起诉意见的问题，98号告知书已经涵盖中博公司申请公开的涉案申请信息，中博公司亦未向法庭提供证据证明交通运输部曾经制作和获取过其他相关信息，故对该项起诉意见，不予采纳。

关于中博公司提出的98号告知书适用法律错误的意见，98号告知书中虽然未引用《政府信息公开条例》的法律条款，但交通运输部在庭审过程中，陈述了适用《政府信息公开条例》第13条、第21条第1项、第24条作为98号告知书的法律依据。经审查，一审法院亦认可98号告知书已经依中博公司的申请公开了相应信息。因此，98号告知书未引用相关法条，但并不影响中博公司的实体权利。一审法院如果依中博公司的申请，撤销98号告知书并责令交通运输部重新作出答复，反倒增加行政执法的成本和当事人的诉累。故一审法院确认98号告知书违法。

综上，98号告知书认定事实清楚，程序合法，但存在未引用法条的错误，应当确认违法。中博公司请求撤销98号告知书并判令交通运输部按其要求公开相关政府信息的诉讼请求，缺乏事实和法律依据，应当予以驳回。

中博公司不服此判决，当即提起上诉。

二审维持原判

二审开庭中，我代中博公司提出了4点意见：

（1）一审法院无确凿证据证明交通运输部已经尽到了合理检索、查找义务。

（2）一审错误认定交通运输部已依法履行告知义务，交通运输部虽告知了获取该政府信息的方式和途径，但所指引查询内容并不包括全部涉案政府信息申请事项，没有期限等信息，一审遗漏审查显然不当。

（3）一审认定涉案政府信息公开程序合法错误。涉案信息属应主动公开的政府信息，交通运输部应汇总后予以公示。

(4)即便是判决不予撤销被诉告知书,原判也不能适用《行政诉讼法》第74条第1款第2项"行政行为程序轻微违法,但对原告权利不产生实际影响的"之规定,而应当适用第2款第1项"行政行为违法,但不具有可撤销内容的"之规定,原判适用法律明显错误。

综上,请求撤销一审判决第二项,支持上诉人在一审中的全部诉讼请求。

2018年8月29日,北京市高级人民法院作出二审判决,驳回上诉,维持原判。其裁判意见如下:

根据《政府信息公开条例》第21条第1项之规定,对申请公开的政府信息,属公开范围的,行政机关应告知申请人获取该政府信息的方式和途径。

本案中,中博公司申请公开2007~2008年度审批使用港口深水岸线行政许可的依据、条件、程序、期限,以及申请该项行政许可需要提交的全部材料目录,交通运输部收到申请后,经审查认为该部制作的、已主动公开的公告与申请公开的政府信息具备对应性,因此告知了中博公司获取该信息的方式,交通运输部所作告知符合前述规定,并无不当。

关于中博公司所持无确凿证据证明交通运输部已经尽到了合理检索、查找义务的主张,因98号告知书属交通运输部所作属于公开范围的政府信息告知书,且已进行主动公开,交通运输部已尽到举证责任,此种情形不适用政府信息不存在等情况下行政机关应承担已尽合理检索查找等证明义务,故中博公司的主张没有法律依据和事实依据,不予支持。

关于中博公司主张交通运输部所指引查询内容并不包括全部涉案政府信息申请事项、一审遗漏审查的主张,北京市高级人民法院认为,从中博公司申请公开的事项来看,中博公司系为获取2007~2008年度审批使用港口深水岸线行政许可的相关信息,交通运输部依据其职责所制作的公告就港口深水岸线行政许可的审批制度、程序等均作出了规定。

该公告与中博公司的申请事项具备对应性,关于期限事项,《行政许可法》等法律及规章中均有明确规定,申请人可自行查阅,故中博公司的上述主张没有事实根据,本院不予支持。另外,中博公司主张交通运输部应将相关信息进行汇总后公示的主张亦没有法律依据,不予支持。

关于交通运输部对一审判决认定98号告知书法律适用错误所持异议的问

题,交通运输部所作 98 号告知书确未援引《政府信息公开条例》的相关规定,一审法院认定其属适用法律错误并未违反《政府信息公开条例》的相关规定,交通运输部所持异议不能成立,不予支持。

同时,注意到,因 98 号告知书已向中博能源公司公开其所申请的政府信息,故交通运输部已无重新答复之必要,亦无撤销之可能,一审法院判决确认 98 号告知书违法并无不当。上述违法情形应属《行政诉讼法》第 74 条第 2 款第 1 项之规定情形,即行政行为违法,但不具有可撤销内容的,人民法院判决确认违法,但不撤销行政行为。一审法院援引《行政诉讼法》第 74 条第 1 款第 2 项之规定确有不当,予以指正。

可见,虽然北京市高级人民法院维持了一审判决,但该院对我提出的原审援引法律条款错误的代理意见是认可的,虽未改判,但对一审援引法律条款错误予以了指正。

案件评析与思考

(一)政府信息公开的必要性

现实生活中,有些行政机关还没有认识到政府信息公开的重要性,往往对行政相对人申请政府信息公开还有一定的抵触情绪,相信这是暂时的。随着依法行政和依法治国的深入推进,政府信息公开会常态化、制度化,无论行政机关还是行政相对人,都能从中获益。

政府信息公开有利于保障公民、法人和其他组织依法获取政府信息,充分发挥政府信息对人民群众生产、生活和经济社会活动的服务作用,是保障公民知情权、促进社会主义和谐社会建设的客观要求,对促进依法行政和建设法治政府也具有重要作用。

(二)政府信息公开促进依法行政

靠行政机关的自我纠错来提高政府信息公开工作,往往缺乏积极性,而在行政诉讼或行政复议中,学习、研究、提升政府信息公开工作,则效率会更高。

对行政相对人提起的与政府信息公开相关的行政诉讼,行政机关要积极应诉,共同推进,相互理解。

(三)政府信息公开中关于商业秘密的认定

行政机关在审查相关政府信息是否构成商业秘密、个人隐私时,应当依据《民法典》、《反不正当竞争法》、《个人信息保护法》、最高人民法院司法解释等相关法律、法规的规定,审查其是否能够满足商业秘密、个人隐私的构成要件,同时应结合申请内容、公共利益等因素对第三方自行提供的相关证据及说明予以综合考量,方可作出答复;如答复涉及行政复议、行政诉讼,行政机关需提供充分的依据和证据证实已对相关信息是否涉及商业秘密与个人隐私、是否应不予公开尽到了应有的审查职责,否则将极有可能面临败诉的结果。

案例 40

未按时通过英语六级考试能否拒发双学位

——王成诉某著名大学不予颁发双学位证书案

▎导读提示

王成是某"985"大学2002级学生,在校学习期间,完成了主修"政治学与行政学"专业全部课程,还辅修了"哲学"专业和"WTO商学"专业课程。

王成毕业时,学校以王成未及时通过六级英语考试为由,拒绝颁发第二专业学位证。王成随即报名参加了临近毕业的最后一次六级英语考试。考试时间在6月,六级英语成绩揭晓,王成顺利通过。

然而,这所大学拒绝向王成补发学位证,理由是政策调整。多次协商未果后,王成委托我帮忙代理这个案子。学生起诉母校,一石激起千层浪,当地各大媒体纷纷报道。

最终,法院判令大学重新将王成要求授予第二学士学位的申请提交校学位评定委员会审查,依据审查结果作出是否授予王成第二学士学位决定。

▎案情回放

当今大学生的状态天差地别,有人碌碌无为不思进取,有人马不停蹄奔忙不息。王成深知自己未来想要的是什么,所以,在除了他自己选择的"政治学与行政学"专业之外,王成还根据自己学校的双学位制度辅修了经济学院的WTO商学专业课程。并且完成了所有的学分和课业要求。

但是王成在学习上有一个短板,他的英语并不特别拔尖。王成在临近毕业的时候大学六级英语没过。大学以此为由拒绝向王成颁发第二学位的学位证。

四年大学总不能这样画上不圆满的句号。王成向老师们求救,经过交涉,王成得知过了六级就能补发学位证。所以,王成在即将毕业的时候报名参加了最后一次英语考试。

因为六级考试是在6月,而7月几乎所有的毕业生都要离校。王成仍报名参加了英语考试,最终以462分的成绩通过。就在王成拿着六级英语成绩单找院领导补发学位证时,院领导却告诉他,政策改了,他现在拿不到第二学位的学位证了。

王成傻眼了,鼓起勇气向老师们求情,看能不能给通融一下,希望补发。但是,学校仍以政策修改为由,拒绝向王成颁发第二学位证。无论王成怎么求情,院方就是不同意。王成认为自己是基于对大学第二学位政策的信赖而加修的第二专业,自己的信赖利益受到了损失。无奈之下,委托我帮其代理这个案子。

接受委托

接受委托后,我便开始着手这个案件的准备事宜。我从教育部及该大学等官网上下载了关于双学位的全部法律、法规和政策。

很多人都会对自己的案子特别焦虑,王成也不例外。他给我递交材料的时候,给我看了他自己准备的多达9页纸的情况反映,里面详细地罗列了事情的经过和依据的法律条文。我这才反应过来,王成自己也是懂些法律的,并且应该专门找了法学院的同学帮忙。

只是,他缺少诉讼实践经历,很多都是理论知识,真正到了实践的操作上,恐怕他并不是非常清楚。

我告诉王成:"我看了你写的情况反映,很不错,但是我这次不用这个。"我拿出我准备的起诉状,只有一页A4纸,也就300余字的内容。对比着王成精心准备的"长篇大论",我这一张纸显得似乎有那么一点"不上心"。

王成错愕地看着我,恨不能将桌子上的那张起诉状盯出个洞来。他问我,"褚律师,您逗我呐?"我笑了笑,将起诉状推给他并告诉他,"先看看内容,听我说完后把字儿给签了吧"。

代理思路

王成本是从民事诉讼的角度出发,准备直接起诉就读的大学,想通过判决拿到学位。这样的风险太大,因为民事诉讼中的举证原则是"谁主张,谁举证"。王成想要拿出证据证明学校应该给他授予第二学位证,这个举证对于他来讲过于困难,因为要形成一个完整的证据链绝非易事。

详细询问了王成关于学校授予学位的规章制度,并且仔细研读了该大学对外公布的关于学位制度的文件,最终发现了几个漏洞的存在。

大学是一个特殊的法律主体,公办大学属于事业单位,民办大学可能就不是。大学属于法律法规授权的组织,是特殊的行政主体,对其不颁发学位证的行为不服,是可以提起行政诉讼的。而行政诉讼的举证责任倒置,这对于王成来讲,是很有利的。

而且,我查询到,根据该大学的规定,大学未将王成要求授予第二学士学位的申请提交学位评定委员会审查属不履行法定职责的行为。以这个为切入口,可能会让该大学措手不及。

应当说,接受这个委托,我心里还是有一定压力的。该大学法学院绝对是法律人才卧虎藏龙的地方,法学巨匠、专家学者、国际留学生云集,有些法学学科,在国际上都颇具影响力。

该大学法学院的许多行政法教授也在全国赫赫有名,我的本科毕业论文是行政法选题,主考官就是该校当时一位著名的行政法教授,通过论文答辩后,拿到的自考本科毕业证书上还有该大学的鲜红印章。

这些前辈们一旦代表该大学出庭,情况将对我很不利。

开庭当天,该大学聘请教授级的"学院派"兼职律师出庭应诉,还派出中层管理干部20余人旁听。但我很快有了信心,因为这位律师是兼职,而且是民商法专业,正所谓隔行如隔山。

学生起诉母校,经当地媒体集中报道后,引来当地其他多所高校的大学生高度关注,纷纷申请旁听。

代理意见

我结合该大学代理律师提出的抗辩理由,提出了自己的代理意见:

一、王成已依法提出了补授双学位的申请

被告大学辩称,王成没有向学校提出授予双学位的申请,并以原告填写的《授予普通本科学生辅修证书、双学位证书审批表》下面的备注(本表填写一份,学校存档)为由,认为原件只应该有一份。矢口否认王成向其提交了审批表,认为王成没有向大学提出过授予双学位申请。因此,不存在行政不作为的问题。

事实并非如此,王成在向所在院系申请双学位时,领到的申请表为一式两份,填好后,一份交给大学教务部,经审核后由学校存档。另一份则依据《往届毕业生申请补授辅修证和双学位证书办法》中的第4项规定,存入学生个人档案。

由于王成的特殊情况,双学位一直未予补授,而应存入个人档案的那份原件也一直由王成持有。如果王成没有向大学提出过正式申请,2007年11月29日教务部吴部长不会给王成发电子邮件称"很抱歉!经过讨论,大家认为不能补发学位给你。对不起"。

我们注意到,被告在行政答辩状中辩称"根据相关规定,王成不符合授予双学位的条件",既然王成没有提出申请,何来"不符合授予双学位的条件"?

电子邮件作为一种证据形式,我国相关法律法规并没有否认其作为证据使用的效力。况且,吴部长在旁听本案时对邮件的真实性也没有否认。因此,被告大学的辩解同本案已查明的事实相悖,不应采信。

二、王成完全符合法律规定的授予双学位条件

第十届全国人大常委会第十一次会议修正的《学位条例》第4条规定:"高等学校本科毕业生,成绩优良,达到下述学术水平者,授予学士学位:(一)较好地掌握本门学科的基础理论、专门知识和基本技能;(二)具有从事科学研究工作或担负专门技术工作的初步能力。"这是学位授予的唯一法律依据。

王成经过刻苦努力,以优异的主修专业成绩毕业,并获得毕业证及学位证,具备了授予双学位的前提条件,原告辅修的另外两个专业的成绩也全部合格,并顺利通过论文答辩,完全符合法定的授予学位的条件,被告应依法授予王成相关专业的学士学位。

被告反复强调"根据其有权制定的《双学士学位授予工作实施细则》和《学士学位授予工作实施细则》的规定,申请双学位应通过国家大学英语六级考试,而王成在校期间没有通过,所以王成不符合授予双学位的条件"。

根据2003年《行政许可法》第14条、第15条规定,被告并没有权利对颁发学位证的这种特殊的行政许可设定法律所没有规定的限制性条件,该实施细则当属无效,不能作为本案的定案依据。

被告还多次强调"英语四级、六级与学位挂钩是中国高校的普遍做法",以证明其所增设条件的合法性。这种说法无法律依据,不应采信。王成在毕业时虽不符合被告擅自增设的六级英语条件,但完全符合法律规定的学位授予的其他各种条件。因此,被告应依法授予其双学位。

三、是否具有学籍不能成为拒绝授予双学位的理由

被告一再辩解"根据《双学士学位授予工作实施细则》第2条的规定,具有学籍的普通高等学校本科毕业生辅修了跨学科专业双学士学位培养方案规定的全部课程,成绩合格,符合以下条件者,经学校审查通过,授予其辅修专业所属学科学士学位……"而王成已经毕业,自毕业时已经没有大学学籍,因此不能授予学位。

根据1995年《教育法》、1998年《高等教育法》的规定,学位证是高校对学生具备相应学术水平和资格这一法律事实的对外证明。《学位条例》第2条规定:"凡是拥护中国共产党的领导、拥护社会主义制度,具有一定学术水平的公民,都可以按照本条例的规定申请相应的学位。"

1998年《高等教育法》第22条规定:"国家实行学位制度。学位分为学士、硕士和博士。公民通过接受高等教育或者自学,其学业水平达到国家规定的学位标准,可以向学位授予单位申请授予相应的学位。"可见,法律从没有规定申请学位必须以具有学籍为条件。而实施细则中关于学籍问题的规定本身就是

无效的,即便有效,也应该理解为"申请时拥有或曾经拥有过学籍",而非要求申请时必须具有学籍。

被告曾经于2008年3月在其教务部网站发布了《关于补办2007届普通本科毕业生双学士学位、辅修证书的通知》,即2007年6月的毕业生,在2008年3月同样不具有学籍,但仍然可以补办双学士学位。由此可见,被告关于"王成已经毕业,自毕业时已经没有大学学籍,因此不能授予学位"的抗辩理由,完全不能成立。

四、对王成补授双学位应按老规定执行

即使被告有权制定双学位授予的有关实体或程序规定,在被告内部文件中,王成是否可以被授予双学位也应适用《双学位授予暂行办法》《学生学籍管理规定》《往届毕业生申请补授辅修证和双学位证书办法》《学生管理规定》《本科生学籍管理实施细则》《本科生辅修专业的实施办法》。

王成是在2004年9月开始修读双学位课程,当时本着对《双学位授予暂行办法》的信任才安排学习生活,对其享有信赖利益和期待利益。根据法的适用一般原理,法不具有溯及既往的效力。所以对于《双学士学位授予工作实施细则》第5条规定的"毕业或结业时未授予学士学位(含双学位)的学生不再补授"的规定,在本案中并不适用。

被告作为法律、法规规定的学位授予高校,其依法授予学生学位既是权力,也是义务。正如《学位条例》所规定,对于凡是拥护中国共产党的领导,拥护社会主义制度并通过了相应考试,达到相应学术要求标准的学生,经过申请,学生所在高校应该按照相关法律的规定,授予学位证。学生所在高校是"应该"按照相关法律的规定而不是"可以",在学位授予的问题上,对于符合条件的申请,学校没有自由裁量的余地。

综上,王成不仅符合我国法律法规关于学位授予的实体条件,也符合被告关于双学位授予的增设条件。原告已经依法提交了学位补授申请,被告置之不理,构成行政不作为。请依法判决被告将王成的哲学学士学位和经济学学士学位的资格提交该校学位评定委员会审核,并根据审核结果颁发学位证书。

法院判决

该大学所在地的区法院经过审理,采纳了我提出的上述代理意见,支持了王成提出的诉讼主张,依法作出一审判决。其裁判意见如下:

本案的争议焦点是原、被告双方对适用法律的分歧,根据《学位条例暂行实施办法》第 25 条规定,被告作为国务院授权颁发学位证的单位,在法律和行政法规授权范围内,有权制定学位授予工作实施细则,但实施细则应以不侵犯具体适用对象的合法权益为限。原告王成自 2004 年 9 月开始辅修哲学专业和 WTO 商学专业,已完成双学位课程学习,成绩全部合格,其中大学英语六级考试是在毕业后一年内通过。

根据信赖利益保护原则,被告应当根据 2004 年 3 月 22 日颁布实施的《双学位授予暂行办法》,即"毕业后两年内回主修学校参加国家大学英语六级考试并取得合格证书的,可考虑补授学士学位"的规定,将原告王成的双学位资格问题提交学校学位评定委员会审核。

被告于 2006 年 3 月 30 日颁发的《双学位授予工作实施细则》第 4 条"毕业或结业时未授予双学士学位的学生不再补授",第 7 条"本细则自 2006 届毕业生开始实行"的规定,影响了原告基于对《双学位授予暂行办法》的信赖而产生的合法利益,也不符合"法不溯及既往"原则。

鉴于被告没有将原告申请授予哲学学士学位和经济学学士学位的事项提交学校学位评定委员会审查的行为属于不履行法定职责的情形,依照 1989 年《行政诉讼法》第 54 条第 3 项的规定,[1] 判决如下:责令被告于判决生效之日起 30 日内,将原告王成的哲学学士学位和经济学学士学位的资格提交本校学位评定委员会审核,并根据审核结果决定是否颁发学位证书。

---

[1] 现行有效的为 2017 年《行政诉讼法》第 72 条。

案件评析与思考

(一)高等学校是否是行政主体

高等学校作为事业单位,代表国家行使教育权的行为引发了该行为是否属于我国行政诉讼的受案范围的争议。行政主体包括行政机关和法律、法规授权的组织两类。高等学校属于事业法人,一般不具有行政主体资格,但如果法律、法规授予其一定的行政权,其也可能成为行政主体。所以高等学校是不是行政主体,关键看是否有法律、法规授权。1995 年《教育法》第 28 条(2021 年修正调整为第 29 条)规定,学校有"对受教育者进行学籍管理、实施奖励或者处分"的权利。第 21 条(2021 年修正调整为第 22 条)规定:"国家实行学业证书制度。经国家批准设立或者认可的学校及其他教育机构按照国家有关规定,颁发学历证书或者其他学业证书。"第 22 条(2021 年修正调整为第 23 条)规定:"国家实行学位制度。学位授予单位依法对达到一定学术水平或者专业技术水平的人员授予相应的学位,颁发学位证书。"《学位条例》第 8 条规定,"学士学位,由国务院授权的高等学校授予"。可见,依据《教育法》和《学位条例》的授权,高等学校在对受教育者进行学籍管理、实施奖励或者处分时,是法律、法规授权的组织,可以作为行政主体。据此,法院最终认定高等学校拒绝颁发毕业证书、学位证书的行为是行政争议而受理此类案件并判决原告胜诉。

(二)信赖利益保护原则在裁判中的运用

行政机关因其权威性而为行政相对人所信赖,行政相对人因信赖行政机关而根据其政策指引或行政指导作出一定的行为,行政机关应当珍视并保护行政相对人对其的信赖,这便是信赖利益保护原则的价值。从监督行政权、保护行政相对人合法权益、维护国家政策和相关法律规定精神能够全面贯彻落实的需要以及信赖利益保护原则的要求考量,行政相对人基于对公权力的信任而作出一定的行为,此种行为所产生的正当利益应当予以保护。本案中,根据《双学位授予暂行办法》,即"毕业后两年内回主修学校参加国家大学英语六级考试并取得合格证书的,可考虑补授学士学位"的规定,应当授予王成双学士学位。

案例 41

怎样的房屋土地抵押登记才是合法有效的

——李东建筑公司与市原国土局不服土地抵押登记再审案

导读提示

李东建筑公司(以下简称李东公司)是一家村办集体企业,被人利用,为私人向某商业银行贷款提供所谓担保,还办理了土地使用权抵押登记。因贷款逾期未还,银行向法院起诉债务人,同时要求李东公司承担 2000 余万元的担保责任。

李东公司对市原国土资源局(以下简称市原国土局)提起行政诉讼,要求撤销抵押登记,一审胜诉,二审败诉。我代李东公司申请再审,作最后的努力。

省高级人民法院采纳我方的再审意见,裁定提审本案。经过再审开庭,依法撤销原一、二审判决,确认抵押登记行为违法。李东公司以此为据,向最高人民法院申请再审,要求撤销省高级人民法院三年前作出的终审民事判决,最高人民法院正式受理本案再审。

一审胜二审败

2013 年 6 月 24 日,李东公司与中汇银行签订《个人借款最高额抵押合同》,约定为确保第三人中汇银行与借款人伍某签订的《个人循环借款合同》的履行,李东公司为其提供抵押担保,担保主债权借款最高额为 2000 万元。李东公司为其提供的抵押物为名下的土地使用权,中汇银行与所谓的李东公司委托代理人谢琳到市原国土局办理土地使用权抵押登记事宜。

市原国土局依据申请人提交的土地登记申请书、营业执照、组织机构代码证、金融许可证、法定代表人身份证明、授权委托书、受委托代理人身份证、土地使用证及宗地图、《个人循环借款合同》、《个人借款最高额抵押合同》、抵押物清单等资料,于2013年7月5日作出土地使用权抵押登记。

李东公司经过查询,发现有人向登记机关提交了盖有假印章的文件,并轻易通过了登记机关的核查。依据2001年《城市房地产抵押管理办法》与《土地登记办法》(已失效)之规定,申请以集体所有制企业的房地产抵押的,必须经集体所有制企业职工(代表)大会通过,并报其上级主管机关备案。

但蹊跷的是,中汇银行与谢琳向市原国土局所提交的材料并不符合上述规定,不但没有经过职工(代表)大会通过,更没有向上级机关备案,并且经过专业机关的鉴定,李东村民代表大会决议与村民代表名录中加盖的村委会印章与备案印章不一致,显而易见属于伪造。

李东村委会村民代表大会与李东公司职工(代表)大会在人员组成及性质上完全不同,两者之间不能相互替代。并且经鉴定,村民代表大会决议、代表名录上加盖的村委会印章与备案印章不一致,在这种情况下,李东公司认为,市原国土局未尽到审慎审查义务,轻易作出抵押登记,是违法无效的。

在中汇银行提起民事诉讼,要求李东公司承担担保责任的同时,李东公司对市原国土局提起行政诉讼,并将中汇银行列为第三人,要求撤销土地使用权抵押登记。一审法院认为应当撤销,而二审法院认为抵押登记有效,驳回李东公司的起诉。与此同时,民事诉讼二审也败诉,李东公司面临2000余万元的执行。

李东公司委托我对行政诉讼申请再审。经过我的慎重研判和努力,再审取得实质性进展,省高级人民法院不但提审了本案,而且经过再审开庭,依法撤销了原一、二审判决,确认抵押登记行为违法。李东公司以"有新证据足以推翻原判"为由申请民事再审,被最高人民法院受理,法律死结将慢慢解开。

李东公司诉市原国土局提起的撤销抵押权登记案,经过开庭,2015年8月28日,市人民法院作出一审行政判决,支持了李东公司的诉讼请求,撤销了被告市原国土局于2013年7月5日作出的"他项(2013)第220号"土地他项权抵押登记。

市原国土局和中汇银行均不服一审判决,向市中级人民法院提起上诉。经过开庭,2016年6月24日,市中级人民法院经过审理,依法作出二审判决,撤销原判,驳回起诉,二审惨败。

再审思路

李东公司的董事长和代理律师及主管机构的负责人一行几人来到北京,向我介绍案情,仔细分析案卷材料,认为本案难点其实就是法律适用问题,其次就是事实认定。

为了求证法律适用,我向住房和城乡建设部提出政府信息公开申请,要求公开"办理集体所有制企业抵押登记时应提交必要文件材料的清单名录"。理由是原建设部《城市房地产抵押管理办法》(建设部令第98号)第43条规定和《房屋登记办法》(建设部令第168号)第14条规定存在分歧。办理集体所有制企业的抵押权登记时是否需要提交"经集体所有制企业职工(代表)大会通过,并报其上级主管机关备案"的材料,以及《城市房地产抵押管理办法》第43条第6项所规定"其他必要材料"具体包括哪些材料?

住房和城乡建设部回复:你申请获取的信息我部未制作、未获取。就此问题,我先向住房和城乡建设部申请原级复议,后又提起行政诉讼。虽然最终没有得到支持,但住房和城乡建设部在应诉答辩、举证等过程中,事实上提供了我想要的答案及资料。

有了前期铺垫,我胸有成竹地向省高级人民法院申请再审,并提出了如下意见。

一、原审适用法律明显错误

李东公司的申请再审事由符合《行政诉讼法》第91条第4项规定,具体理由如下:

1. 本案应优先适用特别规定,即《城市房地产抵押管理办法》

《城市房地产抵押管理办法》为原建设部于1997年颁布的,其立法依据为1994年《城市房地产管理法》、《担保法》等上位法,而《土地登记办法》为原国土资源部于2008年颁布的,其立法依据为《物权法》、2004年《土地管理法》、2007

年《城市房地产管理法》等。本案的争议焦点为土地抵押权登记纠纷,其性质应为担保纠纷,且《土地登记办法》并未废止《城市房地产抵押管理办法》。

参照最高人民法院在2004年5月18日印发的《关于审理行政案件适用法律规范问题的座谈会纪要》规定,法律之间、行政法规之间或者地方性法规之间对同一事项的新的一般规定与旧的特别规定不一致的,新的一般规定允许旧的特别规定继续适用的,适用旧的特别规定。本案也应优先适用《担保法》以及《城市房地产抵押管理办法》等规定。

2.本案应补充适用一般规定,即《土地登记办法》

《土地登记办法》第9条第1款规定:"申请人申请土地登记,应当根据不同的登记事项提交下列材料:(一)土地登记申请书;(二)申请人身份证明材料;(三)土地权属来源证明;(四)地籍调查表、宗地图及宗地界址坐标;(五)地上附着物权属证明;(六)法律法规规定的完税或者减免税凭证;(七)本办法规定的其他证明材料。"

其中第7项规定的"其他必要材料"应理解为法律法规规定的需提交的材料,而《城市房地产抵押管理办法》作为规范房地产抵押登记相关事项的特别规定,该办法第14条已明确了"以集体所有制企业的房地产抵押的,必须经集体所有制企业职工(代表)大会通过,并报其上级主管机关备案"。因此,被申请人在办理涉案土地抵押登记时也应依上述规定审查涉案土地登记材料中是否有"其他必要材料"。

《土地登记办法》与《城市房地产抵押管理办法》的规定并不矛盾,相反,《土地登记办法》正是以兜底条款的形式确认了《城市房地产抵押管理办法》第14条规定的需要提交材料的合法性与必要性。

总之,原审中确定的仅能适用《土地登记办法》之规定明显错误,与我国法律规定相悖,属适用法律错误。

二、申请人的再审诉求合法有据

依据《城市房地产抵押管理办法》《土地登记办法》之规定,申请人申请以集体所有制企业的房地产抵押的,必须经集体所有制企业职工(代表)大会通过,并报其上级主管机关备案。第三人中汇银行在申请涉诉土地抵押登记过程中并未向被申请人市原国土局提交前述相关材料,且其他申请材料中也存在印章伪造的情形。而被申请人市原国土局未履行审慎审查的工作职责,直接作出抵押登记,违反了法律规定,为维护申请人的合法权益,理应予以撤销或确认违法。

必须指出的是,《行政诉讼法》第1条规定:"为保证人民法院公正、及时审理行政案件,解决行政争议,保护公民、法人和其他组织的合法权益,监督行政机关依法行使职权,根据宪法,制定本法。"

在该条规定中,监督行政机关依法行使行政职权是《行政诉讼法》的立法目的之一。原二审法院不是依法监督,而是教条地适用法律,简单将本案一驳了之,造成无法救济的假象,这种情形不应被准许。

综上,原判适用法律错误,导致判决不公,严重损害了申请人的合法权益。请贵院依法作出行政裁定,提审本案,依法改判。

再审裁定

2018年9月17日,经过严格审查,省高级人民法院依法作出(2017)×行申843号行政裁定,采纳了我方提出的原判适用法律错误的意见,决定提审本案。

这样的结果无疑对李东公司是一个重大利好,如果抵押登记最终能被撤销或确认违法,则李东公司的涉案重要资产能够得以保全。如果被执行,可以依法向市原国土局申请行政赔偿,如果执行不能,中汇银行也可以向市原国土局主张权利。

更重要的是,如果再审推翻了原二审判决,则李东公司能以"有新证据"为由向最高人民法院申请再审,要求撤销省高级人民法院作出的二审民事判决,让民事案件起死回生。

对方答辩

2019年5月16日,省高级人民法院对此案公开开庭审理,市原国土局认为,二审判决认定事实清楚,适用法律正确,程序合法,请依法驳回再审诉请,维持原二审判决。其主要理由：

一、适用《土地登记办法》办理土地抵押登记正确

1.《城市房地产抵押管理办法》对本案抵押登记不适用

《城市房地产抵押管理办法》不是市原国土局的上级部委制定的规章，对市原国土局办理土地抵押登记并不适用。2015年《立法法》第91条（2003年修正为第102条）规定，部门规章之间具有同等效力，在各自的权限范围内施行。

《土地登记办法》系原国土资源部于2008年2月施行的，《城市房地产抵押管理办法》是1997年原建设部颁布实施的，二者不是同一部门制定并实施的部门规章，在涉及土地抵押登记时，市原国土局理应适用原国土资源部颁布的《土地登记办法》，《城市房地产抵押管理办法》对市原国土局办理土地抵押登记不适用。

2. 依据"后法优于前法"原则，应适用《土地登记办法》

《关于审理行政案件适用法律规范问题的座谈会纪要》在"关于法律规范冲突的适用规则"中明确了"后法优于前法"。依据《物权法》等法律规定，原国土资源部于2008年2月颁布实施《土地登记办法》，对以土地设定抵押作了明确、详细规定。《城市房地产抵押管理办法》是1997年原建设部颁布实施的，当时未实施《物权法》，而《土地登记办法》系依照《物权法》颁布实施，应优先适用。

3. 从上位法的层级看，应适用《房屋登记办法》

《物权法》系全国人大制定，《担保法》及《房地产管理法》系全国人大常委会制定，依据《物权法》制定的《房屋登记办法》对比依据《担保法》及《房地产管理法》制定的《城市房地产抵押管理办法》要优先适用。

4. 李东公司对一般与特殊、新法与旧法适用理解有误

《土地登记办法》与《城市房地产抵押管理办法》相比，并非李东公司所提出的"一般规定同特别规定或新的一般规定同旧的一般规定的关系"。《关于审理行政案件适用法律规范问题的座谈会纪要》指出了法律之间、行政法规之间或者地方性法规之间对同一事项的新的一般规定与旧的特别规定不一致的适用原则，根本没有规定不同部门规章之间对同一事项的新的一般规定与旧的特别规定不一致的适用。

5.《城市房地产抵押管理办法》对本案并不适用

李东公司及原一审法院均认为适用《城市房地产抵押管理办法》错误。《城市房地产抵押管理办法》第14条规定:"以集体所有制企业的房地产抵押的,必须经集体所有制企业职工(代表)大会通过,并报其上级主管机关备案。"经企业职工(代表)大会通过意味着职工为企业所有者,而李东公司并非该规定中的"集体所有制企业"。

二、涉案抵押合同为有效合同

《物权法》第15条对合同效力与物权效力的区分作出了原则规定:"当事人之间订立有关设立、变更、转让和消灭不动产物权的合同,除法律另有规定或者合同另有约定外,自合同成立时生效;未办理物权登记的,不影响合同效力。"因此,本案涉案合同自成立时生效。

《合同法》第52条规定,违反法律、行政法规的强制性规定的合同为无效合同,涉案合同未违反法律、行政法规的强制性规定,且为双方真实意思表示,应为有效合同。

省高级人民法院(2016)×民终937号民事判决书认为,双方的抵押合同应为合法有效。李东公司以涉案抵押合同违反《村民委员会组织法》及《城市房地产抵押管理办法》的相关规定、主张合同无效,不予支持。

三、市原国土局对涉案抵押登记申请资料审查无过失

办理登记的材料系李东公司及中汇银行共同办理,李东公司的委托代理人谢琳到场提交材料,不管是民事诉讼还是行政诉讼,李东公司对委托谢琳办理抵押登记的事实均无异议,也就是说,即使涉及李东村委会的材料申请登记是伪造的,李东公司作为企业法人,也是明确知道材料伪造并积极申请办理名下财产的抵押登记,应自行承担不利后果。

李东公司办理抵押登记时,还提交了"李东公司股东大会决议",决议上加盖了李东公司及李东村委会公章,一审及二审中,李东公司均未申请对该公章进行真伪鉴定,证实李东公司及李东村委会均同意进行抵押登记。

李东公司与中汇银行提交相应申请材料,市原国土局按照《土地登记办法》

之规定办理,已经尽到了土地抵押登记的审查责任,即要件合法、依据合法、程序合法的形式合法性审查。

综上,原二审判决认定事实清楚,适用法律正确,程序合法,应予以维持,李东公司的再审诉请不能成立,请依法予以驳回。

在本案再审期间,市原国土局更名为市自然资源和规划局。

代理意见

再审开庭,就原二审的错误和市自然资源和规划局的抗辩意见,我提出了如下代理意见。

一、原审未中止审理属于程序违法

《最高人民法院关于审理房屋登记案件若干问题的规定》第8条规定:"当事人以作为房屋登记行为基础的买卖、共有、赠与、抵押、婚姻、继承等民事法律关系无效或者应当撤销为由,对房屋登记行为提起行政诉讼的,人民法院应当告知当事人先行解决民事争议,民事争议处理期间不计算在行政诉讼起诉期限内;已经受理的,裁定中止诉讼。"

原审期间,中汇银行起诉李东公司及伍某、朱某等贷款合同纠纷一案,一审作出对李东公司不利的民事判决,李东公司已经向省高级人民法院提起上诉,其主要理由就是涉案抵押无效,而无效的核心理由就是本案争议。

在中汇银行已经提起民事诉讼,××市中级人民法院作出一审判决,终审判决尚未正式生效,属于涉及本案的最核心民事法律关系争议未解决,但原审法院未依法裁定中止本案审理,属于审判程序严重违法,导致判决明显不公。

二、原判适用法律错误必须予以纠正

在李东公司申请再审时,我方已经强调,《城市房地产抵押管理办法》为原建设部于1997年颁布的,其立法依据为《城市房地产管理法》《担保法》等,而《土地登记办法》为原国土资源部于2008年颁布的,其立法依据为《物权法》《土地管理法》《城市房地产管理法》等。本案的争议焦点为土地抵押权登记纠

纷,其性质为担保纠纷,且《土地登记办法》并未废止《城市房地产抵押管理办法》。

三、依伪造印章办理抵押登记属认定事实不清

《行政诉讼法》第 70 条规定:"行政行为有下列情形之一的,人民法院判决撤销或者部分撤销,并可以判决被告重新作出行政行为:(一)主要证据不足的……"根据该条规定,只要是行政行为有主要证据不足、主要事实不清等情形的,应当依法予以撤销,而本案正好符合该情形。

李东村委会村民代表大会与李东公司职工(代表)大会在人员组成及性质上完全不同,两者之间不能相互替代。并且经鉴定,村民代表大会决议、代表名录上加盖的村委会印章与备案印章不一致,纯属伪造。市自然资源与规划局未尽到审慎审查义务,轻易作出抵押登记,属于认定事实不清,主要证据不足。

综上,原判适用法律错误,程序严重违法,认定事实的主要证据不足,再审应当依法予以撤销。

再审胜诉

2019 年 7 月 15 日,省高级人民法院就此案作出再审行政判决,撤销一、二审判决,同时确认抵押登记行为违法。其裁判意见如下:

本案的争议焦点:(1)被申请人市自然资源和规划局作出涉案抵押登记行为是否违法应予撤销;(2)一、二审法院审理程序是否合法。

关于第一个焦点问题,主要涉及本案是否适用《城市房地产抵押管理办法》第 14 条的规定,以及村民代表大会决议是否是办理涉案抵押登记的必要审查材料的问题。《城市房地产抵押管理办法》第 14 条规定:"以集体所有制企业的房地产抵押的,必须经集体所有制企业职工(代表)大会通过,并报其上级主管机关备案。"

根据《城镇集体所有制企业条例》第 4 条第 1 款、第 9 条的规定,城镇集体企业的财产属于劳动群众集体所有,职工(代表)大会是城镇集体企业的权力机构。《乡村集体所有制企业条例》(2011 年修订)第 18 条第 1 款规定,企业财产属于举办该企业的乡或者村范围内的全体农民集体所有,由乡或者村的农民大

会(农民代表会议)或者代表全体农民的集体经济组织行使企业财产的所有权。

分析上述规定可知,城镇集体企业财产的抵押应由职工(代表)大会决定,而乡村集体企业财产的抵押应由农民大会(农民代表会议)或者集体经济组织决定。因此《城市房地产抵押管理办法》第14条所规定的集体企业应是指城镇集体企业,而本案李东公司属于王家河街道办事处李东村成立的乡村集体所有制企业,涉及该企业财产的抵押不适用该条规定。

但本案属于国有土地使用权的抵押,仍应适用《城市房地产抵押管理办法》的其他规定及《土地登记办法》的规定。本案中的村民代表大会决议应属于《城市房地产抵押管理办法》第32条第5项规定的"可以证明抵押人有权设定抵押权的文件与证明材料"及《土地登记办法》第36条规定的办理土地使用权抵押的"相关证明材料",是办理涉案抵押登记应当提交审查的材料。

因此,在本案中再审申请人提交的村民代表大会决议及代表名录加盖的李东村委会公章经鉴定与公安机关备案的样本印文不一致的情况下,应当认定被申请人市自然资源和规划局办理涉案抵押登记依据的主要证据不足,应予撤销。

但鉴于省高级人民法院已于2016年7月15日作出(2016)×民终937号民事生效判决,确认中汇银行对涉案土地使用权的抵押权系善意取得并无重大过失,抵押权依法设立,参照《最高人民法院关于审理房屋登记案件若干问题的规定》第11条第3款"被诉房屋登记行为违法,但判决撤销将给公共利益造成重大损失或者房屋已为第三人善意取得的,判决确认被诉行为违法,不撤销登记行为"的规定,涉案抵押权登记可不予撤销。

综上,一审法院判决依据《城市房地产抵押管理办法》第14条的规定认定被申请人市自然资源和规划局办理涉案抵押登记依据的主要证据不足,撤销涉案抵押登记,适用法律不当,判决结果错误,应予纠正;二审法院判决认为村民代表大会决议并非涉案抵押登记的法定审查要件,并以此撤销一审法院判决,驳回再审申请人的诉讼请求的做法,适用法律错误,判决结果不当,亦应予以纠正。

关于第二个焦点问题,再审申请人主张一、二审法院未中止审理,程序违法。根据《最高人民法院关于审理房屋登记案件若干问题的规定》第8条的规定,人民法院在审理房屋登记行政案件中,如当事人已就基础民事法律关系提起诉讼,应当裁定中止审理,待民事争议解决后再作出裁判。

本案一审期间,中汇银行诉再审申请人及案外人伍某、朱某、××食品有限公司金融借款合同一案,再审申请人因不服××市中级人民法院于2015年4月1日作出的(2014)×商初字第229号民事判决,以涉案抵押合同无效为由提起上诉。

因此,在当事人已经提起民事诉讼且涉案基础民事法律关系争议未解决的情况下,一、二审法院未裁定中止审理,违反上述司法解释的规定,系审理程序违法。但再审期间省高级人民法院已对涉案基础民事法律关系争议作出生效民事判决,本案已具备裁判条件,故上述程序违法问题已无纠正必要,仅予指出。

综上,一审法院判决撤销涉案抵押登记,二审法院判决驳回再审申请人的诉讼请求,判决结果均错误,依法应予纠正;被申请人市自然资源和规划局作出涉案抵押登记行为违法但依法可不予撤销。

拿到这份几经曲折的再审行政胜诉判决,李东公司可以向最高人民法院就省高级人民法院作出的民事判决申请再审,或者向最高人民检察院申请抗诉,我的代理工作结束。

案件评析与思考

(一)办案的诉讼思路

本案难点首先是法律适用问题,其次是事实认定。因为原建设部《城市房地产抵押管理办法》第43条规定和《房屋登记办法》第14条规定存在分歧。在接受委托代理后,向原住建部申请政府信息公开"办理集体所有制企业抵押登记时应提交必要文件材料的清单名录"。根据申请政府信息公开以及之后的诉讼,确定土地和房屋的抵押登记行为违法,避免了土地和房屋被银行申请强制执行,挽回了公司的损失。

办理房屋土地抵押登记,有如下登记流程。首先登记依据是《城市房地产管理法》、《城市房屋权属登记管理办法》和《城市房地产抵押管理办法》。登记的标准是在本市城市区域内国有土地上,权属清楚,产权来源资料齐全,手续完备的房屋。办理抵押登记需要提交的申报材料有:(1)房屋所有权证;(2)抵押申请表;(3)抵押合同;(4)证明房屋价值的资料;(5)委托书;(6)抵押当事人身份证明或法人营业执照或法人代码证(原件、复印件);(7)非住宅房屋抵押的提交土地使用证;(8)集体所有制企业房屋抵押的提交职代会决议;(9)有限责任公司、股份有限公司房地产抵押应提交董事会决议证明和工商部门出具的董事会组成人员证明;(10)中外合资企业、合作经营企业和外商独资企业房屋抵押的提交董事会决议证明和工商部门出具的董事会组成人员证明。本案中,房屋或者土地抵押登记没有经村民代表大会的决议,这也是认定抵押登记程序违法的关键所在。

(二)律师办案的逻辑

原二审之错,主要是法律逻辑在运用中出现问题,同时,也有部门规章就同一事项作出矛盾规定的原因。

法律逻辑是法学家和法律操作人员必须要有的素质,所以说,接触法律的人员一定要具有相关的法律常识和技能,就如同打游戏一样,玩家一定要了解游戏的常用技能以及操控手法,只有这样才能熟练掌握相关技巧,并且提高制胜的可能性。学者和律师也是如此,只有对法律的逻辑熟悉和了解,并且巧妙地运用法律思维,进行相关的推理工作,才能更好地让法律的作用发挥出来。

逻辑为法律提供合理性,虽然逻辑推理只是追求正义的工具,但也是最关键的工具。法律人的考虑方式以推理为根基,"受人尊重的法律必须有理由,而且只有契合逻辑考虑规律的法律推理才能被承受",谨守逻辑方式并防止错误能够说服他人,并给予司法判决合理性。

逻辑在法治国度为方式正义和个人权益提供保证,逻辑上的严谨性是司法理性的一个外在表现。正是司法活动的逻辑性质,才使得法官的司法与国家的整个法律体系产生了分歧性。同时,司法推理的逻辑性质还意味着"对等、无成见地施行公开的规则",而这正是程序正义的根本请求。

对于一些法律之间、行政法规之间、行政法规与地方法规之间、部门规章之间、部门规章与地方政府规章之间、地方政府规章之间存在的冲突,应当及时进行清理,避免司法实践中的误判,不但给行政相对人造成不必要的诉累,而且浪费宝贵的司法资源。

案例 42

因股权激励向员工平价转让股权应否补税

——王强与某区原地方税务局因不服补缴个人所得税案

▎导读提示

江河集团是一家专门从事大型卡车销售的公司,为了留住核心管理和销售人员,激励大家和企业一起发展壮大,公司董事长从自己持有的股份中无偿拿出 11.59%,设立了三家合伙企业。有重大贡献的员工都将成为合伙企业的股东,通过合伙企业间接持有江河集团的股份。

这种和员工共担风险、共同发展的路径是许多现代企业做强、做大的必由之路,而税务机关认为企业的举措本身没有错,但得依法纳税,一纸 437 万元的缴税决定让江河公司觉得这可能是"好心办成坏事"。

无偿让渡股份给自己的员工,竟然要交税,江河集团董事长越想越迷茫,越想越觉得不对,在沟通无果的情况下,决定走法律路径。经过行政复议,最终案外和解,实现了预期目标,撤回了复议申请。

▎案情回放

江河集团是南方某市的一家以大型卡车销售为主的公司,董事长王强是某大学的经济学博士。由于其具有超乎常人的战略眼光,对员工更是一律实行高薪,尤其是销售人员,使得企业发展迅猛,成为所在地区大型卡车销售中当之无愧的龙头老大。

企业的发展壮大,使王强认识到员工的重要性,如何让企业更上一层楼,首先必须解决好企业和员工之间的关系。有钱大家一起赚,才能可持续性发展,俗话说"不能穷了和尚富了庙",不然,"和尚可能离庙而去"。王强深知这个道理。

王强认识到,必须通过股权激励解决好目前江河集团存在的三个问题:

1. 对员工进行激励,进一步发挥潜能

让优秀员工间接成为江河集团股东,根据贡献大小持有一定比例的股权。股权可以让员工和企业同舟共济。只有共生死,财富共享,才能使员工积极主动地按照江河集团的各种规章制度,努力工作,减少浪费,释放潜能,节约不必要的管理成本。

2. 通过股权激励,有效留住优秀员工

企业相互之间的竞争,在某种程度上就是优秀员工的竞争,一旦员工能独当一面,具有一定潜能,相竞争的企业就会通过加薪等不正当方式"挖墙脚",套取其他企业的商业秘密。这种事情已经在江河集团发生多起,不忠实员工为了一点蝇头小利,泄露核心商业机密,让公司蒙受巨大损失。让员工和企业"一荣俱荣、一损俱损"的最佳方法就是股权激励。

3. 可以让优秀员工过上有尊严的生活

优秀员工和江河集团利益共享,可以让员工过上有尊严的生活,这本身也是对优秀员工的福利。让江河集团在优秀员工中形成凝聚力,使相竞争的公司放弃"挖墙脚"的念头。

王强把自己的想法和其他小股东一说,大家都说可行,但在确定全体股东让渡股份的比例时,小股东选择了沉默。王强理解,谁都不愿意放弃,这是一个格局的问题,短视和固守,只会让江河集团的发展受限,最终影响的是股权的价值。

在股东会无法达成一致意见的情况下,王强决定从自己的股份中无偿拿出11.59%让渡给员工。由于员工队伍庞大,如果直接成为江河集团的股东,以后召开股东大会很困难。为此,王强决定以让渡的11.59%股份作为出资成立三家合伙企业,让员工间接持有江河集团的股份。

代理思路

这种和员工共担风险、共同富裕的股权激励路径本是双赢的好事。税务机关认为企业的善意举措本身没有错,但得依法纳税,一纸437万元的缴税决定让王强觉得这是"好心办成坏事"。

2016年3月9日,区地方税务局[1]给王强正式发来补缴税款决定书,理由如下:

经过评估,你于2011年未足额缴纳个人所得税437万元,请你按不低于评估税的金额自行补充申报税款及产生的滞纳金。

请你于2015年12月30日前,携带本决定前往区地方税务局服务厅按不低于下列评估税自行补充申报以下税款:所属期2011年个人所得税437万元。

如对本决定不服,可自收到本决定之日起60日内先补充申报税款、滞纳金或提供相应担保后,依法申请行政复议,对复议结果不服的,依法向有管辖权的人民法院起诉。

无偿让渡股份给自己的员工,竟然要交税,连同所谓的几年滞纳金,竟然达千万元之多。王强越想越迷茫,最终决定走法律路径。本案涉及税务问题,也涉及行政法问题,而我曾办理过税务案件,所以董事长王强决定委托我代理此案。

补缴税款决定一经作出,对王强具有当然的约束力,税务机关不可能轻易变更或撤销,唯一能走的路径就是申请复议。不过,即便不可能,我在提出行政复议前,还是选择与区地方税务局经办人沟通,希望先礼后兵,即便打官司,也不能伤和气,江河集团以后还要在当地生存。就本案的争议焦点问题,我给区地方税务局的外聘常年法律顾问寄去了一份法律意见,希望尽量争取。

毕竟都是律师同行,区地方税务局的外聘律师给我打来电话:"你们还是走法律途径吧,我和区税务局领导已经沟通过,无论最终结局如何,不会抱怨,也绝对不会给企业'穿小鞋'。有个最终结论,也是税务机关需要的,不会担心以

---

[1] 地方税务局与国家税务局合并,2018年7月20日,全国省、市、县、乡四级新税务机构全部完成挂牌。

后因渎职被追责。"

区地方税务局外聘律师的反馈,让我安心了,剩下的就是如果将这起税务行政官司掰过来。

根据《税收征收管理法》第88条"纳税人同税务机关在纳税上发生争议时,必须先依照税务机关的纳税决定缴纳或者解缴税款及滞纳金或者提供相应的担保,然后可以依法申请行政复议;对行政复议决定不服的,可以依法向人民法院起诉"之规定,税收争议案件,属于法定复议前置。只能先申请行政复议,对行政复议结果不服,才能向法院起诉。

在启动法律程序之前,我请教了著名税务律师刘兵,也向中央财经大学的税法教授进行了咨询,同时,还把微信好友中注册会计师、注册税务师、税务律师、税务机关工作人员集中在一起,建立了一个20人的"税务疑难案件研讨群"。

经过在群里一个星期的讨论、交流、辩论,我对此案基本上有了把握,知道区地方税务局作出的决定的软肋在哪儿,作为律师,我又应该从哪个角度去突破。

对方答辩

在60日的复议期,我代王强向区政府提交了行政复议申请,要求撤销补缴税款决定。区地方税务局向区政府提出了如下答辩意见。

一、补缴税款决定认定的事实清楚

区地方税务局对王强及其所在公司在2010年至2011年转让江河集团股权涉税情况,履行纳税义务、扣缴义务及税法规定的其他义务等情况进行了重点评估,在评估过程中对审核发现的涉税疑点,根据评估程序进行了约谈举证,王强认为将个人股份平价转让的行为并没有获利,不应缴纳个人所得税。

为彻底查清该股权转让环节是否涉税,评估人员依法进行了实地核查,经对其账本、原始凭证及相关资料的核查,评估认为王强未足额申报缴纳个人所得税,存在计税依据明显偏低且无正当理由,未足额申报缴纳个人所得税437万元的行为。

经纳税评估发现,王强2011年4月29日将持有的江河集团的11.59%公司股份以2045294.14元(1%股权转让价176470.59元)转让给三家合伙企业,分别为长江投资企业(6.75%)、长城投资企业(2.61%)、黄河投资企业(2.23%)。

评估核查发现股权转让时,江河集团账面净资1%股权的价值为2063400.79元,其实际1%股转让价值明显低于账面记载价值,实际转让股权收入明显低于江河集团账款净资产价值,依据账载净资产价格计算11.59%股权转让价值为23914815.16元,减去股权初始投资成本,股权转让所得为2180万元,王强应缴纳个人所得税437万元。

二、补缴税款决定适用的法律正确

1.区地方税务局有权核定应纳税额

《税收征收管理法》第35条第1款规定:"纳税人有下列情形之一的,税务机关有权核定其应纳税额……(六)纳税人申报的计税依据明显偏低,又无正当理由的。"《税收征收管理法实施细则》第47条规定:"纳税人有税收征管法第三十五条或者第三十七条所列情形之一的,税务机关有权采用下列任何一种方法核定其应纳税额:(一)参照当地同类行业或者类似行业中经营规模和收入水平相近的纳税人的税负水平核定……(四)按照其他合理方法核定。采用前款所列一种方法不足以正确核定应纳税额时,可以同时采用两种以上的方法核定。纳税人对税务机关采取本条规定的方法核定的应纳税额有异议的,应当提供相关证据,经税务机关认定后,调整应纳税额。"

2.确认所得额税务总局有具体规定

《关于股权转让所得个人所得税计税依据核定问题的公告》(已失效,以下简称《个税核定公告》)第1条规定,自然人转让所投资企业股权取得所得,按照公平交易价格计算并确定计税依据。计税依据明显偏低且无正当理由的,主管税务机关可采用本公告列举的方法核定。

《个税核定公告》第2条规定,计税依据明显偏低且无正当理由的判定方法:符合下列情形之一且无正当理由的,可视为计税依据明显偏低……(2)申报的股权转让价格低于对应的净资产份额的;(3)申报的股权转让价格低于相同或类似条件下同一企业同一股东或其他股东股权转让价格的。

3. 本案不能认定为有正当理由的价格偏低

《个税核定公告》第 2 条第 2 项规定,本条第 1 项所称正当理由,是指以下情形:(1)所投资企业连续三年亏损;(2)因国家政策调整的原因而低价转让股权;(3)将股权转让给配偶等;(4)经主管税务机关认定的其他合理情形。

经区地方税务局评估人员约谈王强了解到,王强将江河集团股权以初始投资成本转让给三家合伙企业的目的是留住人才,稳定管理层,促进公司发展,以及公司的长远利益。区地方税务局及评估人员认为,王强所述理由不属于上述规定所列举的情形,不能认定为有正当理由的价格偏低。

4. 计算出来的个人所得税 437 万元于法有据

《个税核定公告》第 3 条规定:"对申报的计税依据明显偏低且无正当理由的,可采取以下核定方法:(一)参照每股净资产或纳税人享有的股权比例所对应的净资产份额核定股权转让收入……"

区地方税务局依据上述规定,对申请人股权转让时江河集团账款净资产价格计算王强 11.59% 股权转让价格为 23914815.16 元,扣除成本,股权转让所得为 2185 万元,应补缴个人所得税 437 万元。

综上,区地方税务局作出的补缴税款决定认定事实清楚,适用法律正确,符合法定程序。因此请求区政府驳回王强的复议要求。

代理意见

我及时到区政府去查阅了对方提交的证据,获取了上述答辩状,静下心来进行研究。律师有时如同医生,见到了病历、会诊记录、检查结果及病人后,作出准确的诊断很重要,关系到下一步的对症治疗。

仔细斟酌区地方税务局的答辩意见,我发现以下几个问题,区地方税务局在机械地理解法律规定,而没有注意到现实中的实际情况:

(1)本案名为股权转让,实际上是员工股权激励;

(2)因为属于无偿股权让渡,王强没有任何所得;

(3)按 1 股 1 元符合股权激励机制初衷;

(4)股权计价偏低有正当理由;

(5) 区地方税务局引用的公告已经废止;

(6) 内部低价股权转让属于有正当理由的转让并有新规定。

针对上述问题,我和江河集团的外聘税务顾问进行了沟通,达成共识。上述问题是补缴税款决定存在错误的要点,我决定就此展开反驳意见。为此,向区政府提出了如下代理意见。

一、名为股权转让实为股权激励,没有个人所得

2016 年 3 月 9 日,区地方税务局向王强发出补缴税款决定,认定王强未足额缴纳个人所得税,要求其按不低于评估税自行补充个人所得税 437 万元。我方认为,补缴税款决定认定事实不清,依据不足。

2011 年 4 月 29 日,王强将个人持有的 11.59% 公司股份变更给长江投资企业 6.75%、长城投资企业 2.61%、黄河投资企业 2.23%。这 11.59% 的股份工商变更实质是员工激励,不是通常的外部股权转让。

江河集团在进行股改时,王强将个人持有的 11.59% 股份拿出来对骨干员工进行激励,在办理股权激励工商变更之前就职工股权激励问题,董事会形成了两个决议:《股权激励管理办法》《关于公司股权转让的议案》,与员工签订有《股权购买确认函》《保密协议》。还通过股东大会形成了决议并签署相关协议文书,履行了相关法律程序。

由于持股人数增多,既为了以后江河集团股东会召开顺利,也为了满足工商注册的需要,由员工发起成立了三家合伙企业作为持股平台,将员工持股投资到三家合伙企业进行管理。工商信息虽体现为王强转让给三家合伙企业,但从实质重于形式来看,应是股权激励,是员工持有的不能对外转让股权的内部转让,而非对外股权转让。

按照《个人所得税法》原理,个人所得为"收付实现制",即依个人实际所得征税。王强拿出个人 11.59% 的股权用于实施股权激励,在该环节没有产生溢价,王强也没有从中获取收益或所得,不需要交纳个人所得税。

二、员工按 1 元每股取得股权,价格合理符合规定

王强作为江河集团大股东,拿出 11.59% 的股权用于实施股权激励,职工按

1元每股取得股权有正当理由,不存在不公允的情形。《个税核定公告》第1条第2项第1目明确规定,申报的股权转让价格低于初始投资成本或低于取得该股权所支付的价款及相关税费的,属于价格偏低。王强内部转给职工的11.59%激励股权初始投资成本为1元每股,并不低于上述规定的初始成本价,完全符合规定。

对何为"计税偏低的正当理由",《个税核定公告》第2条第2项第3目和第4目作出了列举式规定。第3目规定:"将股权转让给配偶、父母、子女、祖父母、外祖父母、孙子女、外孙子女、兄弟姐妹以及对转让人承担直接抚养或者赡养义务的抚养人或赡养人。"第4目规定:"经主管税务机关认定的其他合理情形。"

本案中,职工和公司之间的关系,类似于第3目所规定的亲属之间的从属关系,适用第3目符合制定《个税核定公告》的立法原意和目的。基于不可能罗列所有已经发生或未发生的事项,第4目作出了"经主管税务机关认定的其他合理情形"这样一个兜底性规定,即便按照这个已经废止的《个税核定公告》来执行,王强按1元每股转让给内部职工,符合公平原则,不属计税依据明显偏低。

王强转让价格没有低于初始投资成本,且职工持股不能流通转让,职工一旦离开必须退还给原股东。因离职、除名、身亡、退休等原因,给员工的股权激励金陆续退还,至今已退股57.1%,职工退股行为还将继续发生。

三、依据已经废止的公告属适用法律错误

2014年12月7日,国家税务总局颁布了《股权转让所得个人所得税管理办法(试行)》[1],并决定自2015年1月1日起实行。

该办法第32条还进一步明确规定:"《国家税务总局关于加强股权转让所得征收个人所得税管理的通知》(国税函〔2009〕285号)、《国家税务总局关于股权转让个人所得税计税依据核定问题的公告》(国家税务总局公告2010年第27号)同时废止。"

---

[1] 已被《税务总局关于修改部分税收规范性文件的公告》修改。

区地方税务局答辩时提供的主要依据之一就是国家税务总局公告2010年第27号,而该公告在2015年1月1日已经被废止。可见,补缴税款决定适用法律错误。

同时,《股权转让所得个人所得税管理办法(试行)》第13条规定:"符合下列条件之一的股权转让收入明显偏低,视为有正当理由……(三)相关法律、政府文件或企业章程规定,并有相关资料充分证明转让价格合理且真实的本企业员工持有的不能对外转让股权的内部转让……"本案完全符合该条规定。

根据法律适用原则,同一机关制定的规章,新的规定与旧的规定不一致的,适用新的规定。可见,在行政执法中,新法和旧法不一致的,应当适用新法,如果适用旧法,就属适用法律错误。该法第84条也规定:规章不溯及既往,但为了更好地保护公民、法人和其他组织的权利和利益而作的特别规定除外。如《刑法》第11条规定的"本法施行以前的行为,如果当时的法律不认为是犯罪的,适用当时的法律;但是如果本法不认为是犯罪或者处刑较轻的,适用本法",这就是著名的从旧兼从轻的原则。

在行政执法中,也是如此,即便当时认为是违法,应当给予行政处罚,只要有新的规定,不认为是违法,就不能处罚。或者是新的规定处罚较轻,就当适用新的规定,而不能适用旧的规定。这是行政执法法律适用的基本常识,可见,本案适用法律明显错误。

综上,请根据《行政复议法》第28条(2023年修正为第64条)第3项之规定,依法撤销区地方税务局作出的补缴税款决定。

我把上述代理意见也寄给了区地方税务局的主要领导和其法律顾问,很快,区地方税务局经办人和我电话联系,直接听取了我的意见,区地方税务局法律顾问也和我电话联系。

在60日的复议期届满前几天,我收到区政府寄来的《延长复议期限一个月通知书》,区政府认为该案属重大疑难复杂,需要延期。我心里很清楚,看似复杂的一起税务行政案件,其实很简单,补缴税款决定被撤销几乎没有悬念。

正在等着区政府的行政复议决定,王强给我打来电话:"经区政府和上级税务机关领导的协调,已经与区地方税务局案外和解了,象征性交一点税,也算是给区地方税务局一个台阶,不至于以后再为难企业,帮我撤回行政复议申请吧。"

这个结果,也算皆大欢喜。为此,我向区政府递交了撤回行政复议申请,区政府作出终结行政复议申请决定后,本案画上句号。

案件评析与思考

由于税务立法的相对滞后性,中央和地方又有不同的规定,对某一种行为是否应该纳税或纳税多少,往往争议颇多,难以界定,通过法律途径可以解决这种纷争,让双方都能心服口服。

本案中,作为一家大型集团公司的董事长,对不合理的补缴税行为申请行政复议,难能可贵。能够勇于使用法律程序维护自己的合法权益,已经走出了胜诉的第一步。正所谓争议越辩越明,道理越讲越透,对税务处理、处罚等行政行为走法律程序,其实也是企业和税务机关共同学习的一个过程。律师办理涉税行政案件,需要有一定的工作技巧。涉税案件,是复合型法律关系,确实需要律师有一定的财会、税务、数学知识,仅知道税法远远不够。涉税案件的这一特点,决定了对办案律师的要求应高于办理其他普通案件的律师。现阶段,涉税案件的标的额越来越大,对律师既是机遇,也是挑战,只有不断加强对税法和财会知识的学习,才能不让机遇从身边溜走。面对自己不懂的相关专业知识,可以请教专业人才,有时候专业人士给的建议比自己学习更高效。